Collaboration Générative

Libérer la Puissance Créative de l'Intelligence Collective

La Modélisation des Facteurs de Succès
Tome II

de
Robert B. Dilts

Conception et illustrations :
Antonio Meza

Édité par :

Dilts Strategy Group
P. O. Box 67448
Scotts Valley CA 95067
USA
Téléphone : (831) 438-8314
E-Mail : info@diltstrategygroup.com
Adresse du site : http://www.diltstrategygroup.com

Copyright © 2018 par Robert Dilts et Dilts Strategy Group. Tous droits réservés.
Imprimé aux États-Unis (USA). Tous droits réservés. « Toute représentation ou reproduction intégrale ou partielle faite sans le consentement de l'auteur ou de ses ayants droits ou ayants cause est illicite » (art.L. 122-4 du Code de la propriété intellectuelle).

Numéro de Contrôle de la Library of Congress : 2015904441

I.S.B.N. 978-1-947629-34-9

Collaboration Générative
Libérer la Puissance Créative de l'Intelligence Collective

La Modélisation des Facteurs de Succès
Tome II

de
Robert B. Dilts

Conception et illustrations :
Antonio Meza

Titre original :
« Generative Collaboration, Releasing the Creative Power of Collective Intelligence »
Traduit de l'anglais (USA) par Isabelle Meiss

Table des Matières

Dédicaces	i
Remerciements	ii
Préface	iii
Introduction - Présentation de la Modélisation des Facteurs de Succès : Bâtir les fondations d'une entreprise Performante et Humainement Satisfaisante	2
Les Niveaux Clés des Facteurs de Succès	6
L'Ego et l'Âme	8
La Dynamique entre Passion, Vision, Mission, Ambition et Rôle	11
L'État COACH - Intégrer l'Ego et l'Âme dans un « Holon »	15
La Nouvelle Génération d'Entrepreneuriat	16
Le Cercle de Succès SFM (SFM Circle of Success™)	18
Les Cinq Réalisations Fondamentales des Entrepreneurs de Nouvelle Génération	18
Les Actions Décisives et les Perspectives Clés Nécessaires aux Cinq Réalisations Fondamentales des Entrepreneurs de Nouvelle Génération	20
Instaurer un État d'Esprit Entrepreneurial - Intégrer Passion, Vision, Mission, Ambition et Rôle au Cercle de Succès	24
Concevoir un Elevator Pitch	26
Guide de Travail pour un Elevator Pitch	27
La Cartographie de l'État d'Esprit SFM™	30
Intégrer Différents Modes de Pensée au Cercle de Succès	34
L'Influence du Contexte et du « Champ de l'Innovation » sur le Cercle de Succès	36
Chapitre 1 - Agrandir le « Gâteau Commun » : Intégrer l'Intelligence Collective à Votre Cercle de Succès	38
Agrandir un « Gâteau Commun »	41
L'Intelligence Collective et l'Intelligence Collectée	42
Créer l'Intelligence Collective	44
Résonance	44
Synergie	46
Émergence	49
Autres Influences sur l'Intelligence Collective et la Collaboration Générative	54
Holons et Hologrammes	54
Importance Attribuée à la Tâche et Performance	56
Allégorie des Tailleurs de Pierres	58
Avantages et Applications de l'Intelligence Collective	60
Le modèle SFM de l'Intelligence Collective (SFM Collective Intelligence Model™)	62
Combiner le modèle SFM™ de l'Intelligence Collective et le Cercle de Succès	64
Groupes Mastermind – Un Exemple d'Intelligence Collective Appliquée	66
Comment Fonctionne un Groupe Mastermind ?	67
Le Mastermind du Génie de la Réussite et des Leaders Conscients (The Successful Genius and Conscious Leaders Mastermind)	69
Catalyseurs de Collaboration	72
Catalyseur de Collaboration SFM™ : Créer un « Contenant COACH »	73
Se mettre « au Diapason » Ensemble	74
Catalyseur de Collaboration SFM™ : Présentations Multi-Niveaux	76
Catalyseur de collaboration SFM™ : Poser une Intention	78
Exprimer des Intentions	79
Catalyseur de Collaboration SFM™ : Favoriser un « Champ » de Co-Sponsoring	80
Catalyseur de Collaboration SFM™ : Explorer et Partager des Bonnes Pratiques avec la Modélisation des Facteurs de Succès	82
Guide de travail de Modélisation des Facteurs de Succès	85
Grille de Modélisation des Facteurs de Succès	87
Story-board du Succès	88
Résumé du chapitre	89
Chapitre 2 - Intelligence Collective et Collaboration Générative	92
La Collaboration est Essentielle à la Réussite d'une Entreprise	94
Les Niveaux de Collaboration	95
Comment Vingt Personnes peuvent-elles en Surpasser Mille ?	96

Table des Matières

Exemple d'un cas de Facteurs de Succès : CrossKnowledge	101
Transformer une Crise en Opportunité	101
Préparer l'Entreprise à Changer d'Échelle	102
Créer l'Alignement et Encourager l'Intelligence Collective	104
Favoriser et Accompagner une Nouvelle Phase d'Expansion	106
Réflexions sur le Cercle de Succès de CrossKnowledge	109
Les Dynamiques du Changement Génératif	114
Bâtir les Fondations de la Collaboration Générative	116
Catalyseur de Collaboration SFM™ : Développer un État Génératif de Performance	118
Catalyseur de Collaboration SFM™ : Favoriser la Synergie Par l'Intervision	120
Catalyseur de Collaboration SFM™ : Appliquer l'Intervision pour Favoriser La collaboration Générative dans la Résolution de Problèmes	124
Exemple d'Application de l'Intervision dans une Résolution de Problèmes avec la Compagnie Nationale des Chemins de Fer Italiens	126
L'importance de la « Seconde Position » dans la Collaboration Générative	128
Analyser la « Seconde Position »	129
Catalyseur de collaboration SFM™ : Analyse des Spécificités d'un Collaborateur	130
Résumé du Chapitre	132
Références	133

Chapitre 3 – Collaboration Générative et « Innovation de Rupture » — **134**

L'Avenir n'est plus ce qu'il était	136
L'Imagination est plus importante que le Savoir	138
Les Dynamiques de l'Innovation de Rupture	142
Synchronisation entre Adopteurs Précoces et Pionniers	142
Surfer sur la Vague du Chaos et de l'Incertitude	144
Innovation Ouverte	146
Exemple de l'iPod d'Apple	147
L'Innovation Ouverte et le Cercle de Succès	150
Détection des Signaux Faibles : « Grenouilles Versus Chauves-Souris »	152
Exemple d'un cas de Facteurs de Succès : Stefan Crisan - EDHEC - Cycle Supérieur en Management	154
La Nécessité d'une Vision	154
La Passion comme Socle	156
Réaliser les Ambitions	156
Établir de Puissants Partenariats	157
Constituer une Équipe Alignée	158
Résumé : Créer le Cercle de Succès d'une Innovation de Rupture	159
La puissance de la combinaison de Différentes Positions Perceptuelles	164
Catalyseur de Collaboration SFM™ : Créer des Collaborations Gagnant-Gagnant avec la Troisième Position	168
Catalyseur de Collaboration SFM™ : l'Évaluation SFM™ d'un Collaborateur	170
Catalyseur de Collaboration SFM™ : Aller à la Quatrième Position - Créer un Champ Relationnel ou une « Communauté Virtuelle »	172
Catalyseur de Collaboration SFM™ : Identifier la Résonance de la Signification de la Tâche	174
Les Catalyseurs de Créativité Collective	176
Résumé du Chapitre	180
Références	181

Chapitre 4 - Réaliser Quelque Chose à partir de Rien : Constituer une Communauté Générative d'Entreprises — **182**

Histoire de la « Soupe au Caillou »	184
Communauté	187
Caractéristiques d'une Communauté Générative d'Entreprises	189
Intelligence Distribuée	191
Exemple d'un cas de Facteurs de Succès : Randy Williams – Le Keiretsu Forum : Une Communauté Générative d'Entreprises	192
Récolter les Fruits d'un Dialogue Collectif	193
Prendre de Sages Décisions	194
Recourir à « l'Intelligence Distribuée »	196

Table des Matières

Établir les Principes Directeurs de la Création d'une Communauté — 197
Conclusion : Une Passion pour Constituer une Communauté et Soutenir l'Ouverture d'Esprit — 202
Caractéristiques d'une Culture « Gagnante » — 204
Allégorie de l'Expérience des Singes — 206
Encourager les Qualités Entrepreneuriales — 208
Créer une Culture Gagnante — 211
Catalyseur de Collaboration SFM™ : Exercice d'Affirmation en Groupe — 213
Établir les Relations Génératives Conduisant à la Collaboration Générative : Comment passer de « je ne suis personne » à « je suis quelqu'un » — 216
La Spirale de Collaboration SFM™ — 218
   Bâtir de Nouvelles Plateformes d'Influence — 223
   « Gardiens » et « Portiers » — 227
Catalyseur de Collaboration SFM™ : Modéliser une Collaboration Réussie — 230
Catalyseur de Collaboration SFM™ : Se préparer à une Relation Générative — 231
   Questions de la Spirale de Collaboration Vous Concernant — 231
   Questions de la Spirale de Collaboration Concernant votre Collaborateur Potentiel — 234
Exemple d'un cas de Facteurs de Succès : John Dilts – fondateur de Maverick Angels — 236
   Démarrer Assistant Juridique et passer Gestionnaire de Fonds et Coach d'Entreprise — 237
   Évoluer à l'International comme Formateur et Consultant — 238
   Devenir DG d'un Organisme Multinational de Formation — 239
   Passer Consultant International en Capital Risque et Doyen de l'Entrepreneuriat — 240
   Conseiller le Gouvernement Chinois — 240
   Fonder une Communauté Générative d'Entreprises — 241
   Résumé : Les Facteurs Clés de Succès pour Créer une Communauté Générative d'Entreprises — 245
Réflexions sur la Puissance d'une Communauté Générative d'Entreprises – « Laisser votre Futur vous Tirer vers le Haut » — 246
Catalyseur de Collaboration SFM™ : Exercice des Gardiens du Rêve — 247
Résumé du Chapitre — 249
Références — 251

Chapitre 5 - Collaboration Dynamique d'Équipe — 252

Leçons de Collaboration Dynamique avec les Oies — 256
Nuées d'Oiseaux et la Puissance d'un Processus — 258
Leçons de Collaboration Dynamique avec la Bataille de Midway — 260
Développement Dynamique d'Équipe — 262
Exemple d'un cas de Facteurs de Succès : l'Équipe Produits Personnalisés de Comau Pico — 264
   Passer de Managers à « Intrapreneurs » — 264
   Penser « Hors cadre » — 265
   Constituer l'Équipe — 265
   Élaborer des « Catalyseurs de Collaboration » — 266
   Créer une Culture de « Leadership Serviteur » — 267
   Réflexion sur le Cas de l'Équipe Produits Personnalisés de Comau Pico — 267
Catalyseur de Collaboration SFM™ : Format de Base d'une Réunion — 272
Catalyseur de collaboration SFM™ : Exploitation des Ressources — 274
   Guide d'Étude des Besoins d'un Projet/d'une Entreprise — 275
   Check-list des Facteurs de Succès — 276
   Guide d'Exploitation des Ressources — 277
   Critères de Collaboration — 278
Passer de la Vision à l'Action — 281
Catalyseur de Collaboration SFM™ : Aligner les Rôles dans une Vision Commune — 282
   Guide pour l'Alignement d'une Équipe — 283
Catalyseur de Collaboration SFM™ : Modéliser les Facteurs de Succès d'une Collaboration Dynamique d'Équipe — 284
   Guide de Modélisation d'une Collaboration Dynamique d'Équipe — 285
Catalyseur de Collaboration SFM™ : Réaliser une Grille d'Évaluation de Collaboration Dynamique d'Équipe — 286
   Créer votre propre Grille d'Évaluation de Collaboration Dynamique d'Équipe — 288

Table des Matières

Exemple de Grille d'Évaluation d'une Collaboration Dynamique d'Équipe	289
Résumé du Chapitre	290
Références	291

Chapitre 6 – Activer la Sagesse des Foules — 292

Développer la Sagesse	294
La Sagesse des Foules	296
Prérequis pour rendre les Foules Sages	298
La Quête de l'Équipe Parfaite chez Google	300
Six étapes pour Activer la « Sagesse des Foules »	302
Catalyseur de Collaboration SFM™ : Passer de l'état CRASH à l'état COACH	304
Transformer d'Éventuels Conflits avec le Tétra Lemme	306
Catalyseur de Collaboration SFM™ : Le Processus de Groupe Tétra-lemme	308
Exemple d'un cas de Facteurs de Succès : Drew Dilts - Le projet de Ferme au Bénin : Moringa et Apiculture	310
Une Passion pour la Capacitation	310
Apporter une Nouvelle Vision aux Clients	311
Les Défis de l'Alignement et de la Motivation des Membres de l'Équipe	313
Choisir et Satisfaire les Parties Prenantes	315
Établir des Partenariats et des Alliances Clés	316
La Puissance de la Vision	316
Créer la Transformation à un Niveau Identitaire	318
Découvrir et Incarner les Valeurs et Croyances Fondatrices	319
Étendre les Capacités Clés	320
Ancrer les Résultats en matière de Changements de Comportements	322
Adapter la Vision à l'Environnement	324
Conclusion	325
Résumé du Chapitre	330
Références	331

Conclusion — 332

Résumé des Thèmes Clés	336
Un Dernier Exemple de la Puissance de l'Intelligence Collective	339
Dernières Réflexions	341
Intelligence Collective (Un poème)	342
Références	343

Postface — 344

Annexe A : Les Projets de Modélisation des Facteurs de Succès en cours — 348

Étude de Modélisation de l'Intelligence Collective	348
Étude de Modélisation de la Nouvelle Génération d'Entrepreneuriat (l'Entrepreneur Authentique)	349

Annexe B : Réflexions sur l'Intelligence Collective en tant que « Champ Relationnel » — 350

« L'Esprit » et l'Intelligence sont une Fonction des Champs qui émergent des Interactions	351
Caractéristiques de la « Conscience de Groupe »	351
Puiser dans l' « Esprit plus Vaste »	352

Photos — 354

Bibliographie — 355

A propos de l'Auteur et de l'Illustrateur — 356

Dédicaces

Cet ouvrage est dédié, avec toute ma gratitude et l'amour que je lui porte, à mon épouse

Deborah Bacon Dilts

Elle a été la partenaire et enseignante la plus importante de mon exploration des joies, des défis et de la puissance de la collaboration générative.

Robert Dilts

Avec tout mon amour et ma gratitude je dédie ce livre à mon épouse

Susanne Kischnick

Au sens littéral, elle a été « à mes cotés » pendant la création de ces pages. Mes mains ont certes dessiné les illustrations, mais elles étaient animées par l'esprit de notre collaboration générative.

Antonio Meza

Remerciements

J'exprime d'abord une reconnaissance toute particulière à Antonio Meza pour son travail de conception sur la présentation de cet ouvrage et pour la qualité de ses illustrations remarquables. Son intuition, sa créativité et son sens artistique se sont développés au fil de notre travail commun de préparation de ces pages. Antonio s'est aussi avéré être un partenaire et un conseiller précieux de par ses multiples contributions au processus de publication. C'est lui qui a eu l'idée de scinder en trois tomes ce qui aurait été un seul et très long ouvrage.

Je tiens à remercier sincèrement Glenn Bacon, Michael Dilts et Benoit Sarazin pour leur temps et les efforts consacrés à la relecture du premier jet de ce livre et à leur feedback et suggestions. Un grand merci également à Amanda Frost pour la relecture finale, en tant professionnelle, des versions originales de cet ouvrage et du Tome I.

Bien sûr, ce livre existe en grande partie grâce à la contribution des personnes, groupes et organisations cités dans les Exemples de Cas de Facteurs de Succès. J'adresse toute ma gratitude aux fondateurs de CrossKnowledge Steve Fiehl, Michaël Ohana, Pascal El Grably et Hervé Goudchaux ; à Stefan Crisan de l'EDHEC ; à Randy Williams, fondateur du Keiretsu Forum, à Chuck Dudek, Dave Redys, John Vance et Mike Mercer de l'équipe Produits Personnalisés Comau Pico ; à Drew Dilts et son travail avec l'agence United States Peace Corps (Le Corps de la Paix américain) ; ainsi qu'à Julia Dilts et Alejandro Moxey d'Expedia. Enfin j'adresse des remerciements particuliers à Dorothy Oger pour son poème sur l'Intelligence Collective en fin de Conclusion.

J'aimerais aussi honorer les autres personnes, leaders et entrepreneurs qui m'ont inspiré et auxquels je fais référence tout au long de ce livre, à savoir Steve Jobs, Barney Pell, Cindana Turkatte, Mark Fizpatrick, Samuel Palmisano et Walt Disney.

Adam Grant et ses travaux sur la sagesse et la signification de la tâche, tout comme les travaux de James Surowiecki sur la « sagesse des foules » m'ont aussi beaucoup influencé pour le développement de plusieurs idées et principes clés de ce livre.

J'adresse aussi des remerciements reconnaissants à nombre de mes confrères, leur collaboration a donné lieu à d'importantes contributions citées dans ce tome : Mitchell et Olga Stevko qui ont co-fondé avec moi les groupes de Mastermind du Génie de la Réussite et des Leaders Conscients (the Successful Genius and Conscious Leadership Mastermind) ; Miklos (Mickey) Fehrer qui a travaillé avec moi sur la Carte de l'État d'Esprit SFM (SFM Mindset Map™) ; Robert McDonald pour notre étude sur la Conscience de Groupe et l'Esprit d'Équipe ; Stephen Gilligan pour nos développements sur les principes et les pratiques du Changement Génératif ; Anne Deering et Julian Russell pour notre travail collaboratif sur l'Alpha Leadership ; Benoit Sarazin pour notre étude sur l'Innovation de Rupture ; et Ian McDermott pour notre travail sur la Fraternité Choisie (Intentional Fellowship).

Enfin, Je suis infiniment reconnaissant à mon frère John Dilts, son amour de la collaboration générative et sa passion à créer un monde d'entrepreneurs visionnaires ont été à l'origine de, et constituent encore, l'esprit de la Modélisation des Facteurs de Succès.

– **Robert Dilts**

Préface

Comme je l'ai mentionné dans la préface de la *Modélisation des Facteurs de Succès Tome I*, cette série est la réalisation d'un rêve commencé en 1999 alors que mon frère John, aujourd'hui décédé (présenté au chapitre 4 de cet ouvrage pages 236-246), et moi fondons le Dilts Strategy Group et commençons à explorer le processus de Modélisation des Facteurs de Succès.

Les questions auxquelles nous avons cherché à répondre étaient : « Quelle est la différence qui fait la différence entre les entrepreneurs, équipes et organisations qui réussissent et ceux qui sont moyennement voire contre-performants ? » « Quels sont les facteurs de réussite essentiels pour démarrer ou développer une activité prospère et durable ? »

Nombre de nos découvertes sont décrites dans le premier tome de cette série, *Entrepreneurs Nouvelle Génération : Vivez vos Rêves et Créez un Monde Meilleur par votre Entreprise*, et résumées dans l'introduction de ce livre (pp. 2-37). Parmi elles, la définition de vos passion, vision, mission, ambition et rôle ainsi que l'élaboration de ce que nous avons appelé un « Cercle de Succès.« Le Tome I a cerné l'esprit et l'euphorie (ainsi que l'engagement et le savoir-faire) associés au démarrage d'une entreprise basée sur une passion et une vision.

Nous avons aussi découvert un autre des facteurs clés de réussite que nous avons appelé la « collaboration générative ». Il est rapidement apparu, en étudiant des personnes couronnées de succès, que la maxime « personne ne crée rien de significatif tout seul » décrit parfaitement ce qu'est la réussite au 21ème siècle. Nous avons constaté que les personnes qui réussissaient vraiment étaient capables de travailler de façon créative et productive avec d'autres pour réaliser leurs rêves et visions.

Cela c'est avéré exact pour ma propre carrière. Chacune de mes réalisations majeures est en quelque sorte le résultat d'une collaboration générative. En fait, cet ouvrage, tout comme la série complète, est en soi le fruit de collaborations génératives, à commencer par la collaboration créative évidente entre l'illustrateur Antonio Meza et moi.

Et de bien d'autres comme je l'ai indiqué dans mes remerciements : Mitchell et Olga Stevko qui ont co-fondé avec moi les groupes de Mastermind du Génie de la Réussite et des Leaders Conscients (Successful Genius and Conscious Leadership Mastermind); Miklos (Mickey) Fehrer qui a travaillé avec moi sur la Carte de l'État d'Esprit SFM (SFM Mindset Map™); Stephen Gilligan pour nos développements sur les principes et les pratiques du Changement Génératif; Anne Deering et Julian Russell pour notre travail collaboratif sur l'Alpha Leadership; Benoit Sarazin pour notre étude sur l'Innovation de Rupture; et Ian McDermott pour notre travail sur la Fraternité Choisie (Intentional Fellowship).

Au fil des ans, il y a eu nombre d'autres collaborations qui ont donné lieu à des développements, projets ou livres significatifs. Mon propre chemin de collaboration générative a débuté avec Richard Bandler et John Grinder, les fondateurs de la Programmation Neuro Linguistique (PNL). Le développement de ce qui est devenu un corpus enseigné et étudié dans le monde entier a été le fruit d'une grande intelligence collective et de collaborations génératives impliquant non seulement Bandler et Grinder, mais aussi quantité d'autres personnes de leurs premiers groupes d'étudiants comme Stephen Gilligan, Judith DeLozier, Frank Pucelik, Leslie Lebeau et David Gordon.

Mon travail avec feu Todd Epstein, qui a aussi participé au premier groupe de développeurs de la PNL, a abouti à notre étude (et livre) sur l'Apprentissage Dynamique et à la création de NLP University à Santa Cruz, en Californie. Ce travail a en grande partie continué d'évoluer au fil de mes années de collaboration avec Teresa Epstein, l'épouse de Todd, et Judith DeLozier. Judy et moi avons co-écrit les deux tomes de l'Encyclopédie de la PNL systémique, *Encyclopedia of Systemic NLP*, ainsi que l'ouvrage *NLP II : The Next Generation* (la PNL 2nde génération).

Ma collaboration avec Tim Hallbom et Suzi Smith a donné lieu à nombre d'importants développements et applications de la PNL à la santé. Ils sont résumés dans notre livre *Croyances et Santé* et ont été traités empiriquement dans le monde entier lors de nos formations certifiantes sur la Santé.

J'ai aussi collaboré avec mon confrère Robert McDonald qui étudiait la dimension spirituelle chez les individus et groupes. Cette collaboration a abouti à notre livre sur les outils spirituels *Tools of the Spirit* et nos séminaires sur la conscience de groupe et l'esprit d'équipe (Group Mind and Team Spirit).

Entre autres collaborations, il y a eu celles avec Richard Moss et nos développements sur le coaching des profondeurs (Depth Coaching) ; Mia Segal et nos travaux combinant la PNL et l'approche corporelle de la méthode Feldenkrais ; Gino Bonissone et nos explorations du leadership et de l'innovation dans les grandes entreprises ; enfin mon épouse Deborah Bacon Dilts et notre développement des processus sur le Coaching d'Identité intégrant le Voyage du Héros et la danse des 5Rhythmes®.

Chacune de ces collaborations génératives a contribué de manière significative à la vie d'autres personnes et stimulé le développement et l'épanouissement de ceux d'entre nous qui y avaient participé. Cette double dynamique d'épanouissement personnel par la contribution à quelque chose de plus grand que soi constitue l'une des explorations clés de ce tome. Dans cet ouvrage, je présenterai des principes, modèles, outils et pratiques conçus pour mettre en évidence et donner le meilleur de vous-même dans vos interactions avec les autres.

J'espère que vous trouverez ce monde de Modélisation des Facteurs de Succès et de collaboration générative aussi enthousiasmant et gratifiant à explorer que John et moi. Puisse-t-il vous faire vivre réussite et satisfaction en libérant la puissance créative de l'intelligence collective au service d'un monde meilleur.

Robert Dilts
Mai, 2016
Santa Cruz, Californie

Introduction
Présentation de la Modélisation des Facteurs de Succès (SFM™)

Il y a deux questions que nous devons nous poser. La première est « Où je vais ? » et la seconde « Qui m'accompagnera ? »
Howard Thurman

Une finalité précise vous unira dans votre cheminement, des valeurs guideront votre comportement, et des buts dirigeront votre énergie.
Kenneth H. Blanchard

Il n'est pas de plus grande chose à faire de votre vie et de votre travail que de suivre vos passions - d'une manière qui serve le monde et vous.
Richard Branson

La Modélisation des Facteurs de Succès (SFM™) étudie la question « quelle est la différence qui fait la différence? » pour trouver les facteurs de réussite qui distinguent les performances remarquables de celles médiocres ou moyennes.

Un modèle efficace donne une description de la serrure (défis stratégiques et objectifs) et de la clé qui l'ouvre (compétences et actions).

Présentation de la Modélisation des Facteurs de Succès (SFM™)

Comme je l'ai signalé dans le *Tome I* de cette série, la Modélisation des Facteurs de Succès (SFM™) est une méthodologie que j'ai développée avec mon frère John Dilts pour identifier, comprendre et appliquer les facteurs clés qui guident et soutiennent les personnes et organisations qui réussissent. SFM™ se base sur un ensemble de principes et spécificités particulièrement adaptées pour analyser et identifier les schémas fondamentaux des *pratiques des affaires* et des *compétences comportementales* mises en œuvre par les personnes, équipes et entreprises qui réussissent. Le processus SFM™ s'utilise pour identifier les caractéristiques et capacités clés communes aux entrepreneurs, équipes et entreprises qui réussissent, puis définir des modèles, outils et savoir-faire précis utilisables par d'autres pour accroître notablement leurs chances de produire un effet et atteindre la réussite.

Le processus SFM™ s'utilise pour identifier les caractéristiques et capacités clés communes aux entrepreneurs, équipes et entreprises qui réussissent, puis définir des modèles, outils et savoir-faire précis que d'autres pourront utiliser pour augmenter notablement leurs chances de produire un effet et d'atteindre la réussite.

Par l'analyse d'entreprises, projets et affaires prospères et l'observation du comportement de personnes et d'équipes très performantes, le processus SFM™ aide les personnes et les organisations à mettre en évidence les facteurs qui ont généré un succès particulier et à identifier les orientations à suivre pour que ce patrimoine perdure. Ces facteurs peuvent ensuite être « incorporés » aux activités quotidiennes des gens sous forme de stratégies, outils et soutien adaptés.

L'une des forces du processus SFM™ est qu'il associe des pratiques professionnelles efficaces à des savoir-être fondamentaux. *Modéliser des compétences comportementales* implique d'observer et de cartographier les principaux processus personnels et interpersonnels produisant une performance réussie ou remarquable. L'objectif de la modélisation du comportement est d'identifier les principaux éléments de réflexion et d'action nécessaires à un individu ou un groupe pour produire la réponse ou le résultat désiré – c.-à-d., mettre à jour *« la différence qui fait la différence »*. Cela consiste à décomposer une performance ou une interaction complexe en éléments assez simples pour pouvoir en dresser un récapitulatif. Le but de la modélisation du comportement est de créer un guide pratique ou « modèle » de ce comportement pour permettre à une personne intéressée de reproduire ou imiter une partie de cette performance.

La Modélisation des Facteurs de Succès peut s'apparenter à l'identification de la clé spécifique permettant d'ouvrir la porte de la réussite pour diverses situations de vie. La « clé » déverrouillant une « serrure » particulière est la combinaison appropriée des comportements et de l'état d'esprit nécessaires pour aborder efficacement les enjeux et contraintes d'un contexte particulier.

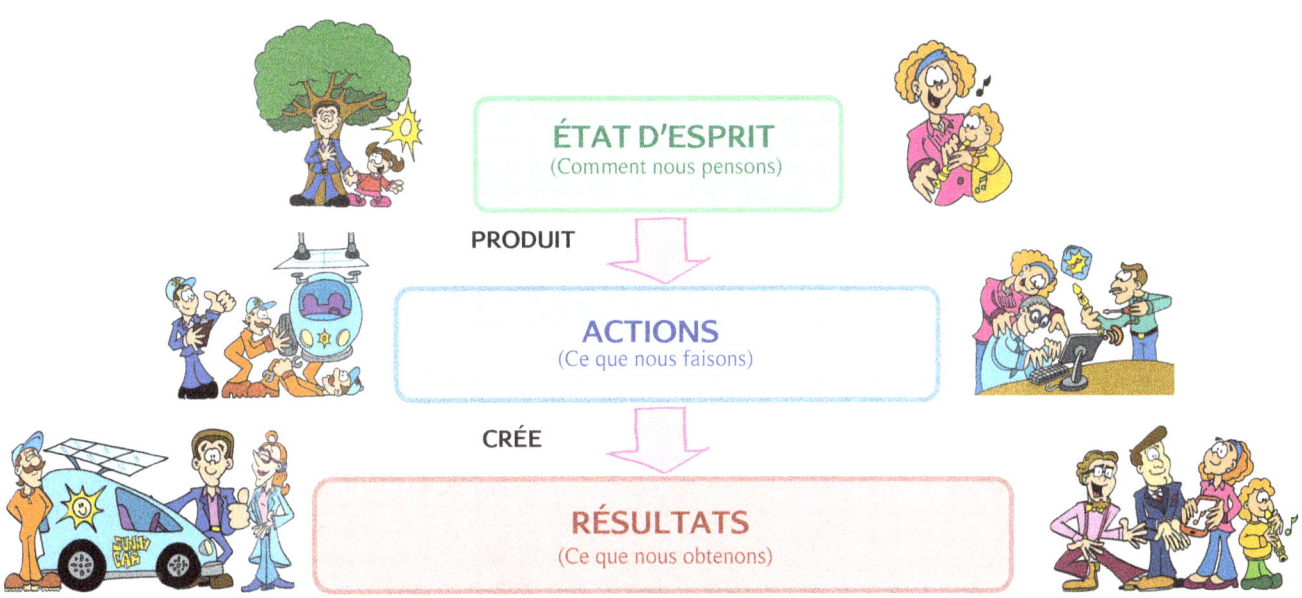

La Matrice de Base de la Modélisation des Facteurs de Succès

Ainsi, l'objectif du processus de Modélisation des Facteurs de Succès est de créer une *carte pragmatique* – portée par différents exercices, grilles et outils permettant aux individus d'appliquer les facteurs modélisés pour atteindre des résultats clés dans le contexte de leur choix. Pour ce faire, SFM™ utilise le modèle de base suivant :

Notre *état d'esprit* – constitué de notre état interne, attitude et processus de pensée – produit des *actions* comportementales externes. C'est notre état d'esprit qui détermine ce que nous faisons et les actions que nous mettons en œuvre dans un contexte donné. Ces actions, à leur tour, créent des *résultats* dans le monde qui nous entoure. L'atteinte de résultats souhaités dans notre environnement requiert donc un état d'esprit permettant de produire les actions nécessaires et appropriées.

Les étapes menant aux résultats souhaités sont les « serrures » que nous cherchons à ouvrir. Notre état d'esprit et nos actions forment la « clé » qui ouvrira une serrure spécifique. L'objectif de la Modélisation des Facteurs de Succès est de trouver les bonnes « clés », celles qui ouvrent les « serrure » nécessaires pour parvenir à une réelle réussite durable.

Niveaux Clés des Facteurs de Succès

Pour identifier les caractéristiques des différents modes de pensée et actions constituant les « clés » associées à une réalisation réussie, le processus de Modélisation des Facteurs de Succès étudie différents niveaux de facteurs :

- **Les facteurs environnementaux** qui déterminent les opportunités ou contraintes extérieures que les individus et les organisations doivent identifier et auxquelles ils doivent réagir. Ils impliquent d'explorer *où* et *quand* le succès arrive.

- **Les facteurs comportementaux**, correspondant à la chaine d'actions spécifiques mises en œuvre pour réussir. Ils impliquent *ce qui (quoi)*, précisément, doit être fait ou réalisé pour réussir.

- **Les capacités** qui constituent les cartes mentales, plans ou stratégies conduisant au succès. Elles déterminent *comment* les actions sont choisies et pilotées.

- **Les croyances et valeurs**, qui viennent amplifier ou inhiber certaines capacités et actions. Elles ont trait au *pourquoi* les personnes prennent une direction plutôt qu'une autre, et aux motivations profondes qui font qu'elles agissent ou persévèrent.

- **Les facteurs identitaires** se rapportent à l'idée que les personnes ont de leur rôle et de leurs caractéristiques individuelles distinctives. Ils dépendent de *qui* la personne ou le groupe pense être.

- **La vision et la finalité** sont liées à la perception qu'ont les personnes du système plus vaste dont elles font partie. Ces facteurs se rapportent au *pour qui* ou *pour quoi* on a choisi une action ou une voie.

Ces niveaux ont été détaillés dans le premier tome de cette série et dans quelques uns de mes précédents ouvrages (*From Coach to Awakener*, 2003 paru en français en 2008 sous le titre « Être coach », et *NPL II : The Next Generation*, 2010).

Environnement : Notre réseau de vergers holistique est axé sur le partage de techniques de cultures fruitières durables qui mettent l'accent sur la santé du sol qui à son tour contribue à celle des arbres, des pommes et donc des personnes.

Comportement : Nos activités couvrent l'ensemble des besoins de la production à la livraison de nos jus, de nos fermes à nos clients, incluant la fabrication, la mise en bouteille et la distribution.

Capacités : Nous avons développé un système innovant avec notre flotte de camions électriques pour distribuer nos jus sans conservateur rapidement et en respectant l'environnement.

Valeurs : L'avez-vous deviné ? Nos valeurs sont la qualité, le goût, la santé et l'écologie. Elles guident nos décisions organisationnelles.

Identité : Nous nous voyons comme un « Johnny Pépin de Pomme »* moderne. Il était reconnu pour sa gentillesse, sa générosité et son leadership en préservation. Aussi pour la symbolique des pommes en lien avec la santé.

Finalité : Nous voulons que notre communauté tire parti de notre travail en inspirant les gens par nos valeurs et en leur fournissant le meilleur jus de pommes !

*NdT : Johnny Appleseed, le surnom donné à John Chapman (1774-1845) Pionnier et missionnaire américain, devenu une légende de son vivant, qui a introduit et planté de nombreux pommiers dans l'Ohio, l'Indiana et l'Illinois. Il est considéré comme un des premiers écologistes.

L'Ego et l'Âme

En analysant les résultats, actions et l'état d'esprit associés à une performance réussie, la Modélisation des Facteurs de Succès tient aussi compte du fait que chaque personne, équipe ou organisation est ce qu'Arthur Koestler a appelé un « holon ». D'une part, elles constituent par elles-mêmes des systèmes complets et indépendants. D'autre part, elles font aussi partie de systèmes de plus en plus vastes qui incluent et transcendent la personne, l'équipe ou l'organisation.

Ainsi, pour la Modélisation des Facteurs de Succès, nos vies et motivations sont régies par ces deux aspects complémentaires de nos identités : ce qui provient de notre existence en temps que (1) individu, tout indépendant et séparé, et (2) partie d'un tout plus vaste (ex : famille, profession, communauté, etc.). Nous appelons *ego* la part de notre vie que nous percevons comme un *tout individuel*. Nous appelons *âme* la part de notre vie que nous percevons comme un *holon* (partie d'un tout plus vaste).

Du point de vue de la Modélisation des Facteurs de Succès, ces deux aspects, ego et âme, sont nécessaires à une existence saine et couronnée de succès. Les questions fondamentales liées à notre *ego* concernent ce que nous voulons réaliser pour nous-mêmes en termes d'*ambition* et de *rôle* : « Quel type de vie est-ce que je veux créer pour moi-même ? » et « Quel type de personne est-ce que je dois être pour créer la vie que je veux ? » Il s'agit de concrétiser nos rêves pour nous-mêmes. Les questions fondamentales liées à l'*Âme* concernent notre *vision* et notre *mission* pour les systèmes plus vastes dont nous faisons partie : « Qu'est-ce que je veux apporter au monde qui soit plus grand que moi ? » et « Quelle est ma contribution unique qui va concourir à réaliser cette vision ? »

Dans l'approche SFM™, ces caractéristiques de l'*Ego* (nous en tant que tout indépendant) et de l'*Âme* (nous en tant que holons faisant partie d'un système plus vaste) se combinent avec les différents niveaux de facteurs de succès, comme indiqué dans l'illustration qui suit.

Les dimensions complémentaires de l'Ego et de l'Âme apportent des éclairages différents à chaque niveau des facteurs de succès. Le côté ego met l'accent sur l'ambition, le rôle, l'importance de la permission, la stratégie et les réactions appropriées face aux contraintes et aux dangers potentiels de l'environnement. Le côté âme met la priorité sur la vision, la mission, la motivation intérieure et l'activation de l'énergie et de l'intelligence émotionnelle nécessaires pour tirer parti des opportunités environnementales de façon proactive.

La part de notre vie que nous percevons comme un *tout individuel*, nous l'appelons en général notre *ego*. La part de notre vie que nous percevons comme un *holon* (partie d'un tout plus vaste) peut être appelé notre *âme*.

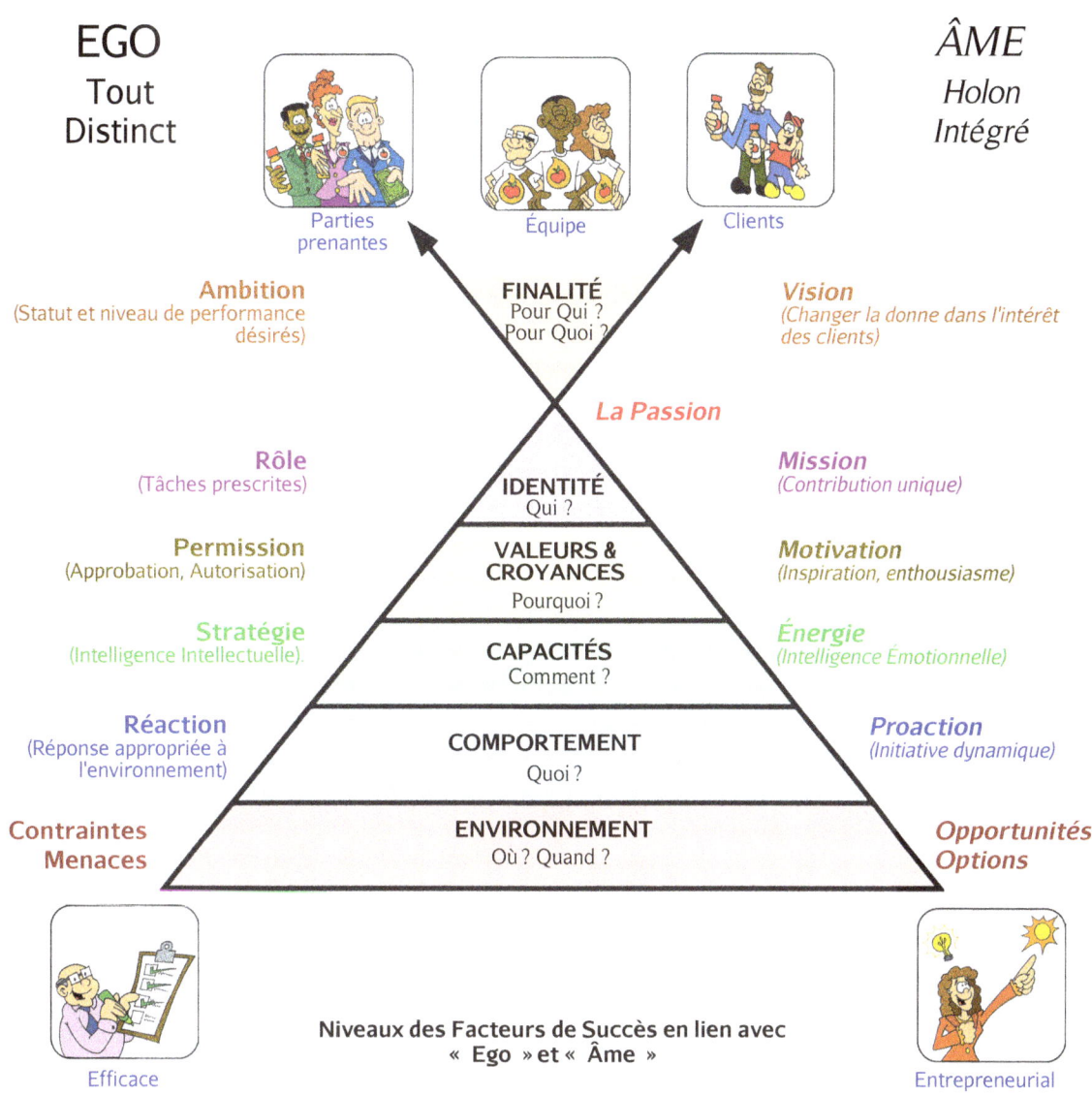

La Modélisation des Facteurs de Succès a pour principal objet d'identifier les savoir-faire et autres facteurs clés nécessaires à la réussite de vos projets, entreprises, affaires et, se faisant, de vivre vos rêves et bâtir un monde meilleur.

Les recherches avec la Modélisation des Facteurs de Succès révèlent que les performances d'un individu, d'une équipe ou d'une organisation sont optimales quand les niveaux de facteurs de succès, tant pour l'ego que pour l'âme, sont équilibrés, alignés et intégrés. Pour atteindre cet équilibre et cette intégration il est essentiel de clarifier et d'aligner vision, mission, ambition et rôle. Ces quatre jalons sont les fondations d'un état d'esprit entrepreneurial performant et constituent la base des projets et entreprises que nous menons en tant qu'entrepreneurs.

A un niveau plus profond, cependant, nos visions, missions, ambitions et rôles expriment la force vitale essentielle que nous apportons au monde par nos corps et nos esprits. Nous reconnaissons cette force de vie essentielle et nous y relions par notre *passion* personnelle.

La Dynamique entre Passion, Vision, Mission, Ambition et Rôle

La Passion

La *passion* personnelle est la clé de voûte d'un état d'esprit entrepreneurial. Ici, elle peut se définir comme *un désir ou un enthousiasme intense pour quelque chose*. Comme Richard Branson l'affirme, elle est l'expression du « vouloir vivre pleinement sa vie ». La **passion** a trait à des questions comme :

> *Qu'est-ce que vous aimez vraiment faire ?*
>
> *Qu'est-ce qui vous enthousiasme ?*
>
> *Qu'est-ce qui vous intéresse et vous inspire ?*
>
> *Qu'est-ce qui vous transporte et vous donne de l'énergie ?*

Les entrepreneurs nouvelle génération qui réussissent le mieux ont une passion et l'envie de créer quelque chose de nouveau et différent qui est « révolutionnaire » et « change la donne » positivement pour les systèmes plus vastes auxquels ils appartiennent. Cette passion fédère leur « ego » et leur « âme » et devient le véhicule par lequel ils évoluent personnellement et spirituellement. Voici quelques exemples de passions d'entrepreneurs nouvelle génération que nous avons interrogés :

- Créer des solutions globales à des problèmes courants
- Résoudre des défis sociaux
- Rectifier les choses - améliorer le monde
- La créativité et penser « hors cadre »
- Favoriser la croissance, en soi et chez autrui
- Créer des connexions et développer des relations humaines riches
- Faire quelque quelque chose à la fois utile et beau

La base d'un état d'esprit entrepreneurial est votre propre passion pour ce que vous faites. Elle vous donne l'enthousiasme, l'énergie et la détermination nécessaires pour créer une entreprise qui réussit.

C'est leur grande passion pour ce qu'ils font et créent qui amène les entrepreneurs à prendre des risques et à rester concentrés face aux nombreux défis qu'ils affrontent. C'est elle qui les pousse au-delà des possibles dont ils avaient rêvé et les amène à développer leur confiance et leurs savoir-faire pour atteindre de nouveaux sommets. Sans un désir et un enthousiasme élevés il est pratiquement impossible de créer une entreprise qui réussit. Selon les mots de Steve Jobs, co-fondateur d'Apple :

> *Les gens disent que vous devez avoir beaucoup de passion pour ce que vous faites et c'est tout à fait vrai. La raison en est que la difficulté est telle que, sans cette passion, toute personne rationnelle baisserait les bras. C'est vraiment dur et vous devez le faire sur un temps prolongé. Donc si vous n'aimez pas vraiment ce que vous faites et que vous ne vous y amusez pas, vous allez abandonner.*

Steve Jobs vivait sa passion de créer des produits technologiques innovants qui feraient une différence positive dans le monde.

Barney Pell de « Powerset » imaginait un monde où les gens pourraient dialoguer en « langage naturel » avec les ordinateurs. (Voir le *Tome I SFM*™, p. 105)

La vision

La vision peut se définir comme « *une image mentale de ce que le futur sera ou pourrait être* ». La vision créative des entrepreneurs qui réussissent est liée à cette aptitude à imaginer et à focaliser sur des possibles à plus long terme qui d'une certaine manière améliorent nos vies. Cela implique l'aptitude à voir au-delà des limites de l'« ici et maintenant » et imaginer des scénarios futurs. Cela nécessite aussi la capacité à fixer et se concentrer sur des but à plus long terme, avec des plans sur le long terme et une vue holistique..

Une caractéristique clé de la vision des entrepreneurs et leaders nouvelle génération qui réussissent est qu'elle est toujours orientée au-delà d'eux-mêmes (c.-à-d., qu'elle est un produit de leur « âme »). En d'autres termes, il s'agit de ce qu'ils veulent voir en plus ou autrement dans le monde - de « créer un monde auquel les gens veulent appartenir ». La **vision** entrepreneuriale implique donc de répondre aux questions :

> *Qu'est-ce que vous voulez apporter au monde qui soit plus grand que vous ?*
>
> *Que voulez-vous voir de plus et de moins dans le monde ?*
>
> *Quel est le monde auquel vous voulez appartenir ?*

La Mission

La *mission* d'un individu ou d'une organisation est en lien avec leur contribution à la manifestation d'une vision précise. Le mot vient du latin *missio* qui signifie « l'action d'envoyer ». En fait, la *mission* est définie dans le dictionnaire comme « *un devoir important à effectuer à des fins politiques, religieuses ou commerciales* ».

Comme sa vision, le sens de la mission de l'entrepreneur vient de la perspective d'être un « holon ». Une mission est donc l'action de contribuer à un système plus grand que celui de l'individu ou du groupe qui l'accomplit pour atteindre un des buts de ce système plus vaste. Par conséquent, la mission d'un individu au sein d'une organisation concerne sa contribution à cette organisation et à sa vision. De même, la mission d'une organisation sera en lien avec le système plus large de ses clients et de leurs besoins.

Mark Fizpatrick (Tidal Wave Technologies) déclare que sa mission et celle de son équipe était de « créer les meilleures solutions possible » pour leur clients. (Voir le *Tome 1 SFM*™, p. 159)

Selon ce point de vue, la **mission** a trait aux questions :

Quel est votre service au système plus grand et à la vision ?

Quelle est votre contribution unique pour que la vision se réalise ?

Quels sont les dons, ressources, capacités et actions que vous apportez au système plus vaste pour que la vision se réalise ?

L'Ambition

L'*Ambition* résulte du désir et de la détermination à obtenir le succès et la reconnaissance pour soi-même. L'ambition se définit comme « *un profond désir de faire ou de réaliser quelque chose, nécessitant en général de la détermination et un travail acharné* » dont on retire un avantage personnel. Nos ambitions, sous forme de rêves et d'aspirations pour nos vies, émergent d'un égo sain et viennent de la *motivation pour la croissance et la maîtrise*.

Les ambitions émergent de nos rêves, désirs, motivations et besoins personnels. Par exemple, comme fruit de nos activités, en plus d'un salaire raisonnable ou confortable, nous pouvons désirer nous développer, nous réaliser ou avoir besoin de reconnaissance et d'approbation.

Ambition a trait à des questions comme :

Quel genre de vie voulez-vous vous créer ?

Que voulez-vous accomplir ? Quel type de statut et de performance voulez-vous atteindre vis à vis de vous-même et des autres ?

Pour quoi voudriez-vous être reconnu et/ou que l'on se souvienne de vous ? Qu'aimeriez-vous pouvoir ajouter à votre CV ou votre biographie ?

Votre vision et votre mission donnent le sens de la direction et de la finalité pour votre entreprise.

Votre ambition nourrit votre désir de développement, d'accomplissement et de réalisation.

Cindana Turkatte a été embauchée comme PDG chez Xindium Technologies pour son ambition claire la motivant à aller rapidement vers un marché viable avec un retour sur investissement positif. (Voir le *Tome 1 SFM*™, p. 165)

Votre rôle définit la position, le statut ainsi que les capacités et savoir-faire associés nécessaires pour réaliser vos vision, mission et ambition.

Lorsque Samuel Palmisano était le DG d'IBM, il voulait que l'entreprise joue un rôle positif à un niveau local. L'une de ses questions habituelles pour sa prise de décisions était « pourquoi un groupe social vous autoriserait-il à opérer sur son territoire ? » (Voir *Tome 1 SFM*, p. 117.)

Le Rôle

Le *Rôle* se définit comme « *la fonction assumée ou le personnage joué par une personne dans une situation donnée* ». Les rôles sont donc en lien à la fois avec la « fonction » – basée sur la compétence – et « le personnage joué » – déterminé par la position hiérarchique ou le statut. Ainsi d'une part, le rôle reflète les savoir-faire, aptitudes et travail personnels. Il est lié à ce qu'une personne *fait* (ou est supposée faire). En fait, les personnes réussissent mieux dans des rôles qui sont « *compatibles avec leurs savoir-faire et caractéristiques personnels* ». D'autre part, il reflète le « statut » ; c.-à-d., qui nous sommes *par rapport aux autres*. En d'autres termes, le rôle réunit à la fois la position qu'une personne occupe par rapport aux autres et les capacités et comportements attendus associés à cette position.

Comme pour la notion de mission, penser à un rôle en fonction d'une seule personne n'est pas pertinent. Le rôle est en lien avec la notion de « holon » ; à la fois individu unique et partie d'un tout plus vaste. Toutefois, en plus de servir la vision, le rôle se concentre aussi sur les façons dont une personne complète, coopère et rivalise avec les autres en fonction de son ambition personnelle.

Par conséquent, le **rôle** a trait à des questions comme :

> *Quel genre de personne devez-vous être pour créer la vie que vous voulez tout en contribuant de manière unique à votre vision ?*
>
> *Quel type de position et de statut vous aiderait à réaliser votre ambition ? Mission ? Vision ?*
>
> *Quelles compétences fondamentales sont nécessaires pour être le genre de personne que vous voulez être ou, pour atteindre et conserver la position ou le statut adéquat ?*

Vision, mission, ambition et rôle sont tous liés à l'intégration de notre double réalité qui consiste à être à la fois un individu unique et indépendant et partie de quelque chose de plus grand que nous. Ils expriment tous notre passion personnelle vis à vis des systèmes plus vastes auxquels nous appartenons.

L'état COACH - Intégrer Ego et âme dans un « Holon »

L'aptitude à se reconnecter, et à rester connecté(e), à cette expérience d'être à la fois un individu constituant un tout et relié à quelque chose au-delà de nous-mêmes, nous donne détermination et énergie. Le fait de maintenir cette double perspective est un trait essentiel d'un état d'esprit orienté réussite et est à la base de toute réalisation efficace. La capacité à le faire à titre individuel peut se définir par un état intérieur correspondant à l'acronyme C.O.A.C.H. :

Centrez-vous, en particulier dans vos « tripes » (le centre du ventre)

Ouvrez votre champ de conscience

Appliquez votre pleine conscience à ce qui se passe en vous et autour de vous

Connectez-vous à vous-même et au(x) système(s) plus vaste(s) dont vous faites partie

Honorez ce qui se présente par un état de ressource et de curiosité (hospitalité)

En état COACH vous êtes centré, ouvert, alerte, connecté et dans l'hospitalité curieuse de votre contexte.

A l'opposé, quand nous sombrons dans un état de blocage interne il se produit ce qui peut se résumer par les lettres C.R.A.S.H. :

Contraction
Réactivité
Analyse paralysante
Séparation
Hostilité, haine ou douleur

En état « CRASH », nous ne nous percevons plus comme un holon. Nous perdons la connexion à notre âme, et tout devient plus difficile. Lorsque nous faisons face à un obstacle extérieur en étant dans l'état « CRASH », nous le vivons comme un problème insurmontable.

La capacité à atteindre et maintenir l'état « COACH », surtout dans des situations difficiles et exigeantes, est du point de vue SFM™ l'un des facteurs de réussite individuels les plus importants.

En état CRASH vous êtes contracté, réactif vis à vis de l'environnement, analytique, séparé et vous sentez hostile ou blessé.

L'Entrepreneur Authentique, ou La Nouvelle Génération d'Entrepreneuriat

C'est en appliquant la Modélisation des Facteurs de Succès sur de nombreuses années que j'ai décelé l'émergence d'une nouvelle génération d'entrepreneurs. Ces entrepreneurs nouvelle génération, ou « zen-trepreneurs », ne se concentrent pas seulement sur les gains financiers. Ils se consacrent aussi à vivre leurs rêves et à bâtir un monde meilleur par leur entreprise. Les compétences nécessaires pour devenir un entrepreneur nouvelle génération prospère ont été le sujet central du *Tome 1* de cette série.

Les entrepreneurs nouvelle génération veulent créer une entreprise ou une carrière qui soit à la fois réussie *et* porteuse de sens ; combinant l'ambition et la contribution, la mission et le désir de développement personnel et d'accomplissement. Ils cherchent aussi à attirer et à collaborer avec d'autres personnes partageant leur vision, mission et ambition. En d'autres mots, la nouvelle génération d'entrepreneuriat suppose de *créer un monde auquel les gens veulent appartenir.*

Nos recherches avec le processus SFM™ a révélé que les entrepreneurs de nouvelle génération prospères réussissent au travers des cinq engagements clés suivants :

- Évoluer Personnellement et spirituellement
- Contribuer à la société et à l'environnement
- Bâtir une entreprise et une carrière prospères et durables
- Favoriser le bien-être émotionnel et physique, le sien et celui des autres
- Partager visions et ressources avec une communauté de pairs, provoquer de nouvelles possibilités.

Ces cinq clés sont résumées sur le schéma de droite.

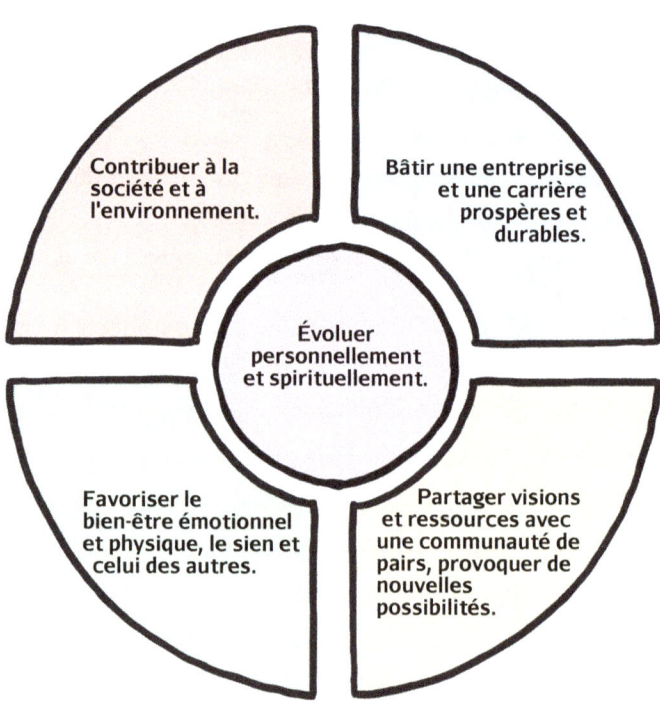

Les facteurs clés pour une Réussite Authentique et pour Créer un Monde auquel les Gens veulent Appartenir

Exemple :

Évoluer personnellement et spirituellement.

« JE VEUX GRANDIR EN TANT QU'HOMME D'AFFAIRES ET PÈRE, ET CONTRIBUER À CRÉER UN MONDE PLUS SAIN ».

Contribuer à la société et à l'environnement.

« GRÂCE À MON ENTREPRISE, LES GENS AURONT ACCÈS AUX VOITURES À ÉNERGIE SOLAIRE. L'ÉNERGIE NÉCESSAIRE SERA PROPRE ET ÉCONOMIQUE »

Bâtir une entreprise et une carrière prospères et durables.

« ÉTANT DES PIONNIERS, NOUS AVONS UN ÉNORME MARCHÉ À CONSTRUIRE ET DES OPPORTUNITÉS POUR L'INNOVATION À LONG-TERME ».

Favoriser le bien-être émotionnel et physique, le sien et celui des autres.

« EN TANT QUE LEADER J'OFFRIRAI DES OPPORTUNITÉS D'ÉVOLUTION À MES COLLABORATEURS ET ENCOURAGERAI LEURS CONTRIBUTIONS ».

Partager visions et ressources avec une communauté de pairs, provoquer de nouvelles possibilités.

« EN PARTAGEANT NOS CONNAISSANCES ET IDÉES AVEC D'AUTRES, NOUS POUVONS FAIRE LA DIFFÉRENCE ET RÉUSSIR ENSEMBLE ».

Le Cercle De Succès SFM (SFM Circle of Success™)

Nos recherches avec la Modélisation des Facteurs de Succès ont révélé que, pour transformer ces cinq clés de réussite authentique en projet ou entreprise, les entrepreneurs nouvelle génération créent ce que nous appelons le *Cercle de Succès SFM (SFM Circle of Success™)*. Un « Cercle de Succès » s'élabore en combinant les résultats, les actions et l'état d'esprit nécessaires à la création d'une entreprise qui réussit durablement.

Le Cercle de Succès SFM (SFM Circle of Success™) recense les résultats, actions et l'état d'esprit nécessaires pour créer une entreprise qui réussit durablement.

Les Cinq Réalisations Fondamentales des Entrepreneurs Nouvelle Génération

Nous avons d'abord découvert que les cinq facteurs clés d'une réussite authentique précédemment définis se traduisent naturellement en *cinq réalisations fondamentales* à accomplir pour constituer une véritable entreprise de nouvelle génération. Ces cinq réalisations sont :

1. La Satisfaction Personnelle
2. La Contribution qui fait Sens (significative)
3. L'Innovation et la Résilience
4. La Croissance Évolutive
5. La Robustesse Financière

Pour créer des entreprises qui réussissent durablement, les entrepreneurs nouvelle génération ont à accomplir cinq réalisations fondamentales :

1. *Une Satisfaction Personnelle*
2. *Une Contribution qui fait Sens (significative)*
3. *L'Innovation et la Résilience*
4. *Une Croissance Évolutive*
5. *Une Robustesse Financière*

La satisfaction personnelle résulte de la connexion à sa passion et de l'évolution personnelle et spirituelle.

Apporter une *contribution qui fait Sens (significative)* résulte de notre aptitude à contribuer à la société et à l'environnement et aussi à veiller au bien-être émotionnel et physique, le sien et celui des autres.

L'innovation et la résilience résultent du partage de visions et ressources avec d'autres pour provoquer de nouvelles possibilités et les mettre en œuvre pour entretenir notre bien-être émotionnel et physique et celui d'autrui afin de tirer parti des opportunités et rebondir dans l'adversité

Le Croissance Évolutive découle de l'exploitation de nouvelles possibilités et de visions partagées pour créer une entreprise qui réussit durablement.

La robustesse financière arrive lorsque nous sommes capables de relier notre contribution sociétale et environnementale à la création d'une entreprise ou carrière qui réussit durablement.

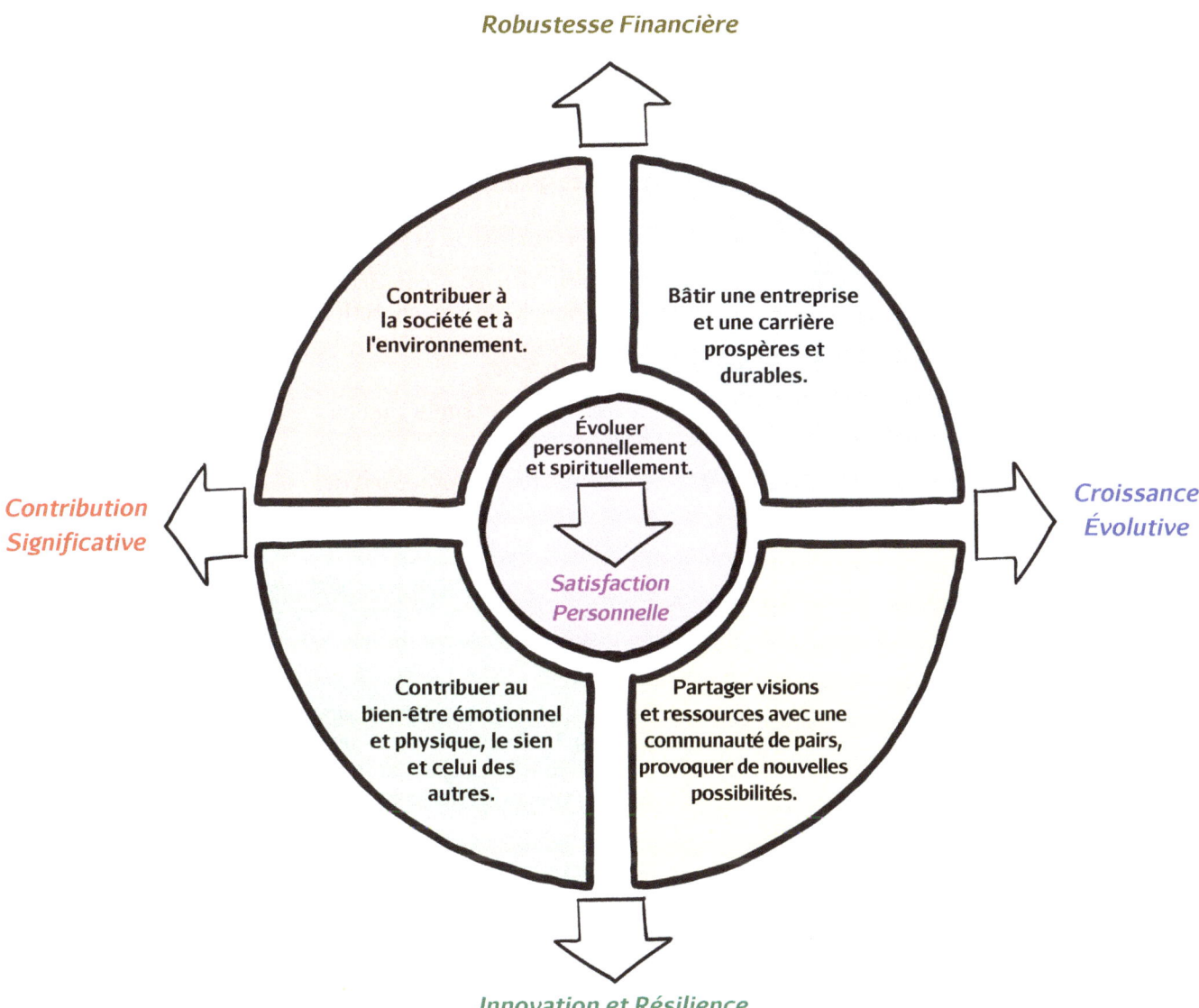

Les Cinq Réalisations Fondamentales des Entrepreneurs de Nouvelle Génération qui Réussissent

Le Cercle de Succès SFM™ identifie cinq domaines essentiels sur lesquels les entrepreneurs doivent se focaliser pour fonder une entreprise performante et durable par laquelle ils peuvent vivre leurs rêves et créer un monde meilleur :

- *Soi/Identité*
- *Clients/Marché*
- *Membres Équipe/Employés*
- *Parties Prenantes/ Investisseurs*
- *Partenaires/Alliances*

Les Actions Décisives et les Perspectives Clés Nécessaires aux Cinq Réalisations Fondamentales des Entrepreneurs de Nouvelle Génération

Nous avons observé que pour atteindre ces résultats, les fondateurs d'entreprises prospères répartissent leur attention et leurs actions de manière équilibrée sur cinq axes fondamentaux : 1) eux-mêmes, leur sens de la finalité et leur motivation pour ce qu'ils font, 2) leurs clients, leurs produits et services, 3) leurs investisseurs et parties prenantes, 4) les membres de leur équipe ou leurs employés et 5) leurs partenaires et alliés stratégiques.

Autrement dit, pour arriver à ces cinq réalisations de base caractérisant une entreprise nouvelle génération performante, les entrepreneurs doivent entreprendre plusieurs démarches essentielles auprès des personnes et groupes clés qui incluent :

1. *Se relier* à **eux-mêmes** ainsi qu'à leur *finalité et leur motivation* pour l'entreprise.

2. *Développer des produits et services* pour leurs **clients** et *générer assez d'intérêt et de revenus* pour soutenir leur entreprise – Établir à la fois un « état d'esprit » et des parts de marché suffisants.

3. Faire grandir une **équipe** compétente en *créant un alignement* avec la mission de l'entreprise et en continuant à *accroître les compétences* de ses membres au rythme de l'évolution de l'entreprise.

4. *Lever des fonds et obtenir d'autres ressources essentielles* pour soutenir l'entreprise dans la réalisation de son ambition, puis poursuivre *le développement de l'activité et créer de la valeur* pour **les parties prenantes et investisseurs.**

5. *Établir des relations gagnant-gagnant* et conclure des alliances avec des **partenaires** stratégiques permettant à toutes les parties d'*enrichir et optimiser les ressources* de façon à gagner en visibilité et étendre leurs rôles sur le marché.

Comme l'évoque le nom de « Cercle de Succès », nous représentons le lien entre ces démarches essentielles et les réalisations fondamentales qu'elles génèrent par un cercle, avec au centre soi, sa finalité et sa motivation et autour quatre quadrants pour les clients/marché, membres de l'équipe/employés, parties prenantes/investisseurs et partenaires/alliances.

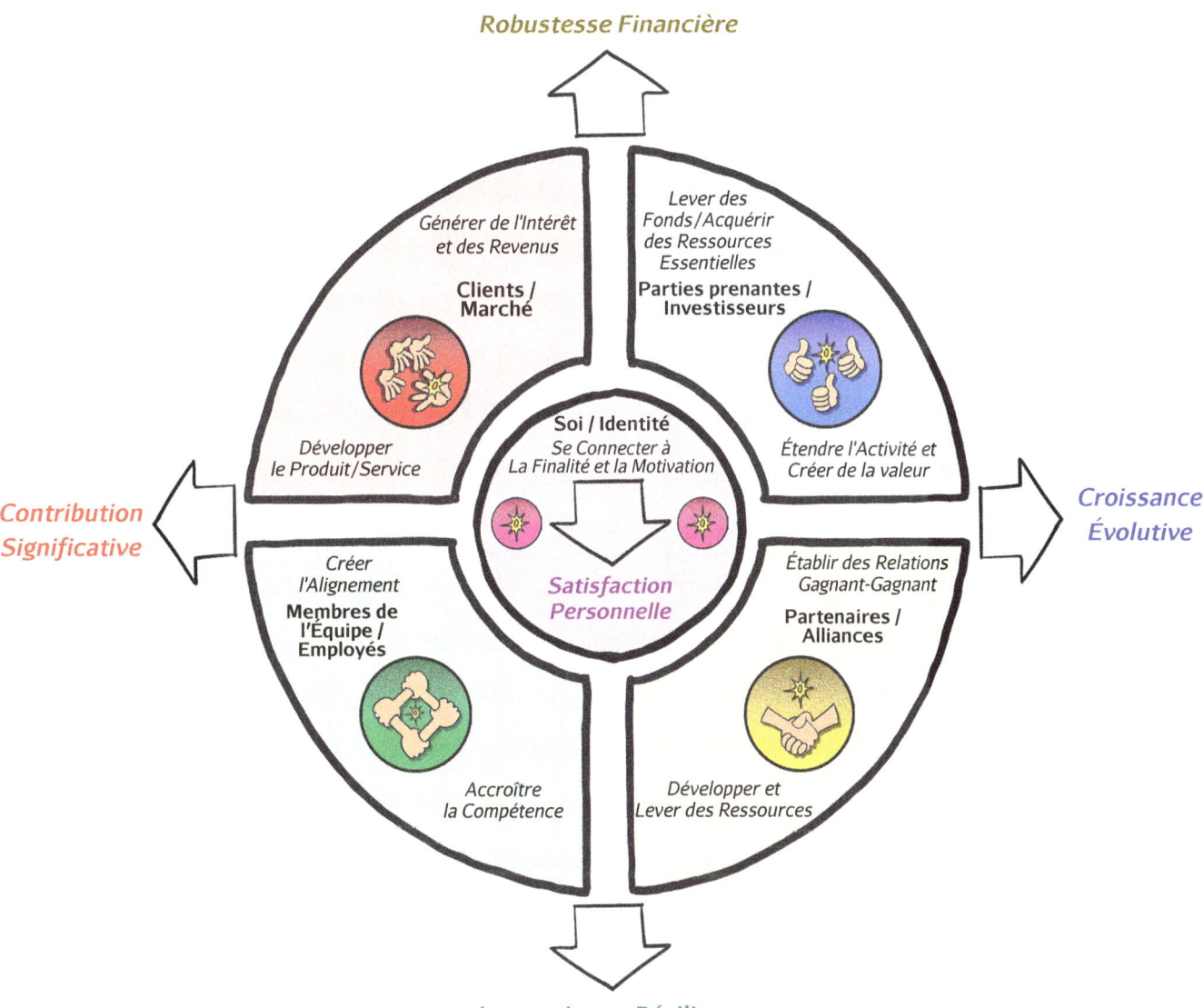

Le Cercle de Succès SFM (SFM Circle of Success™)

Neuf actions clés se combinent pour générer les cinq réalisations fondamentales des entrepreneurs de nouvelle génération.

Le schéma du Cercle de Succès de la page précédente indique bien que l'on parvient à une **satisfaction personnelle** en se (1) *connectant à la finalité et à la motivation.*

La réalisation d'une **contribution qui fait sens (significative)** passe d'abord par des démarches consistant à (2) *développer un produit ou service* qui profite aux clients et à (3) *créer l'alignement* au sein de l'équipe. (Voir l'exemple du cas de Facteurs de Succès de CrossKnowledge, pp 103-115)

Réussir à réaliser **l'innovation et la résilience** résulte essentiellement des démarches consistant à (4) *accroître les compétences* des membres de son équipe et (5) *développer et lever des ressources* par des partenariats et alliances. (Voir le cas de Facteurs de Succès du programme de Cycle Supérieur en Management de Stefan Crisan, pp. 158-167.)

La réalisation d'une **Croissance Évolutive** s'obtient d'abord par les démarches consistant à (6) *établir des relations gagnant-gagnant* avec des partenaires et alliés et (7) *étendre l'activité et créer de la valeur* pour les parties prenantes et investisseurs. (Voir l'exemple du cas de Facteurs de Succès de Randy Williams et Keiretsu, pp. 198-209.)

Robustesse financière résulte pour beaucoup des démarches consistant à (8) *lever des fonds et acquérir des ressources essentielles* de parties prenantes et d'investisseurs et (9) *générer de l'intérêt et du revenu* de la part des clients. (Voir le cas de Facteurs de Succès de Comau Pico, pp. 270-277.)

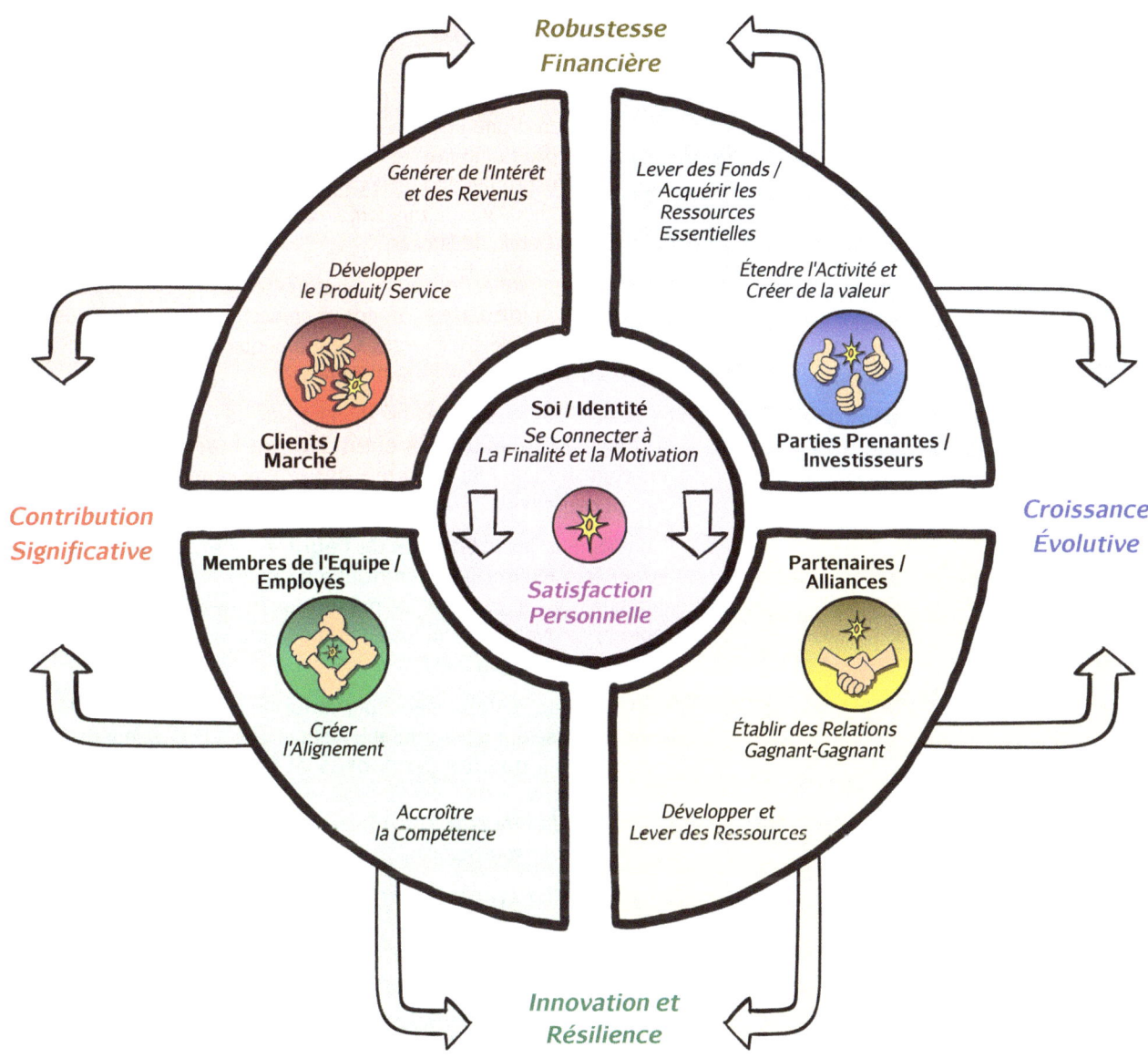

Selon le Cercle de Succès SFM (SFM Circle of Success™) les réalisations fondamentales des Entrepreneurs Nouvelle Génération passent par des démarches incontournables auprès des clients, parties prenantes, membres de l'équipe e partenaires.

Introduction 23

Instaurer un État d'Esprit Entrepreneurial - Intégrer Passion, Vision, Mission, Ambition et Rôle dans le Cercle de Succès (Circle of Success™)

Nos études de Modélisation des Facteurs de Succès ont démontré qu'en définitive la création d'une entreprise qui réussit s'appuie sur un *état d'esprit entrepreneurial* qui produit et inspire les démarches nécessaires aux réalisations de base. Cet état d'esprit dépend de la capacité d'un entrepreneur à partager sa *passion*, sous la forme de *vision, mission, ambition* et *rôle*, selon les perspectives clés définies par le Cercle de Succès.

Les cinq aspects fondamentaux d'un état d'esprit entrepreneurial - passion, vision, mission, ambitions et rôle - dirigent les neuf démarches clés nécessaires aux réalisations de base caractérisant une entreprise qui réussit durablement.

- La *passion* personnelle trouve sa source en se reliant pleinement à son **soi** et son **identité** profonde et en découvrant ce qui nous rend enthousiaste et plein d'énergie. Cela implique d'étudier la question : *Qu'est-ce que vous aimez vraiment faire ?*

- La *vision* de l'entrepreneur dépend de sa passion personnelle exprimée à l'attention **des clients et du marché** pour apporter une contribution. Elle est la réponse à la question : *Que voulez-vous apporter au monde ?*

- L'alignement des **membres de l'équipe et employés** travaillant ensemble à réaliser la vision résulte de la façon dont l'entrepreneur communique et partage sa passion au travers de la *mission* de l'entreprise. Nous l'obtenons en répondant à la question : *Quelle est votre contribution unique à la vision ?*

- La passion de l'entrepreneur sous la forme de son *ambition* de bâtir une entreprise qui réussit durablement et créer de la valeur est ce qui encourage les **parties prenantes et investisseurs** à proposer des ressources et prendre le risque de prendre part à l'entreprise. Il s'agit ici de répondre précisément à la question : *Que voulez-vous accomplir pour vous-même ?*

- La passion de l'entrepreneur à mettre en œuvre son « domaine d'excellence »* au travers d'un *rôle* et à établir des relations gagnant-gagnant avec des pairs qui accroissent et lèvent des ressources, constitue la base des **partenariats et alliances gagnant-gagnant.** Cela demande d'élucider la question : *Qui devez-vous être pour honorer votre mission et votre ambition ?*

---

*NdT : Ou "mécanisme d'excellence", notion créée par Joël Guillon. Voir le tome 1 SFM page 52.

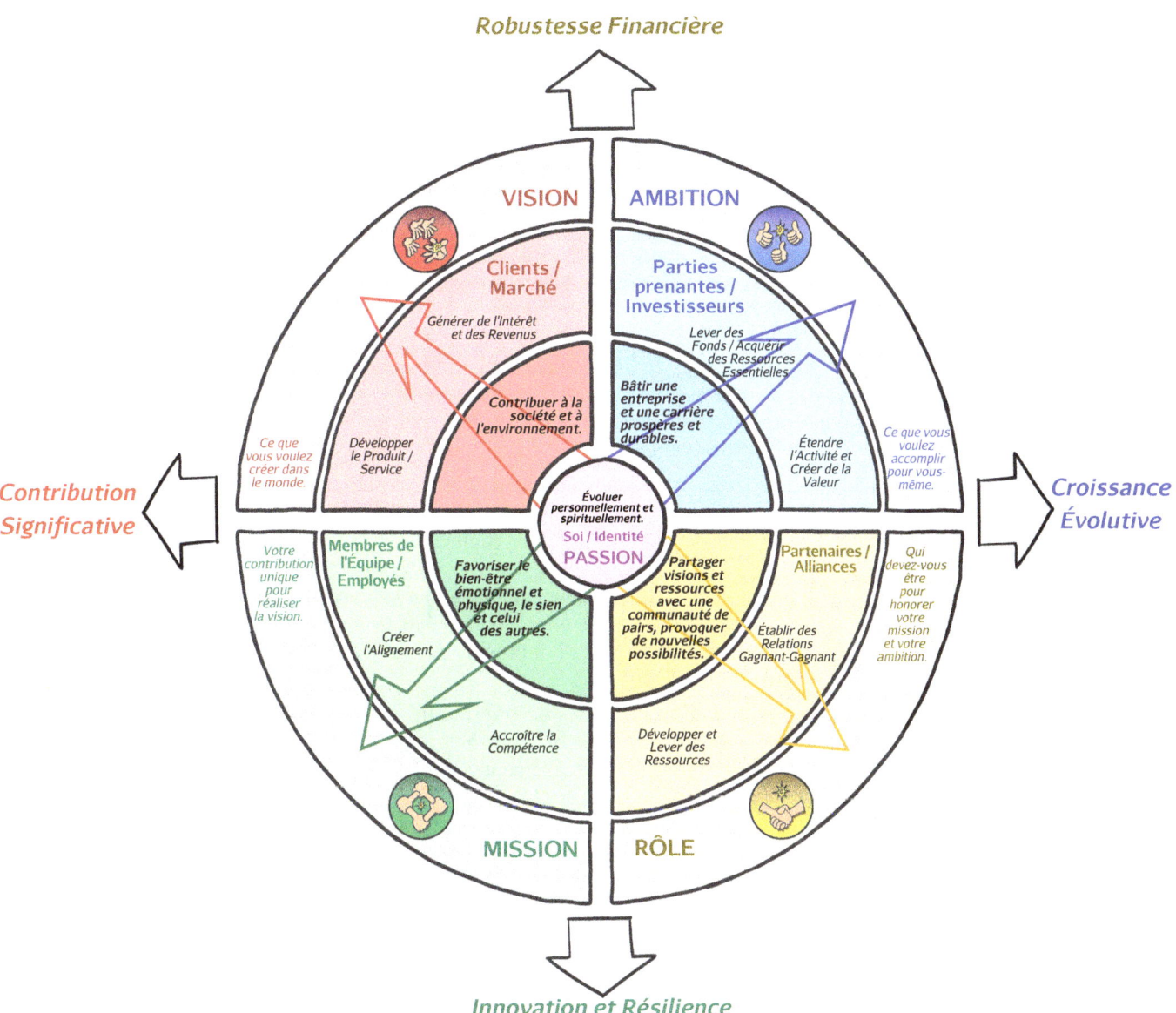

Passion, Vision, Mission, Ambition et Rôle, et le Cercle de Succès SFM (SFM Circle of Success™)

Concevoir un Elevator Pitch

Une fois que vous avez élaboré votre Cercle de Succès - cerné votre identité et votre passion; votre vision et vos clients; votre mission et votre équipe; votre ambition et vos parties prenantes; enfin votre rôle et vos partenaires - vous disposez des fondamentaux à partir desquels construire une entreprise couronnée de succès. Il est maintenant temps de synthétiser et résumer votre Cercle de Succès en argumentaire express, communément appelé « elevator pitch ».

Comme je l'ai indiqué en fin du *Tome I SFM™*, la notion d'elevator pitch vient du monde à cadence rapide de la Silicon Valley. Dans un contexte aussi dynamique, un entrepreneur doit être capable de communiquer l'essence de sa vision et de son entreprise à quelqu'un le temps d'un trajet de quelques étages en ascenseur avec cette personne. Ce sera parfois votre seule chance de susciter l'intérêt d'un potentiel investisseur, partenaire ou membre de votre équipe pour vos projets. De là, le terme *elevator pitch* est devenu synonyme de description brève et concise de votre projet, idée ou entreprise.

Un elevator pitch doit être un descriptif succinct, soigneusement préparé et rodé de vous-même, votre entreprise ou votre produit/service que votre interlocuteur-cible peut comprendre le temps d'un trajet de quelques étages en ascenseur. Que vous soyez entrepreneur de start-up à la recherche d'investisseurs, jeune diplômé(e) à la recherche de son premier emploi, parent d'élève avec des idées pour améliorer les cours ou bénévole à la recherche de dons, un bon elevator pitch peut vous aider à susciter l'intérêt pour votre projet ou entreprise.

Il ne s'agit pas de transmettre un maximum d'informations en un temps record. Un elevator pitch bien conçu doit autant susciter l'émotion qu'être compris intellectuellement. Voici les trois caractéristiques fondamentales d'un bon elevator pitch :

1) *La Précision* - Vous devez être capable de l'exprimer en deux minutes seulement.

2) *La Passion* - Les clients, investisseurs, collaborateurs et partenaires potentiels attendent énergie et implication de la part des entrepreneurs.

3) *Une demande* - A la fin de votre pitch, vous devez demander quelque chose. Voulez-vous leur carte de visite, un rendez-vous pour une présentation complète, une mise en relation, etc.?

Un elevator pitch est une description brève et concise de votre projet ou entreprise.

Un elevator pitch bien conçu doit susciter l'émotion autant que la compréhension cognitive.

Guide de Travail pour un Elevator Pitch

Dans mes programmes de Modélisation des Facteurs de Succès et mes séances de coaching, j'invite les entrepreneurs à utiliser le guide qui suit pour intégrer le fruit du travail sur leur Cercle de Succès à un Elevator Pitch de base. En répondant aux questions et en complétant les énoncés, vous aurez l'essence d'un Elevateur Pitch efficace et attractif.

Ma passion c'est _____

Qu'aimez-vous vraiment faire ? Pourquoi êtes vous motivé à vous investir dans ce projet/cette entreprise ?

Ma vision est celle d'un monde dans lequel _____

Quels avantages positifs votre projet/entreprise apportera ?

Ma mission est de _____

Quelles actions/ressources vous, et votre projet/entreprise, mettrez en œuvre pour contribuer à réaliser la vision?

_____

Pour qui ferez-vous ces actions et offrirez-vous ces ressources et pour quelle finalité ?

Le projet/l'entreprise spécifique qui traduit cette mission est

_____

Quel est le produit ou service qui incarne concrètement votre mission?

Mon ambition est d'arriver à/de réaliser _____

_____

Que voulez vous devenir et accomplir ? Dans quel délai ? Soyez le plus précis possible, avec des chiffres.

Les principales étapes que je suivrai (story-board) pour réaliser cette ambition sont :

1. _____

2. _____

3. _____

4. _____

Quelles sont les étapes clés de votre chemin vers la réussite ?

Mon rôle est celui de/d'un(e) _____

Quel rôle jouerez-vous, par rapport aux autres, pour réaliser vos vision, mission et ambition ?

Mon domaine d'excellence est _____

Quels sont les talents et capacités uniques qui vous permettront de remplir ce rôle ?

Les ressources/soutiens dont j'ai besoin sont _____

_____

_____

De quels types ressources et de soutiens (argent, informations, contacts, etc.) avez-vous besoin pour réussir ?

Ma demande est _____

Qu'aimeriez-vous recevoir de vos interlocuteurs ?

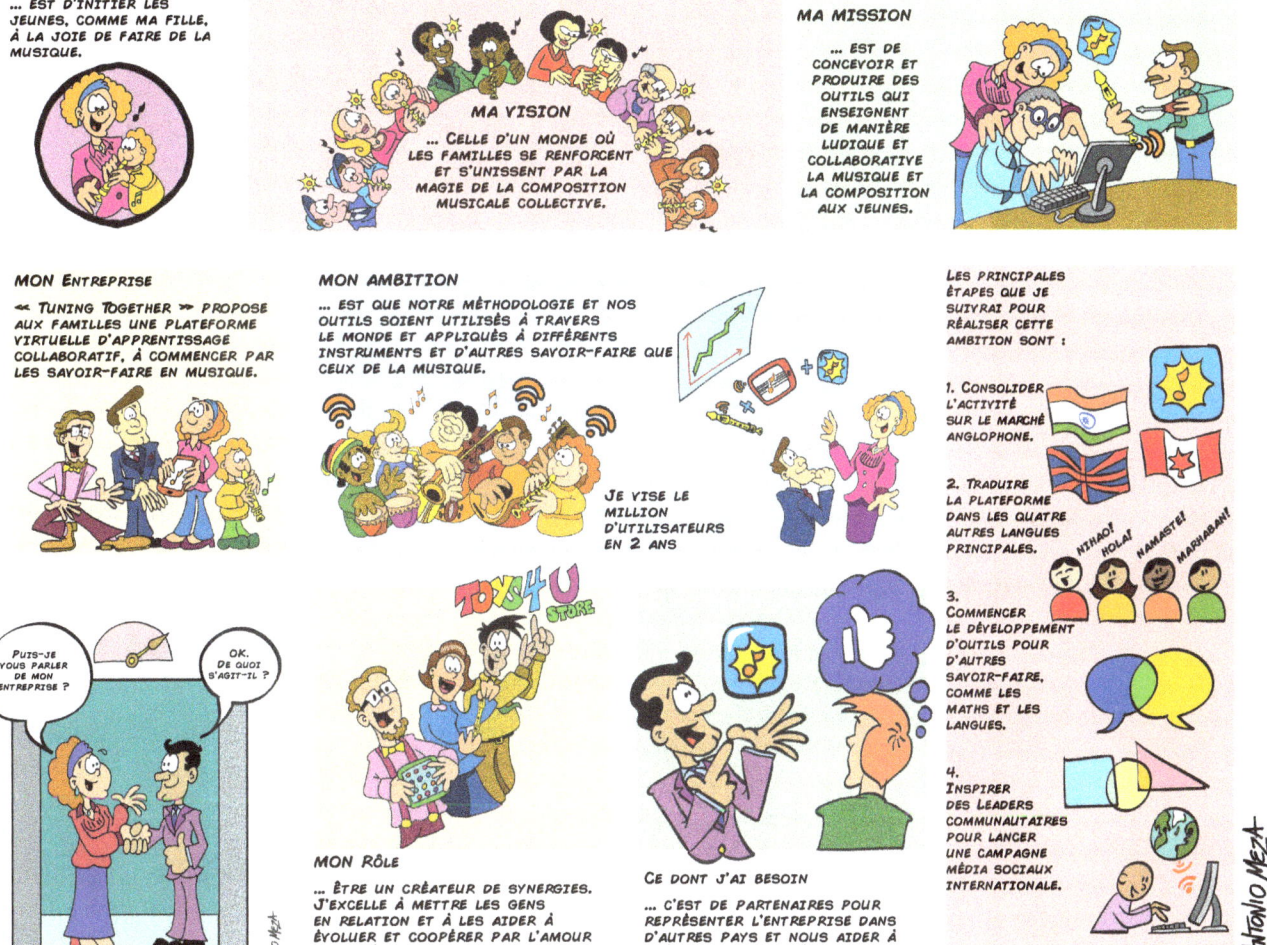

Exemple d'un Elevator Pitch

La cartographie de L'État d'Esprit SFM (SFM Mindset Map™)

En plus des éléments fondamentaux constitutifs de votre Cercle de Succès et de votre Elevator Pitch, l'aptitude à adopter un certain nombre de modes de pensée complémentaires précis s'avère nécessaire pour transformer votre Cercle de Succès en entreprise viable. Mon confrère Miklos (Mickey) Feher et moi avons identifié huit modes de pensée fondamentaux que les entrepreneurs qui réussissent adoptent pour mettre en œuvre leurs projets ou entreprises : AnimateurMarché, CréateurProduit, AnimateurÉquipe, BâtisseurTalents, Ressourceur, Marieur, BâtisseurEntreprise et SourcierFinance. Chacun de ces modes de pensée correspond à une partie du Cercle de Succès.

La Carte de l'État d'Esprit SFM™ identifie huit modes de pensée spécifiques que les entrepreneurs doivent pouvoir adopter pour créer une entreprise viable.

- Le mode de pensée **CréateurProduit** vise à anticiper et satisfaire les besoins et désirs du client en développant des solutions novatrices et capacitantes (produits et services).

- La particularité du mode de pensée **AnimateurÉquipe** est d'attirer et orienter les personnes qui soutiennent la mission de l'entreprise (ses produits et services) en favorisant la synergie, la complémentarité et l'alignement.

- La priorité du mode de pensée **BâtisseurTalents** est d'offrir les opportunités et ressources nécessaires à l'évolution et au développement des compétences des membres de l'équipe.

- La préoccupation majeure du mode de pensée **Ressourceur** est d'identifier, explorer et établir des synergies significatives avec les produits, services, compétences, etc. d'autres entreprises complémentaires (Partenaires/Alliances) pour accroître et lever des ressources.

- Le mode de pensée **Marieur** s'attache à chercher des entreprises (Partenaires/Alliances) partageant les visions et valeurs de la sienne et à créer des synergies entre les rôles et atouts de chacune (par le partage, le regroupement ou l'échange) pour instaurer des relations gagnant-gagnant.

- Le mode de pensée **BâtisseurEntreprise** s'attache à élaborer une infrastructure durable ainsi qu'une trajectoire de croissance et d'évolutivité pour l'entreprise afin de créer de la valeur pour les Parties Prenantes.

- La priorité du mode de pensée **SourcierFinance** est d'identifier des sources de financement et autres ressources essentielles (Parties prenantes et Investisseurs) et de les associer de façon créative aux ambitions et atouts de l'entreprise.

- Le mode de pensée **AnimateurMarché** se focalise sur l'ouverture et l'entretien d'un dialogue avec les différents clients et leurs représentants de façon à générer de l'intérêt et des revenus.

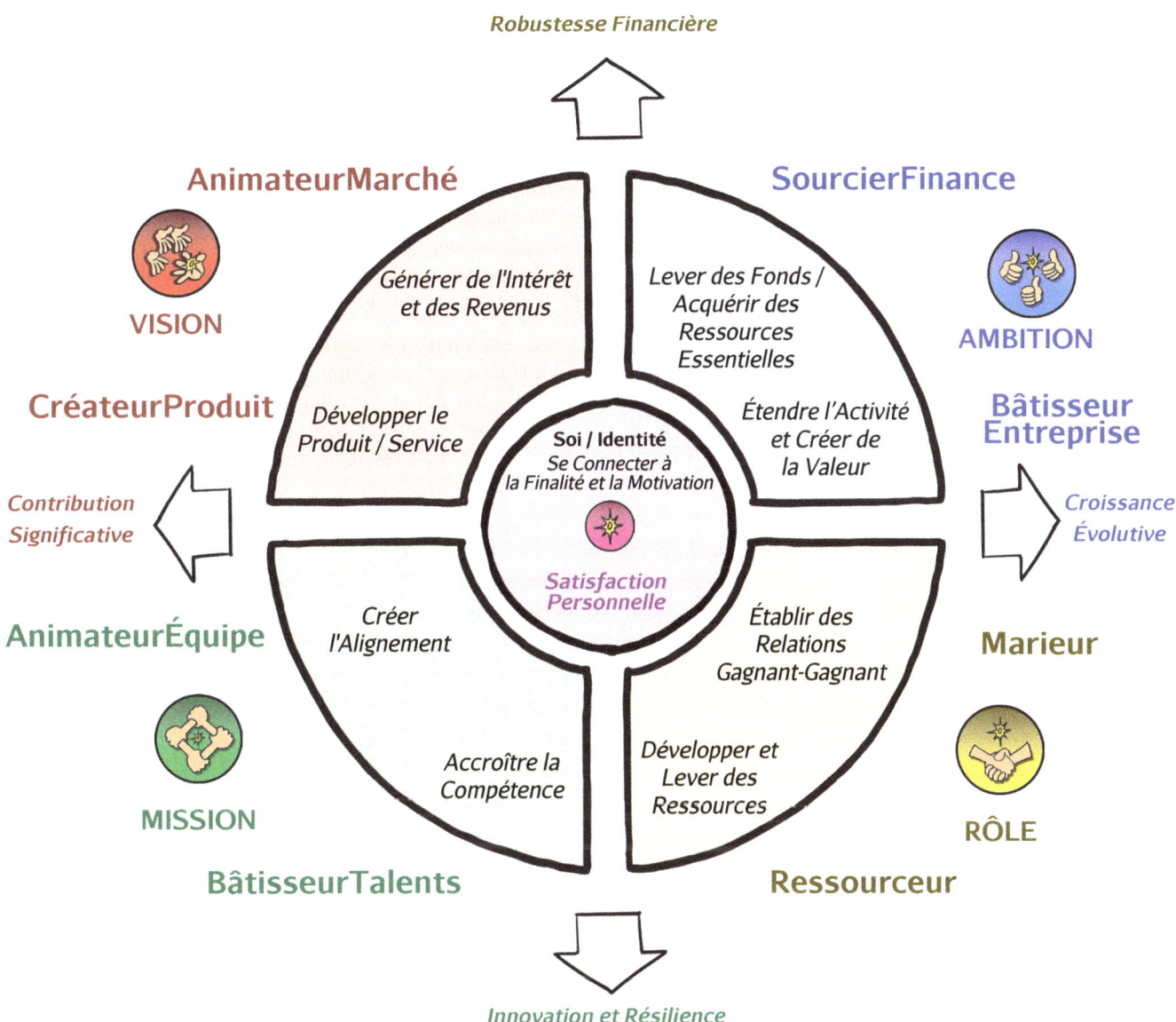

Il y a huit modes de pensée spécifiques que les entrepreneurs doivent être capables d'adopter pour créer une entreprise viable.

Introduction 31

Les huit Modes de Pensée SFM™ sont essentiels aux réalisations de base nécessaires pour créer une entreprise qui réussit durablement.

Les modes de pensée CréateurProduit et AnimateurÉquipe sont essentiels à une *contribution qui fait sens (significative)*. Les modes de pensée BâtisseurTalents et Ressourceur sont nécessaires pour générer *Innovation et Résilience*. Les modes de pensée Marieur et BâtisseurEntreprise sont ceux qui permettront la *Croissance Évolutive*. Les modes de pensée AnimateurMarché et SourcierFinance sont nécessaires à la *Robustesse Financière*.

Souvent, nous sommes plus compétents et plus à l'aise avec certains modes de pensée qu'avec d'autres. Ainsi, pour construire notre Cercle de Succès, nous avons besoin soit de développer certains de ces modes de pensée soit d'établir des partenariats avec d'autres plus naturellement enclins aux modes de pensée qui nous font défaut. Ceci pour combler nos zones de vulnérabilité.

Dans ce tome nous explorerons les deux voies. Je proposerai des exercices et des pratiques pour vous aider à développer et renforcer les différents modes de pensée. J'exposerai aussi comment utiliser les principes et pratiques de l'intelligence collective pour « muscler » les différents modes de pensée en optimisant les compétences d'autres membres de votre équipe ou de votre réseau.

Mickey Feher et moi avons également créé l'application « Carte de l'état d'esprit SFM™ » (SFM Mindset Map™ app) pour vous aider à évaluer et à développer ces différents aspects de l'état d'esprit nécessaire à la création d'une entreprise performante.

Pour plus d'informations, consulter *http://www.mindsetmaps.com*

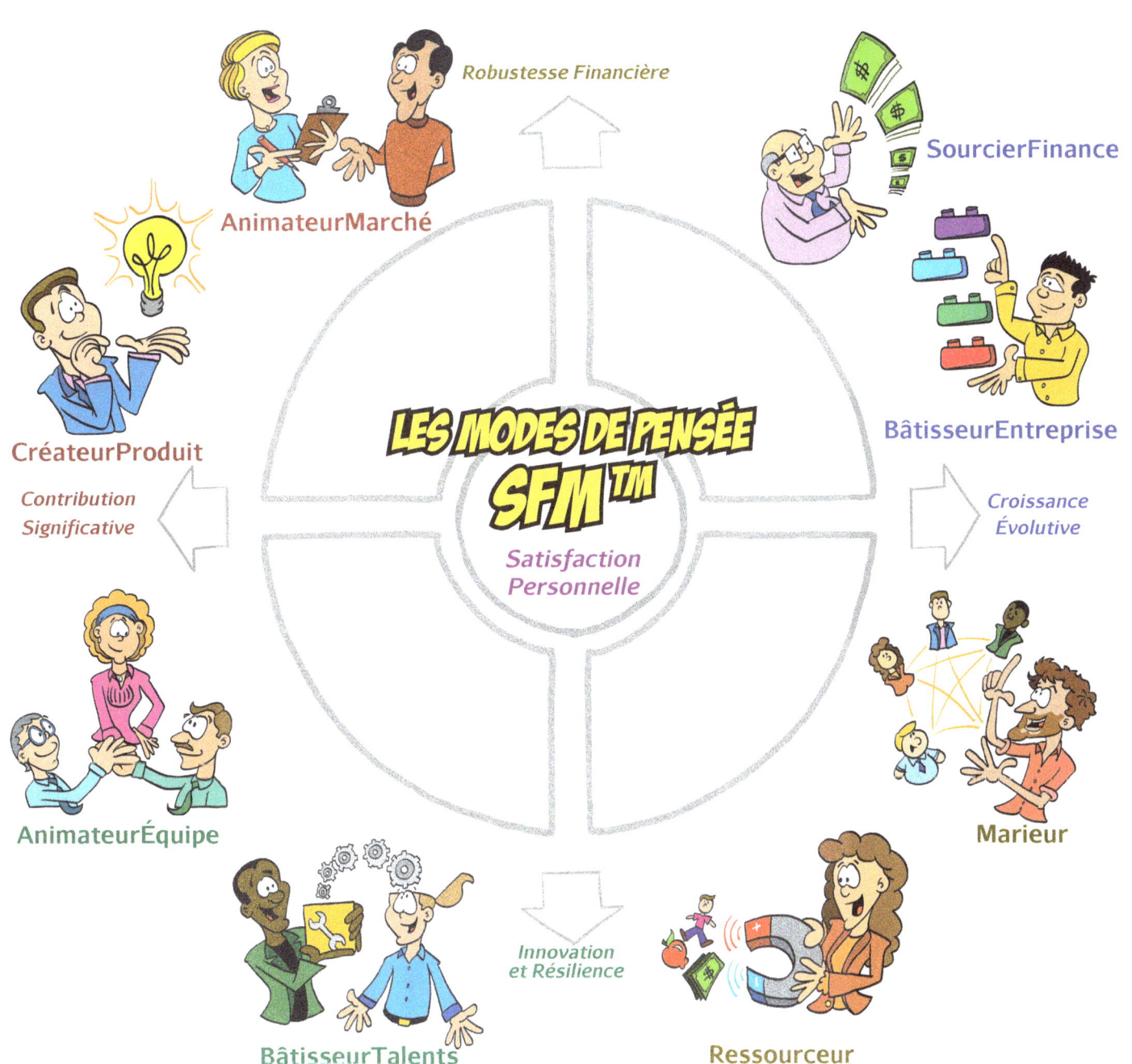

Introduction 33

La pratique des différents modes de pensée SFM™ vous permet de créer un Cercle de Succès renforcé, d'affiner et développer votre elevator pitch pour une présentation plus poussée de votre entreprise.

Intégrer Différents Modes de Pensée au Cercle de Succès

L'exercice qui suit peut vous aider à appliquer les huit modes de pensée SFM™ pour enrichir votre Cercle de Succès et étoffer votre Elevator Pitch pour une présentation plus complète de votre entreprise. Pendant l'exercice, l'explorateur/présentateur est debout au centre du Cercle de Succès tandis que quatre autres personnes représentent le rôle et le mode de pensée de chacun des quadrants externes. Pour commencer, l'explorateur/présentateur fait son Elevator Pitch en s'assurant de répondre aux questions clés le/la concernant lui/elle et son identité : *Quelle est ma passion ?* et *Quel est mon but et ma motivation ?*

Puis les représentants adoptent le point de vue de leurs parties respectives dans le Cercle de Succès et posent à l'explorateur/présentateur les questions liées aux modes de pensée propres à leur quadrant.

Clients :

CréateurProduit : *Quel est votre produit ou service ?*

AnimateurMarché : *Comment allez-vous intéresser vos clients et générer du revenu ?*

Équipe :

AnimateurÉquipe : *Qui sont les membres de votre équipe ? Quelles sont vos valeurs essentielles ?*

BâtisseurTalents : *Quelles sont vos compétences uniques ?*

Parties prenantes :

SourcierFinance : *De quelles ressources essentielles avez-vous besoin ? Comment allez-vous les obtenir ?*

BâtisseurEntreprise : *Comment allez-vous développer votre projet/activité et créer de la valeur ?*

Partenaires :

Marieur : *Qui sont vos partenaires clés ?*

Ressourceur : *Comment vos partenariats accroitront et optimiseront vos ressources ?*

Il s'agit d'un bon moyen pour les représentants de pratiquer les différents modes de pensée et, pour l'entrepreneur de s'entrainer à répondre à différents types de questions sur sa présentation et son entreprise.

Les représentants de chaque partie du Cercle de Succès posent les questions associées à leur point de vue sur le projet ou l'entreprise du présentateur.

Introduction

L'Influence du Contexte et du « Champ de l'Innovation » sur le Cercle de Succès

La réussite des nouvelles entreprises dépend de la façon dont elles servent, et sont accueillies par, le système socio-économique plus vaste dans lequel elles sont créées.

Ici aussi, la réussite pour les nouvelles entreprises est en grande partie déterminée par leur adaptabilité aux systèmes plus vastes auxquels elles appartiennent. L'état évolutif de ces systèmes plus vastes définit le contexte dans lequel l'intention et la passion de l'entrepreneur prennent forme dans les différentes parties du Cercle de Succès. La nature de ces systèmes plus vastes peut être vue comme un type de champ qui est fonction des dynamiques socio-économiques et des développements techniques. Un tel champ n'est pas juste constitué des besoins, attitudes et opinions des individus composant le Cercle de Succès mais aussi de leurs besoins et attitudes en latence ou en cours de développement.

Les évolutions techniques et les changements radicaux des besoins et attitudes des gens forment une sorte de « champ de l'innovation » qui détermine la faisabilité, la désirabilité et l'acceptabilité de nouveaux produits et idées.

C'est l'état de ce plus vaste champ de possibilités qui détermine si l'idée d'un entrepreneur est perçue comme faisable et désirable. Les entreprises qui réussissent le mieux sont celles qui produisent quelque chose de radicalement innovant et qui « change la donne ». Cela arrive lorsqu'elles sont capables de « surfer sur la vague » d'une tendance qui émerge dans l'environnement.

La capacité à comprendre et à suivre les évolutions clés du champ plus vaste d'intérêts et de possibilités est un facteur majeur de réussite, tant pour les leaders établis en affaires que les aspirants entrepreneurs. Ceci est lié à la compréhension des forces qui façonnent le champ et l'application de ce qui pourrait être appelé « la détection des signaux faibles » pour s'harmoniser aux tendances à venir. Des promesses de nouvelles possibilités et de changements de donne émergent en permanence. Un facteur clé de réussite pour les entrepreneurs est l'aptitude à percevoir et à prédire où et quand ces évolutions qui changent la donne apparaîtront. C'est rendu possible par l'aptitude à favoriser et à tirer parti de ce qui est connu sous le nom d'« *intelligence collective* » - l'objet premier de cet ouvrage.

Pour réussir, les entrepreneurs doivent être capables de percevoir et de tirer parti de tendances et d'opportunités émergentes dans le « champ de l'innovation » dynamique.

Dans le premier tome de cette série nous avons présenté différents modèles, principes et exercices pour aider les lecteurs à développer et appliquer les compétences nécessaires à l'élaboration de leur propre Cercle de Succès d'un projet ou d'une entreprise. Dans ce tome nous explorerons comment enrichir, étendre et plus détailler votre vision et entreprise par l'intelligence collective, la collaboration générative et la collaboration dynamique d'équipe.

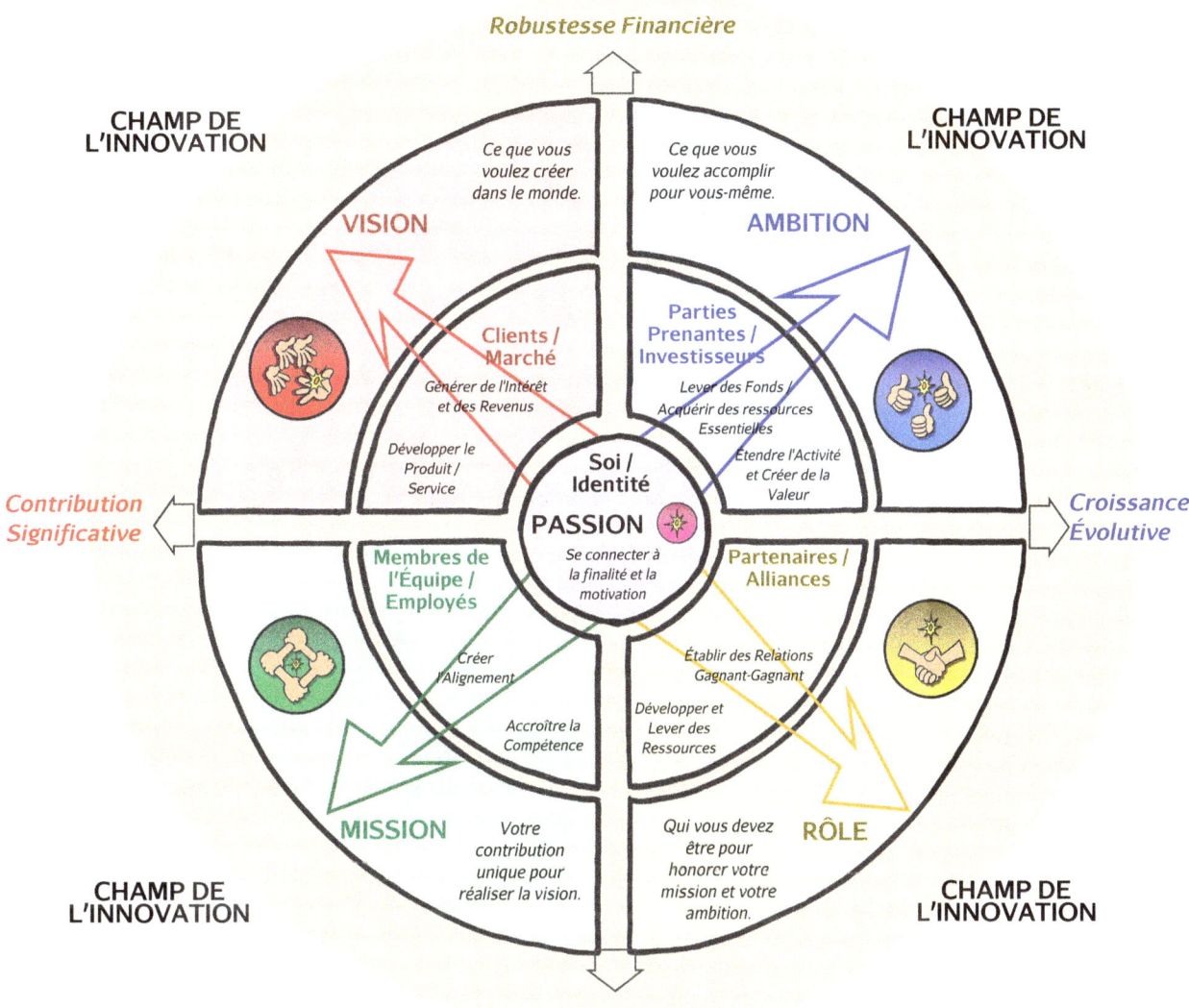

Les projets entrepreneuriaux les plus réussis sont ceux dont la contribution « Change la Donne » pour le contexte socio-économique plus vaste ou le « Champ de l'Innovation » dans lequel ils existent.

Introduction 37

01
Agrandir le « Gâteau Commun »
Intégrer l'Intelligence Collective à votre Cercle de Succès

Le tout est plus grand que la somme de ses parties.
Aristote

Nous modelons notre être pour l'accorder au monde et par le monde nous sommes modelés à nouveau.
Le visible et l'invisible travaillant ensemble à une cause commune, pour produire le miraculeux.
David Whyte

La plus grande utilité d'une vie est de la consacrer à quelque chose qui lui survivra.
William James

Intégrer l'Intelligence Collective à Votre Cercle de Succès

Le premier tome de cette série de la *Modélisation des Facteurs de Succès* a débouché sur le processus de création d'un « elevator pitch » pour votre entreprise (pp. 286-290). Comme nous l'avons souligné dans le chapitre précédent, un *elevator pitch* est une description succincte de vous et votre entreprise, produit ou service que vous pouvez faire à quelqu'un le temps d'un trajet de quelques étages en ascenseur. Le but d'un elevator pitch est d'attirer l'attention, puis espérons-le l'intérêt et au final la coopération de personnes susceptibles d'adhérer et ou contribuer à votre *Cercle de Succès* en tant que client, partie prenante, membre de l'équipe ou partenaire. Ce tome de la *Modélisation des Facteurs de Succès* explore les étapes suivantes.

Les entrepreneurs qui réussissent vraiment sont capables de travailler de façon créative et efficace avec les membres de leur Cercle de Succès, pour enrichir, étendre et concrétiser leur vision et réaliser leur ambition. Cela implique une compréhension pragmatique de et une facilité à promouvoir « l'intelligence collective » et « la collaboration générative ». Comme pour toute activité entrepreneuriale réussie, cela commence par un état d'esprit gagnant-gagnant.

Construire un Cercle de Succès efficace exige une aptitude à faciliter l'intelligence collective et la collaboration générative avec les clients, l'équipe, les parties prenantes et les partenaires.

Créer une entreprise performante et durable nous demande d'inviter autrui dans notre Cercle de Succès et de promouvoir l'intelligence collective et la collaboration générative.

Agrandir le « Gâteau Commun »

Il est assez courant d'entendre les gens évoquer la bataille pour remporter « la plus grosse part du gâteau ». Il en résulte une nécessité pour les individus et organisations d'être sans cesse en lutte et en compétition pour maximiser leur part d'un marché ou d'une ressource limités.

C'est intrinsèquement, un cadre gagnant-perdant ou à « somme nulle ». Comme nous l'avons vu dans le *Tome 1* de cette série, une interaction à *somme nulle* est celle où pour qu'une personne ou un groupe gagne (+1) l'autre doit perdre (-1), le résultat final étant zéro (0). Les interactions à « somme nulle » se produisent souvent dans des situations perçues ou présupposées limitées en ressources, ne permettant qu'à un seul des protagonistes de réussir ou survivre.

Les Interactions gagnant-gagnant, quant à elles, présupposent qu'il y a potentiellement assez de ressources disponibles, que chacun peut en bénéficier et que, grâce à la coopération, il peut s'en créer encore plus. En général les interactions gagnant-gagnant créent, par effet de rétroaction positive, une boucle vertueuse d'évolution et de croissance - qui agrandit le « gâteau » pour que chacun reçoive plus, quelle que soit sa part initiale.

Le désir d'agrandir le gâteau commun est au cœur de toute véritable activité entrepreneuriale. Les entrepreneurs veulent créer plus de richesse et de nouvelles ressources par leur contribution. Comme l'a indiqué Cindana Turkatte (présentée dans le *Tome 1* de cette série - pp 163-171), la satisfaction entrepreneuriale se produit quand, du fait de votre réussite, d'autres peuvent réaliser « quelque chose qu'ils ne savaient pas possible ».

Des inventions comme l'automobile, le téléphone, les voyages aériens, la radio, l'ordinateur personnel, Internet et l'iPod, par exemple, sont des réalisations rendues possibles par ce type de capacité générative, gagnant-gagnant. Elles ont conduit à la création de nouveaux marchés et accru les capacités existantes de telle sorte qu'il y a eu de nouveaux « gâteaux plus grands ».

Le vecteur de tels développements, et le moteur de ces interactions gagnant-gagnant, est ce que nous appelons la « collaboration générative » dans la Modélisation des Facteurs de Succès (SFM™). La collaboration générative suppose des personnes travaillant ensemble avec créativité pour « faire plus d'une bonne chose ». Elle s'appuie de même sur le phénomène d'intelligence collective.

Mentalité à somme nulle : *Batailler pour obtenir une plus grande part du gâteau.*

Mentalité gagnant-gagnant : *Agrandir le gâteau*

L'Intelligence Collective et l'Intelligence Collectée

Comme je l'ai indiqué dans le premier tome de cette série (p. 87), *l'intelligence collective* est une intelligence partagée émergeant de la collaboration et de la communication entre les membres des groupes. Elle est liée à l'aptitude des personnes d'une équipe, d'un groupe ou d'une organisation à penser et agir de façon alignée et coordonnée et transforme des individus séparés en un groupe cohésif où le tout est plus grand que la somme de ses parties.

Il importe de distinguer « l'intelligence *collective* » de « l'intelligence *collectée* ». Comme je l'ai dit plus haut, *l'intelligence collective* produit un résultat où *le tout est plus grand que la somme de ses parties*. Le résultat de *l'intelligence collectée*, en revanche, est simplement *la somme des contributions individuelles*. Un puzzle serait une bonne analogie pour l'intelligence collectée. Les différentes pièces s'assemblent pour au final créer une seule image statique. Les pièces ne s'emboîtent que d'une seule façon pour chaque fois produire une seule et même image. C'est ainsi que s'organisent quantité de tâches dans une entreprise ou activité. Les membres de l'équipe contribuent individuellement par leurs compétences et savoir-faire pour atteindre un objectif clairement défini. Chaque contribution individuelle, lorsque qu'effectuée correctement, fournit une partie ou pièce du puzzle. Une chaîne de montage traditionnel est un bon exemple d'intelligence collectée.

L'intelligence collectée est certes appréciable et suffit pour nombre de situations, mais elle n'a pas la puissance créative ou synergique de l'intelligence collective, qui est la clé pour réussir comme entrepreneur nouvelle génération dans un monde qui change vite. Cette dernière fonctionne plutôt comme un réseau fractal ou neuronal. Elle est plus dynamique que l'intelligence collectée car la contribution de chaque personne influence, complète et améliore les connaissances et compétences des autres dans le groupe ou l'équipe.

Dans un *réseau neuronal*, par exemple, « l'information » et « les connaissances » sont stockées collectivement par le réseau entier comme modèles d'activités dans les neurones interconnectés. Les connaissances du système ne peuvent être séparées du circuit neuronal en tant que tout. L'intelligence du réseau est une fonction inhérente au système liée au nombre et à la qualité des connexions entre les éléments. Le comportement Intelligent émerge organiquement dans le réseau par l'apprentissage des diverses situations auxquelles le réseau est exposé. Les différents modèles d'expérience modifient l'intensité des connexions entre les différentes parties du réseau conformément à la règle de « Hebb ». Cette règle fait valoir que si deux éléments d'état similaire « résonnent » ou répondent simultanément, leur connexion est renforcée ; c.-à-d., des neurones « s'activant » en même temps se « branchent » ensemble.

L'intelligence collectée fonctionne comme un puzzle : chaque membre du groupe contribue avec ses compétences ou savoir-faire en tant que pièce d'un seul objectif fixe.

L'intelligence Collective fonctionne plutôt comme un réseau fractal ou neuronal : la contribution de chaque membre de l'équipe ou du groupe influence, complète et améliore les connaissances et compétences des autres membres créant un résultat génératif et souvent imprévisible.

Sur un même mode, dans les projets entrepreneuriaux, l'intelligence collective émerge des interconnexions et de la qualité des relations interpersonnelles. L'intelligence du groupe résulte du travail de personnes qui coopèrent, pour atteindre des visions et ambitions communes, en échangeant sans cesse des informations et idées, et en complétant et créant des synergies entre leurs compétences, expériences et imagination respectives. Semblable à un réseau neuronal, l'intelligence du système est facilitée par l'intensité de la connexion ou « résonance » entre chaque personne d'un groupe ou équipe autour de valeurs et enjeux clés. La somme et l'intégration de savoir-faire, créativité et compétences individuels qui en résulte sert aussi de socle au développement de nouvelles perspectives, idées et capacités. De ce fait, la mise en œuvre de l'intelligence collective a pour avantage majeur l'évolution plus rapide des membres d'un groupe et l'amélioration de la créativité et de la capacité à résoudre des problèmes dans l'organisation par un meilleur accès à la connaissance, aux idées et à l'expérience.

L'intelligence collective résulte de l'échange d'informations et idées, de la complémentarité et de la création de synergies mutuelles entre les compétences, expériences et imagination respectives.

Créer l'Intelligence Collective

D'évidence, toutes les interactions ne créent pas de l'intelligence collective ou de la collaboration générative. En fait, ce n'est souvent pas le cas. Il y a nombre d'exemples de groupes ne présentant aucun accroissement des capacités d'intelligence ou de créativité du fait des interactions entre leurs membres, mais bien le contraire ; une sorte de « collaboration dégénérative ». Les foules, équipes et familles dysfonctionnelles en sont des illustrations. Quelles sont les différences qui font la différence ?

Il est ressorti de nos recherches sur la Modélisation des Facteurs de Succès qu'une véritable intelligence collective est le fruit de trois dynamiques systémiques essentielles : la résonance, la synergie et l'émergence.

Résonance

La résonance se réfère à la tendance des systèmes à vibrer plus intensément à certaines fréquences qu'à d'autres. À ces fréquences, même de faibles impulsions peuvent en se répétant provoquer des grands changements. Dérivé du Latin *resonantia*, signifiant « écho », le mot « résonance » s'utilise aussi pour désigner une sorte d'influence mutuelle entre des systèmes ou objets particulièrement accordés les uns avec les autres. Par exemple, si quelqu'un a deux guitares similairement accordées et qu'il pince une corde de l'une, la corde correspondante de l'autre guitare va se mettre à vibrer sans être physiquement touchée. Le même genre de résonance peut survenir entre les notes correspondantes d'un piano, diapason, etc. Cela peut même se produire entre différents instruments. Le fait de jouer une note particulière sur une flute, par exemple, peut faire vibrer à la même fréquence une corde de guitare.

En psychologie, le terme résonance s'utilise pour désigner « l'ensemble des processus internes du corps se produisant dans des états émotionnels tels que le rapport ou l'empathie ». Dans des groupes, la résonance a trait à l'intensité de l'impression d'alignement ou de connexion que les membres ressentent pour les idées, valeurs et objectifs d'autres membres. Les résonances intellectuelles et émotionnelles dans les groupes sont des sources clés de motivation, de synergie, d'intelligence collective et générative.

En pratique, dans le contexte de création entrepreneuriale, la résonance a trait au niveau d'intérêt et de compréhension mutuels que vous êtes en mesure de générer avec les différents membres de votre Cercle de Succès. C'est une des raisons pour lesquelles présenter votre elevator pitch avec passion est si important.

La résonance est surtout une intensification vibratoire entre deux instruments (ou personnes) qui sont accordés entre eux.

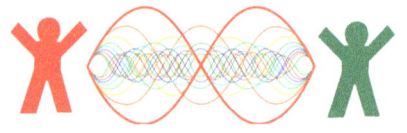

La résonance entre les personnes est le socle de l'intelligence collective.

La résonance sous la forme d'intérêt et de compréhension mutuels peut survenir sur n'importe quel niveau des facteurs de succès que nous avons identifiés : environnement, comportement, capacités, croyances et valeurs, identité et finalité.

- La résonance environnementale provient simplement du partage d'un même contexte physique.
- La résonance comportementale se produit quand vous participez avec d'autres à des activités similaires ou parallèles.
- Une résonance d'un niveau plus profond se produit quand vous partagez avec d'autres des stratégies, savoir-faire et façons de penser communs.
- La résonance créée par des valeurs et croyances partagées peut s'avérer particulièrement puissante pour renforcer la motivation, la loyauté et fixer des priorités communes.
- Partager des rôles et missions communs génère une forte résonance au niveau de l'identité.
- Avoir une vision et une ambition communes produit sans doute la forme de résonance la plus profonde et peut amener un groupe ou une équipe à des niveaux d'énergie sans précédent.
-

Dans les chapitres à venir, nous étudierons des moyens pragmatiques pour créer et évaluer à tous ces niveaux la résonance comme une part capitale de l'élaboration de votre Cercle de Succès.

Partager une mission et une vision communes

Partager une façon de penser commune

Partager un environnement et des activités parallèles

Niveaux de Résonance

Synergie

La Synergie survient lorsque deux ou plusieurs choses fonctionnent de concert pour produire un résultat qui ne peut pas être obtenu indépendamment par l'une d'elles. Le mot vient du Grec *synergia*, qui signifie littéralement « coopération ». Un exemple simple, si deux personnes sont trop petites pour atteindre individuellement un objet sur une étagère, l'une peut monter sur les épaules de l'autre, et ainsi réaliser ce qu'aucune n'aurait pu faire seule.

Dans le cadre du comportement organisationnel, la synergie est l'aptitude d'un groupe à être plus performant que le meilleur de ses membres ; c.-à-d., à produire un résultat global supérieur à ce qu'il serait si chaque personne du groupe travaillait seule au même but. La synergie exige un échange d'énergie en plus de l'échange d'informations pour produire un résultat qui comprend et étend les capacités des individus y contribuant.

Il est évident que la synergie entre vous et chacun des membres de chaque partie de votre Cercle de Succès est essentielle pour créer un projet ou une entreprise prospère.

La synergie transcende la résonance. Elle résulte de qualités complémentaires qui créent quelque chose au-delà des contributions individuelles.

Une relation synergique produit un résultat qu'aucun des participants ne peut accomplir seul.

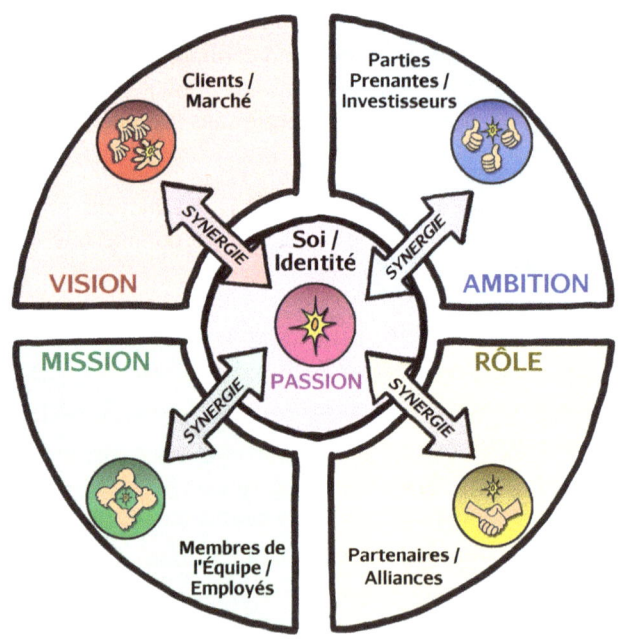

Créer une synergie entre vous et les membres de votre Cercle de Succès est essentiel pour bâtir une entreprise qui réussit.

Un certain degré de synergie entre les différents membres de votre Cercle de Succès est tout aussi essentiel à la réussite de votre projet ou entreprise.

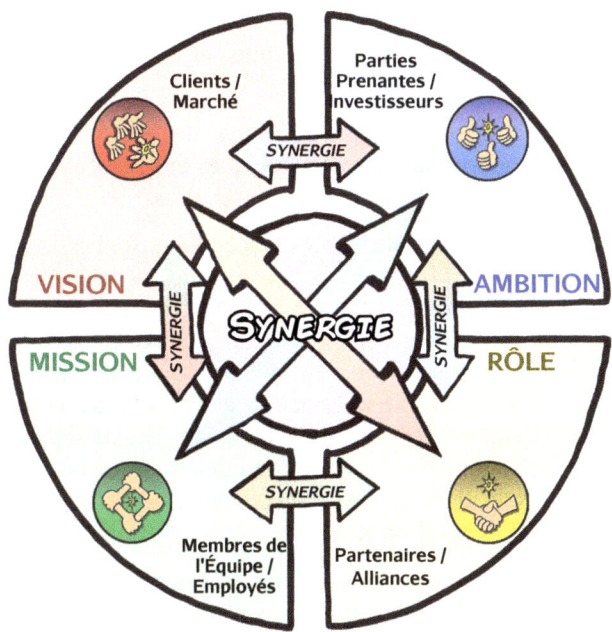

Favoriser la synergie entre les différents membres de votre Cercle de Succès est aussi un facteur de réussite majeur.

Créer des synergies entre vous et les différents membres de votre Cercle de Succès est un point important de l'édification d'une entreprise réussie.

Agrandir le « Gâteau Commun »   47

Rôles synergiques

Valeurs synergiques

Actions synergiques

Niveaux de Synergie

Comme pour la résonance, la synergie sous forme de qualités complémentaires dynamisant fortement la performance peut se produire sur n'importe quel niveau des facteurs de réussite.

- Différentes personnes ou sociétés peuvent combiner ou permuter des ressources environnementales pour optimiser ou accroître leurs marchés de façon collective.
- Comme pour les deux personnes cherchant à atteindre un objet en hauteur, les personnes, équipes et organisations peuvent collaborer, en travaillant ensemble pour combiner et optimiser des activités et comportements fondamentaux.
- La synergie entre différentes capacités est à l'évidence le socle pour former des alliances stratégiques et se lancer dans l'innovation ouverte en matière de produits ou services.
- Les valeurs et croyances complémentaires sont indispensables à de solides relations fructueuses pour chaque partie du Cercle de Succès. Des valeurs divergentes comme « la créativité » et « le souci du détail » peuvent se combiner pour produire de puissants résultats. Cela arrive souvent avec les valeurs liées à l'« âme » - comme la « contribution » ou le « service » - et celles liées à l'« ego » - comme la « reconnaissance » ou le « retour sur investissement ». Le degré de valorisation et de confiance mutuelles entre vous et les différents membres de votre Cercle de Succès déterminera au final l'ampleur de la réussite de votre entreprise.
- Des rôles et missions complémentaires et synergiques sont à l'origine de l'évolution et de l'expansion identitaires des individus ET des organisations, et sont d'évidence le principal motif de fusions et acquisitions.
- Créer des synergies et se compléter les uns les autres au niveau de la vision et l'ambition est sans aucun doute le moteur de la création de nouveaux marchés.

Dans les chapitres à venir, j'apporterai exemples, outils, méthodes et stratégies pour trouver et créer de la synergie avec les membres de votre Cercle de Succès, à plusieurs niveaux.

Émergence

L'*Émergence* se produit quand quelque chose de nouveau naît des interactions entre différents éléments d'un système. Des schémas complexes peuvent survenir de la combinaison d'interactions plutôt simples. Les motifs moirés résultant du chevauchement de deux autres visuels, comme dans les schémas ci-dessous, illustrent la propriété d'émergence.

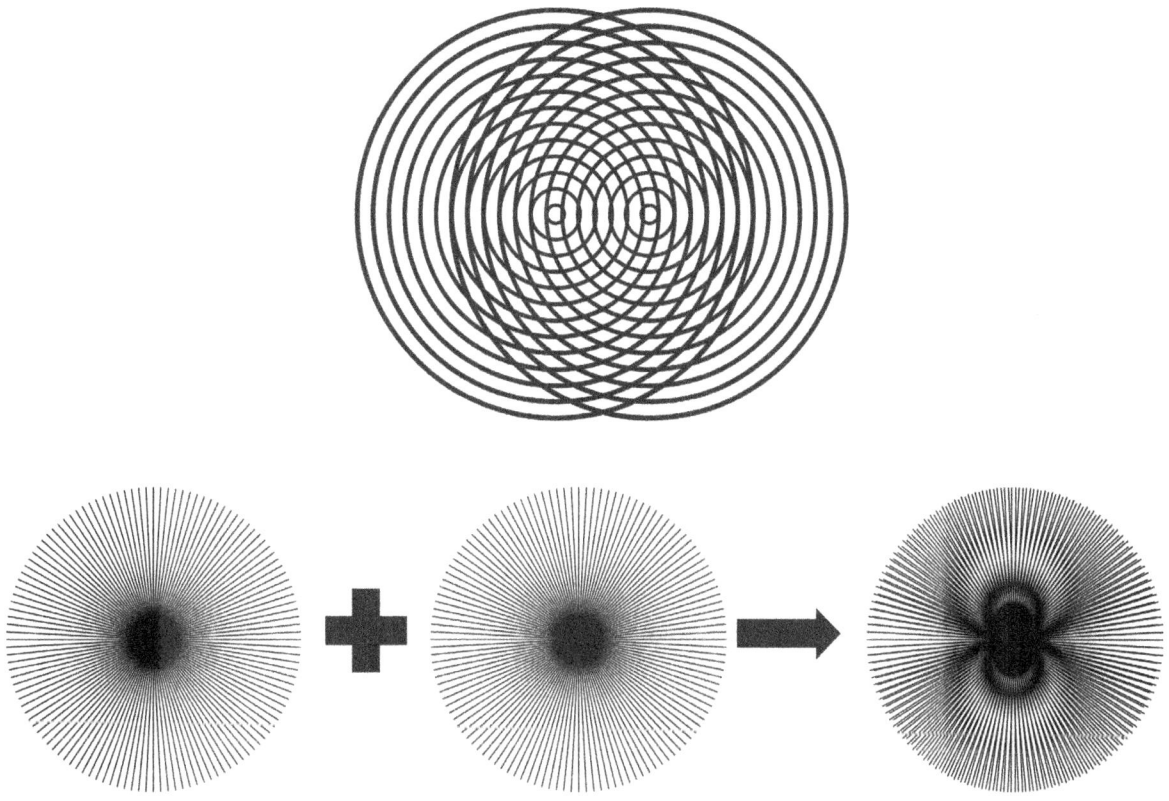

Le motif moiré devient en soi une troisième entité. Quelque chose de similaire se produit quand des notes de musique se combinent pour donner un accord. En général, comme le théoricien des systèmes Gregory Bateson l'a souligné, « Quand deux systèmes répétitifs se combinent, un troisième est nécessairement généré ». Ainsi, le principe fondamental de l'émergence est : 1 + 1 = 3.

Émergence : Des formes imprévisibles surgissent d'une enceinte acoustique qui vibre remplie d'un mélange de fécule de maïs et d'eau.

L'émergence survient quand des structures complexes et imprévisibles apparaissent suite à une combinaison d'interactions relativement simples.

Le terme « émergence » vient du Latin *emergere*, qui signifie littéralement « sortir hors de » ; indiquant quelque chose qui « s'élève » d'un liquide ou d'un autre milieu. C'est le contraire de la submersion de quelque chose par son enfoncement. Une illustration concrète et graphique de cette qualité d'émergence peut être de mélanger de la fécule de maïs et de l'eau puis de verser la mixture dans une enceinte acoustique qui vibre. L'enceinte en vibrant transmet de l'énergie à la mixture, des figures et formes commencent à émerger du liquide - comme sur la photo à gauche.*

Les résultats de cette expérience simple reproduisent une scène similaire à ce que l'on peut imaginer des premières formes de vie émergeant de la « soupe primitive » sur notre planète il y a des milliards d'années.

Des comportements émergents, ou propriétés similaires, apparaissent dans tout système interconnecté dès que plusieurs entités simples (agents) interagissent dans un environnement commun avec le niveau adéquat d'énergie. Des interactions basiques entre entités individuelles se complétant entre elles génèrent un phénomène collectif de comportements plus complexes.

On appelle *émergence forte* ce qui a lieu quand, dans un système, les structures issues du comportement collectif ne sont pas directement liées aux éléments du système, mais plutôt à la façon dont ils interagissent. C'est dans ce cas que le tout est vraiment plus grand que la somme de ses parties. Un exemple courant de ce type d'émergence est la formation des flocons de neige et autres structure « fractales » naturelles.

La série d'images de la page suivante illustre bien la notion d'émergence forte. Les images sont celles d'une expérience d'un domaine de la physique connu sous le nom de « cymatique ». La *Cymatique* est l'étude des effets des sons et des vibrations sur la matière. Ces images illustrent graphiquement certaines des propriétés clés de l'émergence. Elles sont toutes issues d'un même dépôt de sable sur une plaque de métal. Les structures changeantes du sable émergent à mesure que croît la fréquence sonore émise sur la plaque. Les vibrations sonores créent une interaction complexe entre la plaque et le sable, et entre les grains de sable eux-mêmes. Les images montrent ce qui se produit quand la fréquence sonore s'élève progressivement. Même si la fréquence sonore augmente à un rythme progressif, linéaire, la structure du sable sur la plaque se complexifie de manière imprévisible. Si vous ne saviez pas déjà ce qui allait se passer, il serait pratiquement impossible de prédire à quoi le motif suivant ressemblerait.

---

* Une vidéo fascinante du phénomène se trouve sur Youtube sous le titre « Non-Newtonian Fluid on a Speaker Cone ».

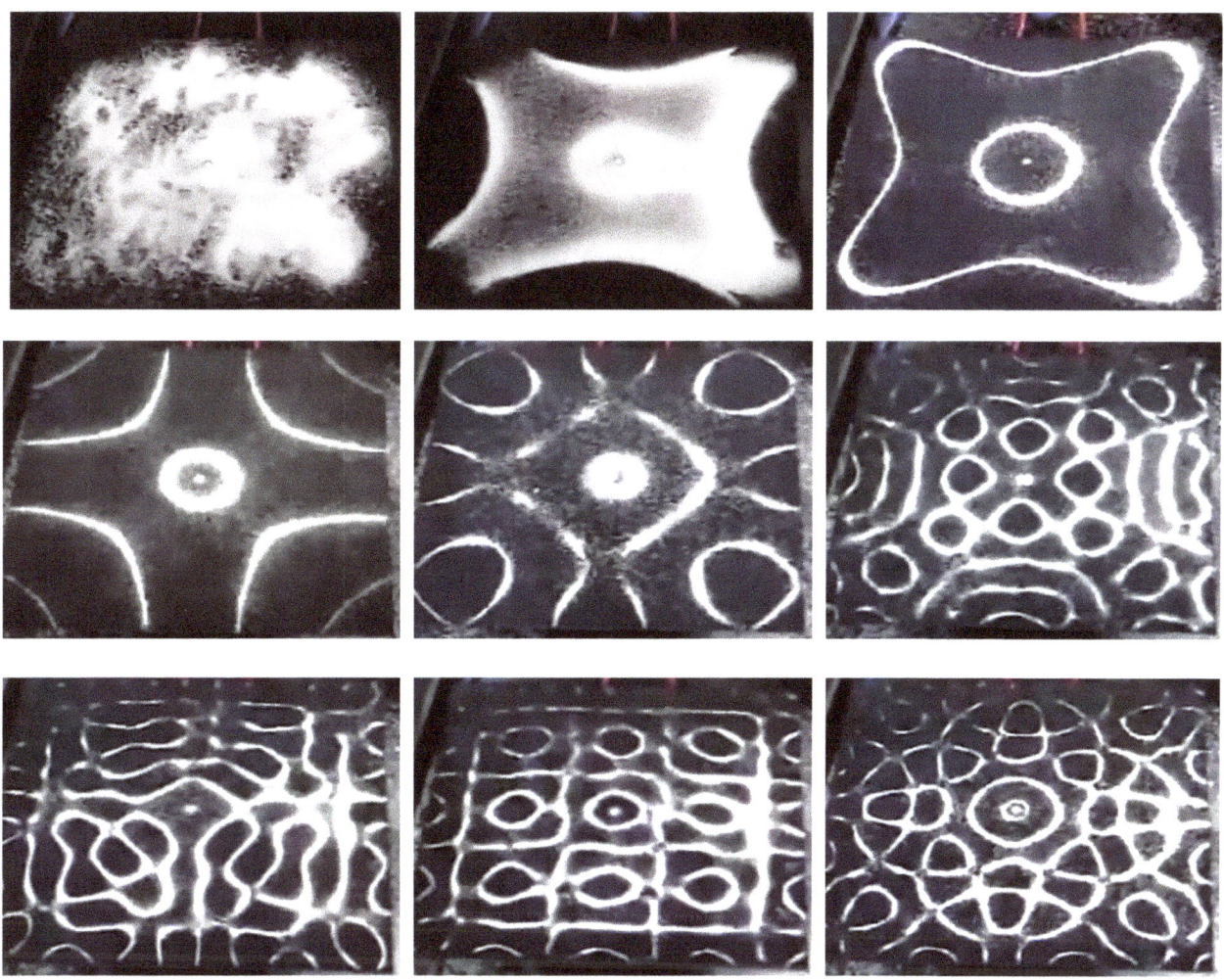

Des structures complexes émergent du simple fait de l'intensification d'une vibration sonore traversant du sable sur une plaque de métal.*

---

*Vous trouverez la vidéo complète sur Youtube sous le titre « Cymatics experiment ».

Je montre souvent cette vidéo à mes clients et aux participants à mes ateliers de Modélisation des Facteurs de Succès comme une métaphore pour illustrer les effets d'un « champ » énergétique et la portée des différents niveaux de résonance sur le potentiel d'émergence. Nous pouvons considérer le sable comme l'ensemble des individus d'une organisation ou les composants d'un produit ou problème spécifique. La plaque de métal représente le contexte dans lequel sont réunis les individus ou les composants. L'élément déterminant ce qui émerge au final est la qualité du champ énergétique (dans ce cas une vibration au sens littéral) qui anime l'interaction. Dans un groupe ou une organisation d'humains, ce champ énergétique est créé par le degré et l'intensité de résonance émotionnelle et psychologique aux différents niveaux de facteurs de succès - surtout la vision, la mission et l'ambition.

Dans les initiatives entrepreneuriales où il y a un degré de résonance adéquat entre les différents membres du Cercle de Succès, l'émergence survient sous forme d'innovations de rupture qui surviennent de façon inattendue suite à des combinaisons d'idées, croyances et technologies apparemment sans lien ou incompatibles.

Tout comme la résonance et la synergie, l'émergence peut avoir lieu à plusieurs niveaux différents de l'entreprise.

Dans les initiatives entrepreneuriales, l'émergence survient sous forme d'innovations de rupture apparaissant de façon inattendue suite à des combinaisons d'idées, croyances et technologies apparemment sans lien ou incompatibles.

- La tendance à la mondialisation et l'intensification de la présence multinationale de nombreuses sociétés et entreprises est un exemple d'émergence au niveau environnemental.

- Au niveau comportemental, les musiciens, danseurs et artistes de la scène savent depuis longtemps que de nouvelles formes d'expression peuvent spontanément émerger en croisant et intégrant différentes actions et activités. De même, de nouveaux produits et services peuvent émerger en intégrant et combinant des produits et services existants dans des variantes plus complexes et perfectionnées. Pensez à la combinaison imprimante, scanner, photocopieur, fax devenue banale aujourd'hui. Il y a seulement quelques années, il s'agissait de fonctions séparées.

- De nouvelles idées et capacités peuvent aussi émerger spontanément et de façon inattendue du partage et de la synthèse d'autres idées et capacités pour produire d'étonnants progrès. Nombre d'innovations émergent de l'interdisciplinarité de laboratoires d'idées (think tanks) comme Xerox PARC.

- De nouvelles cultures organisationnelles émergent par la synthèse et l'intégration de valeurs et croyances anciennes et nouvelles. Le « boeuf des valeurs » (Values Jam) de Samuel Palmisano décrit dans le *Tome I* (p. 118) en est un excellent exemple. Au début des années 2000 Palmasino, le

DG d'IBM, a admis que la culture commandement-contrôle existante d'IBM ne fonctionnait plus. Il a lancé une grande opération interactive en ligne engageant, sur 72 heures, les 440 000 employés de 170 pays à faire « un bœuf des valeurs » pour déterminer quelles devraient être les valeurs d'IBM. Les trois principes fondamentaux qui ont émergé de la collaboration collective - *l'implication dans la réussite de chaque client* ; *L'innovation qui compte, pour notre entreprise et pour le monde* et la *confiance et la responsabilité personnelles dans toutes les relations* - ont depuis servi de guide aux prises de décisions de toute l'organisation et ont soutenu la création d'une structure organisationnelle collaborative unique, stimulant le potentiel pour une plus grande intelligence collective.

- Bien sûr, l'émergence peut aussi se produire au niveau de l'identité. Les rôles et les missions peuvent s'imbriquer, se combiner et évoluer pour produire de tous nouveaux types de sociétés et entreprises. Des organisations comme Amazon, Google et Facebook apparues au cours de la dernière décennie n'auraient pu exister il y a 25 ou 30 ans.

- L'émergence de nouvelles visions et ambitions créent ce que l'on appelle des « innovations de rupture » qui représentent des sauts quantiques sociétaux et/ou technologiques. *Les innovations de rupture* sont celles qui créent un nouveau marché dont les limites ne correspondent à aucun marché existant. Les innovations de rupture sont un exemple typique de ce qui permet d'« agrandir le gâteau ». L'industrie automobile, la photographie numérique, la machine Nespresso, l'iPod, les smart phones et médias sociaux sont tous des exemples d'innovations de rupture. Chacune d'elles a créé de tous nouveaux marchés inexistants auparavant.

Un axe majeur de ce tome a trait au comment créer les conditions de l'émergence dans votre entreprise et entre vous et les différents membres de votre Cercle de Succès. Cette capacité sera l'un des facteurs les plus importants pour votre réussite et celle de votre entreprise.

Niveaux d'Émergence

Agrandir le « Gâteau Commun »

Autres Influences sur l'Intelligence Collective et la Collaboration Générative

Outre les dynamiques systémiques de résonance, synergie et émergence, nos travaux de Modélisation des Facteurs de Succès ont fait ressortir d'autres éléments d'influence importants dans la création d'intelligence collective et de collaboration générative.

Holons et Hologrammes

Un thème clé du *Tome I* de la *Modélisation des Facteurs de Succès (SFM™)* a été la notion de l'individu « holon » (pp. 22-23). D'une part, nous sommes des êtres indépendants et complets. D'autre part, nous sommes également des éléments de systèmes de plus en plus grands qui nous incluent mais aussi nous transcendent. A savoir que nous sommes constitués de touts atomes, qui forment des touts molécules, qui se combinent pour former des touts cellules, qui s'assemblent en touts organes et tout système nerveux interconnecté qui forment notre tout corps. A notre tour, nous sommes des parties d'ensembles de plus en plus vastes : une famille, une communauté professionnelle, l'ensemble des créatures vivantes de cette planète et finalement l'univers entier.

Notre continuelle participation concrète en tant que holons est un autre facteur de réussite clé dans la création d'intelligence collective. Des touts se combinent pour former des touts plus vastes possédant des propriétés et capacités nouvelles et différentes de celles des parties qui les constituent. Le cerveau humain, en tant que tout, a des propriétés autres que celles de chacune des cellules nerveuses qui le constituent. L'eau a des propriétés autres que celles des atomes d'hydrogène et d'oxygène qui l'ont créée. De même, les groupes ont des propriétés autres que celles des individus qui les composent.

Un autre facteur clé dans la création de l'intelligence collective a trait aux hologrammes et systèmes holographiques. Un *hologramme* est une image tridimensionnelle dont chacune des parties contient la totalité de la représentation. Si vous prenez et scindez en deux la plaque de verre ou la partie de film sur laquelle l'hologramme est enregistré, vous continuez de voir la totalité de la représentation. Si vous scindez ces moitiés en quarts, l'ensemble de l'image est toujours là, et ainsi de suite. En tant que phénomène, l'hologramme est devenu une métaphore de la notion selon laquelle, dans nombre de systèmes, toutes les informations pertinentes pour le système sont réparties dans chacune de ses parties sous une forme ou une autre.

Le tout et le holon : Chacun de nous est un individu unique, indépendant, et en même temps nous sommes partie de systèmes plus vastes.

Nos propres corps disposent à l'évidence de cette propriété. Chaque cellule de notre organisme partage le même ADN. Ainsi, même si chacune est unique, et une cellule d'œil diffère bien de celle d'un ongle de pied, elles partagent toutes un code commun leur permettant de fonctionner en tant que tout plus vaste et coordonné.

Nous pouvons voir ce même processus à l'œuvre dans une entreprise ou culture qui réussit. Une résonance élevée à différents niveaux de facteurs de succès (en particulier les niveaux supérieurs - vision, mission, valeurs, etc.) fonctionne comme une sorte d'ADN pour l'entreprise. Si la société est organisée en départements, équipes ou même individus séparés, la vision, la mission, l'ambition, le rôle, les valeurs, etc. de l'ensemble de la société devraient exister dans chaque partie. Si non, il est fort probable que règnent l'anarchie et le chaos plutôt que la cohérence. Si un responsable d'entreprise assistait à une réunion en se contentant d'agir selon ses propres objectifs, intérêts et valeurs, il compromettrait les intérêts et potentiellement, dans certains cas, la survie de l'ensemble de l'organisation.

Nous pouvons donc conclure qu'une entreprise qui réussit est un hologramme créé par des interactions de holons, où :

1. *Chaque partie contient le tout*
2. *Chaque partie peut recréer le tout*

Un hologramme est une image tridimensionnelle dont chacune des parties contient la totalité de la représentation.

Une entreprise est un tout, holon et hologramme.

Vous n'êtes pas une goutte d'eau dans l'océan. Vous êtes tout l'océan dans une goutte.
– **Rumi**

Importance Attribuée à la Tâche et Performance

Le professeur renommé de Wharton, Adam Grant, auteur de *Give and Take : Why Helping Others Drives Our Success/Donnant-Donnant, quand générosité et entreprise font bon ménage* (2013), a fait une série d'expériences probantes démontrant l'importance de la « signification de la tâche » sur la motivation et la performance au travail. *La signification de la tâche* est définie comme « la portée de l'importance d'une tâche identifiable pour d'autres dans et hors de l'organisation ». La signification d'une tâche, ou d'un travail, est le fruit de la conscience et de la compréhension qu'une personne a de l'impact de ses activités sur d'autres en interne et en externe de son organisation.

Dans une expérience représentative, Grant répartit les membres d'une équipe (par ex. appelants aux levées de fonds) en plusieurs groupes. Un groupe reçoit des informations, par des témoignages écrits, vidéo ou en personne, expliquant comment le fait d'accomplir leur travail a fait une différence positive dans la vie d'autres personnes. Un second groupe est informé, par d'autres ayant eu la même fonction, des avantages personnels générés dans leur propre vie en accomplissant leur travail : comme l'utilisation des connaissances et compétences acquises pour bâtir une carrière réussie. Le troisième groupe ne reçoit pas d'information sur la signification de la tâche ou du travail, on lui propose à la place une formation professionnelle ou la promesse d'une prime de performance.

Les résultats des expériences de Grant ont des conséquences importantes pour les managers ET les entrepreneurs. Selon ses études, le premier groupe qui reçoit l'information sur la façon dont l'exécution du travail fait une différence dans la vie des autres (généralement leurs clients) a souvent un niveau de performances quasi doublé. Un groupe d'appelants à levée de fonds, par exemple, a passé 142 % de temps en plus au téléphone et généré 171 % de revenus supplémentaires dans les mois suivants, après avoir compris les avantages de leurs activités pour les autres.

Alors qu'en général les personnes du groupe informé des avantages personnels que peut générer l'accomplissement de leur travail dans leur propre vie n'améliorent que très peu leur performance. Le troisième groupe qui ne reçoit pas d'information sur la signification du travail n'améliore également que très peu, voire pas, ses performances.

Adam Grant
Auteur de « Give and Take :
Why Helping Others Drives Our
Success » (Donnant Donnant :
quand générosité et entreprise
font bon ménage)

La « Signification de la tâche » est liée à la perception de l'importance et de la signifiance de l'impact du travail et des actions de chacun sur les autres.

Dans la vie, nombre de choses captivent votre regard mais peu captivent votre cœur... Suivez celles-là.
– Michael Nolan

Dans une autre expérience, Grant a placé deux panneaux au-dessus des lave-mains d'un hôpital. Le premier disait : « L'Hygiène des mains vous préserve des maladies » ; alors que l'autre disait, « L'hygiène des mains préserve les patients des maladies ». Il a évalué l'effet des panneaux en notant simplement la quantité de produits utilisés. Le panneau signalant le bénéfice pour les patients a augmenté la consommation de plus de 45 %, et le lavage des mains de plus de 10% par rapport au panneau indiquant le bénéfice pour soi-même.

Les expériences de Grant distinguent clairement les motivations liées à ce que j'ai appelé l'« ego » et l'« âme » dans le précédent tome de la *Modélisation des Facteurs de Succès* (pp. 24-27), résumés dans l'Introduction de ce tome en pages 8 et 9. Elles impliquent à l'évidence que notre sens de la connexion de nos activités à une mission et une finalité plus grandes au service d'autres est un puissant levier de motivation. Une activité signifiante nous relie à notre sens du service et à notre « âme ».

Comme pour la résonance, la synergie et l'émergence, la perception de la signification de la tâche peut concerner différents niveaux de facteurs de succès ; par ex., environnement, comportements, capacités, croyances et valeurs, identité et finalité.

Le fait de savoir que leur travail influe positivement sur d'autres accroit le niveau d'énergie et d'effort des gens.

La perception de la signification du travail a une influence déterminante sur la motivation et la performance.

Allégorie des Tailleurs de Pierre

Dans le *Tome I SFM™* (p. 20) j'ai présenté l'analogie des tailleurs de pierre que j'utilise souvent pour illustrer notre degré de connexion à nos projets ou entreprises à différents niveaux.

L'allégorie présente six personnes dont le travail s'échelonne entre médiocre et excellent, tout comme leur niveau de satisfaction. Alors qu'ils sont au travail, on demande à l'ouvrier le plus médiocre et le moins satisfait « Que faites-vous ? »

Il marmonne en regardant l'heure « J'attends d'en avoir fini ici pour pouvoir rentrer chez moi et faire quelque chose qui m'intéresse. »

On demande au tailleur de pierre suivant, qui travaille un peu mieux et s'ennuie un peu moins « Que faites-vous ? » Il relève la tête. « Qu'est-ce que j'ai l'air d'être en train de faire ? Je cogne sur une pierre », répond-il, un peu irrité.

On demande au tailleur suivant, qui réalise un travail passable et s'implique un peu plus dans ce qu'il fait « Que faites-vous ? » « J'utilise mon savoir-faire pour tailler ce bloc de pierre », répond-t-il sur le ton de l'évidence.

On demande au quatrième tailleur, qui est plutôt motivé et fait du bon travail, « Que faites-vous ? » Il répond avec détermination « Je gagne un salaire pour faire vivre ma famille et mettre mes enfants à l'école. Voilà ce que je fais ».

On demande au cinquième tailleur, qui non seulement fait un excellent travail mais supervise également le travail des autres, « Que faites-vous ? » « Je suis un maître tailleur de pierre et je construis une cathédrale », répond-il avec enthousiasme.

Le sixième et le plus doué des tailleurs est totalement concentré et présent à chacun de ses gestes. Il vérifie en permanence le travail des autres et fait également son possible pour entretenir leur concentration et leur intérêt. Lorsqu'on lui demande « Que faites-vous ? » il répond avec un profond respect « Je crée un espace sacré pour aider les gens à se connecter à leurs âmes ».

A l'évidence, la sixième tailleur de pierre exprime le degré le plus élevé de signification du travail et de finalité.

L'allégorie des tailleurs de pierre illustre la portée de la perception de la signification du travail à des degrés de plus en plus élevés.

Une société murit lorsque des hommes âgés plantent des arbres à l'ombre desquels ils savent qu'ils ne s'assiéront jamais.
– **Proverbe Grec**

Agrandir le « Gâteau Commun »

Avantages et Applications de l'Intelligence Collective

L'intelligence collective surgit dans les groupes qui partagent un sens aigu de la signification du travail et de la finalité. Les membres de ces groupes ont la perception d'une mission mutuelle au service d'une vision commune qui bénéficie à d'autres. Les conditions pour créer l'intelligence collective sont la communication ouverte, la confiance et le respect mutuels, la curiosité et l'engagement à quelque chose de plus grand que soi. Pour devenir générative, l'intelligence collective demande aussi du temps pour permettre aux gens de rêver ensemble et de travailler à des projets existants. Cela souligne l'importance de l'*inconscient créatif* dans la synergie et l'émergence. Ensemble, tous ces facteurs augmentent de beaucoup le niveau de motivation, de performance, et de sentiment de satisfaction.

Parmi les autres avantages de l'intelligence collective :

- Soutien au fonctionnement sain des groupes et collectivités
- Support et revitalisation des équipes et organisations
- Développement de l'innovation, de la productivité et de la rentabilité des entreprises
- Résolution des problèmes et conflits sociaux et environnementaux
- Apport de découvertes, idées et sources d'inspiration aux personnes et groupes
- Rappel d'expériences trans-personnelles importantes comme la cohésion, la confiance et l'esprit d'équipe
- Détection de futurs émergents et prévision d'événements, mieux que des experts isolés
- Facilitation de l'émergence de nouvelles formes, fonctions et capacités sociales

Nous pouvons les résumer par quatre *réalisations* fondamentales vers lesquelles orienter l'intelligence collective :

1. Performances Accrues
2. Décisions plus Avisées
3. Nouvelles Idées
4. Solutions Créatives

Cultiver l'intelligence collective dans des groupes offre un certain nombre de bénéfices importants dont : une performance accrue, des décisions plus avisées, de nouvelles idées et plus de solutions créatives.

L'intelligence collective nécessite que les individus prennent part à des dialogues et échanges ouverts et porteurs de sens ; les membres des groupes doivent donc développer leurs capacités à communiquer de façon explicite et transparente afin d'acquérir un sens partagé et une compréhension commune. Dans les interactions organisationnelles, l'intelligence collective se manifeste sous plusieurs formes fondamentales, dont :

- *Le Partage* - échanger informations et idées et trouver une résonance
- *L'Essaimage* - diriger et créer une synergie entre connaissances et interventions vers un problème ou un résultat précis
- *Le Ralliement* - se rassembler pour se soutenir mutuellement et créer des solutions

La Modélisation des Facteurs de Succès Tome I décrit quelques exemples pragmatiques de ces diverses formes d'intelligence collective. La description de Steve Jobs de « faire tourner l'idée » dans son groupe de 100 personnes chez Apple, « voir ce que différentes personnes en pensent » et « faire parler les gens à son propos » (p. 266) est une expression classique du processus de *partage*. Le « bœuf des valeurs » (Values Jam) de l'ancien DG d'IBM Samuel Palmisano, engageant tous les employés sur 72 heures pour déterminer quelles devraient être les valeurs d'IBM pour atteindre sa nouvelle vision et mission (p. 118), est une démonstration de l'*essaimage*. L'exemple du pilote, de l'équipage et des passagers coopérant étroitement et se soutenant mutuellement, pour faire face à leur périlleuse situation suite à l'arrêt des deux moteurs de l'avion du « Miracle sur l'Hudson » (pp. 30-31) illustre bien le *ralliement*.

Le Partage encourage et favorise la découverte et le développement de la *résonance* entre les membres d'un groupe. *L'Essaimage* crée des synergies entre savoir-faire et actions complémentaires vers un objectif ou une intention commun(e). *Le Ralliement* génère la possibilité de l'*émergence* de comportements et idées uniques et imprévisibles.

Dans les projets entrepreneuriaux, ces processus favorisant l'intelligence collective s'appliquent souvent aux actions suivantes :

- *Benchmarking, ou Étalonnage* - établir des standards
- *Bonnes pratiques* - partager des stratégies de réussites pour atteindre des objectifs clés
- *Brainstorming* - imaginer des options novatrices
- *Collaboration Générative* - co-créer quelque chose d'unique

Dans les interactions organisationnelles, l'intelligence collective se manifeste sous plusieurs formes fondamentales, dont : le partage, l'essaimage et le ralliement.

Dans les projets entrepreneuriaux, l'intelligence collective est favorisée par l'étalonnage, le partage de bonnes pratiques, le brainstorming et la collaboration générative.

Agrandir le « Gâteau Commun » 61

Le Modèle SFM de l'Intelligence Collective (SFM Collective Intelligence Model™)

Nous résumons ci-après ces éléments fondamentaux de l'intelligence collective dans le Modèle SFM™ de l'Intelligence Collective.

Selon le modèle :

- Les actions de *benchmarking, ou étalonnage,* et d'échanges de *bonnes pratiques* produisent *une performance accrue du groupe.*
- *Le brainstorming* et *la collaboration générative* suscitent *de nouvelles idées.*
- *Le benchmarking, ou étalonnage,* et *le brainstorming* créent les conditions pour la prise de *décisions avisées.*
- L'échange de *bonnes pratiques* combiné à la *collaboration générative* engendrent des *solutions créatives.*

Toutes ces actions et réalisations sont appuyées par les processus fondamentaux de :

1. *partage* d'informations et idées, et mise à jour de *résonances.*
2. *essaimage*, en orientant plusieurs perspectives et savoir-faire complémentaires vers un but ou problème commun, créant de la *synergie.*
3. *ralliement*, en rassemblant et en harmonisant diverses compétences et ressources au service d'une finalité commune, favorisant la cohésion et créant la possibilité de l'*émergence de quelque chose de nouveau*

Benchmarking, ou Étalonnage

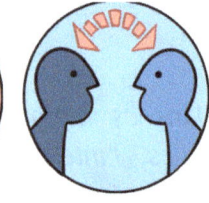
Bonnes Pratiques

Brainstorming

Collaboration Générative

Résonance, Synergie et Émergence

Le Modèle SFM™ de l'Intelligence Collective résume les relations entre les processus, actions et résultats fondamentaux associés à la mise en œuvre de l'intelligence collective d'une entreprise.

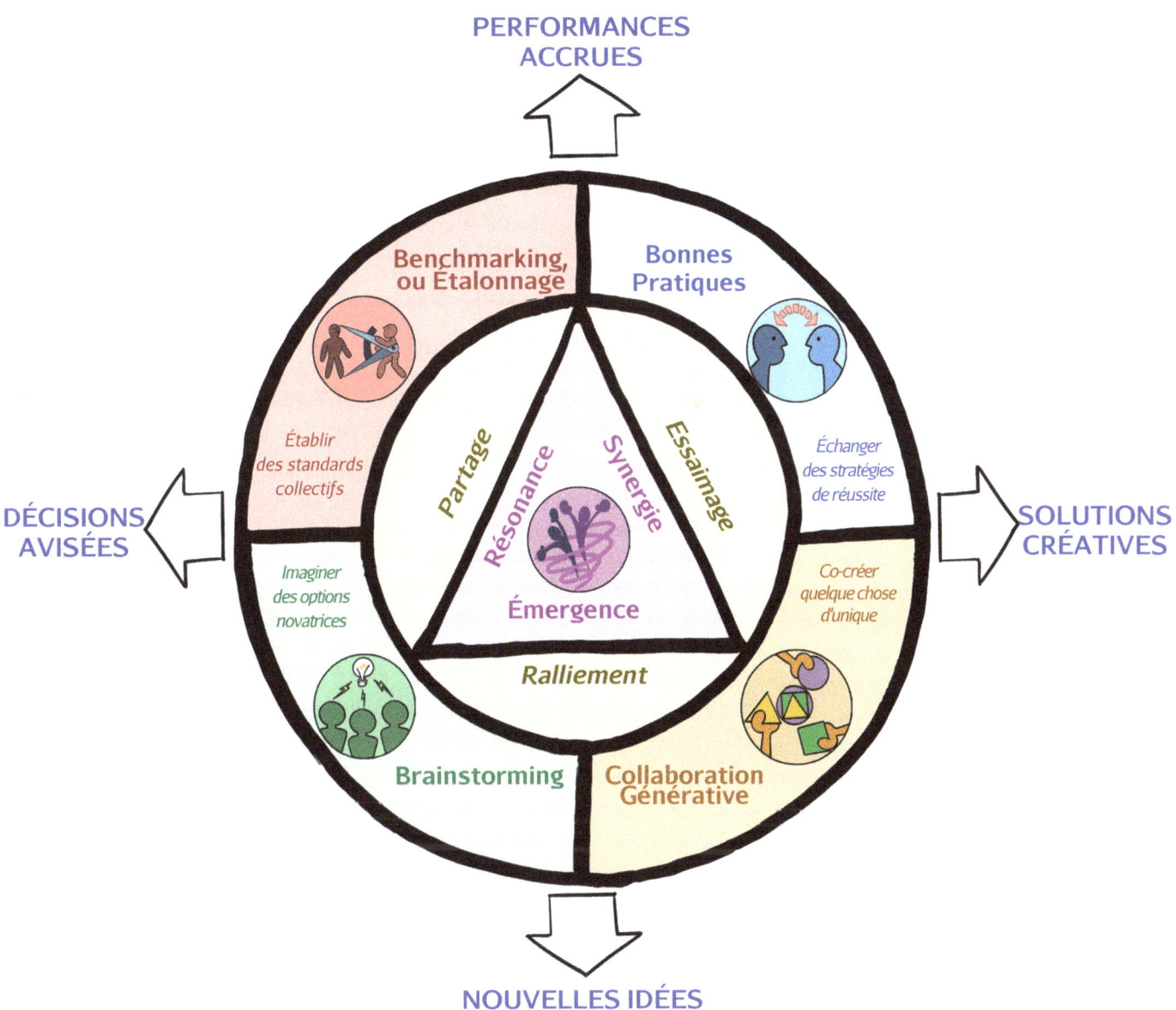

Modèle SFM de l'Intelligence Collective (SFM Collective Intelligence Model™)

Agrandir le « Gâteau Commun »

Les processus, actions et résultats définis par le Modèle SFM™ de l'Intelligence Collective peuvent être mis en œuvre pour optimiser l'efficacité de votre Cercle de Succès.

Combiner le Modèle de l'Intelligence Collective SFM™ et le Cercle de Succès

Les processus décrits par le Modèle SFM™ de l'Intelligence Collective peuvent largement amplifier votre Cercle de Succès. Bien que l'intégralité de ce modèle SFM™ puisse s'appliquer à toute partie du Cercle de Succès, certains liens sont particulièrement importants. Par exemple :

- *Une performance accrue* contribue dans une large mesure à la *robustesse financière*.
- *Des solutions créatives* soutiennent fortement la *croissance évolutive*.
- *De nouvelles idées* sont nécessaires à *l'innovation et la résilience*.
- *Des décisions plus avisées* favorisent les *contributions qui font sens (significatives)*.

De même, les actions liées à la promotion de l'intelligence collective renforcent sensiblement celles liées au Cercle de Succès. L'échange de stratégies de réussite par de bonnes pratiques, par exemple, contribue à développer l'activité et à créer de la valeur. Le fait d'établir des standards collectifs par l'étalonnage est important pour accélérer la mise au point d'un produit ou service de qualité. Le fait d'imaginer de possibles options par le brainstorming est nécessaire pour accroître la compétence. Le fait de co-créer quelque chose d'unique par la collaboration générative sert de socle pour développer et lever des ressources.

Dans les prochains chapitres, nous étudierons comment intégrer ces processus et applications de l'intelligence collective aux pratiques courantes afin d'accroître les chances de réussite de votre projet ou entreprise.

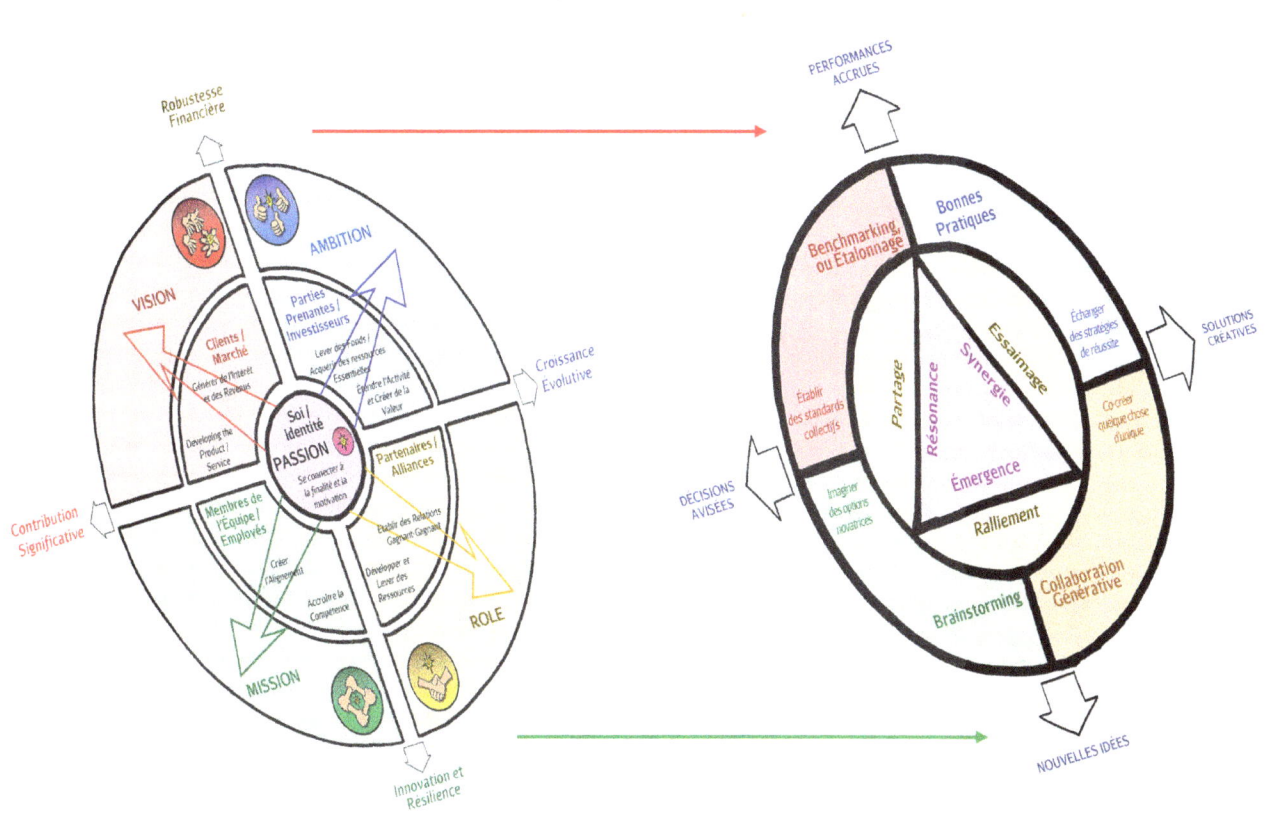

Le Modèle SFM™ de l'Intelligence Collective peut être utilisé pour amplifier votre Cercle de Succès.

Agrandir le « Gâteau Commun »

Groupes Mastermind – Un Exemple d'Intelligence Collective Appliquée

Les groupes Mastermind sont une bonne illustration d'application de l'intelligence collective aux projets entrepreneuriaux. Le concept a d'abord été formulé par l'auteur Napoléon Hill dans son livre à succès *Think And Grow Rich (Pensez et devenez riche)* (1937). Il y définit le *principe de Mastermind* comme, « La coordination des connaissances et du travail de deux ou plusieurs personnes, œuvrant ensemble à la réalisation d'un objectif précis, dans un esprit d'harmonie ».

Un groupe Mastermind illustre bien l'application des principes de l'intelligence collective aux activités entrepreneuriales.

Selon le principe de Hill, le dit « mastermind » n'est pas quelqu'un en particulier (comme un leader culte, un gourou ou un génie criminel), mais plutôt l'intelligence collective de l'ensemble du groupe. En appliquant intuitivement la notion de « holon » et le principe d'« émergence » que nous avons présentés dans ce chapitre, Hill souligne dans son ouvrage que « Jamais deux esprits ne se réunissent sans créer une troisième force invisible et immatérielle, qui peut être assimilée à un troisième esprit ». Ce « troisième esprit » est le « Mastermind ». Comme je l'ai dit, quand des personnes travaillent ensemble de façon créative vers une plus grande cause commune, 1 + 1 = 3.

Les groupes Mastermind combinent, dans un cadre collectif, le brainstorming, l'enseignement et le soutien entre pairs afin de parfaire les activités et les savoir-faire personnels de chacun des participants.

Dans un Groupe Mastermind, l'ordre du jour appartient au groupe, et la participation de chacun est essentielle. Les membres du groupe se donnent du feed-back, s'entraident pour explorer de nouvelles possibilités, et fixent les structures de responsabilisation pour rester concentrés sur le cap. Le processus Mastermind crée une communauté de soutien mutuel entre confrères collaborant pour que chacun franchisse de nouveaux paliers de réussite tant dans sa vie personnelle que professionnelle.

Pour créer le degré approprié d'intelligence collective, les participants doivent amener dans le Groupe Mastermind une combinaison de passion, d'engagement et de responsabilité. Un des principaux avantages des groupes Mastermind est de permettre aux participants de placer ensemble la barre plus haut en se défiant entre eux pour fixer et mettre en œuvre de nouveaux objectifs, réfléchir à de plus grandes idées, puis en se soutenant mutuellement en toute honnêteté avec respect et compassion. Les participants Mastermind agissent comme des catalyseurs de croissance, des critiques constructifs et des confrères solidaires. Les groupes Mastermind combinent donc brainstorming, enseignement, responsabilité et soutien entre pairs d'un groupe donné afin de parfaire les activités et les savoir-faire professionnels et personnels de chacun des membres. En d'autres termes, il s'agit d'une application pratique de *partage* (échange d'idées et brainstorming), d'*essaimage* (diriger les connaissances combinées du groupe vers l'atteinte de buts ou la résolution de problèmes) et le *ralliement* (se rassembler pour un soutien mutuel).

Le « Mastermind » est l'intelligence collective de l'ensemble du groupe

Les groupes Mastermind sont un excellent exemple de constitution d'un partenariat fort - l'un des éléments essentiels à la création d'un Cercle de Succès efficace.

Comment fonctionne un Groupe Mastermind ?

Un groupe Mastermind n'est ni un cours, ni un groupe de coaching ou de réseautage. Il s'agit plutôt d'un comité consultatif de pairs. Habituellement un groupe Mastermind dure un an. Au cours de cette période, un groupe de personnes ambitieuses et intelligentes se réunissent de façon mensuelle, hebdomadaire, voire quotidienne si cela fait sens, pour traiter ensemble défis et problèmes. Ils s'apportent mutuellement soutien et conseils, partagent des relations et peuvent être amenés à faire des affaires ensemble. Il s'agit pour l'essentiel d'une forme puissante de mentorat entre pairs. Le but de chaque membre est de voir un changement notable en lui, dans sa vie et son entreprise.

Les groupes Mastermind peuvent se réunir en présentiel, par téléphone, visioconférence, ou par le biais des médias sociaux en ligne comme Google Hangout, les groupes Facebook, etc. Ils combinent souvent ces modalités. Les participants se soutiennent mutuellement pour fixer des objectifs ambitieux et porteurs de sens, et surtout, les concrétiser. La réussite du groupe repose sur l'engagement, la confidentialité et la volonté tant de donner que de recevoir conseils et idées. Cela fonctionne mieux avec des gens très motivés, disposés à demander - et donner - aide et soutien et, qui sont prêts à assister et participer pleinement aux réunions Mastermind. Les Groupes Mastermind fonctionnent donc mieux avec des personnes qui :

- Ont un intérêt similaire (comme un groupe d'entrepreneurs, de nouveaux auteurs, de DG, d'investisseurs immobiliers, d'entreprises internet ou un groupe de personnes d'une même corporation ou industrie).
- Ont des niveaux équivalents de savoir-faire et/ou de réussite ; bien qu'il soit préférable que les participants aient des parcours et compétences différents pour créer suffisamment de diversité et de complémentarité d'idées et ressources.
- Ont le désir et la motivation de franchir un nouveau seuil de réalisation dans leur vie professionnelle et personnelle, et sont prêts pour se faire à travailler sur eux-mêmes.
- Veulent une équipe de partenaires solidaires.
- Sont résolus à atteindre ou dépasser leurs objectifs.

Les groupes Mastermind sont une forme puissante de mentorat entre pairs.

Les participants d'un groupe Mastermind se soutiennent mutuellement pour fixer des objectifs ambitieux et significatifs, et pour les concrétiser.

La réussite du groupe repose sur l'engagement, la confidentialité et la volonté tant de donner que de recevoir conseils et idées.

Un facilitateur ou une équipe facilitatrice est essentiel à l'efficacité d'un Groupe Mastermind. Le rôle d'un Facilitateur de Groupe Mastermind diffère de celui d'un instructeur, coach ou leader. La facilitation d'un groupe Mastermind fait appel à des compétences et méthodes propres, différentes de celles de la formation d'adultes ou du travail avec une équipe institutionnelle pour réaliser un seul objectif commun. Le travail d'un Facilitateur Mastermind est de créer la confiance et les rapports dans le groupe, d'aider les membres à se coacher et se conseiller mutuellement, fixer des buts puissants, et de veiller à ce qu'ils tiennent leurs engagements. Lors des réunions de Groupe Mastermind, les facilitateurs donnent la direction, guident le groupe vers des niveaux approfondis de discussion, veillent au niveau d'énergie du groupe et gèrent tout problème survenant entre les participants et susceptible de menacer l'harmonie du groupe.

Quand ils sont bien organisés, les Groupes Mastermind procurent à leurs membres nombre d'avantages dont :

1. De nouvelles réponses et idées, émergeant des brainstormings du groupe
2. Un accès aux expériences et compétences de personnes qui réussissent
3. Une plus grande assurance dans la prise de décisions
4. Une responsabilisation accrue pour progresser dans des buts professionnels et personnels clés
5. Un réseau de soutien utile et instantané
6. Une motivation accrue du fait d'un sentiment de finalité partagée
7. Une attitude mentale plus ciblée, riche et positive

Les Avantages du Mastermind

Les Groupes Mastermind Successful Genius et Conscious Leadership

Au cours de l'été 2013, j'ai créé le programme Successful Genius Mastermind (Mastermind du Génie de la Réussite) avec mes confrères Mitchell Stevko (expert en développement de la Silicon Valley qui a aidé plus de 150 entrepreneurs à réaliser leurs rêves, en levant plus de 5 milliards de capital) et le Dr. Olga Stevko (médecin russe experte en thérapie des croyances -Belief Medecine™- spécialisée dans le travail avec des professionnels accomplis). Le *Successful Genius Mastermind* se base sur mes applications de la Modélisation des Facteurs de Succès ; notamment mes études sur les entrepreneurs nouvelle génération qui réussissent et les génies célèbres tels que Mozart, Einstein, Walt Disney, Léonard de Vinci entre autres. Ce programme d'un an, qui a lieu dans la région de la baie de San Francisco, comprend trois réunions mastermind en présentiel, des webinaires mensuels en temps réel, des réunions mensuelles de petits groupes en résidentiel, et un soutien des facilitateurs de notre équipe en personne et en virtuel.

Fruit de la collaboration générative entre mes deux partenaires et moi, le Successful Genius Mastermind est un programme de développement exclusif et intensif pour entrepreneurs et propriétaires d'entreprises accomplis. On compte parmi les membres actuels des leaders influents de différents domaines qui ont eu un impact positif sur la vie de centaines de millions de personnes. Le groupe est composé de personnes à la réussite avérée dans différents milieux dont la technologie, la psychologie, la médecine, l'enseignement, la nutrition, les finances et la gestion. Par exemple, Barney Pell, l'un des pères de l'« informatique conversationnelle » et fondateur de Powerset, présenté dans le premier tome de cette série (pp. 102-115), en fait partie ; tout comme John Gray, l'auteur du livre internationalement célèbre *Les hommes viennent de Mars, les femmes viennent de Vénus.*

Tous les membres du Successful Genius Mastermind ont déjà individuellement réussi dans certains domaines de leur vie et leur carrière et veulent passer à un autre palier ou créer une nouvelle base professionnelle. Ils s'intéressent aussi à leur développement personnel. Autre trait commun à tous les membres du Successful Genius Mastermind, ce sont des leaders « au cœur ouvert » et conscients qui disposent d'une intelligence émotionnelle et relationnelle. Tous sont d'excellents exemples de ce que j'ai appelé les « entrepreneurs nouvelle génération » dans la *Modélisation des Facteurs de Succès Tome I*. Ils s'attachent à vivre plus pleinement leurs rêves et à créer un monde meilleur au travers de leurs entreprises.

Une particularité du Successful Genius Mastermind est l'initiation à des processus de pensée et des pratiques spécifiques que j'ai modélisés chez certaines des personnes réussissant le mieux au monde. En plus des modalités habituelles du Mastermind, les membres d'un groupe de Successful Genius Mastermind sont coachés pour appliquer ces processus de façon à bâtir un Cercle de Succès puissant qui accélérera leur développement et renforcera leur influence. Ce programme fournit aux participants une feuille de route claire et un énorme avantage compétitif pour accroître leur efficacité et leur potentiel de réalisation.

Successful Genius Mastermind se base sur l'application de la Modélisation des Facteurs de Succès.

Le groupe est composé de personnes de parcours différents, au succès avéré, qui ont déjà réussi dans certains domaines de leurs vies et leurs carrières et veulent passer à un autre palier ou créer une nouvelle base professionnelle.

Les membres du groupe se soutiennent mutuellement pour appliquer les principes et caractéristiques de la Modélisation des Facteurs de Succès et bâtir un Cercle de Succès puissant qui accélérera leur développement et renforcera leur influence.

Faire des Rectificatifs Dynamiques de Parcours

Établir des Partenariats Puissants

Créer un Avenir Clair et Attirant

Le Successful Genius Mastermind explore les stratégies fondamentales de réussite.

Mes co-fondateurs du Successful Genius Mastermind et moi avons découvert que, pour bâtir un Cercle de Succès puissant, les personnes créatives qui réussissent utilisent sept stratégies fondamentales. Elles peuvent se résumer comme suit :

1. Maîtriser un État d'Esprit Optimal
2. Créer un Avenir Clair et Attirant
3. Définir un Chemin Critique vers cet Avenir
4. Parvenir à un Alignement Intérieur
5. Établir des Partenariats Puissants
6. Transformer Efficacement les Obstacles
7. Faire des Rectificatifs Dynamiques de Parcours

Nous avons constaté que la majorité des personnes, y compris celles qui ont déjà atteint une certaine réussite, n'utilisent régulièrement qu'une ou deux des Sept Stratégies d'un Génie de la Réussite. Pour passer à un palier supérieur de réussite et de satisfaction, les gens doivent appliquer toutes ces stratégies de manière cohérente et efficace.

Le but du programme Successful Genius Mastermind est d'aider les participants à développer pleinement et systématiquement ces stratégies en les étudiant et en les pratiquant en tant que groupe. En travaillant ensemble, les membres partagent de bonnes pratiques liées à ces stratégies et s'entraident pour les mettre en œuvre concrètement et avec créativité. C'est ainsi que nombre des membres du groupe ont réalisé un retour de 10 à 100 sur leur investissement. L'auteur John Gray, par exemple, a déclaré, « Suite au premier weekend de réunion du groupe, j'avais gagné en clarté, en énergie et même en inspiration. J'ai finalisé en seulement 30 jours le livre sur lequel j'avais travaillé pendant deux ans ».

Pour Barney Pell, « Je suis un visionnaire et le Mastermind m'a donné de nouveaux cadres pour considérer ma vision, élaborer certaines des capacités que j'ai déjà, et développer un nouveau langage et des outils pour enseigner et guider les autres ».

Plusieurs des processus puissants que nous appliquons pour développer ces stratégies dans le groupe Successful Genius Mastermind seront d'une certaine manière abordées dans cet ouvrage.

Au moment de la rédaction de ce livre, mes collègues et moi-même avons décidé d'étendre et faire évoluer le Successful Genius Mastermind vers un Mastermind des Leaders Conscients (Conscious Leader Mastermind). Nous définissons un *Leader Conscient* comme « quelqu'un qui aspire à exister en état de présence centrée, ayant accès à plusieurs intelligences et vivant ses valeurs les plus élevées au service d'une plus vaste finalité dans l'intérêt de toutes les parties prenantes ». Un leadership conscient implique d'être :

- Authentique
- Émotionnellement intelligent
- Intentionel
- Responsable

Le Conscious Leaders Mastermind s'appuie sur les sept stratégies du génie performant pour inclure les pratiques du leadership conscient.

Le Mastermind des leaders Conscients (Conscious Leaders Mastermind)* s'appuie sur les sept Stratégies du Génie de la Réussite (Successful Genius) complétées d'autres pratiques importantes, comme :

1. Formuler et communiquer une vision de l'avenir claire et qui fait sens.
2. Garder le cap sur une finalité plus élevée.
3. Influencer par l'inspiration.
4. Équilibrer intérêt personnel et bien commun, en soi-même et en autrui.
5. Respecter et intégrer de multiples points de vue.
6. Faire preuve de congruence - diriger par l'exemple (faire ce que l'on dit).
7. Exercer un leadership de soi conscient et réfléchir sur les enseignements tirés de l'expérience.

Un leadership conscient implique de créer son entreprise dans un état de présence centrée, d'avoir accès à différentes intelligences et de faire vivre ses valeurs les plus importantes au service d'une plus vaste finalité dans l'intérêt de toutes les parties prenantes.

Le leadership conscient est un des thèmes principaux du prochain tome de la Modélisation des Facteurs de Succès intitulé *Leadership Conscient et Résilience*.

Le leadership conscient est un thème central de la Modélisation des Facteurs de Succès Tome III.

---

* Pour plus d'informations sur le programme Conscious Leaders Mastermind, voir : http://consciousleadersmastermind.com/about/

Catalyseurs de Collaboration SFM™

L'un des processus majeurs que j'utilise dans mes facilitations de groupes de Mastermind, comme le Successful Genius et le Conscious Leaders, est celui que mon frère John et moi avons appelé les « catalyseurs de collaboration ». *Les catalyseurs de collaboration* sont des processus dont l'objet est de stimuler et renforcer l'efficacité de la collaboration et l'intelligence collective. Leur but est de produire un certain degré de résonance, de synergie et/ou d'émergence entre les membres d'un groupe travaillant ensemble.

Les catalyseurs de collaboration décrits dans ce livre contribuent aussi à augmenter votre « facteur chance » (cf chapitre 3 de la *Modélisation des Facteurs de Succès Tome 1* - pp.150-155) pour un projet ou entreprise en vous aidant à :

- Créer un *réseau de chance* - c.-à-d., des gens en mesure de vous soutenir et de vous informer de nouvelles opportunités.
- Détecter des indices subtils ou *signaux faibles* porteurs de *futures tendances* (par ex., « où le palet va se trouver »).
- Susciter des résultats favorables de la part de ceux avec qui vous interagissez.
- Garder une attitude positive et faire face aux défis et à l'adversité en anticipant, et en contribuant à, une issue favorable et en recherchant le positif dans toute situation plutôt que de s'apitoyer sur le négatif.

Il y a des catalyseurs de collaboration plus pertinents pour certaines parties du Cercle de Succès, et d'autres qui peuvent s'appliquer de façon efficace à n'importe quel quadrant. D'autres catalyseurs de collaboration sont aussi plus adaptés à certaines phases d'un projet collaboratif. Je vous encourage à les expérimenter et à trouver ceux qui fonctionnent le mieux pour vous et votre entreprise.

Commençons par deux catalyseurs de collaboration permettant d'établir et de renforcer une qualité de résonance profonde dans un groupe ou une équipe.

Les catalyseurs de collaboration sont des processus qui stimulent et renforcent l'efficacité d'une collaboration et l'intelligence collective en produisant un certain degré de résonance, synergie et/ou émergence entre les membres d'un groupe.

Catalyseur de Collaboration SFM™ : Créer un « Contenant COACH »

Mon travail avec SFM™ démontre que le premier, et le plus significatif, des facteurs de réussite est la maîtrise d'un état d'esprit optimal. Dans la *Modélisation des Facteurs de Succès Tome I* nous avons commencé par mettre en pratique ce que j'ai appelé l'état COACH (p. 34). J'ai également résumé cet état dans l'introduction de ce tome (p.15). L'état COACH est à la base d'un état d'esprit orienté réussite. L'*état COACH* est avant tout un état intérieur de présence, de ressource, de curiosité et de réceptivité. Les lettres C.O.A.C.H. correspondent au fait d'être centré, ouvert, alerte et conscient, connecté (à soi-même et autrui) et d'honorer ce qui se présente à partir d'un état de ressource et de curiosité.

Nous nous mettons en état COACH pour en quelque sorte « ouvrir notre canal » et nous connecter à l'expérience d'être à la fois un tout individuel et partie de quelque chose de plus grand que nous-même qui nous donne une finalité et de l'énergie. Atteindre et maintenir cet état est le socle de toute performance réussie. Faire de l'état COACH le référentiel de l'état de performance est le premier objectif des participants de mon groupe Successful Genius Mastermind.

Se mettre en état COACH, c'est un peu comme connecter un iPad ou smartphone à un réseau sans fil. Cela permet à l'appareil d'accéder au « nuage » (cloud) le transformant en une sorte de « holon » en ce sens qu'il est relié à un champ plus vaste d'« intelligence collective ». Une fois connecté et relié au « nuage », un smartphone ou une tablette peut recevoir en temps réel les informations d'évènements de n'importe quelle partie du monde. Il/elle peut même télécharger de nouvelles applications étendant sa polyvalence et sa performance. Il/elle peut aussi transmettre, par le réseau sans fil, des informations à d'autres appareils et au « nuage ». Une fois dans le « nuage », ces informations et connaissances peuvent être accessibles et utilisables par nombre d'autres appareils.

Cependant, si notre tablette ou smartphone est déconnecté(e), l'accès se limite aux données et applications existantes dans sa mémoire.

Nos systèmes nerveux sont un peu comme ces appareils. Nos cellules nerveuses forment une sorte de circuit exécutant divers programmes ou applications. Dans l'état COACH nous avons le plein accès à toutes nos applications et données, nous sommes connectés et disposons du potentiel pour nous relier au « nuage » de connaissances du champ d'intelligence collective qui nous entoure. Dans d'autres états, nous avons un accès plus restreint à nos propres ressources et connaissances et aux idées venant des autres. Dans l'état CRASH, par exemple, où nous sommes contracté, réactif, englué dans notre propre analyse, séparé et heurté/blessé, nous n'avons accès qu'à une petite partie de notre intelligence et de nos ressources propres.

Entrer dans l'état COACH c'est comme connecter un iPad ou un smartphone au « nuage » (cloud) et à un champ plus vaste d'« intelligence collective ».

Se « Mettre au Diapason » Ensemble

Ainsi, un catalyseur de collaboration simple et potentiellement très efficace est de créer ce qui peut être appelé un « contenant COACH ». Un *contenant COACH* est une sorte de champ relationnel ou de rapport de groupe qui émerge lorsque tous les membres d'un groupe sont simultanément dans l'état COACH. Quand tous les membres d'un groupe sont « au diapason » ensemble, le potentiel de résonance entre eux s'accroît considérablement aux différents niveaux de facteurs de réussite.

L'exercice suivant permet d'appliquer les qualités de l'état COACH à une interaction ou une conversation entre des collaborateurs. Il permet de démarrer efficacement une réunion ou une session interactive de presque n'importe quel type. L'objet de cette pratique est d'assurer que tous les participants commencent leur interaction à partir du meilleur d'eux-même, afin de bénéficier au mieux de l'interaction. Tout comme les athlètes s'échauffent pour être au mieux d'eux-mêmes - en tant qu'individus ET membres d'une équipe - lors d'une compétition ou d'un entraînement, le contenant COACH prépare les participants d'un groupe à obtenir le meilleur les uns des autres.

Un « Contenant COACH » est une sorte de champ relationnel ou de rapport de groupe qui émerge lorsque tous les membres d'un groupe sont simultanément dans l'état COACH.

1. Asseyez-vous ou mettez-vous debout, face à face, dans une posture confortable et équilibrée, avec les deux pieds à plat sur le sol et la colonne vertébrale bien droite mais détendue (c.-à-d., « dans votre axe vertical »).

2. Consacrez une ou deux minutes à entrer consciemment dans l'état COACH ensemble. Cela peut se faire dans le silence en suivant les étapes suivantes :

    a) Portez votre attention sur votre ventre (juste sous le nombril et au centre physique de votre corps) et respirez dedans.

    b) Respirez dans votre poitrine et ouvrez votre attention à l'ensemble de votre corps et de votre environnement.

    c) Prenez conscience du volume en trois dimensions de votre corps : continuez ensuite à élargir votre conscience pour inclure l'espace sous vos pieds, au-dessus de votre tête, derrière vous, devant vous, à votre gauche et à votre droite.

    d) Vivez le sentiment de connexion intérieure (en incluant votre tête, votre cœur, votre ventre et vos pieds) et extérieure (à la Terre par vos pieds, au cosmos par le sommet de votre tête, à l'environnement autour de vous), de façon à vous sentir à la fois un tout et partie de quelque chose de plus vaste que vous.

e) Imaginez-vous projeter un sentiment de calme, de confiance et de curiosité dans l'espace que vous percevez autour de vous (l'environnement hospitalier).

Lorsque chaque membre du groupe sent qu'il est pleinement présent et dans son état COACH, il ou elle l'indique à voix haute aux autres, « Je suis présent(e) » ou « Je suis prêt(e) ».

3. Il est bon d'y ajouter une étape où les participants parcourent le groupe du regard et disent, au moment du contact visuel avec un ou une autre, « je vous vois ».

Entrer collectivement dans l'état COACH peut créer un sentiment fort et riche d'interconnexion et de ressources.

Ce processus simple, effectué avec authenticité et présence, peut créer un sentiment fort et profond de lien mutuel et ressourçant. C'est ce que nous appelons le champ relationnel ou « contenant ».

Personnellement, je démarre systématiquement mes séminaires, groupes Mastermind, séances de coaching et réunions - en présentiel et à distance - par une version de cette pratique. Je l'ai fait partout dans le monde avec des gens aux profils et parcours différents. Cela crée des interactions plus fluides, mieux ciblées et de meilleure qualité. Bien évidemment, lors des séminaires en ligne et téléconférences où les gens n'ont pas de contact visuel entre eux, la 4e étape est à modifier. Par exemple, à la place les gens peuvent dire, « c'est bon d'être ici ».

Bien sûr, cet exercice est facilité si les gens connaissent déjà l'état COACH et l'ont déjà expérimenté ou pratiqué. Toutefois si ce n'est pas le cas, cela prend peu de temps d'expliquer ce qu'est l'état et les raisons de pratiquer l'exercice puis de passer verbalement par les différentes étapes.

Commencer une réunion ou une interaction dans un état de ressource avec un esprit positif réduit le gaspillage de temps précieux, l'inefficacité injustifiée et les risques de conflit. Cela enrichit aussi beaucoup le potentiel de synergie et d'émergence. Il peut également s'avérer très utile de revenir régulièrement à ce catalyseur de collaboration lors d'une interaction prolongée (comme un atelier ou une séance de coaching). En fait, j'encourage les groupes à créer collectivement un geste, une verbalisation, un symbole ou tout autre type de signal ou « ancre » à utiliser pour revenir à l'expérience du contenant COACH plus rapidement. Des équipes sportives, par exemple, effectueront souvent un court rituel ou une acclamation avant le début d'un match pour rassembler tous les joueurs dans une « zone d'excellence » collective.

Un groupe peut utiliser un mouvement ou geste collectif comme une « ancre » pour revenir rapidement à un état de ressources.

Catalyseur de Collaboration SFM™ : Présentations Multi-Niveaux

Un autre exemple simple de catalyseur de collaboration est ce que j'appelle les « présentations multi-niveaux ». Il est surtout utile aux personnes se réunissant en groupe pour la première fois. Cette activité a pour objet de donner aux membres d'un groupe l'occasion de partager brièvement leur parcours et objectifs, à différents niveaux, avant de s'engager dans une collaboration. Le processus favorise la possibilité d'identification rapide d'une résonance à des niveaux plus profonds de facteurs de réussite, au delà de ceux de l'environnement, du comportement et des capacités.

Il consiste essentiellement, pour chaque membre du groupe, à répondre à cinq questions liées aux différents niveaux de facteurs de succès : environnement, comportement, capacités, croyances et valeurs, identité et finalité. Le processus de présentation multi-niveaux implique que chacun donne sa réponse aux questions suivantes :

Les présentations multi-niveaux donnent aux membres du groupe l'occasion de partager brièvement leur parcours et objectifs, à différents niveaux, avant de s'engager dans une collaboration.

1. *D'où venez-vous ?* (Environnement)
2. *Que faites-vous ?* (Comportement)
3. *Comment souhaitez-vous améliorer ou enrichir vos savoir-faire ou capacités grâce à la collaboration ?* (Capacités)
4. *Pourquoi voulez-vous améliorer ou enrichir ces savoir-faire ou capacités ? A quelles valeurs et croyances correspondent-ils ?* (Valeurs et Croyances)
5. *Quelle est votre mission et votre rôle ? Quel(le) métaphore ou symbole vous représenterait ?* (Identité et Finalité)

Bien que parfois, une partie de l'information semble au début un peu risquée à donner pour certains, j'ai découvert que ce processus aidait les gens à atteindre plus vite un niveau de confiance et d'intimité mutuelles. Il permet aussi aux gens de cerner les points communs à des niveaux qu'ils aborderaient normalement dans une interaction type.

Les présentations multi-niveaux sont une manière d'entrer en relation qui doit généralement avoir lieu entre des personnes qui ne se connaissent pas. Elles restent toutefois assez utiles, pour des groupes où les gens se connaissent déjà, comme moyen pour clarifier leurs intentions lors d'une interaction particulière. Dans ce cas, les questions 3-5 seront les plus importantes.

Les Présentations Multi-Niveaux permettent aux membres d'un groupe de se rendre compte de résonances à différents niveaux de facteurs de succès.

Agrandir le « Gâteau Commun »

Catalyseur de Collaboration SFM™ : Poser une Intention

Le mot « intention » vient du Latin *intentio*, qui signifie littéralement action de « tendre vers ». L'*intention* est généralement définie comme « l'objet, la finalité ou le but vers lesquels les réflexions sont dirigées » ; ou « un résultat attendu qui oriente vos actions prévues ». Le terme est aussi employé pour signifier « une détermination à agir d'une certaine façon ». Ainsi, les intentions sont ce que nous voulons ou espérons accomplir par une activité.

Les intentions sont ce que nous voulons ou espérons accomplir grâce à une activité.

Une personne avec l'intention d'« aider », par exemple, peut ne pas savoir exactement ce qu'elle va ou devra faire, mais être prête à s'engager dans un certain nombre d'actions précises pouvant contribuer à satisfaire cette intention générale. L'intention d'« apporter une énergie positive » ou de « rester centré(e) » peut avoir de nombreuses expressions différentes. De ce point de vue, une intention est une sorte de filtre qui oriente notre attention et met au premier plan certaines compétences et actions.

Poser une intention en début de réunion ou d'interaction de groupe peut être une autre forme puissante de catalyseur de collaboration.

Faire poser leur intention aux participants, en début de réunion ou d'interaction de groupe, peut être une autre forme puissante de catalyseur de collaboration.

Tout comme sa passion, sa vision, sa mission, son ambition et son rôle, les intentions de quelqu'un peuvent s'exprimer de plusieurs façons (cf *la Modélisation des Facteurs de Succès Tome I*, pp. 178-179) :

- *Verbal* (positif, succinct : 5 Mots ou moins, évocateurs)
- *Visuel* (images en couleur, réelles ou symboliques)
- *Somatique* (une posture et un mouvement représentant l'objectif / l'intention)

Exprimer des Intentions

Dans mes groupes MasterMind et séminaires SFM™, nous démarrons chaque session ou réunion avec le même rituel. Chaque membre du groupe prend quelques minutes et partage ses réponses aux questions suivantes :

1. Quel a été votre état COACH moyen (sur une échelle de 0 à 10) depuis notre dernière réunion ?
2. Quelles ont été vos principales réalisations ou « victoires » depuis notre dernière réunion ?
3. Quels ont été vos plus grands défis ?
4. Quelle est votre intention pour cette réunion et jusqu'à la prochaine réunion ?

Dans certaines de mes réunions MasterMind et séminaires SFM™, je demande ensuite aux gens de se mettre en groupes de quatre et de s'entraider pour définir plus explicitement leur intention à plus long terme. Chaque personne prend le rôle de présentateur. Les autres prennent la place A, B ou C.

- La personne A aide le présentateur à explorer la question : « Quels sont les 5-7 mots clés que vous utiliseriez pour exprimer votre intention ? »
- La personne B aide le présentateur à explorer : « Quelle image, réelle ou symbolique, représente votre intention ? »
- La personne C aide le présentateur à explorer : « Comment pourriez-vous exprimer votre intention avec votre corps par un geste ou un mouvement ? »

Le fait de définir sa propre intention, et d'aider les autres membres du groupe à définir les leurs, prépare chacun à donner et recevoir le maximum dans l'interaction.

Il est important de représenter son objectif ou intention de différentes façons

Agrandir le « Gâteau Commun »

Catalyseur de Collaboration SFM™ : Favoriser un « Champ » de Co-Sponsoring

Il est essentiel pour l'intelligence collective de créer un « champ » relationnel fondé sur la confiance, le respect mutuel et la reconnaissance des ressources et contributions uniques de chacun des membres du groupe. C'est ce que nous avons appelé le « Sponsoring » dans la *Modélisation des Facteurs de Succès Tome I* (pp.144-145).

L'enseignant transformationnel Richard Moss soutient que « le plus grand cadeau que nous puissions faire à nous-mêmes ou une autre personne est la qualité de notre attention ». Le sponsoring implique de voir, sentir et affirmer un potentiel de qualités chez d'autres. Une collaboration vraiment générative exige un sponsoring mutuel entre tous les membres du groupe. Une façon d'encourager un sponsoring mutuel dans un groupe de personnes, c'est de les entraîner à chercher et reconnaître ce qu'ils perçoivent et apprécient chez un autre. Lorsque les membres du groupe sont en mesure de s'offrir cette qualité d'attention entre eux, une forme très profonde et puissante de résonance peut se créer entre eux.

Le processus qui suit, d'abord développé par mon confrère formateur en PNL Robert McDonald, encourage les gens au sponsoring mutuel en les faisant se concentrer sur ce qu'ils perçoivent et apprécient vraiment chez les autres.

Les membres du groupe se relayent en tant que Personne A - la personne sur laquelle les autres membres du groupe portent leur attention. Il importe que chacun s'engage uniquement quand il ou elle se sent prête à être le centre d'intérêt.

La personne A indique son intention au groupe. En commençant par la personne à gauche de la Personne A puis dans le sens des aiguilles d'une montre, chacun fait une remarque sur une chose qu'il ou elle observe physiquement et apprécie chez la Personne A, et quelque chose qu'il ou elle ressent intuitivement et apprécie de la Personne A. L'« observation » se fonde uniquement sur nos perceptions sensorielles du comportement d'une autre personne. Le « ressenti » est une impression somatique, intuitive de l'essence profonde de l'autre personne.

Chaque membre du groupe doit utiliser le format suivant :

« *J'observe que vous* _____.
Et j'aime ça. »

« *Je ressens que vous* _____.
Et j'aime ça. »

Répéter ce processus jusqu'à ce que chacun dans le groupe ait eu la possibilité d'être Personne A et reçu les remarques de tous les autres membres.

Que je travaille avec un groupe d'entrepreneurs étudiant des possibilités de partenariat, le comité exécutif d'une grande organisation ou lors d'une simple réunion d'équipe, j'aime souvent commencer par cet exercice. Je ne demande pas toujours aux personnes de prendre le temps de parler à haute voix. Souvent le simple fait de regarder quelqu'un avec une perspective de sponsoring suffit à catalyser le début d'un ressenti relationnel et d'une résonance positive.

Favoriser un « champ » de sponsoring implique que les membres du groupe se concentrent sur ce qu'ils perçoivent et leur plaît vraiment chez un autre.

Catalyseur de Collaboration SFM™ :
Explorer et Partager de Bonnes Pratiques avec
la Modélisation des Facteurs de Succès

Comme je l'ai indiqué plus tôt, certaines des principales manifestations de l'intelligence collective en organisations prennent la forme de *partage* - échanger informations et idées et trouver une résonance - et d'*essaimage* - diriger et créer une synergie entre connaissances et interventions vers un problème ou un résultat précis. Ces deux processus peuvent être combinés pour une réalisation efficace d'actions de *Benchmarking ou Étalonnage* - établir des standards - ET de *Bonnes Pratiques* - partager des stratégies de réussites pour atteindre des objectifs clés.

Dans mes groupes Mastermind ainsi que que mes séances de coaching et de formation SFM™, nous appliquons le processus de la Modélisation des Facteurs de Succès comme un catalyseur de collaboration à la fois pour le Benchmarking, ou l'Étalonnage, et les Bonnes Pratiques. Le groupe choisit un sujet, comme « la prise de décision efficace » ou « l'embauche de nouveaux membres de l'équipe », puis partage des exemples de réussite sur le sujet commun en partant de leurs propres expériences.

Le processus de Modélisation des Facteurs de Succès peut être utilisé comme catalyseur de collaboration pour le benchmarking ET les partages de Bonnes Pratiques.

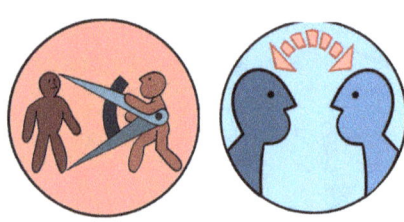

Il est préférable de faire le partage en groupes de 4-6 personnes, qui comparent leurs réponses aux questions suivantes :

1. Quels sont les *résultats* que vous cherchiez à atteindre ?
2. Quelles ont été les principales *actions* nécessaires pour atteindre ou créer ces résultats ?
3. Quel *état d'esprit* a guidé vos actions en termes de :
   - état interne
   - processus de pensée
   - valeurs et croyances

Pendant qu'il partagent leurs exemples personnels de réussite, les membres du groupe notent leurs réponses communes sur un tableau ou une grande feuille de papier.

Les membres du groupe partagent des exemples de réussites passées sur un sujet donné puis élaborent un « Story-Board de Succès », en définissant le chemin critique des étapes clés communes, avec à la fois l'état d'esprit et les actions, qui ont généré les résultats désirés.

Quand tous les participants ont partagé leurs réponses, le groupe est invité à faire un « Story-board de Succès », en définissant le chemin critique des étapes clés communes, avec à la fois l'état d'esprit et les actions qui créent avec succès les résultats désirés. Pour favoriser la recherche des facteurs de réussite les plus importants, le groupe doit se limiter à définir six étapes clés.

Voici un exemple de processus décisionnel efficace de mon groupe de Successful Genius MasterMind :

Exemple SFM™ : Réaliser un Mastermind de Prise de Décision Efficace

Résultats :
- Écologiques
- Gagnant-Gagnant
- Exemptes de Catastrophes

Actions :
- Prévoir des Scénarios - Faire « Comme Si »
- Envisager les Conséquences -
  - *Qu'est-ce qui est vraiment important ?*
  - *Comment et à quel niveau cela affecte-t-il ma mission ?*
- Prendre plusieurs Points de Vue
- Utiliser l'Intuition Et la Raison

État d'Esprit :
- Connexion, Compassion, Clarté, Calme, Congruence
- Croyances : *Je suis le destinataire des conséquences.*

Étapes :
1. Se Mettre dans un État d'Esprit de Décision Optimal
2. Prendre une Position « d'Observateur »
3. Demander, « Qu'est-ce qui est important ? » et « À quel niveau ? »
4. Prévoir des Scénarios - Faire « Comme Si »
5. Questions - Multiples Perspectives
6. Évaluation - Rationnelle et Intuitive

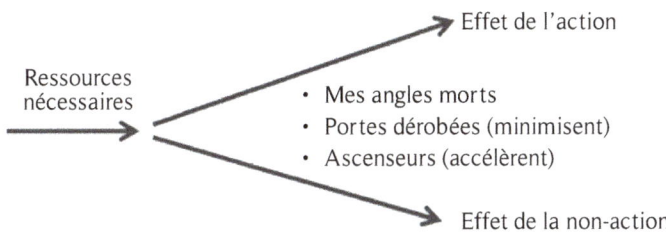

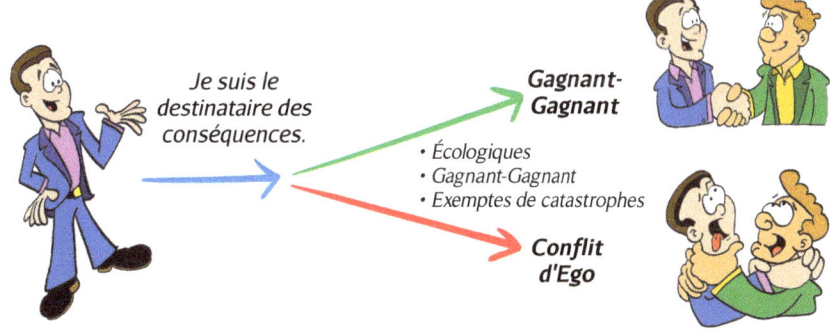

Agrandir le « Gâteau Commun »

Un « Story-board de Succès » préliminaire sert de résumé qualitatif qui peut constituer la base d'une discussion plus approfondie menant à des applications pratiques plus détaillées.

Il s'agit clairement d'un résumé très qualitatif résultant d'une discussion beaucoup plus riche et détaillée qui peut ou non être utile à quelqu'un qui a été absent de la session de modélisation. Il laisse toutefois assez de « pistes » pour que les personnes impliquées dans l'exploration réactivent et tirent parti de leurs apprentissages partagés. Il peut aussi servir de base à un modèle commun plus approfondi et à des applications pratiques, comme le processus suivant issu d'une session de MasterMinding :

Pensez à une décision importante vous devez prendre pour l'année à venir.

- Que pouvez-vous faire pour être sûr que votre *état d'esprit* soit connecté, bienveillant, clair, calme et congruent ?
- Quelles *croyances* et *valeurs* vont vous aider à prendre la décision la plus écologique et avantageuse possible ?
- Lorsque vous réfléchissez à votre vision et votre ambition pour l'année, qu'est-ce qui est le plus important à réaliser, et à quel niveau ?
- Quelles *actions* possibles êtes vous en mesure de faire pour accomplir ce qui importe le plus ?
- Quel *feedback* (tant explicite qu'intuitif) allez-vous utiliser pour valider que les actions vous emmènent dans la bonne direction ?

Dans les prochains chapitres, nous revisiterons ce type de catalyseur de collaboration SFM™ et montrerons comment l'utiliser pour améliorer et exploiter l'intelligence collective des équipes et groupes.

J'utilise souvent les guides de travail suivants comme outil d'aide à la modélisation de bonnes pratiques de divers groupes.

Guide de Travail de Modélisation des Facteurs de Succès

Résultats

Quels résultats ont été prioritaires dans la réussite de votre performance, projet ou entreprise ?

Listez 5 résultats ou moins.

1. _____
2. _____
3. _____
4. _____
5. _____

Actions

Quelles actions principales avez-vous engagé pour atteindre ces résultats ? Listez cinq actions ou moins.

1. _____
2. _____
3. _____
4. _____
5. _____

État d'Esprit

Quelles ont été les caractéristiques clés de l'état d'esprit (c.-à-d., état intérieur, processus comportementaux et mentaux, valeurs et croyances, etc.) qui ont soutenu les mesures/actions nécessaires à l'atteinte des résultats.

Listez cinq caractéristiques clés ou moins.

1. _____
2. _____
3. _____
4. _____

Quelles actions sont les plus en lien avec la création ou la réalisation de quels résultats?

Quelles caractéristiques clés de l'état d'esprit sont le plus en lien avec la génération de ces actions?

Utilisez la grille de la page suivante comme support pour structurer ce que vous avez découvert.

Grille de Modélisation des Facteurs de Succès

Nom : _____ Sujet : _____

Résultats	Actions	État d'Esprit - Caractéristiques Clés

Agrandir le « Gâteau Commun »

Story-board de Succès

En réfléchissant aux informations que vous avez récoltées, établissez le chemin critique des étapes clés, avec à la fois l'état d'esprit et les actions, qui créent avec succès les résultats souhaités.

1. _____

2. _____

3. _____

4. _____

5. _____

6. _____

Résumé du Chapitre

Les entrepreneurs et les leaders d'affaires qui réussissent sont capables de promouvoir et mobiliser l'intelligence collective pour partager et optimiser les ressources et développer les opportunités d'affaires qui s'offrent à eux – c.-à-d., pour agrandir le « gâteau commun » à partager.

L'intelligence collective diffère de l'intelligence « collectée » en ce sens qu'elle crée un résultat supérieur à la somme de ses parties. Toutes les interactions ne créent pas l'intelligence collective. Il y a nombre d'exemples de groupes qui ne présentent aucune augmentation des capacités d'intelligence du fait des interactions entre leurs membres, mais bien le contraire. Les foules, équipes et familles dysfonctionnelles en sont une illustration. L'intelligence collective exige une communication ouverte, une confiance et un respect mutuels, de la curiosité et un engagement à quelque chose de plus grand que soi.

Trois processus créent la possibilité d'une intelligence collective, ce sont la résonance, la synergie et l'émergence :

- *La Résonance* renvoie à une sorte d'influence mutuelle entre des systèmes ou objets particulièrement accordés entre eux. Dans un groupe, elle a trait au degré d'alignement ou de connexion ressenti par les membres vis à vis d'idées, valeurs et qualités d'autres membres.
- *La Synergie* survient lorsque deux choses (ou plus) fonctionnent ensemble pour produire un résultat impossible à atteindre individuellement. C'est la capacité d'un groupe à parvenir à un meilleur résultat que si chacun de ses membres travaillait individuellement au même but ; c.-à-d., *1 + 1 = 3*. La synergie nécessite un échange d'énergie en plus d'un échange d'informations pour produire un résultat qui inclut et élargit les capacités et contributions individuelles.
- *L'Émergence* a lieu lorsque des structures complexes naissent d'un ensemble d'interactions relativement simples. Les qualités émergentes sont celles n'étant pas directement imputables aux éléments du système, mais plutôt à la façon dont ces éléments interagissent ; c.-à-d., là où le tout est plus grand que la somme de ses parties. Les innovations de rupture, par exemple, émergent suite à des combinaisons d'idées ou technologies en apparence sans rapport ou incompatibles.

Une grande partie de ce livre traite de la façon de créer les conditions produisant ces qualités dans un groupe afin d'engendrer l'intelligence collective.

Les phénomènes de holons et d'hologrammes sont aussi des facteurs importants pour créer l'intelligence collective. Le terme *holon* se réfère au fait que chacun de nous est un tout unique et séparé, composé d'autres touts (organes, cellules, molécules, etc.) et simultanément partie de touts plus vastes (famille, profession, communauté, culture, etc.). L'intelligence collective est le fruit de notre capacité à fonctionner en tant que holon intégré, plus vaste.

Un autre facteur clé dans la création d'intelligence collective a trait aux hologrammes et systèmes holographiques. Un *hologramme* est une image tridimensionnelle dont chaque partie contient l'intégralité de l'image. En tant que phénomène, l'hologramme est devenu une métaphore de la notion selon laquelle, dans de nombreux systèmes, toute l'information relative au système est d'une certaine façon distribuée dans chacune de ses parties. Le groupe a besoin d'un certain niveau de fonctionnement holographique pour produire l'intelligence collective. Des informations clés, telles que la finalité, les priorités et les processus doivent être partagées par chacun dans le groupe.

Un certain degré de « signification de la tâche » est également important pour créer l'intelligence collective. *La signification de la tâche* est définie comme « la portée de l'importance d'une tâche identifiable pour d'autres dans et hors de l'organisation ». La signification du travail est le fruit de la conscience et de la compréhension qu'une personne a de l'impact de ses activités sur d'autres en interne et en externe de son organisation. Des chercheurs comme Adam Grant de la Wharton School ont démontré qu'une perception commune de la signification de leur travail accroit de façon spectaculaire les performances des individus ET des groupes.

Dans les interactions organisationnelles, l'intelligence collective prend plusieurs formes fondamentales dont :

- *Le Partage* - échanger des informations et idées et, identifier des résonances
- *L'Essaimage* - diriger et créer une synergie entre connaissances et interventions vers un problème ou un résultat précis
- *Le Ralliement* - se rassembler pour se soutenir mutuellement et créer des solutions

Dans les projets entrepreneuriaux, l'intelligence collective est souvent utilisée à des fins de :

- Benchmarking, ou Étalonnage - établir des standards
- Bonnes Pratiques - partager des stratégies efficaces pour atteindre des objectifs clés
- Brainstorming - générer des idées
- Collaboration Générative - créer quelque chose de nouveau

Les groupes Mastermind illustrent bien comment ces aspects de l'intelligence collective peuvent s'appliquer à des initiatives entrepreneuriales. Le terme « Mastermind » désigne l'intelligence collective de « deux personnes ou plus, qui travaillent ensemble à la réalisation d'un but précis, dans un esprit d'harmonie ». Un *groupe Mastermind* fonctionne comme une sorte de comité consultatif de pairs, combinant brainstorming, enseignement, responsabilisation et soutien entre pairs d'un groupe donné afin de parfaire les activités et savoir-faire professionnels de chacun des participants. Les groupes Mastermind se réunissent une fois par mois, par semaine voire par jour si cela fait sens, pour aborder ensemble des défis et problèmes. Ils s'apportent mutuellement soutien et conseils, partagent des relations et peuvent être amenés à faire des affaires ensemble quand c'est opportun, ce dans le but de voir un changement notoire en eux-même, leurs vies et leurs entreprises.

Plutôt que de se fier à un instructeur, coach ou chef d'équipe, les groupes Mastermind ont habituellement un facilitateur qui aide le groupe à participer à différents catalyseurs de collaboration. *Les Catalyseurs de Collaboration* sont des processus qui stimulent et renforcent l'efficacité d'une collaboration et l'intelligence collective. Leur but est de produire un certain degré de résonance, de synergie et/ou d'émergence entre les membres d'un groupe travaillant ensemble.

Créer un *Contenant COACH* dans lequel les membres d'un groupe entrent collectivement dans un état d'esprit optimal est un exemple de catalyseur de collaboration. Pratiqué régulièrement, un tel processus peut créer le sentiment fort et riche d'un lien mutuel et ressourçant.

Les Présentations Multi-Niveaux sont un catalyseur de collaboration, particulièrement utile lors de la constitution d'un groupe, qui donne aux membres du groupe l'opportunité de partager quelque chose de leurs parcours et objectifs à différents niveaux avant de s'engager dans une collaboration. Le processus favorise la possibilité d'identifier rapidement une résonance à des niveaux de facteurs de succès plus profonds que ceux de l'environnement, du comportement et des capacités.

Exprimer des intentions crée une sorte de filtre qui oriente l'attention des membres du groupe et met au premier plan certains savoir-faire et actions. En s'entraidant à exprimer des intentions personnelles par des mots, des images et un modèle somatique, les membres du groupe deviennent plus à même de donner et recevoir le maximum de leur interaction.

Favoriser un « Champ » de Co-Sponsoring est un autre exemple de catalyseur de collaboration où les membres du groupe travaillent à rechercher et exprimer verbalement ce qu'ils perçoivent et apprécient chez les autres. Cela permet de créer un « champ » relationnel puissant fondé sur la confiance, le respect mutuel et la reconnaissance des ressources et contributions uniques de chacun dans le groupe.

Explorer et Partager des Bonnes Pratiques par la Modélisation des Facteurs de Succès est un catalyseur de collaboration qui permet, par les processus de partage et d'essaimage, tant d'optimiser que d'exploiter l'intelligence collective d'un groupe. Le choix d'un sujet d'intérêt commun significatif puis l'exploration et la ventilation d'exemples de réalisations ou projets réussis, permet aux membres d'un groupe d'identifier des facteurs clés de réussite à mettre en œuvre par la suite.

Références et Lectures Complémentaires

- *Give and Take : Why Helping Others Drives Our Success*, Adam Grant, The Penguin Group, New York, NY, 2013. (*Donnant, donnant - Quand génerosité et entreprise font bon ménage.* Adam Grant, Le Village Mondial, 2013)

- *Think and Grow Rich*, Napoleon Hill, Combined Registry Company, Chicago, Illinois, 1937, ISBN 1-60506-930 (*Réfléchissez et devenez riche*, Napoleon Hill, J'ai Lu, 2012).

- *From Coach to Awakener*, Robert Dilts Meta Publications, Capitola, CA, 2003. (*Être Coach : de la performance à l'éveil*, Robert Dilts, InterEditions, 2008)

02
Intelligence Collective
et Collaboration Générative

La synergie est ce qui se produit lorsque un plus un égale dix ou cent, voire mille ! C'est l'aboutissement lorsqu'au moins deux êtres humains respectueux décident de s'affranchir de leurs idées préconçues pour relever un défi important
Stephen Covey

Beaucoup d'idées se développent mieux lorsque transplantées dans un esprit autre que celui où elles sont apparues.
Oliver Wendell Holmes

Dans toute vie, à un moment, notre feu intérieur s'éteint. Puis il est rallumé par une rencontre avec un autre être humain. Nous devrions tous être reconnaissants envers ceux qui ravivent notre feu intérieur.
Albert Schweitzer

La Collaboration est Essentielle à la Réussite d'une Entreprise

Travailler de concert avec d'autres, en groupes et équipes, constitue une part de plus en plus courante et importante des affaires et de la vie d'aujourd'hui - et le faire efficacement est un facteur de réussite essentiel pour les entrepreneurs et leaders. Dans d'une interview récente de *Forbes.com*, le journaliste Dan Schawbel a demandé à Adam Grant (le professeur de Wharton précédemment cité) d'expliquer pourquoi interagir avec d'autres est le nouveau moyen pour réussir une carrière, et pourquoi c'est encore plus important aujourd'hui qu'avant. Grant a fait la réponse suivante :

> *Le monde du travail est devenu beaucoup plus interdépendant, rendant les relations et réputations de plus en plus importantes dans l'élaboration des idées novatrices, créneaux d'affaires, recommandations clients et évolutions professionnelles qui nous sont offertes. Il existe au moins trois tendances majeures sous-tendant l'essor de l'interdépendance.*
>
> *La première est la montée en puissance du travail en mode projet : les organisations amènent les gens à collaborer dans des équipes éphémères, rendant les savoir-faire liés à l'interaction particulièrement importants dans la concrétisation des résultats obtenus par ces groupes à court terme.*
>
> *La seconde est le passage d'une économie manufacturière à celle du service et du savoir : quatre Américains sur cinq ont des fonctions de service, où la satisfaction des besoins clients est un élément déterminant du succès.*
>
> *La troisième est l'avènement des réseaux sociaux en ligne : nous pouvons désormais tracer la réputation de candidats à un poste, d'éventuels partenaires commerciaux et prestataires de services en identifiant les contacts communs sur Linkedin et en suivant leur comportement sur les médias sociaux.*

La réponse de Grant révèle combien le monde a changé en quelques années et pourquoi la collaboration est un facteur de réussite essentiel. Chacune des tendances qu'il définit indique clairement l'importance qu'il y a à nous percevoir nous-mêmes et à interagir avec d'autres dans une perspective de holon intégré plutôt que d'individu séparé. Il est évident que la capacité à travailler avec d'autres de manière collaborative en tant que holon est essentielle à la réussite.

Une collaboration efficace est plus importante que jamais pour créer une entreprise qui réussit durablement.

Niveaux de Collaboration

Collaboration signifie littéralement « action de travailler ensemble ». Les gens travaillent ensemble et collaborent de multiples façons. Certaines sont plus efficaces que d'autres. En fait, la performance d'un groupe peut se classer en trois catégories :

1. Groupe ou équipe *contre-performant(e)* : le résultat global du groupe est en fait *inférieur* à ce qu'il serait si les individus travaillaient séparément ; c.-à-d., 1+1<2.

2. Groupe ou équipe *moyennement performant(e)* : le résultat global du groupe est similaire à ce qu'il serait si les personnes travaillaient séparément ; 1+1=2.

3. Groupe ou équipe *très performant(e)* : le résultat global du groupe est nettement *supérieur* à ce qu'il serait si les individus travaillaient seuls ; 1+1=3. Nous parlons alors de collaboration *générative*.

La capacité des groupes ou équipes à collaborer efficacement peut énormément varier.

Dans un groupe contre-performant, le résultat est inférieur à ce qu'il serait si les individus travaillaient séparément.

Dans un groupe moyennement performant, la performance est la somme des contributions individuelles.

Dans un groupe très performant, le résultat est très supérieur à ce qu'il serait si les membres travaillaient seuls.

Intelligence Collective et Collaboration Générative

Comment Vingt Personnes peuvent-elles en Surpasser Mille ?

Nous pouvons dire qu'un groupe, ou une équipe, contre-performant manque essentiellement de capacité à véritablement collaborer. Non seulement les personnes n'arrivent pas à travailler ensemble, mais leurs interactions entravent même leurs aptitudes à accomplir efficacement leurs tâches individuelles (une forme de « collaboration dégénérative » ou d'interaction à « somme négative » 1+1=0 voire -1).

Nous pouvons dire d'un groupe moyennement performant qu'il a atteint un niveau basique de collaboration. La *collaboration basique* concerne un groupe de personnes travaillant ensemble pour atteindre un objectif spécifique. Il s'agit en quelque sorte d'une intelligence « collectée » où 1+1=2. La collaboration basique requiert des gens un certain niveau de rapport entre eux, qu'ils communiquent efficacement et que chacun accomplisse la tâche qui lui est impartie en coordination avec d'autres partenaires ou membres du groupe. Le but de la collaboration basique est que chacun s'acquitte de ce que l'on attend de lui afin de produire un résultat équivalent à la somme des contributions individuelles.

Comme mentionné plus haut, le fruit d'une intelligence collective efficace s'appelle la collaboration générative. *La collaboration générative* concerne des personnes travaillant ensemble pour créer ou générer quelque chose de nouveau, surprenant et au-delà des capacités individuelles de chacun des membres du groupe ; 1+1=3 ou plus. Avec la collaboration générative, les individus parviennent à utiliser pleinement leurs aptitudes, découvrir et mettre en œuvre des ressources qu'ils ignoraient avoir. Ils tirent de nouvelles idées et ressources les uns des autres. Ainsi la performance, ou le résultat, du groupe en tant que tout est très *supérieure* à ce qu'elle serait si les individus travaillaient chacun de leur coté.

Prenons l'exemple d'une grande et célèbre multinationale de télécommunications. L'entreprise avait du mal à rester compétitive et savait qu'elle devait développer un produit pour un segment majeur de son marché. La situation était à ce point critique que l'entreprise constitua une équipe de 1000 personnes pour développer le nouveau produit aussi vite que possible. Il s'est avéré, à leur grande surprise et de façon embarrassante, que l'un de leurs concurrents avait été capable de créer un meilleur produit dans des délais plus courts et à bien moindre coût – les surpassant de loin tant sur les indicateurs de performance que sur le marché. Le plus étonnant a été que le concurrent l'a accompli avec une équipe de seulement 20 personnes !

Bien sûr, LA question pour la grande entreprise de télécommunications a été, « Comment est-ce possible que 20 personnes puissent en surpasser 1000 ?! » La différence qui a fait la différence est ce que nous appelons la capacité à la « collaboration générative ». Les membres de l'équipe de 1000 personnes avaient opéré en « silos », en étant très isolés les uns des autres. Les différents membres de l'équipe se sont contentés d'effectuer la tâche que le directeur de projet leur avait assignée, considérant les personnes essentiellement comme des éléments d'une machine ou d'un programme logiciel – ce que du point de vue SFM™ nous qualifions de leadership de type « cerveau et stylo ».

Le groupe de 20 personnes a, pour sa part, été dirigé par quelqu'un de passionné par la vision du projet, et qui a transmis cette passion à son équipe. Ce leader a plutôt agi comme un « orchestrateur de l'innovation » et encouragé l'équipe à communiquer et interagir en permanence ; défiant, stimulant et encourageant chacun à être et à donner le meilleur de lui-même, à penser « hors cadre » et à viser l'excellence dans tout ce qu'il faisait.

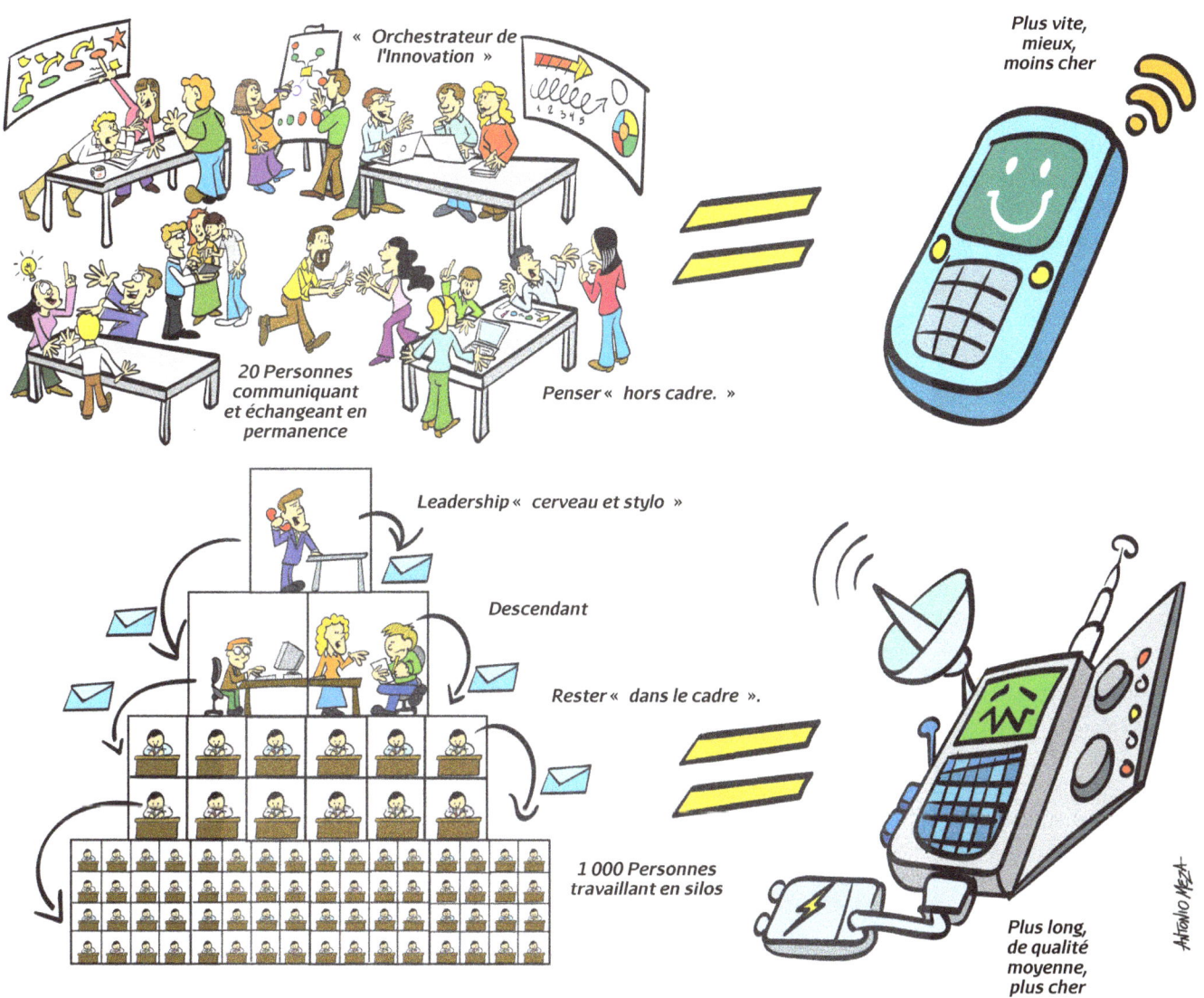

Avec le style de leadership et l'état d'esprit appropriés, et en favorisant la collaboration générative, vingt personnes peuvent en surpasser mille

Intelligence Collective et Collaboration Générative

La collaboration générative résulte d'une « intelligence de groupe » ou « champ relationnel » dans lequel les connaissances et savoir-faire des individus se combinent pour produire une plus grande créativité collective, impossible sans la présence des membres ou partenaires du groupe.

Pour qu'il y ait collaboration générative, les gens doivent être bien enracinés, centrés sur leurs ressources personnelles et être enthousiasmés par la réalisation de leurs ambitions tout comme par la concrétisation de leur vision commune.

Ils ont pu atteindre un haut niveau de collaboration générative en se stimulant et en s'encourageant mutuellement à progresser dans de nouvelles voies et créer quelque chose d'inédit. Pour cela, les membres du groupe ont du partager une vision, intégrer de multiples points de vue et créer un « champ relationnel » puissant fondé sur la confiance, dans un respect mutuel. Comme Steve Jobs l'a dit, « Il s'agit des personnes que vous avez, comment vous êtes dirigé, et à quel point vous le sentez ».

Comme nous l'avons indiqué, ce type de collaboration générative découle de la formation d'une « intelligence de groupe » ou « champ relationnel » où les connaissances et savoir-faire des individus se combinent pour produire une plus grande créativité collective, impossible sans la présence des autres membres ou partenaires du groupe. Ce processus ressemble à celui de deux atomes d'hydrogène se combinant à un atome d'oxygène pour créer une troisième et nouvelle entité, l'eau.

Pourtant, pour créer de l'eau, l'oxygène doit rester oxygène et l'hydrogène rester hydrogène. Dans les mots du philosophe Ken Wilbur, le nouveau rapport exprimé par la création d'eau « inclut et transcende » les entités individuelles qui la composent, produisant quelque chose qui les contient toutes deux ET est complètement nouveau.

Un principe important à l'œuvre ici est que l'individualité, les centres d'intérêt et la passion des gens sont nécessaires à la collaboration générative. Il a été dit « il n'y a pas de 'Je' dans une équipe », c'est peut-être vrai pour la collaboration basique mais pas pour la collaboration générative (littéralement il y a un 'I' -c.a.d. 'Je' en anglais- dans « collaboration » et « générative »). Pour qu'il y ait collaboration générative, les gens doivent être bien enracinés, centrés sur leurs ressources personnelles et être enthousiasmés par la réalisation de leurs ambitions tout comme par la concrétisation de leur vision commune. Lorsqu'ils « sacrifient leurs propres intérêts pour le bien de l'équipe », l'équipe perd leur passion, leur créativité et leur énergie.

A titre d'exemple, dans une collaboration « basique », six ou sept personnes d'un groupe se réuniraient, arriveraient à un consensus sur une idée ou une approche particulière et travailleraient ensemble pour la réaliser, produisant ainsi un résultat qui serait la somme de leurs interactions. En appliquant les principes de la collaboration « générative » ce même groupe produirait au minimum six-sept idées ou approches, ainsi que plusieurs synergies possibles entre certaines de ces idées ou approches.

Comme l'a dit Thomas Jefferson, père fondateur des États-Unis, « Si deux personnes se rencontrent et échangent un dollar, elles se quittent avec chacune un dollar. Mais si deux personnes se rencontrent et échangent une idée, elles se quittent avec au moins deux idées chacune » (et probablement plus du fait des combinaisons et des synergies entre les idées partagées). La collaboration générative illustre bien ce type d'économie des idées.

Une bonne métaphore pour comprendre la dynamique synergique de la collaboration générative est l'interaction des bulles. Dans cette analogie, une bulle représenterait une vision ou idée donnée. Dans la collaboration basique, tous les partenaires ou membres de l'équipe travaillent ensemble pour créer une bulle. Dans la collaboration générative, chacun des membres du groupe crée sa propre bulle puis observe comment cette bulle peut s'agencer avec les bulles créées par les autres membres du groupe.

Si deux personnes se rencontrent et échangent un dollar, elles se quittent avec chacune un dollar. Mais si deux personnes se rencontrent et échangent une idée, elles se quittent avec au moins deux idées chacune.

– **Thomas Jefferson**

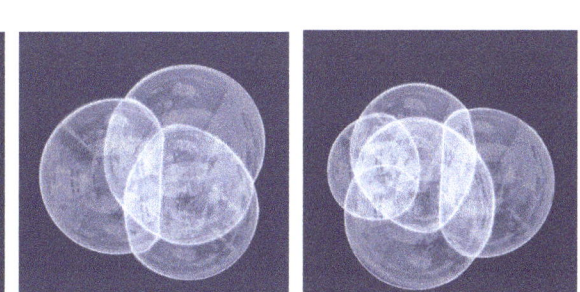

Semblable à des bulles qui s'agrègent pour créer un tout plus grand, la collaboration générative implique l'agrégation de visions et idées complémentaires.

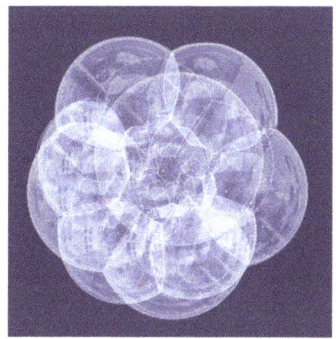

Le résultat d'une collaboration générative est une vision collective unique.

Nombre d'évolutions et réalisations de notre monde actuel n'ont pas été le fruit de la vision d'une seule personne, mais résultent plutôt de la combinaison de plusieurs visions et idées. La création de la Modélisation des Facteurs de Succès en est un bon exemple. SFM™ a émergé de l'agrégation de visions et d'idées, les miennes sur le développement des compétences comportementales et celles de mon frère John sur le coaching et le soutien aux nouvelles entreprises.

Intelligence Collective et Collaboration Générative

Le développement d'Internet illustre bien comment une vision collective produit quelque chose d'imprévisible.

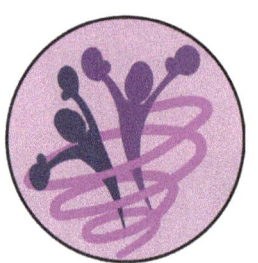

La création d'Internet en est un autre. La graine d'Internet a été plantée en 1969 sous le nom d'ARPANET, un projet de recherche du Ministère de la Défense américain pour développer une architecture réseau à usage militaire, et comme moyen d'exploiter au mieux, économiquement parlant, les ressources rares des grands systèmes informatiques. Très vite, les universités, laboratoires de recherches et prestataires du Ministère de la Défense ont découvert le potentiel d'Internet, un moyen de communication entre « humains », et ont été de plus en plus nombreux à s'y connecter. Dans les années 1980 et début des années 1990, un nombre croissant de composants du réseau gouvernemental d'origine sont vendus à de grandes entreprises de télécommunications jusqu'à la privatisation totale de la dorsale d'Internet. En 1994, les utilisateurs d'ordinateurs grand public découvrent internet et sont séduits par l'hypertexte et les fonctionnalités multimédia de la « Toile » (World Wide Web). Aujourd'hui, l'Internet désormais planétaire est devenu pour les gens du monde entier la technologie clé d'unification des communications.

Pourtant, comme l'a souligné un des développeurs à l'origine d'Arpanet « Personne à l'époque n'avait la vision d'Internet. Personne n'avait envisagé ce que c'est devenu aujourd'hui ».

L'entrepreneur Don Pickens (cité en page 137 du Tome I de cette série) fait écho à ce point de vue en déclarant « Un leadership visionnaire ce n'est pas juste avoir une vision, c'est aussi tisser cette vision avec d'autres visions ». Notre premier Exemple de Cas de Facteurs de Succès illustre bien la puissance générative du tissage de visions ensemble.

Exemple d'un cas de Facteur de Succès :

CrossKnowledge

« *Apprendre ensemble et changer le monde.* »

En juin 2009, les fondateurs de l'entreprise d'e-learning CrossKnowledge créée huit ans plus tôt, Steve Fiehl, Michaël Ohana, Pascal El Grably et Hervé Goudchaux, se trouvent à la croisée des chemins. Pour fonder la société, ils s'étaient associés autour d'une passion partagée pour *le management et le développement personnel*. Steve Fiehl se souvient, « j'avais envie d'offrir ces compétences à beaucoup de gens et savais que je le ferais avec d'autres ». Les partenaires ont choisi l'e-learning car, comme le souligne Steve, « il permet l'accès à beaucoup de gens ». Tous quatre partageaient aussi l'envie de « faire quelque chose de révolutionnaire » en « changeant les règles ; prendre un marché et, sans rien savoir, le faire comme personne d'autre ». Comme toute tentative d'apporter un changement au monde, notamment dans les organisations, le voyage n'a pas toujours été facile. Steve s'en souvient avec un sourire, « j'ai persévéré même si au début on me disait 'tu as choisi le mauvais créneau' ».

Les quatre avaient lancé l'entreprise aux débuts de la formation en ligne. A cette époque, le e-learning était peu connu ou utilisé en formation ; en particulier dans le contexte organisationnel. Les premières années, l'entreprise a surtout été dans le rôle de pionnier et le défi de ses fondateurs était de convaincre les entreprises que le e-learning était une méthode de formation viable. Passionnés et investis dans leur rêve, ils ont d'abord bâti une niche dans l'industrie naissante, en intéressant une grande université et en créant des programmes interactifs de qualité.

Transformer une Crise en Opportunité

Toutefois, après quelques années de succès appréciable avec un taux de croissance raisonnable, l'entreprise a connu une période de transition délicate. En 2009, les organisations étaient aux prises avec une crise financière mondiale. De plus, l'industrie du e-learning ayant mûri et le marché évolué, un nombre

Les fondateurs de CrossKnowledge Steve Fiehl, Michaël Ohana, Pascal El Grably et Hervé Goudchaux

Les fondateurs de CrossKnowledge, société de e-learning, se sont trouvés en situation délicate lors d'une crise économique mondiale qui les a poussé à réinventer leur entreprise.

Les fondateurs de CrossKnowledge partageaient une passion commune pour le management et le développement personnel.

La vision des fondateurs de CrossKnowledge était « apprendre pour une vie meilleure » où l'apprentissage serait « comme l'eau, ouvrez le robinet et elle coule ». Cela permettrait aux organisations d'évoluer par le développement des individus.

croissant d'acteurs majeurs avaient commencé à créer leurs propres produits d'e-learning ; y compris de grands organismes de formation disposant de budgets marketing conséquents. Les fondateurs de CrossKnowledge ont alors réalisé que pour rester compétitifs, ils devaient réinventer l'entreprise à bien des égards et passer à une toute autre dimension. Cela impliquait de clarifier leur vision et leur mission (en précisant leur contribution unique) et d'ajuster leur ambition et leur rôle au marché qui changeait. Un tel changement leur demandait d'anticiper l'orientation de l'industrie du e-learning, de réajuster leur activité principale, de changer leurs priorités, et enfin d'aligner l'intégralité de leur équipe sur cette nouvelle voie. En outre, ils devaient le faire vite ou ils resteraient sur la touche.

Étant membre du corps enseignant de Crossknowledge, il a été normal que je contribue à les aider dans cette transition. Nous avons démarré par plusieurs séances de travail avec les quatre fondateurs. Chaque réunion débutait avec un ou plusieurs des catalyseurs de collaboration précédemment décrits dans cet ouvrage. Nous commencions invariablement par créer un *contenant COACH* et *Favoriser un Champ de co-sponsoring*. Nous sommes systématiquement passés par une série d'étapes pour cerner l'état présent de la société, les obstacles auxquels elle était confrontée ainsi que les facteurs de réussite ET les facteurs « d'échec » qui l'y avaient amenée. A chaque étape, les fondateurs ont partagé et confronté leurs points de vue ; trouvant des résonances, reconnaissant et accueillant leurs perspectives différentes mais complémentaires, et permettant qu'émergent de nouvelles idées et conclusions communes.

Préparer l'Entreprise à Changer d'Échelle

Puis nous nous sommes concentrés sur l'avenir, déterminant les étapes qui conduiraient l'entreprise à une nouvelle dimension.* La clé de voute du processus a été de formuler la **vision** commune qui correspondait à leur passion partagée pour le management et le développement personnel. L'expression simple mais percutante des fondateurs pour la représenter a été *Apprendre pour une vie meilleure*. L'essence de leur vision était de *permettre aux organisations d'évoluer par le développement des individus* - en utilisant le développement

---

* Les définitions et processus pour déterminer les vision, mission, ambition et rôle sont résumés en introduction de ce livre (pp. 11-14) et détaillés dans *La Modélisation des Facteurs de Succès Tome I* - pp. 193-245.

personnel comme levier pour améliorer le management et le leadership, et au final l'organisation. Leur métaphore commune pour en exprimer le sens a été « l'apprentissage devrait être comme l'eau » – « Ouvrez le robinet et elle coule » ; accessible à « chacun à tous les niveaux d'une entreprise ou organisation ».*

Les fondateurs ont envisagé leur **mission** et contribution unique à la vision comme étant d'apporter une *amélioration majeure dans la vie des gens du monde entier par l'e-learning et le télé-enseignement du leadership et des compétences managériales*. L'une des premières voies pour accomplir cette mission a été de favoriser l'intelligence collective avec leurs clients. Selon eux, la mission impliquait « la création d'une communauté de clients ; une communauté apprenante dans laquelle nous partageons sans cesse nos apprentissages ». Leur représentation métaphorique a été « une cascade d'eau ».

Alors qu'ils clarifiaient leur vision et leur mission, les fondateurs ont réalisé qu'ils devraient renforcer leur **ambition** partagée pour impulser l'évolution de l'entreprise et accomplir pleinement la vision et la mission. Ils ont tous convenu qu'ils voulaient atteindre *un positionnement et une marque haut de gamme*. Ils aspiraient à être la référence haut de gamme du marché de la formation en ligne au leadership et au management et devenir la *solution préférée* des DG, DRH et utilisateurs finaux.

L'évolutivité était une autre part importante de leur ambition. A l'époque basés en France et opérant surtout sur le marché européen, ils voulaient se développer pour devenir un véritable acteur *international* et faire passer leur base utilisateurs de 400 000 à 2 millions. Cela signifiait qu'ils devraient être « solides », « fluides » et *croître deux fois plus vite que le marché.* Un autre indicateur clé de performance pour réaliser leur ambition était d'atteindre *15% de rentabilité*.

Pour accomplir leurs vision, mission et ambition, les fondateurs ont considéré le **rôle** de l'entreprise comme celui d'un *innovateur et intégrateur de formations*. Ils n'étaient ni fournisseurs de solutions sur mesure ni vendeurs de produits de base « clé en main ». Leur axe a été celui des solutions et des résultats globaux et non des produits et des offres. Selon eux, leur atout était de proposer *des solutions intégrées utilisant des formats d'apprentissage uniques et une gamme de services d'accompagnement*, adaptés aux besoins des entreprises clientes.

La mission des fondateurs de CrossKnowledge était d'« apporter une amélioration majeure dans la vie des gens du monde entier par l'e-learning et le télé-enseignement du leadership et des compétences managériales ; comme une cascade d'eau ».

L'ambition des fondateurs de Crossknowledge était d'atteindre « un positionnement et une marque haut de gamme » ; de devenir vraiment international et faire passer leur base utilisateurs de 400 000 à 2 millions en deux ans.

---

* Fait intéressant, un des principaux freins a été la formation des managers (qui voulaient contrôler le « robinet »). « Parfois cela prend beaucoup de temps et de détermination de revenir à la vision initiale que 'nous devons transmettre à tous' », précise Steve Fiehl.

Les fondateurs de CrossKnowledge ont décrit le rôle de leur entreprise comme celui d'un innovateur et intégrateur de formations. Leur métaphore a été celle d'un « compositeur » utilisant un clavier de piano pour créer sa musique. D'autres instruments de musique représentaient les entreprises partenaires

Une fois leur nouveau Cercle de Succès cartographié, les fondateurs de CrossKnowledge ont du mettre en œuvre l'intelligence collective et la collaboration générative dans leurs équipes pour en faire une réalité.

L'une de leurs métaphores pour le rôle était un « compositeur » se servant d'un clavier pour créer sa musique. Les touches du clavier symbolisaient les différents produits e-learning de leur catalogue. Les notes produites par les touches constituaient les résultats de l'apprentissage d'un cours ou produit particulier. Comme pour un piano, il y a un nombre fixe, prédéfini, de « touches ». N'importe laquelle peut être nécessaire à une mélodie particulière. La « musique » ne vient pas des notes ou touches prises isolément, mais plutôt de la façon dont elles sont assemblées ; dans quel ordre et dans quel rapport elles coexistent. D'autres instruments de musique représentaient les sociétés partenaires pouvant offrir d'autres types de produits d'apprentissage et de formation. Le travail du compositeur est de trouver les instruments qui créent la musique la plus appropriée pour un client donné.

L'optimisation du réseau partenaires de CrossKnowledge était une clé pour embrasser pleinement ce rôle. Dès le départ, les fondateurs de CrossKnowledge s'étaient associés avec succès à d'autres prestataires de formation sur un plan local, régional et mondial ; *complétant ainsi les domaines de formation absents de leur catalogue*, tels que la bureautique, les savoir-faire techniques, les langues, etc. Ils avaient aussi établi d'importants partenariats avec des écoles de commerce. Pour réaliser leurs ambitions, il allaient devoir encore étendre ces activités de partenariat.

Créer l'Alignement et Encourager l'Intelligence Collective

Pour ce nouveau cap il fallait que tous les membres de l'équipe CrossKnowledge soient alignés, compétents et contribuent activement. Il fallait aussi favoriser une réelle intelligence collective et de la collaboration générative.

Une fois les quatre fondateurs au clair et en phase entre eux, nous avons organisé une réunion pour les 160 collaborateurs de l'entreprise dans un grand centre de conférences. Pour s'y préparer, les quatre fondateurs ont étudié ensemble une façon de communiquer la vision et la mission de l'entreprise actualisées (voir *la Modélisation des Facteurs de Succès Tome I*, pp. 208-216).

Étant l'un des facilitateurs de l'évènement, j'ai guidé tous les participants dans une version simplifiée de l'état COACH et les ai invités à réfléchir sur les raisons qui les avaient fait choisir de travailler pour l'entreprise et en quoi c'était important pour eux. Puis Michaël, le DG officiel de la société, a présenté au groupe de manière sincère et succincte la vision et la mission récemment clarifiées. Les participants ont été encouragés à identifier où ils s'étaient sentis en résonance profonde avec la vision et la mission de l'entreprise.

Ils avaient été répartis en groupes inter fonctionnels d'environ 10-12 personnes, assis autour de tables rondes, chacune facilitée par un membre du Comité de Direction de l'entreprise. Les 160 personnes disposaient toutes de papier et matériel de dessin, et chacune a été invitée à représenter ce que cette vision signifiait pour elle à titre individuel dans son rôle/sa fonction dans l'entreprise. Puis à chaque table, les membres du groupe ont partagé et comparé leurs dessins, recherchant résonance et synergie avec leur perception de la vision et la mission de l'entreprise. (Il s'agit d'une forme de processus « Mastermind » que j'appelle « Intervision » que nous détaillerons plus loin dans ce chapitre).

Ensuite, les 160 illustrations ont été affichées sur des paravents tout autour de la salle de conférence de telle sorte que l'équipe soit entourée par les images générées par la présentation de la vision de l'entreprise. Cela a formé un « champ » très inspirant et le niveau d'énergie et de motivation collective dans le groupe était très élevé.

J'ai alors présenté les différents niveaux de facteurs de succès - vision, mission, ambition, rôle, valeurs, croyances, capacités et comportement - et les étapes pour transformer la vision en action. Il a été demandé à chacun de choisir 5 mots clés pour qualifier le sens de sa mission ou de sa contribution à la vision, puis de faire de même pour son ambition personnelle. Ils ont mis en commun ces mots dans leur groupe, en recherchant à nouveau des zones de résonance et de synergie. Ensuite, chaque table a eu pour consigne de résumer les éléments communs de leurs missions et ambitions en 5 mots clés, pour chacune. Enfin, chaque facilitateur a partagé les résultats de sa table à l'ensemble du groupe.

L'étape d'après a consisté à évaluer collectivement la croyance du groupe quant à la possibilité de réalisation de la vision, des missions et des ambitions. Il leur a été demandé d'être honnête avec eux-même dans leur estimation du niveau d'évolution future qu'ils pensaient possible. Ceux qui avaient des doutes n'ont pas été mis sur la sellette pour en faire état ou expliquer pourquoi. Par contre, ceux qui avaient donné une note élevée pour un ou plusieurs points cités ont été invités, en tant que mentors et modèles, à partager les raisons de leur confiance. Chaque fois qu'un individu partageait ses raisons de croire en l'avenir de l'entreprise, le niveau de confiance de toute la salle semblait s'élever de manière palpable créant un champ d'énergie et d'enthousiasme.

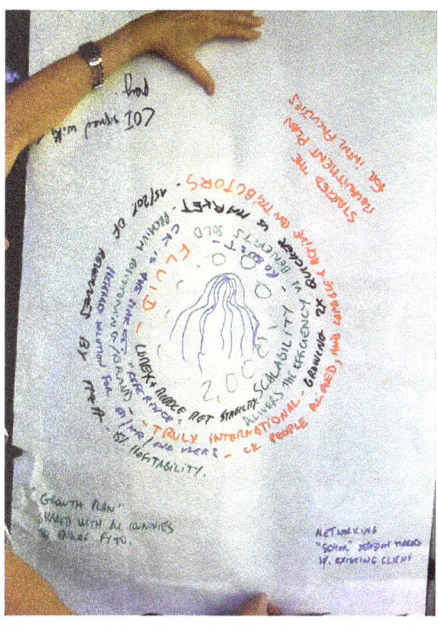

Photographie d'une feuille issue d'une des séances de travail de CrossKnowledge avec au centre l'image métaphorique de la cascade d'eau et, dans différentes couleurs, les contributions des quatre fondateurs quant aux ambitions pour l'entreprise. Les engagements d'actions spécifiques sont aux quatre coins de la feuille.

Les fondateurs de CrossKnowledge ont engagé les membres de leur équipe dans un puissant processus de vision collective.

L'Entrepreneuriat

La Passion de l'Excellence

Les Personnes d'Abord

Les valeurs centrales de CrossKnowledge ont aligné et guidé l'équipe lors de la nouvelle période d'expansion de la société.

Pour la dernière partie de l'évènement chacun des 160 participants a eu à s'engager, vis à vis des coéquipiers de sa table, sur des actions précises qu'il ferait dans les jours, semaines et mois à venir pour contribuer à la création du futur de la société.

L'événement a marqué le début d'un nouveau chapitre pour CrossKnowledge. Des années plus tard, ceux qui en avaient été continuaient à s'y référer ; et les nouveaux employés l'entendaient comme point de référence clé dans la présentation de la société et de sa culture.

Favoriser et Accompagner une Nouvelle Phase d'Expansion

Avec une lucidité et un alignement renouvelés la société est passée à une nouvelle phase d'expansion et de croissance, chacun contribuant à une vision et une mission plus vastes en agissant depuis sa propre perception de la mission et de l'ambition. « Nous sommes une société d'*entrepreneurs* », dit Steve Fiehl à propos de leur identité clarifiée. « Nous nous organisons et agissons sur la base de *trois valeurs clés* partagées par chacun dans la société : *1) Les Personnes d'Abord, 2) La Passion de l'Excellence et 3) l'Entrepreneuriat.*

« *Les Personnes d'Abord* implique des valeurs de *communication* – des *valeurs interpersonnelles* », explique Steve. « Il est important de respecter chacun. C'est ce qui stimule la communication entre personnes et crée un environnement ouvert ». Les fondateurs de CrossKnowledge ont aussi encouragé l'équipe à « avoir une attitude positive et reconnaître le meilleur dans les contributions des autres » et à « bâtir des relations assertives et gagnant-gagnant ».

La Passion de l'Excellence nécessite d'« aspirer au haut de gamme ». « Bien ne suffit pas », dit Steve. « Notre intention permanente est de développer et proposer des solutions générant une valeur quantifiable et durable pour nos clients » explique-t-il, « et de demander du feedback pour améliorer nos performances. Nous apprenons de nos succès et de nos échecs en les analysant ».

« Nous encourageons *l'Entrepreneuriat* en donnant du pouvoir aux gens », poursuit Steve. « Nous disons, 'N'attendez pas que nous vous indiquions quoi faire parce que nous ne savons pas.' » D'après Steve, « une croyance clé est que les *personnes sont autorisées à le faire* ». Un bon exemple de ce que cela produit sur l'équipe a été l'intégration de la nouvelle plateforme sociale Yammer dans les solutions composites de CrossKnowledge. « C'est l'équipe qui a reconnu 'Nous en avons besoin,' » explique -t-il. « Le management ne l'a pas organisé ; c'est juste arrivé ».

Steve et les autres fondateurs ont aussi réalisé que l'intelligence collective et l'entrepreneuriat peuvent être difficiles à entretenir. Selon Steve :

> *Nous faisons le nécessaire pour nous assurer que les gens restent des entrepreneurs. Une question clé est « comment conserver la 'touche de magie' alors que l'entreprise croît, ce sans perdre l'énergie des débuts ? » Trop de « procédures » font perdre la vision aux gens. Les personnes doivent rester libres de penser par elles-mêmes, agir en rebelles et conserver le pouvoir.*
>
> *Plutôt que d'instaurer quantité de procédures, nous avons scindé l'activité en unités d'exploitation et puis nous sommes fiés à l' « ADN » de CrossKnowledge. Nous avons aussi cherché à créer une « mythologie » ; c.-à-d., des histoires où les membres de l'équipe sont de vrais héros. Par exemple, des personnes inventant des choses qui ne leur avaient pas été demandées comme le lancement d'une application mobile.*

Les membres de l'équipe CrossKnowledge ont été capacités et incités à « penser par eux-mêmes, agir en rebelles et conserver le pouvoir ».

L'idée d'une « banque des échecs » par un nouvel employé de 23 ans en est une bonne illustration. Il s'agissait de faire le tour des clients et des membres de l'équipe en disant, « je veux vous parler de... (quelque chose qui ne s'est pas passé comme prévu) ». En identifiant et en admettant ce qui « a échoué » ou n'a pas marché autant que les réussites, il devient plus facile de repérer « les différences qui font la différence ».

Cultiver l'intelligence collective et la collaboration générative avec les clients et acheteurs a toujours fait partie de la réussite de CrossKnowledge, et depuis 2009 cela a continué de croître et d'embellir sous de nouvelles formes. Comme l'explique Steve Fiehl :

> *Nous ne cautionnons pas les méthodes de e-learning traditionnelles : c.-à-d., que nous savons tout et avons toutes les solutions. Il nous importe d'être humbles en disant [aux clients] « nous ne savons pas ».*
>
> *La première base pour l'intelligence collective est d'instaurer un sentiment de confiance avec nos clients en ce sens que « nous essayons d'aller quelque part ensemble ». Ils nous voient jamais tenter de leur vendre quelque chose.*

Les fondateurs de CrossKnowledge ont aussi favorisé l'intelligence collective et la collaboration générative avec leurs clients et acheteurs.

Par rapport à nos équipes marketing, nous faisons valoir que la manière dont nous choisissons les clients dépend de leur alignement avec notre vision. Si les gens sont enthousiastes et prennent part au rêve, nous recréons les débuts. Les vendeurs voulant juste atteindre des objectifs de vente récoltent des clients moins fidèles.

Intelligence Collective et Collaboration Générative

Comme toutes les entreprises de nouvelle génération qui réussissent, CrossKnowledge a été très orientée client.

J'ai indiqué dans le *Tome I* de cette série (p. 196) que nos études sur les entrepreneurs de nouvelle génération qui réussissent ont révélé qu'ils sont très *orientés client* et qu'ils :

1. Entretiennent une forte boucle de rétroaction avec les clients
2. Créent des structures et infrastructures générant échange et feedback mutuels avec les clients
3. Assoient leurs produits et services sur des valeurs orientées clients
4. Co-créent avec les clients des produits et services au lieu de « vendre »
5. S'assurent que l'essor économique de l'entreprise résulte d'une meilleure qualité des produits ou services et non du marketing et de la mode
6. Intègrent les besoins et envies des clients à leurs décisions commerciales et politiques de gestion

CrossKnowledge est à l'évidence un parfait exemple de ce que signifie être très orienté client. Selon Steve Fiehl :

Nous prenons des mesures pour favoriser l'apprentissage social ou l'apprentissage collectif avec nos clients ; c.-à-d., « nous allons trouver un moyen ensemble » ; « Nous allons l'inventer ensemble » ; « Ensemble nous apprenons et changeons le monde ». Nous sommes fiers et enthousiastes de créer quelque chose de nouveau ensemble.

Nous le faisons de plusieurs façons. Par exemple, tous les trois mois un atelier est organisé à l'initiative des clients sur le sujet : « Qu'apprenons-nous du e-learning par CrossKnowledge ? »

Nous avons aussi instauré l'Académie CrossKnowledge, dans laquelle nous formons gratuitement nos clients. Il s'agit d'un séminaire gratuit pour changer les choses ensemble. Si nous restituons quelque chose, ils inventent de nouvelles choses avec nous.

CrossKnowledge inclut ses clients dans le processus d'amélioration des services. Elle encourage ainsi l'intelligence collective. « Nous allons trouver un moyen ensemble, nous l'inventerons ensemble, ensemble nous apprenons et changeons le monde ».

Les mesures des quatre fondateurs de CrossKnowledge ont conduit l'entreprise sur la voie d'un succès durable. En 2014 la société était passée à plus de 200 collaborateurs, avait généré 37 millions de $ de chiffre d'affaires et avait 5 millions d'utilisateurs finaux (qui sont 8 millions au moment où j'écris) dans plus de 80 pays. Ils ont été rachetés par le géant de l'édition Wiley en avril 2014 pour 175 millions de $ comptant, faisant de chacun des quatre fondateurs un multi-millionnaire.

Réflexions sur le Cercle de Succès de CrossKnowledge

L'histoire de la réussite de CrossKnowledge illustre clairement l'importance de l'intelligence collective et de la collaboration générative dans la création d'un Cercle de Succès efficace ; à commencer par les interactions entre les fondateurs. Les quatre fondateurs de CrossKnowledge, âgés de 23 à 52 ans au moment de la création de la société, constituaient un groupe hétérogène. Ils étaient néanmoins unis par une inébranlable passion commune pour le management et le développement personnel s'exprimant dans la vision fondatrice « Apprendre pour une vie meilleure » et la mission « Apporter une amélioration majeure dans la vie des gens du monde entier par l'e-learning et le télé-enseignement du leadership et des compétences managériales ».

Il est intéressant de noter que, bien que ne connaissant pas le Cercle de Succès SFM™, les fondateurs de CrossKnowledge se sont intuitivement organisés de façon à se concentrer sur chacun des quadrants de base. Michaël, le plus jeunes des quatre, a débuté sa carrière dans un célèbre grand cabinet de conseil. En tant que DG et directeur des opérations, Michaël s'est attaché à développer l'activité et créer de la valeur pour les parties prenantes par des alliances stratégiques et le développement international. Steve, qui venait du monde de l'édition sur-mesure, s'est chargé de l'innovation, de l'organisation des formations et des équipes de recherche et développement. Pascal, ex directeur des ventes chez Procter & Gamble France, s'est consacré à générer de l'intérêt et des revenus avec les clients, gérant les équipes commerciales et de services. Hervé, le plus âgé des quatre, avait été directeur des ressources humaines dans plusieurs grandes entreprises. Son axe a été d'actionner son vaste réseau de contacts pour nouer des partenariats et autres relations gagnant-gagnant.

La réussite de CrossKnowledge illustre clairement l'importance de l'intelligence collective et de la collaboration générative dans la création d'un Cercle de Succès efficace.

L'interaction entre les fondateurs de CrossKnowledge témoigne d'une compréhension intuitive sur la façon de réunir et mettre en synergie les modes de pensée complémentaires nécessaires pour bâtir une entreprise qui réussit.

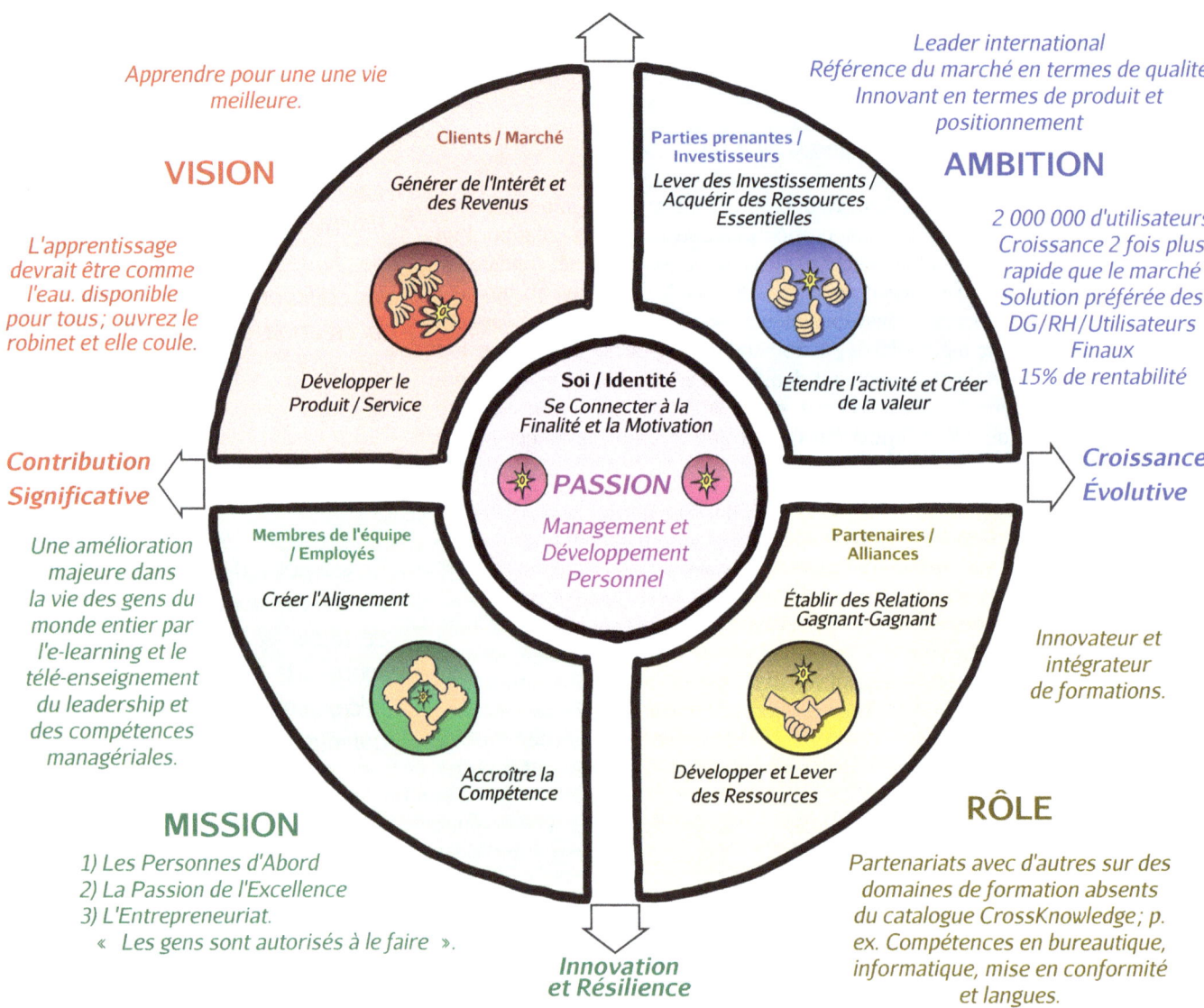

LE CERCLE DE SUCCÈS DE CROSSKNOWLEDGE

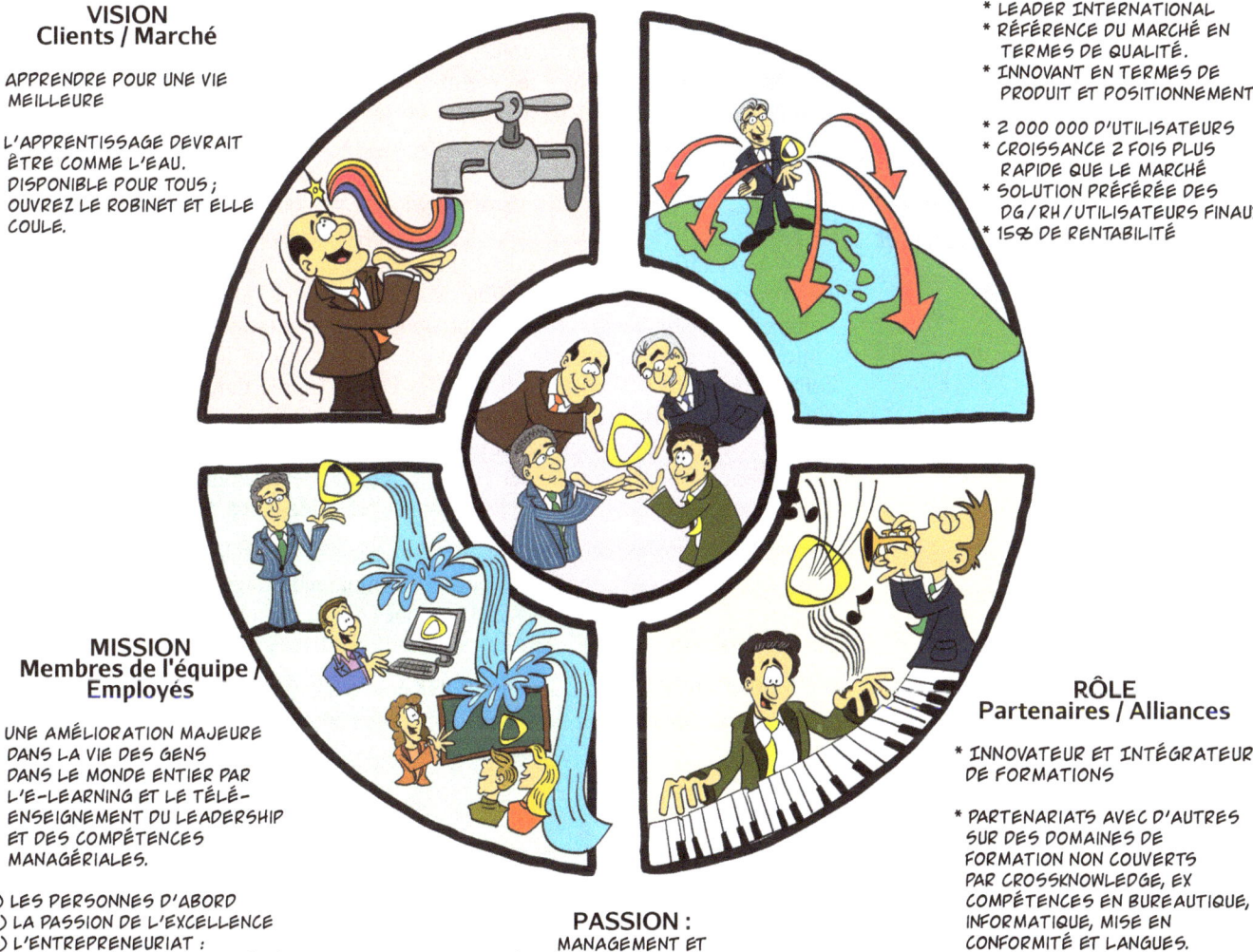

Un facteur clé de la réussite de CrossKnowledge a trait à la capacité des fondateurs à créer des synergies entre les membres de leur équipe et leurs clients, ainsi qu'entre eux et leurs partenaires.

La volonté des quatre fondateurs d'utiliser les principes de l'intelligence collective et de SFM™ dans leurs interactions est un bel exemple d'application, à eux-même en tant qu'équipe, de leur passion du management et du développement personnel ainsi que de leur vision de l'apprentissage pour une vie meilleure. Chaque étape de leur chemin vers la réussite, quoique pas toujours facile, s'est avérée être une vraie collaboration générative.

Les fondateurs ont aussi cherché à favoriser, de manière intentionnelle et active, l'intelligence collective et la collaboration générative (c.-à-d. résonance, synergie et émergence) avec et entre les membres de leur équipe et leurs clients. Ils ont à l'évidence considéré tant les membres de leur équipe que les clients comme des « holons » - c.-à-d. des individus créatifs, indépendants en pensées et en actes qui contribuent en même temps à un tout plus vaste, quand la vision est partagée. Dans cet esprit, les fondateurs de Crossknowledge se sont attelés, avec les membres de l'équipe et les clients, à créer leurs propres catalyseurs de collaboration (par ex., l'Académie CrossKnowledge). Les valeurs centrales de CrossKnowledge - Les Personnes d'Abord, La Passion de l'Excellence et l'Entrepreneuriat - ont créé l'alignement, stimulé l'esprit entrepreneurial et encouragé le développement de l'intelligence collective et de la collaboration générative au sein de l'équipe. Le contact permanent avec les acheteurs et clients a créé dans leur équipe un sens aigu de la « signification du travail » de chacun. Les processus continus d'analyses comparatives de standards collectifs et de brainstorming d'options créatives avec leurs clients ont permis d'aligner l'équipe et de co-développer des produits adaptés aux besoins des clients, donnant lieu à de nouvelles idées et à de plus sages décisions.

L'échange permanent de bonnes pratiques et la collaboration générative - stimulées par des évènements tels que le « séminaire de lancement » décrit plus tôt et l'incarnation de valeurs comme les Personnes d'Abord, la Passion de l'Excellence et l'Entrepreneuriat - ont été source de solutions créatives et de performances accrues.

A tous égards, le succès de CrossKnowledge témoigne de la puissance de l'intelligence collective et de la collaboration générative.

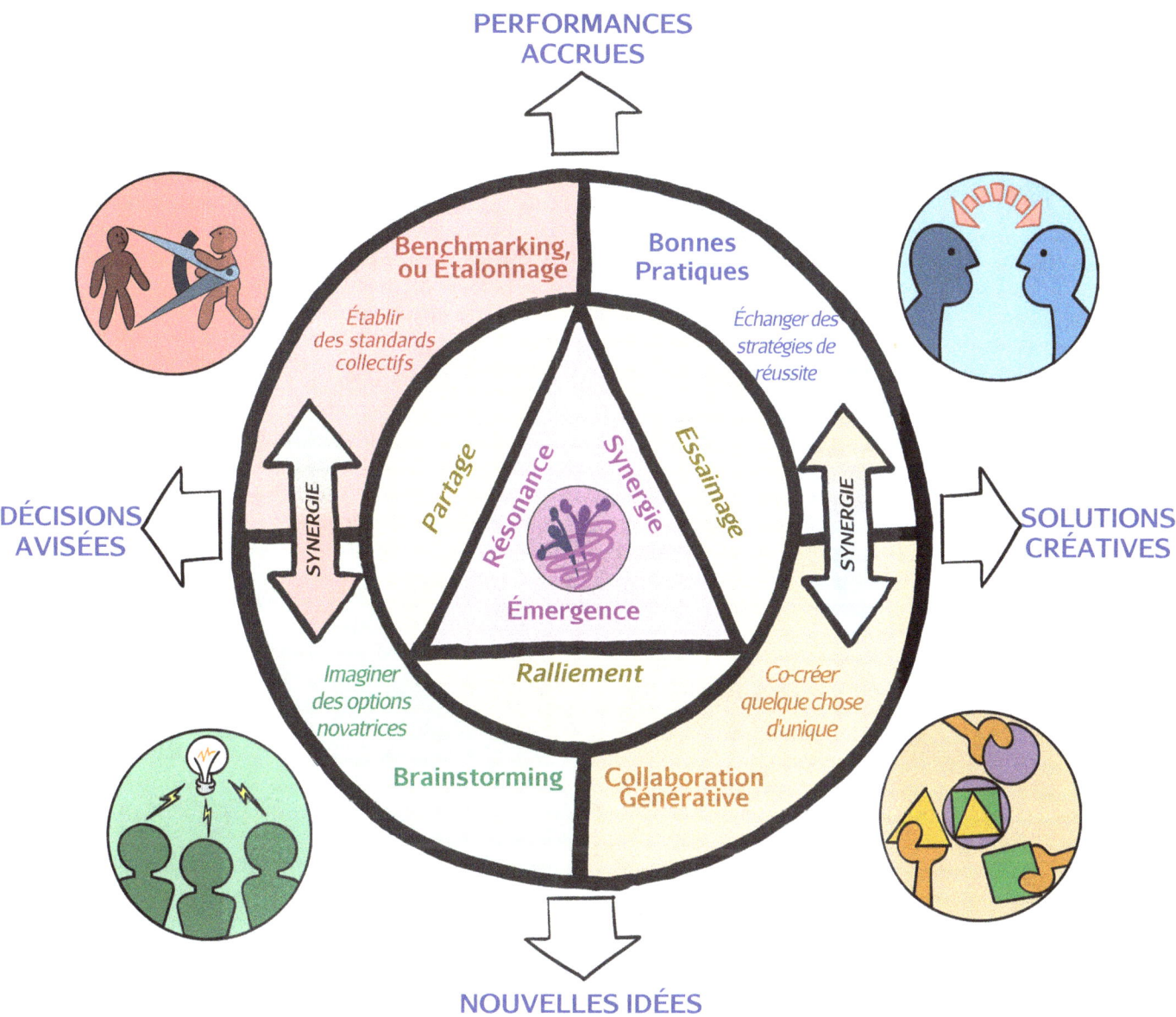

Les catalyseurs de collaboration continue de CrossKnowledge ont créé des synergies entre l'étalonnage et le brainstorming ainsi qu'entre les bonnes pratiques et la collaboration générative.

Intelligence Collective et Collaboration Générative

Les Dynamiques du Changement Génératif

Les moments de crise, de développement et de transformation dans nos entreprises et nos vies vont en général de pair avec le besoin de changement « génératif » et non pas de changement progressif. Pour obtenir le *changement génératif* il est nécessaire d'élargir nos cartes mentales sur qui nous sommes et ce qui est possible dans le monde, il nous faut aussi avoir une toute nouvelle perception des anciennes limitations. Cela nous demande de rompre avec notre ancien mode de pensée et de « sortir de du cadre », en créant quelque chose « totalement inédit ». Un tel changement doit « inclure ET transcender » nos connaissances et notre conscience passées.

Le changement génératif implique des changements dans la « structure profonde » et non de simples modifications de la « structure de surface ». La vraie « générativité » nécessite une rupture de la structure en place qui est devenue obsolète ou trop rigide. Cette rupture génère naturellement un certain degré de chaos et d'incertitude. Néanmoins, si nous pouvons rester centrés intérieurement, connectés à nos ressources et focalisés sur notre vision plus large des possibles, nous pouvons atteindre un état génératif d'expansion et de réorganisation ; comme nous l'avons vu dans le cas de CrossKnowledge.

Mon confrère Stephen Gilligan et moi-même avons passé les deux dernières décénies à étudier les dynamiques du changement génératif chez les individus et organisations. Cette exploration nous a amené à élaborer des programmes sur le changement génératif dont, entre autres, le Coaching Génératif, le Leadership Génératif et, bien sûr, la Collaboration Générative. Le fruit de notre passion commune pour le changement génératif a été la création de l'International Association for Generative Change (IAGC - http://www.generative-change.com).

La collaboration générative est une manifestation des principes du changement génératif.

Logo IAGC

Stephen et moi résumons le processus de base de facilitation du changement génératif par les cinq étapes suivantes :

1. Poser une intention (c.-à-d., une vision ou une direction)
2. Installer un état génératif de performance
3. Adopter plusieurs points de vue pour définir les objectifs et actions
4. Retenir plusieurs points de vue pour surmonter les obstacles avec créativité
5. Instaurer des pratiques pour une créativité durable

L'exemple de CrossKnowledge illustre bien comment ces étapes s'articulent pour créer un changement génératif. Les fondateurs (1) ont posé une intention sous la forme d'une vision claire, partagée, indiquant la direction pour eux-mêmes et l'entreprise. (2) Ils ont ensuite pris des mesures pour nourrir leur pensée créative, celle des membres de leur équipe et de leurs clients. (3) Ils ont conçus des évènements et infrastructures leur permettant d'agréger plusieurs points de vue - c.-à-d., les leurs en tant que fondateurs, ceux de leur équipe, de leurs clients et de leurs partenaires - pour déterminer les objectifs et actions qui feraient de leur vision une réalité. (4) Ils ont aussi pris plusieurs points de vue pour surmonter les obstacles avec créativité, considérant leurs « échecs » comme des opportunités d'apprentissage clés. La mise en œuvre de la « banque des échecs » en est un bon exemple. (5) Ils ont instauré de façon proactive des pratiques régulières de créativité durable, par ex. l'Académie CrossKnowledge et leurs séances trimestrielles d'apprentissage collectif avec leurs clients.

Chacune des étapes du processus de changement génératif peut être soutenue par divers catalyseurs de collaboration. Nous poursuivrons l'exploration de certains de ces catalyseurs de collaboration dans la suite de cet ouvrage.

Les étapes du Changement Génératif.

L'étincelle de l'éclair de la pensée générée dans l'esprit solitaire éveille sa ressemblance dans un autre esprit.

– **Thomas Carlyle**

La collaboration générative résulte d'un sentiment de connexion, de la capacité à identifier et mettre en œuvre des savoir-faire et ressources complémentaires, et à explorer les nouveaux possibles susceptibles d'émerger de votre interaction avec vos collaborateurs.

Bâtir les Fondations de la Collaboration Générative

Comme je l'ai indiqué dans le chapitre précédent, intelligence collective et collaboration générative sont issues de la résonance, la synergie et l'émergence. Dans une interaction de groupe, ces qualités peuvent être favorisées en explorant quelques questions simples et pragmatiques :

- **Résonance**
  Qu'est-ce qui est semblable ? Où nous rejoignons-nous ?

- **Synergie**
  Où sommes-nous différents ? Comment ces différences se complètent-elles ?

- **Émergence**
  Quoi d'autre devient possible ? Quelle nouveauté peut émerger de notre interaction ?

Prendre le temps de réfléchir à ces questions peut être utile pour révéler et/ou renforcer des espaces de collaboration basique ET de collaboration générative. Cela peut aider à accroître un sentiment de connexion, à identifier et mettre en œuvre des savoir-faire et ressources complémentaires, et à explorer de nouvelles possibilités issues de votre interaction avec vos collaborateurs.

Il y a un extrait de vidéo musicale très instructif et inspirant que j'aime présenter à titre d'analogie et d'exemple lors de mes séances de coaching, ateliers et séminaires, et qui illustre à merveille le phénomène de synergie, de collaboration générative et de « champ » génératif. La vidéo est extraite de l'enregistrement d'un concert donné par Yanni, le musicien New Âge, à l'Acropole d'Athènes en Grèce. Il s'agit d'une brève improvisation par deux violonistes : Karen Briggs - une afro américaine avec un parcours musical en jazz - et Shardad Rohanian, un homme d'origine iranienne avec une formation musicale classique.

Alors que tous deux diffèrent par de nombreux points - sexe, formation, style, héritage culturel, etc. - ils sont capables de transformer ces différences en complémentarités génératives donnant lieu à une interprétation créative et divertissante. Tout au long de leur interaction, ils gardent leur spécificité et créativité individuelles, et simultanément réalisent une interprétation en tant que holons intégrés. Soutenus et guidés par le champ musical plus vaste de l'orchestre, les deux violonistes se relayent pendant leur duo d'improvisation. Dès lors qu'ils jouent, il est évident que leur relation est positive et créative. Elle se manifeste dans l'enthousiasme somatique et ludique qu'expriment leurs corps à la fois quand ils jouent et quand ils s'écoutent l'un l'autre. Dans l'échange, chacun incorpore des idées musicales et thèmes qu'il vient d'entendre de l'autre et les reprend en leur donnant de nouvelles orientations créatives.

Le duo d'improvisation entre les deux violonistes, extrait du DVD *Yanni Live at the Acropolis* (1994) est un exemple inspirant de **collaboration générative**.

Le résultat final est une interprétation inspirée où chaque musicien a de toute évidence donné le meilleur de lui-même et où ils se sont mutuellement élevés, en jouant des morceaux dont le ton ne leur seraient jamais venu à l'esprit si ils avaient joué seuls. Il est aussi clair que ce résultat n'a pas simplement été du à leurs compétences instrumentales d'évidence très élevées. Il dépend du champ génératif qui s'est formé entre eux et l'orchestre par les principes de résonance, synergie et émergence.

Dans les prochains chapitres, nous explorerons quelques uns des catalyseurs de collaboration nécessaires pour créer et installer ce type de « champ génératif » au sein d'un groupe ou d'une équipe. Dans le chapitre précédent, j'ai présenté des catalyseurs de collaboration clés comme *Créer un contenant COACH* et *Poser une Intention*. Tous deux constituent le socle de la première étape du processus de changement génératif. Un autre catalyseur de collaboration est lié au développement d'un « état génératif de performance ».

Développer un état génératif de performance est une condition importante pour produire une collaboration générative.

Un état génératif de performance émerge quand chaque membre d'un groupe est focalisé sur une intention commune, centré intérieurement et a le sentiment d'être connecté au « champ » plus vaste des ressources positives l'entourant.

*Catalyseur de Collaboration SFM™ :
Développer un État Génératif de Performance*

Un *état génératif* procède de l'état COACH et inclut ce que mon confrère Stephen Gilligan et moi avons appelé les « trois connexions positives » dans notre travail sur le changement génératif. Celles-ci impliquent une sensation subjective de connexion continue avec :

1. Une intention (ou vision)
2. Un état de « fluidité » (*flow*) personnel qui vient de la connexion ressentie avec vous-même (votre centre somatique) et votre excellence personnelle.
3. Le sentiment d'un potentiel et de possibilités qui émerge de votre connexion à un « champ » environnant de ressources positives

Dans un groupe, la connexion à une *intention* partagée produit une *résonance* entre les membres du groupe. La connexion de chaque membre à son *état de fluidité* et à lui/elle-même en tant qu'individu unique et créatif génère la possibilité d'une *synergie* avec les autres dans le groupe. La connexion au *champ de ressources positives* crée le potentiel pour l'*émergence* d'une nouveauté imprévisible.

Dans mon exemple précédent, l'intention commune des deux musiciens est de réaliser une interprétation créative et divertissante pour leur public tout en prenant du plaisir et en s'encourageant mutuellement. A l'évidence, les deux peuvent aussi se connecter à leur propre état de fluidité et à leur excellence personnelle unique. Le soutien de l'orchestre leur offre un champ plus vaste, propice à l'interprétation, qui crée le potentiel et la possibilité que quelque chose de nouveau émerge. La combinaison de ces trois éléments produit un état génératif de performance.

Voici les étapes pour s'entraîner, en tant que groupe, à entrer dans un état génératif de performance :

1. Commencer par créer un contenant COACH comme décrit au chapitre 1 (pp.74-75). Lorsque chaque membre du groupe se sent pleinement présent(e) et dans son état COACH, il ou elle dit à voix haute aux autres, « Je suis présent(e) » ou « Je suis prêt(e) ».

2. Les membres du groupe portent alors leur attention sur une intention partagée de génération collaborative. Ils peuvent partager cette intention de façon simple et succincte par un énoncé verbal, une image, un geste ou une expression somatique jusqu'à ce que chacun éprouve un sentiment fort de connexion à ce point de référence futur. Cela devrait amener au groupe un sentiment de centrage et de résonance.

3. Puis chacun porte son attention sur son centre somatique (le « C » de l'état COACH) et sur son excellence personnelle. Il leur est souvent utile de se remémorer des expériences ou situations où ils ont vécu une impression de « fluidité » personnelle - un état dans lequel ils ont pu dire librement, en accord avec eux-mêmes, qui ils étaient et leur excellence. A nouveau, de manière simple et succincte par un énoncé verbal, une image, un geste ou une expression somatique, Ils peuvent partager leur sentiment d'excellence personnelle. Cela crée la possibilité de compléter et de créer des synergies entre leurs idées et excellences respectives.

4. Enfin, chacun des membres du groupe ouvre son attention de façon à intégrer les autres membres et le « champ » entre eux. Si le groupe a déjà pratiqué le catalyseur de collaboration Favoriser un Champ de Co-Sponsoring, il peut être utile que chacun se remémore ce qu'il a vu et ressenti chez les autres et qu'il a apprécié. Il peut aussi être utile aux membres du groupe de repenser à des personnes (professeurs, sponsors, amis), objets, lieux ou toute autre présence qui les fait se sentir confiants et pleins de ressources ; avec le sentiment d'appartenir à un holon plus vaste.

5. Tout en maintenant l'état COACH, les membres du groupe élargissent alors leur attention pour intégrer simultanément les trois connexions positives :
   - leur intention partagée
   - leur état de fluidité personnelle et la connexion à leur excellence individuelle
   - le champ plus vaste ou holon dont ils font partie

6. Chacun dans le groupe devrait alors commencer à ressentir un flux d'énergie générative et de ressourcement circulant, en lui et par lui, à partir de chacune de ces connexions, individuellement et ensemble. Il peut s'avérer utile pour chacun d'« ancrer » cet état en y associant un symbole et un geste ou mouvement somatique.

Tout comme la vibration sur la plaque de métal recouverte de sable sculptant le sable dans des formes de plus en plus complexes, un état génératif de performance stimule le potentiel d'imagination des membres d'un groupe.

Tout comme la vibration sur la plaque de métal recouverte de sable sculptant le sable dans des formes de plus en plus complexes, un état génératif de performance stimule le potentiel d'imagination des membres d'un groupe.

Dès lors qu'un groupe a posé une intention et est en état génératif de performance, il peut commencer à utiliser cet état pour définir des objectifs et des actions à l'aide des différents points de vue de ses membres. Une façon de le faire est de passer par un catalyseur de collaboration - qui est également un des fondamentaux du processus « Mastermind » - que j'appelle « Intervision ».

Catalyseur de Collaboration SFM™ :
Tenir Compte de Différentes Perspectives, Favoriser la Synergie par l'« Intervision »

Comme je l'ai déjà fait valoir, l'état d'esprit de la collaboration générative n'est pas de se battre pour avoir « la plus grosse part du gâteau », mais plutôt d'agrandir le gâteau commun par de la coopération et des relations synergiques. La clé de la réussite est dans la *connectivité*. Les entrepreneurs qui réussissent sont capables de dire, « *Voilà mon futur. Pouvez-vous y contribuer ?* » puis de demander, « *Quelle est votre vision afin que je puisse contribuer ?* »

Une source très puissante d'intelligence collective et de collaboration générative découle du fait que les personnes ont différents modèles ou cartes du monde, différents parcours et différents savoir-faire. Quand ces différences sont complémentaires, elles constituent la base d'interactions génératives desquelles peut émerger quelque chose de nouveau. *L'Intervision* est un processus que j'ai élaboré au début des années 90 comme moyen pour découvrir de possibles synergies et recoupements constructifs entre les visions, missions, ambitions, projets et entreprises de différentes personnes, et pour favoriser l'émergence d'éventuelles collaborations. Diverses formes d'intervision constituent aussi le socle du processus Mastermind.

L'intervision diffère de la supervision. Dans la « supervision » il y a une relation hiérarchique implicite entre les gens ; le superviseur fournit la « bonne carte » au supervisé. Dans l'« inter-vision » on présuppose que les personnes sont des pairs et qu'il n'existe pas de « bonne carte » unique d'une situation. Au contraire, la perspective, ou point de vue, de chaque personne est valable et contribue à quelque chose dans l'aventure.

En plus du postulat de parité des gens, la portée du terme « vision » est également importante. En fait, l'un des buts du processus d'Intervision est de susciter des stratégies et modes de pensées symboliques et visuels au sein d'un groupe de façon à permettre l'émergence de nouvelles perspectives.

L'avantage clé d'une Intervision a donc à voir avec l'influence de notre façon de décrire et de conceptualiser nos idées et visions. La façon dont un individu décrit une vision ou idée particulière permet automatiquement de stimuler et d'enrichir la perception d'autres. Pour cette raison, il est préférable de faire une Intervision avec un groupe de quatre personnes minimum, pour qu'il y ait une diversité suffisante.

Une source importante d'intelligence collective et de collaboration générative découle du fait que les personnes ont différents modèles ou cartes du monde, différents parcours et différents savoir-faire.

Le processus d'Intervision présuppose que les membres du groupe sont des pairs et qu'il n'existe pas de carte unique et correcte d'une situation. Au contraire, la perspective, ou point de vue, de chaque personne est valable et contribue à quelque chose dans l'aventure.

La façon dont un individu décrit une vision ou idée particulière permet automatiquement de stimuler et d'enrichir la perception d'autres.

Un autre but important de l'intervision est que chaque membre du groupe soit inspiré par les visions et idées des autres. Cela demande d'écouter avec tout son être et de solliciter son inconscient créatif et non pas juste son intelligence cognitive. Là encore, comme le souligne mon ami et confrère Richard Moss, « le plus beau cadeau que vous puissiez faire à vous-même ou à une autre personne est la qualité de votre attention ». Les séances d'intervision démarrent donc systématiquement par des catalyseurs de collaboration comme *Créer un contenant COACH, Favoriser un Champ de Co-Sponsoring et Développer un État Général de Performance.* Ils permettent d'instaurer une résonance et une connexion profondes entre les individus participant au processus d'intervision et d'accroître la possibilité de synergie et d'émergence.

Dans l'exemple de CrossKnowledge, en l'occurrence, j'ai décrit une des applications du processus d'Intervision au cours d'un évènement clé dont le but était de créer l'alignement et l'enthousiasme et de favoriser l'intelligence collective pour la nouvelle orientation de la société. Les employés de l'entreprise avaient été répartis en groupes inter fonctionnels d'environ 10-12 personnes, assis autour de tables rondes, chacune facilitée par un membre du Comité de Direction de l'entreprise. Les 160 personnes disposaient toutes de papier et matériel de dessin, et chacune a été invitée à représenter ce que la vision de l'entreprise, présentée par le DG, signifiait pour elle à titre individuel dans son rôle/sa fonction dans l'entreprise. Puis à chaque table, les membres du groupe ont partagé et comparé leurs dessins, recherchant résonance et synergie avec leur perception de la vision et la mission de l'entreprise. Ensuite, les 160 illustrations avaient été affichées sur des paravents autour de la salle de conférence de telle sorte que l'équipe était entourée des images générées par la présentation de la vision de l'entreprise.

Quand je travaille avec un groupe d'entrepreneurs, un format typique d'Intervision consiste à ce que chacun dans le groupe présente son « elevator pitch » à tour de rôle. Pour chaque tour, ceux qui écoutent sont invités à se laisser toucher et inspirer par les mots et idées du présentateur et à chercher des synergies possibles avec leurs propres visions, projets et entreprises.

Un but important de l'Intervision est que chaque membre du groupe soit inspiré par les visions et idées des autres.

Le résultat naturel de l'utilisation de différents points de vue est un engagement plus fort des gens car ils ont l'impression que leurs opinions comptent.
– **Eunice Parisi-Carew**

A tour de rôle, chaque membre du groupe décrit sa vision ou son projet ; c.-à-d., fait son « elevator pitch ».

Chacun des autres membres du groupe fait un dessin ou une carte symbolique reflétant sa compréhension personnelle de la vision ou du projet présenté.

Lorsque le présentateur finit de décrire sa vision ou entreprise, chacun des autres membres du groupe dessine une représentation symbolique ou métaphorique de ce qu'il a compris de la vision ou du projet présenté. Ceci sans regarder les dessins ou « cartes représentatives » des autres. Chacun, y compris le présentateur, doit dessiner sa propre représentation de ce que la vision ou le projet du présentateur lui a inspiré.

Il peut s'agir de n'importe quel type de schéma ou d'esquisse. Par exemple, l'un pourra dessiner un arbre, un paysage ; un autre juste un ensemble de symboles comme des rectangles, cercles et étoiles et les relier entre eux par des traits et flèches.

Puis chacun doit alors considérer s'il y a des zones de complémentarité ou de synergie possibles entre la vision, le projet ou l'entreprise du présentateur et les siens. Ils peuvent illustrer la relation de manière symbolique sur leur propre dessin de vision ou entreprise en y ajoutant un lien.

Les membres du groupe réfléchissent ensuite aux ressources qu'ils sont prêts à offrir au présentateur. Dans ce cas précis, une « ressource » est une contribution que la personne peut offrir au présentateur pour l'aider à mieux réaliser sa vision, son projet ou son entreprise. Il peut s'agir, par exemple, d'un livre, article, site Web, des coordonnées d'une personne ou organisation qui pourraient servir, etc. Une ressource peut aussi être une suggestion, un conseil, des lignes directrices issus de sa propre expérience ou domaine d'expertise.

Il est important que la ressource soit quelque chose que le membre du groupe peut offrir au présentateur, sans rien demander en échange.

Une fois les représentations finalisées et les ressources définies, chaque membre du groupe explique à tour de rôle ce qu'il a représenté et apporte sa contribution selon le format suivant :

1. « Voilà ma représentation de votre idée ou vision… » (Expliquer brièvement le dessin si nécessaire.)

2. « Ce que m'inspire votre vision c'est… » (Partager les sentiments, idées, nouveaux point de vue, etc. que les mots ou idées du présentateur ont déclenché en vous.)

3. « La ressource que je vous offre pour vous aider à mettre en œuvre votre idée ou vision c'est… »

4. « Les points possibles de synergie ou de collaboration entre nous sont… »

Lorsque tous ont partagé leurs représentations et offert leurs ressources, le présentateur fait un feedback au groupe en expliquant comment s'est enrichie sa carte de la vision ou de l'entreprise.

Une fois toutes les présentations effectuées, le groupe peut échanger sur les points de collaboration et de coopération authentiques possibles entre leurs différentes visions et entreprises. S'il reste du temps, le groupe peut aussi créer une illustration représentant les recoupements ou les points communs de leurs visions.

Pour résumer les étapes de bases de ce format d'« intervision » :

1. A tour de rôle, chaque membre du groupe décrit sa vision ou son projet ; c.-à-d., fait son « elevator pitch ». Pendant qu'ils écoutent, les autres membres du groupe sont attentifs à ce qui les inspire dans la présentation et cherchent d'éventuelles synergies avec leurs visions, projets et entreprises.

2. Après chaque présentation, chacun des autres membres du groupe fait un dessin ou une carte symbolique reflétant sa compréhension personnelle de la vision ou du projet. Ils réfléchissent aussi aux points de complémentarité ou de synergie possibles avec leurs projets ou visions propres et aux ressources qu'ils peuvent gratuitement offrir au présentateur.

3. Ensuite les membres du groupe partagent leurs dessins, offrent leurs ressources au présentateur et expriment les points de coopération et de synergie possible avec lui.

4. Lorsque tous les membres du groupe ont présenté leurs visions, le groupe réfléchit sur, et conforte des points clés de collaboration identifiés entre eux.

Ensuite les membres du groupe partagent leurs dessins, offrent leurs ressources au présentateur et expriment les points de coopération et de synergie possible avec lui.

Le groupe réfléchit sur, et conforte les points clés de collaboration identifiés entre les différents membres.

Intelligence Collective et Collaboration Générative

Percevoir une situation problématique selon plusieurs perspectives constitue une part majeure de la résolution du problème.

Changer ou enrichir notre perception d'une situation peut ouvrir l'accès à tout un monde de nouvelles possibilités.

Appliquer l'Intervision pour Favoriser la Collaboration Générative dans la résolution de problèmes

Le processus d'intervision peut aussi être appliqué pour stimuler l'intelligence collective et la collaboration générative dans la résolution de problèmes et de conflits. En fait, le terme « Intervision » est utilisé depuis plusieurs décennies par les psychothérapeutes européens pour décrire des séances de travail en groupe où ils échangent sur les façons de gérer des situations ou cas clients complexes dans leurs pratiques. J'ai d'abord présenté cette façon de faire appliquée au monde des affaires en 1990, lors d'une Conférence sur le Leadership que je donnais à l'Université de Californie à Santa-Cruz, en l'amenant comme un processus à utiliser pour le « meta leadership » - la conduite de leaders. Ce processus impliquait essentiellement qu'un membre d'un groupe de pairs amène une situation difficile au groupe. Plutôt que de lui dire ce qu'il ou elle *devrait* faire, ou ce qu'était la « bonne » solution, les membres du groupe se contentaient de poser des questions, clarifiaient « l'espace problème » autour de la situation, et racontaient leurs propres expériences. La clarification et les points de vue multiples découlant du processus ont aidé les personnes vivant des situations difficiles à trouver leurs propres solutions pour résoudre problèmes ou défis.

Quand je fais une Intervision en résolution de problème, je souligne l'importance des implications de la « vision » et de l'emploi de la visualisation symbolique dans le processus d'intervision pour stimuler l'innovation et la créativité. Le principal atout d'une Intervision tient à l'influence de notre façon de décrire et de conceptualiser nos problèmes, idées et réalisations. Changer notre perception d'une situation peut ouvrir l'accès à tout un monde de nouvelles possibilités. L'un des buts de l'Intervision, lorsqu'elle est utilisée comme catalyseur de collaboration, est d'appliquer au sein d'un groupe des stratégies de pensées visuelles et symboliques. Une forme puissante de co-créativité apparait du fait que les personnes ont des cartes mentales différentes du monde. Le point de vue de quelqu'un d'autre sur votre problème ou réalisation peut en soi vous aider à changer ou enrichir votre perception de la situation.

Ce qui suit décrit la façon d'appliquer un processus d'intervision pour résoudre des problèmes. Il s'agit d'un des formats fondamentaux que j'utilise avec le groupe Successful Genius Mastermind. Ici aussi, il est préférable de le faire dans un groupe d'au moins quatre personnes pour qu'il y ait une diversité suffisante. (Et puisqu'au sens littéral « l'inter visibilité » signifie être « mutuellement visibles », les participants d'une intervision sont en général assis en cercle de façon à pouvoir se voir les uns les autres.) Avant de démarrer, le présentateur doit s'assurer que le groupe a créé un contenant COACH, posé une intention, installé un état génératif de performance et est prêt à une écoute très fine.

Dans ce type d'Intervision, chaque membre du groupe répond à la question : « Qu'est-ce que je voudrais que *ce* groupe soutienne qui pourrait aussi avoir un intérêt pour lui ? »

L'un des membres du groupe, « l'explorateur », décrit aux autres membres son problème ou son défi. Sa description devra au maximum durer 5 minutes. La limitation du temps de description a en partie pour objectif de permettre aux personnes d'écouter attentivement jusqu'au bout. L'explorateur peut aussi inclure dans sa description une image et un modèle somatique (geste) de son défi.

Pendant l'écoute, les membres du groupe doivent maintenir un état génératif de performance et garder à l'esprit que *le plus beau cadeau que vous puissiez faire à vous même ou à d'autres est la qualité de votre attention.*

Une fois que l'explorateur a fini de décrire sa situation ou son défi, chaque membre du groupe laisse venir « à » lui ou elle une ressource pour le présentateur sous la forme de mots, d'images et d'expressions somatiques. Au lieu de « réfléchir » cognitivement, il est préférable que les membres du groupe laissent leurs contributions au présentateur venir de l'intelligence collective et de l'inconscient créatif (champ) générés par le groupe.

Les membres du groupe expliquent leurs images et impressions sans faire de suggestions particulières à l'explorateur. Plutôt que de suggérer, ils doivent contribuer à élargir la carte mentale de l'explorateur sur la situation liée au problème ou défi. Pour ce faire, les membres du groupe montrent et expliquent simplement la façon dont ils ont représenté leur perception de la situation. Le simple fait d'avoir représenté différemment la situation de l'explorateur va naturellement l'amener à élargir ou à enrichir sa propre perception.

En fin de processus, l'explorateur partage avec les membres du groupe ce qui a le plus de valeur dans ce qu'il ou elle a reçu. D'autres membres du groupe peuvent aussi, s'ils le souhaitent, faire des remarques sur ce que le processus leur a apporté.

Pendant le processus d'Intervision, au lieu de « réfléchir » cognitivement, il est préférable que les membres laissent les idées venir « à » eux, émerger de l'intelligence collective et de l'inconscient créatif (champ) générés par le groupe.

L'explorateur décrit (en 5 minutes ou moins) son problème ou défi.

En résumé :

1. L'explorateur décrit (en 5 minutes ou moins) son problème ou défi.

2. En puisant dans l'intelligence collective et l'inconscient créatif (champ) générés par le groupe, chaque membre laisse la description du défi faite par l'explorateur lui suggérer une ressource sous la forme de mots, d'images et d'expressions somatiques.

3. Le groupe partage les contributions et échange sur les enrichissements et les synergies.

4. L'explorateur et le groupe partagent sur ce qui a été reçu.

Cet exercice présuppose que réaliser des cartes externes sous forme de dessins et autres types de représentations est une méthode efficace pour (1) reconnaître la diversité des cartes entre les personnes et (2) multiplier les perspectives d'une situation spécifique.

Une variante du processus d'Intervision est que les membres du groupe choisissent un contexte similaire et explorent leurs problèmes, buts ou visions à ce sujet, pour trouver des enjeux communs et zones de chevauchement.

Exemple d'application de l'Intervision dans la résolution de problème avec la Compagnie Nationale des Chemins de Fer Italiens

L'intervention que j'ai réalisé, dans le milieu des années 1990, avec la Compagnie Nationale des Chemins de Fer Italiens en est un exemple. C'était l'époque des débuts de l'Union Européenne et la société passait d'un statut d'entreprise publique à celui d'entreprise privée. Elle avait aussi des difficultés de mise en conformité avec les normes européennes de transports. Le changement générait une grande instabilité au sein de plusieurs départements. En lieu et place de collaboration générative, les interactions entre les différents responsables de départements tournaient systématiquement au conflit et à la « mise à l'index ».

Mon intervention a pour partie consisté à réunir un groupe de cadres supérieurs représentant différentes fonctions dans l'organisation. Plutôt que d'échanger verbalement sur leurs opinions, j'ai demandé à chacun des membres du groupe de créer sa propre image symbolique de la situation problématique à laquelle leur société faisait face.

Chaque membre du groupe laisse la description du défi de l'explorateur lui suggérer une ressource sous forme de mots, images et expressions somatiques.

Une des personnes a comparé leur situation à un groupe de marins sur un voilier. Chacun avait quantité de tâches à accomplir à bord. En temps normal les marins auraient pu à la fois faire leur travail et communiquer entre eux. Mais en mer démontée, ils devaient tant se concentrer sur leurs tâches respectives qu'il leur était impossible de s'observer et d'interagir, rendant encore plus difficile la coordination de leurs activités.

Une autre personne a comparé leur situation à celle d'astronautes d'une capsule spatiale suite à un atterrissage forcé sur une planète sans ressources vitales naturelles. De sorte que pour survivre les astronautes essayaient de sauver autant de fournitures et de pièces d'équipement qu'ils pouvaient sur le vaisseau spatial endommagé.

Un troisième manager a vu la situation de l'entreprise comme celle d'une famille dysfonctionnelle. Un autre encore l'a aussi perçue comme une famille, mais normale. Cette personne a comparé leur situation à celle d'adolescents indécis se préparant à quitter la maison et vivre leur vie pour la première fois.

Le groupe partage les contributions et échange sur les enrichissements et les synergies.

En comparant leurs différentes images symboliques, les participants ont pu entendre et comprendre leurs différents points de vue sur la situation sans avoir l'impression de devoir défendre leur carte personnelle à son propos. Au lieu de débattre autour de la perception qui serait la bonne carte, ils ont pu plus facilement percevoir et explorer en profondeur les présomptions de leurs différentes images symboliques, et en découvrir aussi les forces cachées.

Par exemple, la métaphore du bateau comme celle de la capsule spatiale supposaient un environnement difficile, mais l'une présupposait qu'il s'agissait d'un problème de communication entre les membres de l'équipage, alors que les astronautes affrontaient un environnement hostile. Et il a été notable que le problème à bord du bateau était lié à la communication parmi l'équipage plutôt qu'à une défaillance de leadership de la part du capitaine.

L'explorateur et le groupe partagent sur ce qui a été reçu.

Par des allers retours entre les différentes métaphores, le groupe a commencé à prendre conscience des similitudes entre les différents points de vue et des présomptions qui pouvaient être validées ou réexaminées. Suite à ce processus, le groupe a été capable de communiquer sur ses différences de perception avec beaucoup moins de tension, d'anxiété et d'attitude défensive. Ils ont aussi eu plusieurs nouvelles perspectives et métaphores à partir desquelles considérer leur situation. Ils ont pu découvrir des solutions innovantes, du fait d'avoir abordé le problème avec un mode de pensée différent de celui qu'ils avaient avant.

L'Importance de la « Seconde Position » dans la Collaboration Générative

Il est difficile, voire impossible, d'avoir une collaboration efficace quelle qu'elle soit sans une certaine dose de compréhension et d'empathie envers vos collaborateurs. Comme l'illustrent les exemples de CrossKnowledge, des deux musiciens et de la Compagnie Nationale des Chemins de Fer Italiens, pour qu'il y ait collaboration générative il importe même plus de savoir ce qui compte pour vos collaborateurs, et comment ils pensent et se sentent. C'est vrai pour chacune des parties de votre Cercle de Succès.

Nous avons par exemple découvert que souvent les entrepreneurs ne saisissent ni l'état d'esprit ni les valeurs des investisseurs. Ils ne comprennent pas pourquoi les investisseurs ne voient pas la valeur, pourtant évidente, de leurs idées et innovations et refusent de les financer. De même, il arrive souvent que les investisseurs n'arrivent pas à respecter les priorités et risques que les entrepreneurs sont prêts à prendre (notamment avec l'argent des investisseurs !) C'est probablement la raison pour laquelle Steve Jobs a été évincé d'Apple dans le milieu des années 1980 ; une incompréhension mutuelle entre l'entrepreneur qu'il était et les parties prenantes de la société.

Selon la Modélisation des Facteurs de Succès, notre compréhension des autres vient de notre aptitude à aller en « seconde position », avec eux. Prendre la *seconde position* est un terme utilisé en PNL (Programmation Neuro Linguistique) pour décrire l'aptitude à occuper le point de vue ou la perspective d'une autre personne dans une situation donnée. Cela implique de passer de notre propre *première position* ou perspective du « soi » et de considérer la situation comme si nous étions l'autre ; « d'être dans sa peau », « de marcher dans ses chaussures », « de s'asseoir de l'autre coté du bureau », etc.

Cette aptitude est essentielle pour pouvoir créer un produit, une société ou une équipe qui réussit. Comme l'a indiqué l'entrepreneure Cindana Turkatte, « Si vous ne vous mettez pas en seconde position, vous ne pouvez rien accomplir ».

Toute collaboration efficace implique une certaine dose de compréhension et d'empathie envers vos collaborateurs.

Occuper la « seconde position » est une expression utilisée dans la Modélisation des Facteurs de Succès pour décrire l'aptitude à prendre le point de vue ou la perspective d'une autre personne.

Analyser la Seconde Position

Lorsque je coache des entrepreneurs, je les encourage à analyser chacune des positions constituantes du Cercle de Succès SFM™ : les clients, les investisseurs (parties prenantes), les employés et les partenaires.

Pour développer un produit ou un plan marketing, par exemple, un entrepreneur doit se mettre dans les chaussures de clients potentiels. Pour élaborer un plan financier et lever des capitaux, il/elle doit pouvoir prendre le point de vue des parties prenantes et investisseurs. Pour constituer et motiver une équipe efficace, l'entrepreneur doit être capable de voir la situation à travers les yeux des membres de son équipe ou ses employés. Pour établir des alliances et relations solides, il/elle doit prendre le point de vue de partenaires potentiels.

La justesse de la perspective que l'entrepreneur a en seconde position avec chaque collaborateur potentiel sera déterminante pour la fluidité et l'efficacité de la relation qu'il/elle établira avec eux.

Il existe plusieurs niveaux et gradations de la seconde position. Être dans la maison ou le bureau de quelqu'un est une façon d'occuper une seconde position à un niveau environnemental. Imiter ou se comporter comme quelqu'un d'autre est une manière d'occuper la seconde position à un niveau comportemental. Découvrir les stratégies et cartes mentales de quelqu'un est une manière de développer la seconde position au niveau des capacités. Adopter les valeurs et croyances de quelqu'un est une manière d'être en seconde position à un niveau encore plus profond. S'identifier à une autre personne et adopter sa personnalité impliquerait une seconde position à un niveau identitaire approfondi. Vivre la passion de quelqu'un d'autre pour sa vision et son sens de la finalité signifierait être au niveau le plus profond de la seconde position.

Faire une Analyse de la Spécificité d'un Collaborateur, membre de votre Cercle de Succès, implique de prendre la seconde position avec cette personne pour chacun de ces différents niveaux et d'évaluer les synergies, opportunités ou avantages possibles entre vous, votre projet ou votre affaire et cette personne, ce à chaque niveau.

Ci-après un processus d'Analyse des Spécificités d'un Collaborateur que vous pouvez réaliser avec les membres clés de votre Cercle de Succès pour identifier les possibles zones de concordance ou de soutien.

Analyser la Seconde Position implique de considérer le point de vue d'une autre personne à partir de différents niveaux.

Catalyseur de Collaboration SFM™ :
Analyse des Spécificités d'un Collaborateur

Le fait d'occuper la seconde position pour identifier les traits essentiels de collaborateurs clés et trouver des scénarios gagnant-gagnant constitue une large part de l'efficacité d'une collaboration entrepreneuriale. Par exemple, consacrer du temps à une Analyse des Spécificités d'un Collaborateur favorise ce que l'on appelle la « loi d'attraction ». Selon ce principe, si vous êtes clair sur ce que vous voulez et ce dont vous avez besoin il vous sera plus facile de « l'attirer ». En posant ce que vous voulez dans le « champ », vous remarquerez très probablement de belles occasions de le réaliser lorsqu'elles émergeront, et il sera plus aisé à d'autres dans votre réseau d'identifier et de vous informer d'éventuelles opportunités.

Choisissez un collaborateur/trice, existant(e) ou potentiel(le), que vous voudriez mieux comprendre et avec qui vous aimeriez travailler avec plus d'efficacité.

Identifier des caractéristiques clés peut vous aider à amplifier et enrichir chacune des parties de votre Cercle de Succès :

- Connaître les caractéristiques clés des *clients* vous aide à développer et cibler vos initiatives produits et marketing pour qu'elles conviennent mieux à leurs besoins et motivations. Vous pouvez aussi découvrir que vous pouvez intéresser un éventail de clients plus large que celui auquel vous pensiez au début.

- Connaître les caractéristiques clés des *membres de l'équipe* vous aide à choisir ceux avec qui vous travaillerez et vous aligner plus facilement avec eux.

- Connaître les caractéristiques clés des *parties prenantes* vous aide à identifier et attirer des investisseurs potentiels et autres parties disposant de ressources essentielles.

- Connaître les principales caractéristiques des *partenaires* vous aide à définir et identifier les zones d'éventuelles synergies et complémentarités.

Dans l'exercice qui suit vous marcherez dans les chaussures d'un collaborateur ou d'une collaboratrice appartenant à l'une des parties de votre Cercle de Succès, en prenant son rôle aux différents niveaux de caractéristiques.

Imaginez-vous être dans « les chaussures » ou « la peau » de cette personne.

1. Imaginez-vous être dans l'environnement de votre collaborateur/trice.

   Demandez-vous : *qu'est-ce qui caractérise son environnement ? Quels sont ses besoins environnementaux que je peux l'aider à satisfaire ? Quelles contraintes puis-je l'aider à surmonter ? Quelles opportunités puis-je lui proposer ?*

2. Imaginez-vous marcher « dans les chaussures » de votre collaborateur/trice.

   Demandez-vous : *Quelles sont ses caractéristiques comportementales ? Quels sont les comportements et actions qu'il/elle doit avoir et sur lesquels je peux le/la soutenir ou faciliter ? Quelles tactiques puis-je lui proposer ? Quelles réactions puis-je l'aider à éviter ?*

3. Imaginez-vous être dans l'esprit de votre collaborateur/trice.

   Demandez-vous : *Qu'est-ce qui caractérise ses compétences et aptitudes ? De quelles compétences et aptitudes a-t-il/elle besoin et que je peux l'aider à développer ou acquérir ? Quelles stratégies ou connaissances puis-je partager ?*

4. Imaginez-vous dans le système de croyances et valeurs de votre collaborateur/trice.

   Demandez-vous : *Quels sont les systèmes de croyances et valeurs qui le/la caractérisent ? Quelles sont les valeurs et croyances qu'il/elle a déjà ou dont il/elle a besoin et que je peux encourager, renforcer ou satisfaire ? Comment puis-je l'aider à se motiver ou à le rester ? Comment puis-je l'aider à sentir qu'il/elle a la permission nécessaire pour prendre un risque ?*

5. Imaginez-vous avoir l'identité ou le rôle de votre collaborateur/trice.

   Demandez-vous : *Qu'est-ce qui caractérise son identité ? Quel sens de la mission ou de l'identité puis-je parrainer ? Comment puis contribuer à son estime de lui/d'elle-même ? Comment puis-je l'aider à plus clairement considérer ou ressentir son rôle ?*

6. Imaginez-vous être dans le système plus vaste de votre collaborateur/trice.

   Demandez-vous : *Qu'est-ce qui caractérise sa vision et sa finalité ? Quel sens de la vision et du but puis-je l'aider à révéler plus pleinement ? Comment puis-je l'aider à développer un esprit plus entrepreneurial ?*

Considérez le point de vue de votre collaborateur/trice à chacun des différents niveaux de facteurs de réussite.

Quel(s) niveau(x) vous semble(nt) le(s) plus significatif(s) ? Sur quel niveau devriez vous vous concentrer pour attirer des collaborateurs correspondant au profil que vous avez identifié ?

Par exemple, il est peut-être plus important qu'ils soient « chaleureux et ouverts » plutôt que d'avoir un parcours technique particulier.

par ex., le critère de Steve Jobs d'avoir des collaborateurs « amoureux » d'Apple.

Pouvez-vous ajouter des synergies ou compléter à d'autres niveaux que celui où vous êtes actuellement ?

Dans les chapitres à venir, nous reprendrons la pratique de la compétence « occuper la seconde position » dans le cadre d'autres catalyseurs de collaboration permettant de créer un Cercle de Succès encore plus puissant et robuste.

Repérer à quels niveaux vous pouvez le mieux soutenir, ou créer des synergies avec, votre collaborateur/trice et comment vous pouvez l'intégrer dans vos interactions.

Intelligence Collective et Collaboration Générative

Résumé du chapitre

Les entrepreneurs qui réussissent encouragent l'intelligence collective et appliquent les principes de la collaboration générative, ce pour partager et mobiliser les ressources et pour accroître les opportunités d'affaires qui leur sont offertes – c.-à-d., pour agrandir un « gâteau » commun.

La Collaboration Générative diffère de la collaboration basique de par son but qui est de créer quelque chose de nouveau et au-delà des attentes. Dans une collaboration basique, les gens travaillent ensemble en agissant selon le rôle qui leur est attribué, pour atteindre un objectif fixé ou effectuer une tâche particulière. Pour collaborer de façon générative, les gens doivent se stimuler les uns les autres à penser « hors cadre » et s'encourager entre eux pour faire des choses jamais accomplies jusqu'alors.

La collaboration générative est le fruit d'une élaboration de vision collective, dans laquelle les personnes partagent et mettent en synergie leurs passions et visions individuelles ; semblable à des bulles qui s'agrègent pour créer un tout plus grand, ou deux atomes d'hydrogène et un atome d'oxygène se combinant pour former de l'eau. Ce processus permet la pleine participation de ceux qui sont impliqués dans la collaboration.

L'exemple de CrossKnowledge illustre combien il est important et efficace d'utiliser l'intelligence collective et la collaboration générative pour transformer une crise en opportunité et faire passer une entreprise à une nouvelle dimension en créant un Cercle de Succès probant. Les co-fondateurs de CrossKnowledge ont eu recours à différents catalyseurs de collaboration pour favoriser la collaboration générative entre eux, en tant que parties prenantes, et avec leurs clients, équipe et partenaires.

La transformation de CrossKnowledge est un exemple de *changement génératif*, qui nécessite de rompre avec d'anciens modes de pensée pour créer quelque chose de « complètement nouveau ». Les étapes fondamentales d'un changement génératif impliquent de :

1. Poser une intention (c.-à-d., une vision ou direction)
2. Installer un état génératif de performance
3. Adopter plusieurs points de vue pour définir des objectifs et actions
4. Retenir plusieurs points de vue pour surmonter les obstacles de façon créative
5. Définir des pratiques pour entretenir une créativité durable

Ces étapes sont conçues pour créer la résonance, la synergie et le potentiel nécessaires à l'émergence d'une collaboration générative efficace. Elles sont destinées à aider les personnes d'un groupe à conserver leur spécificité et leur créativité individuelles tout en agissant chacune simultanément en tant que holon intégré. Les étapes du changement génératif peuvent être renforcées par d'importants catalyseurs de collaboration efficaces.

Développer un État Génératif de Performance est le catalyseur de collaboration qui permet de produire de la *résonance* et la possibilité d'une *synergie* entre les membres d'un groupe afin de créer le potentiel pour qu'émerge quelque chose de nouveau et imprévisible. Un état génératif de performance résulte de la connexion de chaque membre du groupe à :

1. Une intention (ou une vision)
2. Un état de « fluidité » personnel qui vient de la connexion ressentie avec soi-même (son centre somatique) et son excellence personnelle
3. Le sentiment d'un potentiel et de possibilités qui émerge de la connexion à un « champ » environnant de ressources positives

Le processus d'*Intervision* applique l'état génératif de performance à un groupe, ce pour aider les collaborateurs à soutenir la réalisation des visions et projets de chacun et à y participer activement. Il s'agit d'une méthode qui consiste à conjuguer plusieurs perspectives afin d'enrichir la vision de ce qui est possible et surmonter les obstacles avec créativité. L'Intervision se base sur le fait qu'une source très puissante d'intelligence collective et de collaboration générative émerge des cartes ou modèles du monde différents, des parcours différents et des savoir-faire différents des personnes. Quand ces différences sont complémentaires, elles constituent la base d'interactions génératives desquelles peut émerger quelque chose de nouveau. Le processus d'Intervision implique de passer d'une réflexion linéaire, logique et verbale à une visualisation symbolique pour stimuler des façons de penser et de communiquer plus visionnaires et synthétiques.

L'*Analyse de la Seconde Position* – comprendre la vision du monde et l'état d'esprit d'une autre personne – est un autre catalyseur de collaboration important. Il est difficile d'avoir une collaboration efficace, qu'elle soit basique ou générative, sans l'aptitude à se mettre dans la peau de ses collaborateurs et comprendre leurs processus de pensée et motivations. L'Analyse de la Seconde Position est une des capacités clés des entrepreneurs efficaces. Faire une *Analyse des Spécificités d'un Collaborateur*, par exemple, implique d'occuper la Seconde Position à différents niveaux avec les représentants de votre Cercle de Succès pour trouver des façons de les soutenir ou contribuer à leur succès.

Références et Lectures Complémentaires

- *Adam Grant : Be a Giver Not a Taker to Succeed at Work*, (Pour réussir au travail, soyez un donneur et non un preneur) Dan Schawbel, Forbes.com, 9 Avril 2013
- *Yanni Live at the Acropolis* (Concert live de Yanni à l'Acropole), Private Music, 1994.

03
Collaboration Générative et Innovation de Rupture

Si vous voulez vous améliorer progressivement : Soyez compétitif.
Si vous voulez vous améliorer de manière exponentielle : Soyez coopératif.
Anonyme

Ces vagues technologiques, vous pouvez les voir longtemps avant qu'elles n'arrivent, et il vous suffit de choisir judicieusement celle sur laquelle vous allez surfer.
Steve Jobs

Collaboration Générative et Innovation de Rupture

Optimiser le processus de collaboration générative pour créer une entreprise qui réussit implique de trouver des synergies entre les différentes parties de votre Cercle de Succès - entre membres de l'équipe et clients ; entre clients et investisseurs ; entre investisseurs et partenaires ; entre partenaires et membres de l'équipe ; et ainsi de suite. Les plus profonds changements génératifs se produisent quand plusieurs synergies s'alignent sur des changements au sein de ce que j'ai appelé « le champ de l'innovation ». Quand cela arrive il se produit ce que l'on appelle une « innovation de rupture ».

Les innovations de rupture sont celles qui créent un nouveau marché dont les limites ne s'inscrivent pas dans des marchés existants. Elles sont un exemple typique de ce qui permet « d'agrandir le gâteau commun ». La production en série d'automobiles, la photographie numérique, la machine Nespresso, Internet, les téléphones mobiles et l'iPod sont tous des exemples d'innovations de rupture. Chacune a créé de nouveaux marchés qui n'existaient pas auparavant.

Les innovations de rupture créent un nouveau marché dont les limites ne s'inscrivent pas dans les marchés existants.

La plupart des innovations ne sont pas de rupture. Elles ne créent pas de changement majeur pour les clients, ni pour les entreprises, leurs fournisseurs ou leurs partenaires. Qualifiées d'« innovations incrémentales », elles suivent des tendances existantes et bien identifiés. Quand notre mental conscient et nos egos considèrent le futur, en général ils ne peuvent faire que des projections passant par les filtres de ce que nous connaissons déjà. Extrapoler à partir de nos connaissances du moment ne nous offre qu'une vision étriquée des possibilités à venir.

La plupart des innovations sont des « innovations incrémentales » qui suivent des tendances existantes et bien identifiées.

L'Avenir n'est plus ce qu'il était

Comme l'indique ce célèbre commentaire de l'auteur de science fiction Arthur C. Clarke, ce que nous percevons comme un avenir possible ou probable évolue en permanence. Considérerons les illustrations de la page qui suit pour voir comment en 1900 les gens imaginaient ce que serait la technologie de l'an 2000.

Extrapoler à partir de nos connaissances du moment ne nous offre qu'une vision étriquée des possibilités à venir.

Même si pour l'époque il y a une grande créativité dans ces visions, et qu'elles anticipent des technologies comme la télévision, la radio, les rayons X, le vol habité et les véhicules blindés, ces illustrations s'apparentent clairement à la période 1900 plutôt qu'à celle de 2000. Nombre des technologies caractérisant notre millénaire n'y sont même pas suggérées – à savoir les avions de ligne commerciaux, les ordinateurs personnels, les smart phones, les four micro-ondes, Internet, les systèmes de géolocalisation (GPS), les armes nucléaires, les satellites, les stations spatiales, etc. Pas plus que leur idée de l'évolution de la mode sur le siècle à venir n'évoque nos styles vestimentaires actuels.

Communication

Transport Aérien

Loisirs

Surveillance

Combat Militaire

Collaboration Générative et Innovation de Rupture

Les innovations de rupture émergent de synergies de vision et d'imagination plutôt que du simple prolongement d'un savoir existant.

La compétition régie par l'« Ego » a tendance à favoriser l'innovation incrémentale car elle est moins risquée et incertaine et que les règles sont bien établies.

L'Imagination est Plus Importante que le Savoir

Les innovations de rupture émergent de synergies de vision et d'imagination plutôt que du simple prolongement d'un savoir existant. Selon les mots d'Albert Einstein :

> *L'imagination est plus importante que le savoir. La connaissance de ce qui est n'ouvre pas l'accès direct à ce qui devrait être [ou pourrait être]. On peut posséder le savoir le plus complet qui soit sur ce qui est sans pour autant être capable d'en déduire ce que devrait [ou pourrait] être le but des aspirations humaines.*

La dynamique entre l'innovation incrémentale et l'innovation de rupture est une autre manière d'exprimer l'interaction entre ce que j'ai appelé l'« ego » et l'« âme » du monde des affaires et des organisations. Les innovations incrémentales sont plutôt dirigées par les besoins et ambitions de notre ego. Comme je l'ai signalé dans la *Modélisation des Facteurs de Succès Tome I*, la dimension ego d'un individu ou d'une organisation vient de la perception que nous avons de nous-même en tant qu'entité séparée et tend à :

- S'orienter vers la survie, la reconnaissance et l'ambition personnelle.
- Être liée à nos rôles sociaux et à ce que nous estimons devoir être, ou avoir besoin d'être, pour obtenir autorisation ou reconnaissance.
- Se focaliser sur la permission, la sureté, la sécurité, l'approbation, le contrôle, la réalisation et l'intérêt personnel.
- Mettre l'accent sur la stricte application de l'analyse et de la stratégie.
- Répondre de façon réactive aux conditions extérieures.
- Sélectionner les menaces et les contraintes

Ces tendances favorisent une approche plus concurrentielle des affaires et de l'innovation. La course concurrentielle consiste à égaler ou à dépasser les concurrents selon un jeu aux règles bien établies.

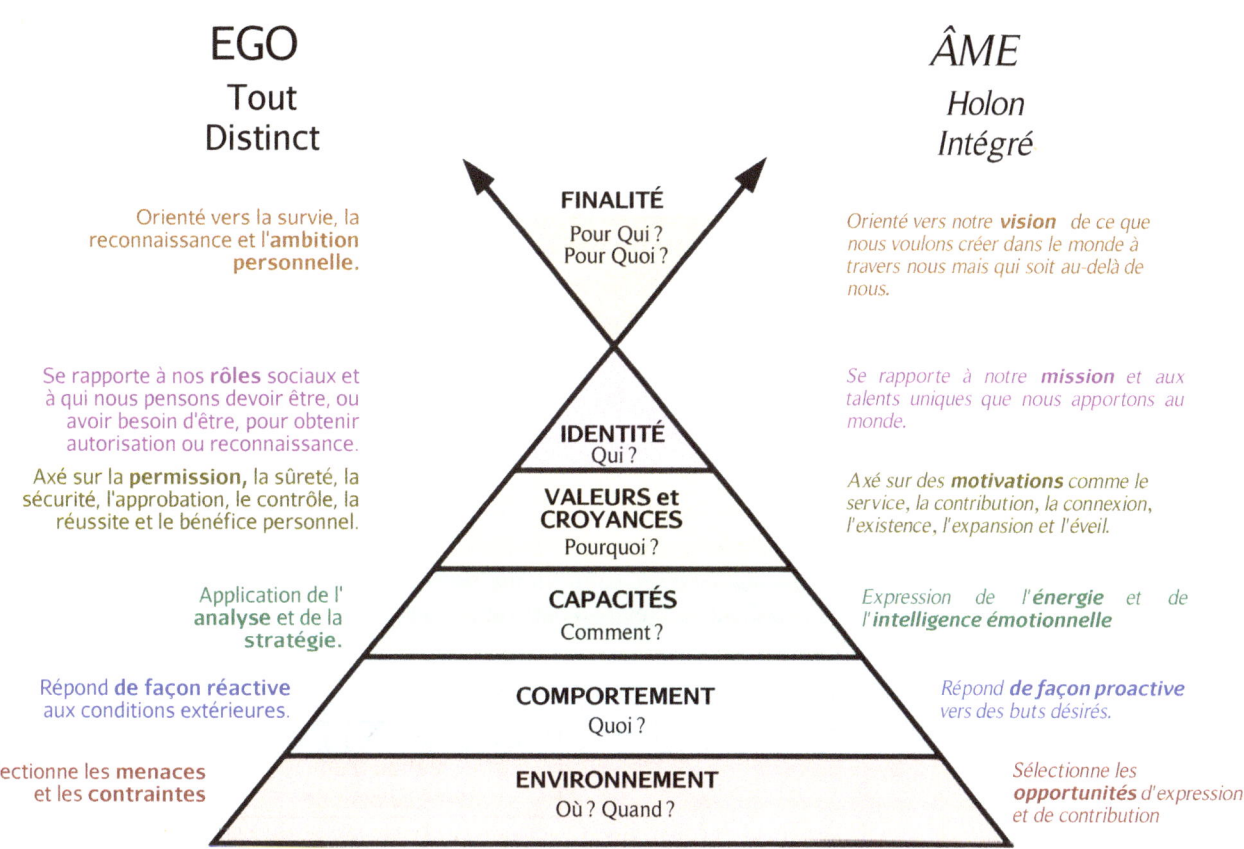

Les innovations incrémentales résultent d'une orientation vers soi en tant qu'entité distincte, alors que les innovations de rupture émergent d'une orientation vers nous en tant que partie d'un tout plus vaste.

Les innovations de rupture émergent de visions collectives de possibilités avant-gardistes, qui créent de nouveaux marchés. Parce qu'elles divergent des précédentes évolutions de marché, elles sont difficiles à anticiper ou à prévoir à partir d'un savoir existant.

L'innovation de rupture, pour sa part, implique des changements majeurs pour les clients, les fournisseurs, les équipes, les parties prenantes et les partenaires. Elle a tendance à émerger des visions collectives de nouvelles possibilités (comme l'analogie des bulles qui s'agrègent dans le chapitre précédent) et diverge des précédentes évolutions de marché. Elle résulte plus de la dimension « âme » des individus et des organisations, issue de notre sentiment d'appartenance à quelque chose de plus grand que nous. Ce point de vue tend à :

- S'orienter vers une vision de ce qui est possible pour créer un monde meilleur.
- Se rapporter à notre mission et aux talents uniques que nous apportons au monde.
- Être axé sur des motivations comme le service, la contribution, la connexion, l'existence, le développement et l'éveil.
- Mettre l'accent sur l'utilisation de l'intuition et de l'intelligence émotionnelle.
- Répondre de façon proactive vers des buts désirés.
- Sélectionner les opportunités d'expression et de contribution.

Ainsi, les innovations de rupture émergent de synergies entre vision et imagination, créant des marchés entièrement nouveaux. Elles sont notoirement difficiles à prédire à partir d'un seul savoir existant.

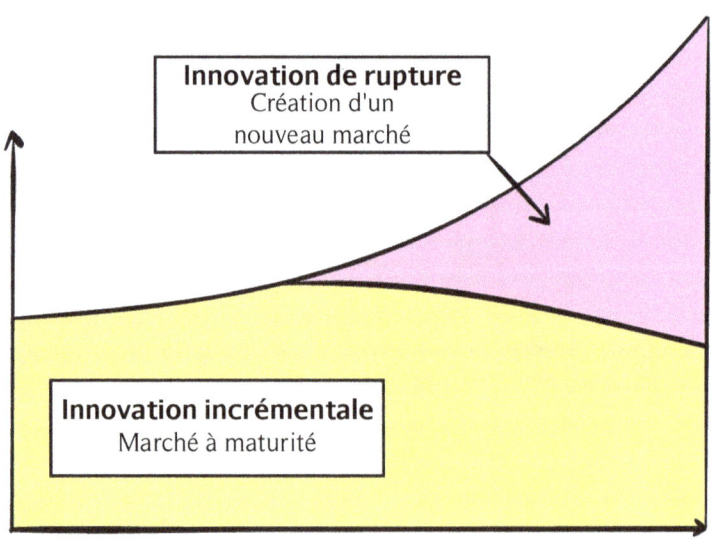

Les innovations de rupture émergent de synergies entre vision et imagination, créant des marchés entièrement nouveaux.

Les Dynamiques de l'Innovation de Rupture

Dans son livre *Misez sur les ruptures de marché*, mon confrère Benoit Sarazin explique qu'une innovation de rupture commence d'abord par occuper une niche de marché. Toutefois, résultant de changements dans le « champ de l'innovation », le marché potentiel dépasse largement la taille de cette niche initiale et est susceptible d'atteindre des segments de marché que la société ne pouvait pas capter jusqu'alors. Donc, même si l'idée de rupture est d'abord apparue dans une niche de marché existant, elle ne se limite pas à ce marché.

Les innovations de ruptures commencent par occuper une niche de marché, mais intéressent potentiellement un marché latent beaucoup plus important.

Synchronisation entre Adopteurs Précoces et Pionniers

Lors de notre étude sur les facteurs de réussite conduisant à une innovation de « rupture », Benoît et moi avons découvert que ce type d'innovation résulte de synergies entre différentes parties du Cercle du Succès. Elles commencent par une communauté virtuelle composée « d'adopteurs précoces » parmi les *clients* et de « pionniers » parmi les *membres de l'équipe* de l'entreprise. L'innovation de rupture commence à émerger quand ces deux groupes ont la possibilité de se réunir et d'établir des synergies pour créer une nouvelle vision de produit ou service. Cette vision transcende l'identité et les capacités des deux groupes. Outre la résonance et la synchronisation entre les visions des deux groupes, les adopteurs précoces (côté clients) et les pionniers (côté équipe de l'entreprise) doivent appartenir à la même communauté « virtuelle ». Cette communauté virtuelle nait de développements au sein du plus vaste « champ de l'innovation ».

Les innovations de rupture émergent d'une « communauté virtuelle » composée de clients « adopteurs précoces » et de « pionniers » d'une équipe partageant une vision qui transcende l'identité et les capacités des deux groupes.

Nous qualifions cette communauté de virtuelle car elle n'existe que dans le but de créer l'innovation. Il se peut qu'au départ, les clients adopteurs précoces et les membres de l'équipe de pionniers d'une entreprise ne se connaissent pas. Ils se réunissent pour entreprendre un projet commun et captivant. Une fois le projet finalisé, ils ne ressentent pas le besoin de rester en contact. Les adopteurs précoces et les pionniers sont unis par leur passion, leur enthousiasme pour une vision et s'engagent à donner vie à quelque chose jamais imaginé jusqu'alors.

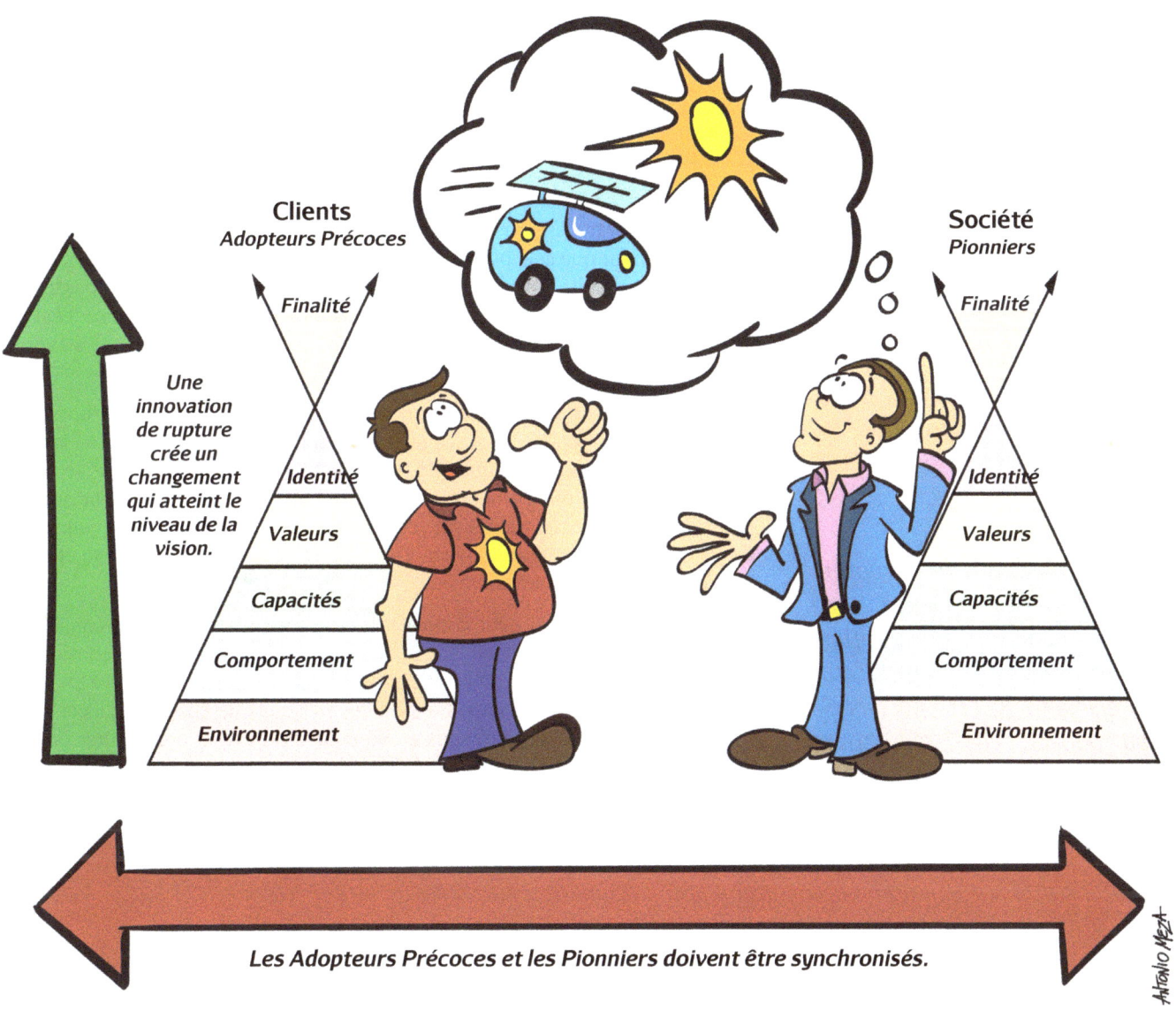

Une innovation de rupture commence à émerger lorsque des consommateurs adopteurs précoces et des pionniers de l'équipe de l'entreprise ont la possibilité d'interagir et d'établir des synergies pour créer une nouvelle vision de produit ou service.

Collaboration Générative et Innovation de Rupture

Surfer sur la Vague du Chaos et de l'Incertitude

L'innovation de rupture génère un changement profond à la fois pour les clients et les entreprises. Et en général, tout changement profond va de pair avec une période indispensable de chaos et d'incertitude.

Considérons l'expérience de Cymatique présentée dans le chapitre 1. Lorsque la vibration qui traverse le plateau s'intensifie, le motif du sable se complexifie. Cependant pour que cela puisse se produire, comme l'illustrent les prises de vue de la page qui suit, l'ancien motif du sable doit se désorganiser et passer par une phase où il est moins distinct. Ce n'est plus l'ancien motif, mais ce n'est pas encore le nouveau. Les motifs intermédiaires (B, D, F, et H) ont une structure moins évidente que les motifs A, C, E, G et I.

C'est une bonne analogie de ce qui se produit dans l'innovation de rupture. Le changement de fréquence de la vibration traversant le plateau est une métaphore de ce que j'ai appelé le « champ de l'innovation ». Un changement dans ce champ offre la possibilité qu'une nouvelle structure émerge. Néanmoins pour que cela se produise, les marchés, les clients et les entreprises devront traverser une phase de confusion et d'incertitude lorsque l'ancienne structure se désagrège et que la nouvelle n'est pas encore claire.

C'est une des raisons pour lesquelles les entreprises et les individus ont du mal à adhérer d'emblée à des innovations de rupture. Les ruptures sont considérées, et c'est compréhensible, comme menaçantes et risquées par les « egos » des organisations et des individus. Lors de ces périodes de chaos et d'incertitude, il est important que les individus et les équipes œuvrent à demeurer dans ce que j'ai appelé l'état COACH plutôt que de sombrer dans l'état CRASH, et à entretenir un état génératif - en restant connectés à eux-mêmes, la vision élargie et le champ de ressources de leur communauté virtuelle.

Les innovations de rupture produisent inévitablement une période de chaos et d'incertitude pouvant menacer un status quo existant. C'est pour cela qu'au départ, elles rencontrent souvent de l'hostilité, rarement de l'adhésion.

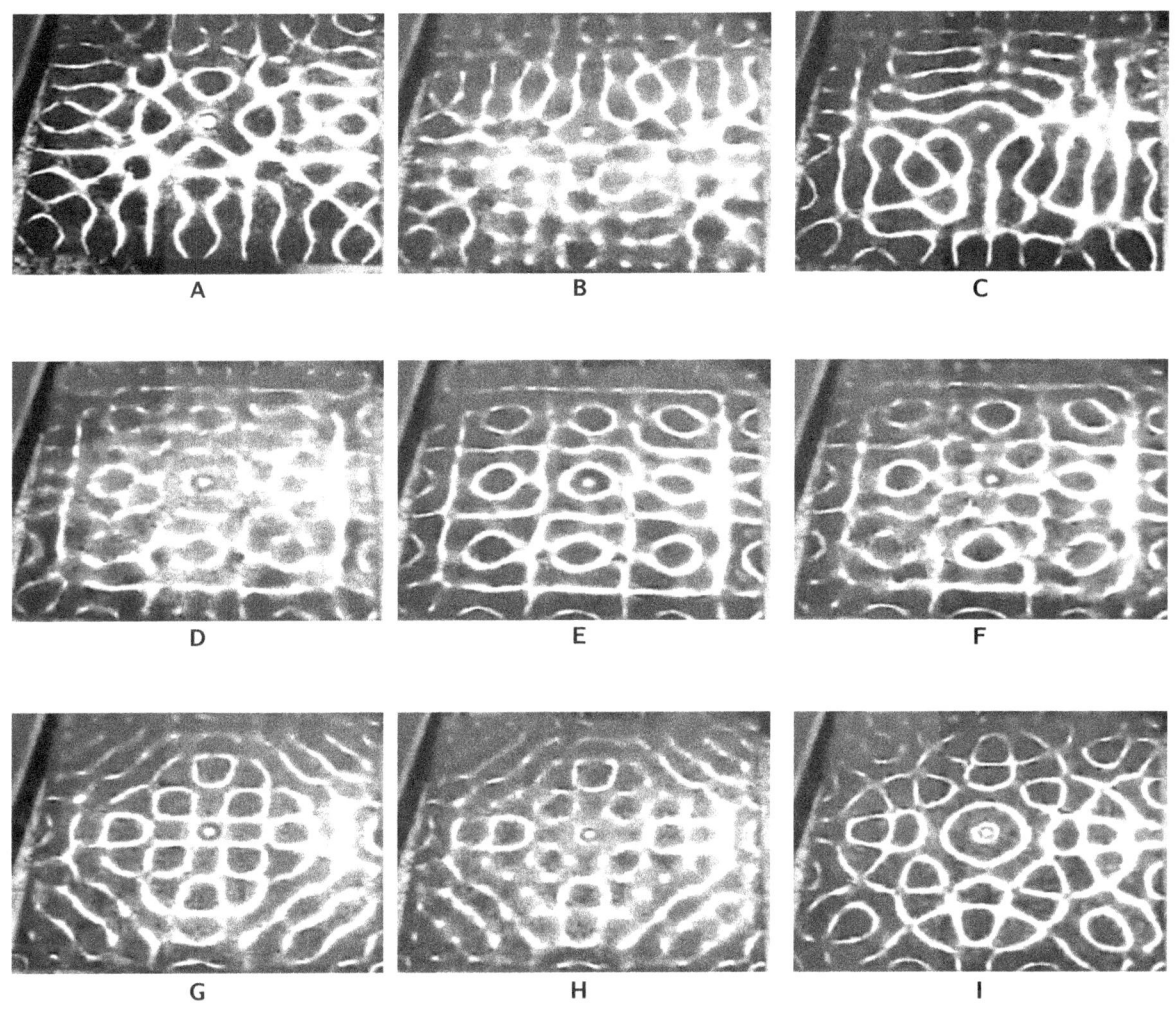

Pour passer d'un niveau de structure à un autre, un système doit traverser une période de **chaos et d'incertitude**.

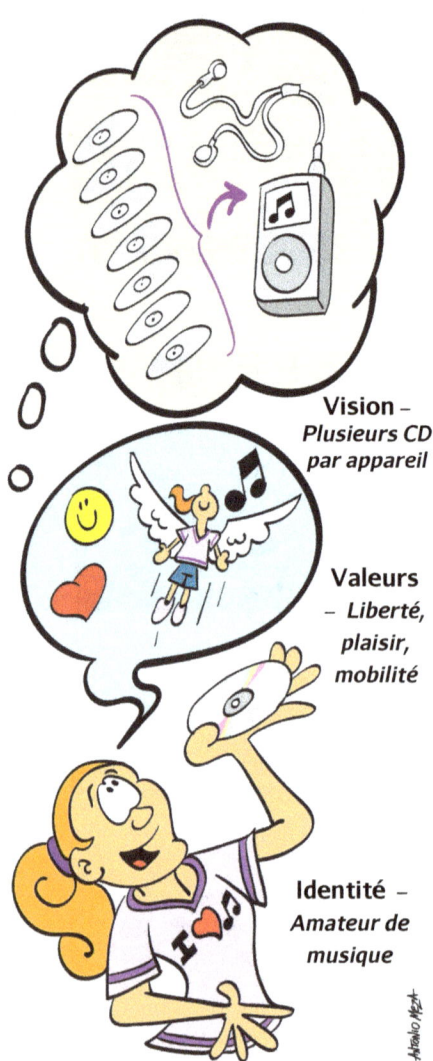

Pour qu'il y ait innovation de rupture, le niveau de changement vécu par les adopteurs précoces et les pionniers doit atteindre les valeurs, l'identité et la vision

En ce sens, les innovations de rupture dressent des obstacles que seul l'esprit aventurier des adopteurs précoces et des pionniers peut surmonter. Les innovations de rupture réussissent à deux conditions :

1. Le changement vécu par les adopteurs précoces et les pionniers doit atteindre les niveaux des valeurs, de l'identité et de la vision. Dans ce cas, il générera suffisamment d'enthousiasme et d'engagement pour l'emporter sur l'incertitude et le doute. Si le changement se limite à l'environnement, au comportement et aux capacités il ne créera pas l'énergie et l'engagement suffisants pour soutenir une innovation de rupture.
2. Les adopteurs précoces et les pionniers doivent partager une passion débordante fondée sur l'alignement des valeurs, de l'identité et de la vision. Leurs valeurs, identité et vision ne sont pas forcément identiques du fait de leurs parcours et de leurs situation qui peuvent différer. Ceci étant, ces facteurs clés doivent être en résonance pour permettre à la communauté virtuelle de mener à bien un projet ambitieux.

Innovation de Rupture et Innovation Ouverte

En général, l'innovation de rupture exige aussi un certain degré d'« innovation ouverte ». A savoir qu'il est nécessaire que les entreprises soient ouvertes à la participation de partenaires externes, mais partageant des valeurs communes, une vision, etc. Ainsi, l'innovation ouverte intègre aussi la collaboration générative entre des pionniers « explorateurs » au sein de l'entreprise et des partenaires « précurseurs ».

L'innovation ouverte (parfois appelée innovation distribuée) se définit en substance comme le fait « d'innover avec des partenaires en partageant tant les risques que les récompenses ». Selon Henry Chesbrough, l'« innovation ouverte est un paradigme présumant que les entreprises peuvent et doivent utiliser des idées de l'extérieur comme de l'intérieur, et des processus de commercialisation internes et externes, lorsqu'elles cherchent à faire évoluer leur technologie. » L'idée centrale derrière l'innovation ouverte est que dans un monde aux connaissances largement diffusées, les entreprises ne peuvent réussir en se reposant uniquement sur leurs propres recherches. Le savoir et les ressources nécessaires à l'innovation se trouvent chez les employés, les fournisseurs, les clients, les concurrents et les universités. Donc, pour accélérer l'innovation et dégager des ressources, les entreprises ont besoin de créer des alliances et des partenariats gagnant-gagnant avec d'autres organisations et entités.

Exemple de l'iPod d'Apple

Comme je l'ai indiqué dans le *Tome I SFM™*, (pp 270-271) le développement de l'IPod par Apple illustre bien le concept d'innovation ouverte. L'iPod a été une innovation de rupture très réussie. Il a transformé le marché des lecteurs média portables et modifié le marché des ventes de musique en ligne. Au moment où l'iPod a été conçu, la direction d'Apple savait que l'entreprise manquait des capacités nécessaires pour concevoir un lecteur de musique attractif. En lieu et place, les pionniers « explorateurs » de l'entreprise ont, pour concevoir iTunes, acquis des logiciels auprès d'entreprises « précurseurs » dans leur domaine et embauché à l'extérieur des experts en logiciels de musique et des ingénieurs en matériel informatique, les intégrant à une équipe de vétérans d'Apple. Ces nouveaux entrants ont contribué à faire le lien entre Apple et la communauté virtuelle d'amateurs de musique.

Les innovations de rupture requièrent souvent aussi de l'« innovation ouverte » et une collaboration générative entre pionniers « explorateurs » de l'entreprise et partenaires « précurseurs ».

En 2000, l'iMac aux couleurs bonbon de Steve Jobs menait le retour en force d'Apple. Pour stimuler les ventes, les explorateurs de l'entreprise ont commencé à demander : « Que pouvons-nous faire pour motiver davantage de gens à acheter des iMacs ? » La communauté virtuelle des chambres de cités U, à l'origine de nombreuses ventes d'iMac, était composée d'amateurs de musique qui échangeaient comme des fous des morceaux sur le site en ligne Napster. Ils branchaient des enceintes sur leurs ordinateurs et pirataient de la musique sur CDs. Mais contrairement aux ordinateurs Windows, l'iMac ne disposait pas de logiciel de musique.

Pour combler son retard dans la révolution musicale, Apple a acquis la licence logiciel de PortalPlayer, un « précurseur » dans ce domaine, et a sorti iTunes sur iMac en janvier 2001. Puis Apple s'est mis en quête d'opportunités de gadgets en vue d'accroître l'attractivité de l'iMac. Ils ont réalisé qu'il n'existait aucun dispositif portable adapté pour passer de la musique stockée sur ordinateur. Les lecteurs de musique numérique d'alors étaient volumineux et compliqués ou petits et inefficaces. Ils ont alors décidé de collaborer de façon générative pour créer leur propre lecteur, en s'associant à un autre précuseur, Pixo, pour la conception et la mise en œuvre de l'interface utilisateur. Résultat, le premier iPod est sorti en octobre 2001.

Le développement de l'iPod par Apple, début des années 2000, est un bel exemple de produit de rupture issu d'une innovation ouverte.

L'innovation ouverte est une modalité importante de la collaboration générative pour des entreprises qui, comme Apple, ne peuvent compter sur l'innovation incrémentale pour survivre et se développer.

A l'origine, l'iPod n'était qu'un accessoire de l'iMac. Ses volumes de ventes étaient limités, comme il se doit pour un accessoire. Mais les pionniers et explorateurs d'Apple ont réalisé que la réelle opportunité de marché était beaucoup plus importante. l'iPod pouvait être commercialisé en tant que dispositif portable pour tous types d'ordinateurs, y compris ceux sous exploitation Windows. iTunes a été adapté à Windows XP en octobre 2003. Cette avancée a déclenché la croissance considérable des ventes connue à ce jour.

Dès 2004, les ventes d'iPod ont décollé de façon spectaculaire et pris la plus grosse part du marché des lecteurs média portables. En 2008, iTunes était le numéro un des distributeurs de musique aux États-Unis.

Apple a poursuivi cette pratique de l'innovation ouverte jusqu'à aujourd'hui. L'Apple Watch a été en partie développée grâce à « son écosystème de partenaires concevant les accessoires se connectant à l'iPhone ». Y compris les précurseurs qui ont produit un verre qui peut s'incurver sur le corps humain. Avant de mourir, Steve Jobs envisageait la possibilité d'une voiture Apple qui, à l'heure de ces écrits, entre en pleine phase d'innovation ouverte.

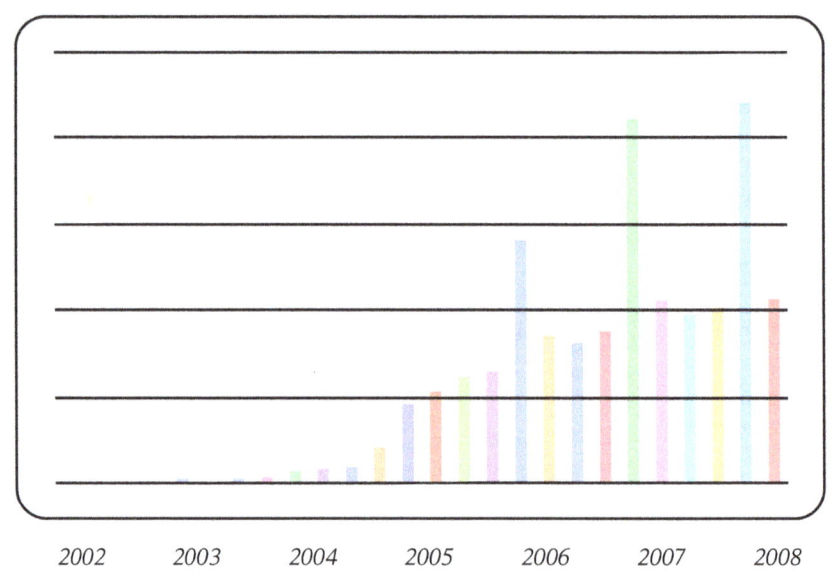

Historique des ventes trimestrielles d'unités iPod de 2002 à 2008

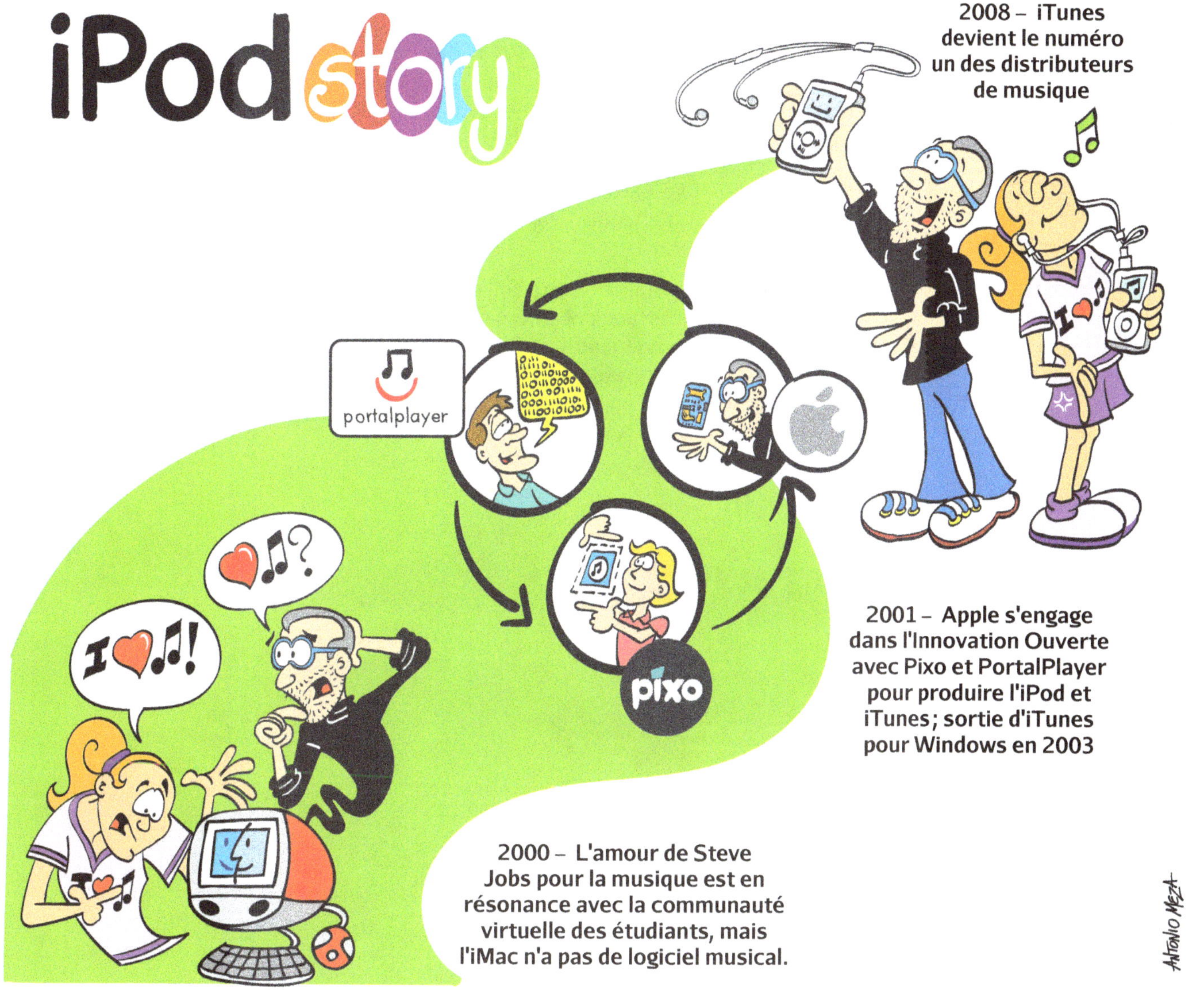
iPod story
2008 – iTunes devient le numéro un des distributeurs de musique
portalplayer
pixo
2001 – Apple s'engage dans l'Innovation Ouverte avec Pixo et PortalPlayer pour produire l'iPod et iTunes; sortie d'iTunes pour Windows en 2003
2000 – L'amour de Steve Jobs pour la musique est en résonance avec la communauté virtuelle des étudiants, mais l'iMac n'a pas de logiciel musical.
Antonio Meza

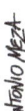

Innovation Ouverte et Cercle de Succès

Les innovations de rupture émergent d'un changement collectif au niveau d'une vision, d'une identité et de valeurs partagées entre des clients qui sont adopteurs précoces et une équipe de pionniers. Ce qui crée une contribution significative.

En résumé, les innovations de rupture réussies émergent d'une collaboration générative au sein d'une « communauté virtuelle » composée d'*adopteurs précoces* parmi les clients et de *pionniers* au sein de l'entreprise. Les innovations de rupture naissent rarement d'une théorie. Elles émergent d'un changement collectif s'effectuant au niveau d'une vision, d'une identité et de valeurs partagées.

En général, elles exigent aussi que les entreprises et les projets n'hésitent pas à mixer équipes interne et partenaires externes. C'est ce qui produit le phénomène d'Innovation Ouverte où des *explorateurs* de l'entreprise collaborent de façon générative avec des partenaires externes *précurseurs*, tous innovateurs passionnés cherchant à aller au delà de ce qui est possible sur le moment.

Les innovations de rupture requièrent aussi de l'innovation ouverte et une collaboration générative entre des pionniers « explorateurs » de l'entreprise et des partenaires « précurseurs ». Ceci s'avère nécessaire pour générer innovation et résilience.

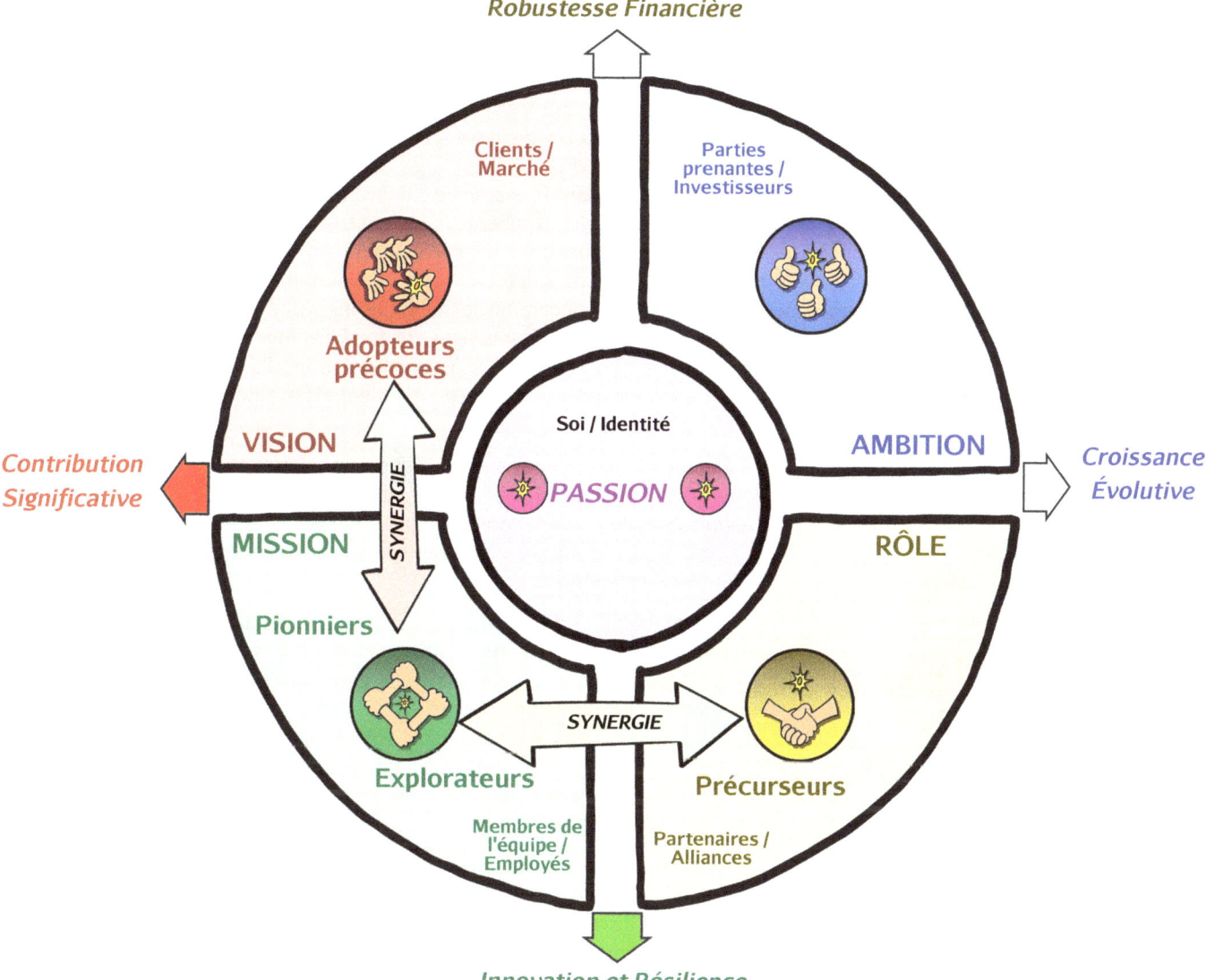

Les innovations de rupture émergent d'une communauté virtuelle regroupant des clients Adopteurs Précoces et des Pionniers de l'entreprise, ainsi que des Explorateurs au sein de l'entreprise et des partenaires Précurseurs.

Collaboration Générative et Innovation de Rupture

Détection des Signaux Faibles : « Grenouilles versus Chauves-Souris »

Un facteur déterminant pour réussir une innovation de rupture est l'aptitude à détecter, dans le champ de l'innovation, les « signaux faibles » annonçant de nouveaux besoins et intérêts encore insatisfaits.

L'analogie des grenouilles et des chauves-souris illustre la portée de l'aptitude à détecter les signaux faibles.

Les innovations de rupture créent de nouveaux marchés dont la portée est difficilement prévisible à l'avance. Sur ces nouveaux marchés, la direction est à prendre et les leaders des marchés existants n'ont pas d'avance concurrentielle.

Pour réussir, les entreprises doivent « avoir une longueur d'avance » et, selon la métaphore du hockey de Steve Jobs, « patiner vers l'endroit où le palet va être » plutôt que vers l'endroit où il est. Elles doivent identifier les nouvelles tendances suffisamment tôt dans le champ de l'innovation pour tirer parti des opportunités. Si elles échouent, elles tombent sous le contrôle d'autres plus perspicaces et plus agiles. Par conséquent, un facteur déterminant pour réussir une innovation de rupture est l'aptitude à détecter « les signaux faibles » annonçant de nouveaux besoins et intérêts encore insatisfaits. Les innovations de rupture ne sont pas le fruit du marketing ni des sondages clients. Elles font appel à des besoins clients qui sont latents plutôt que déjà connus. Comme l'a formulé Henry Ford « si j'avais demandé aux gens ce qu'ils voulaient, ils m'auraient dit des chevaux plus rapides ».

Dans le livre *Alpha leadership*, que mes confrères et moi avons co-écrit, nous utilisons l'analogie des grenouilles et des chauves-souris pour illustrer l'importance de la détection des signaux faibles. Ces deux animaux partagent la même base alimentaire - les insectes volants - mais leurs stratégies de chasse diffèrent complètement.

Les grenouilles attendent, posées sur des feuilles de nénuphar, que la nourriture vienne à elles. (Pour utiliser une autre métaphore, elles vivent des « fruits qui sont à leur portée ».) Les grenouilles sont connues pour ne pas détecter les signaux faibles. Considérons l'expérience dérangeante consistant à plonger une grenouille dans une casserole d'eau qui est ensuite mise sur le feu. Si l'eau est chauffée suffisamment lentement, la grenouille ne détecte pas le changement de température et ne saute pas du récipient. Elle se laisse bouillir en même temps que l'eau.

De la même façon, les grenouilles ne peuvent détecter que les caractéristiques les plus évidentes des insectes volants. L'insecte doit avoir une certaine taille, une certaine forme et se déplacer d'une certaine manière pour que la grenouille l'identifie comme de la nourriture. Une grenouille peut mourir de faim dans une boîte pleine de mouches si celles-ci ne bougent pas.

Les chauves-souris en revanche, qui utilisent des sonars sophistiqués, peuvent détecter des signaux infimes et poursuivre leurs proies avec une étonnante

* Réactive
* Perception limitée
* Attend ce qui va arriver

Les grenouilles ne voient que les tendances évidentes.

facilité. Par exemple, une chauve-souris brune peut à elle seule capturer en une heure 1 200 insectes de la taille d'un moustique. (On estime que les 20 millions de chauves-souris vivant dans la caverne de Bracken, au Texas, consomment environ 200 tonnes d'insectes par nuit!)

Les grenouilles ne voient que les tendances évidentes. Les chauves-souris sont à l'écoute des signaux subtils. Autrement dit, les grenouilles sont une métaphore pour un état d'esprit plutôt impulsé par l'« ego ». Les chauves-souris représentent plutôt un état d'esprit impulsé par l'« âme ».

Ceci étant, peut-être que le plus important dans cette comparaison concerne la différence de durée de vie de ces deux animaux. La plupart des grenouilles vivent en moyenne de deux à cinq ans. Les chauves-souris ont quant à elles une durée de vie moyenne comprise entre vingt-cinq et quarante ans ! Ces dernières ont donc d'évidence développé une stratégie de survie à beaucoup plus long terme. Le fait que les chauves-souris représentent un quart de la population des mammifères (il y a plus de 1 100 espèces de chauves-souris dans le monde), est une autre preuve de leur efficacité à détecter les signaux faibles.

Je demande souvent aux dirigeants et entrepreneurs que je coache si ils se sentent plutôt « grenouilles » ou plutôt « chauves-souris ».

Une leçon clé ici est que pour réussir en matière d'innovations de rupture, une entreprise doit créer un réseau aussi étendu que possible d'adopteurs précoces, de pionniers, d'explorateurs et de précurseurs ; c.-à-d., des « chauves-souris » qui seront capables de détecter les signaux faibles associés à de nouvelles opportunités. Il est essentiel d'avoir des personnes prêtes à avertir l'entreprise d'idées potentiellement novatrices et à soutenir leur réalisation C'est parce qu'elles sont attentives aux opportunités que les entreprises et équipes innovantes repèrent souvent celles invisibles à d'autres. Parce que les clients, équipes et partenaires potentiels constituent une population diversifiée, ils représentent un grand nombre de communautés virtuelles. Ainsi, chacun d'eux est en contact avec un réseau pouvant potentiellement porter les graines d'une innovation de rupture.

De nouvelles voies s'ouvrent à vous quand vous restez en action et votre « facteur chance » augmente. Les opportunités émergent lorsque que vous communiquez avec d'autres. Plus vous avez de connexions, plus vous établissez de liens avec le « champ » des possibles et avec les « signaux faibles » signalant de potentielles zones d'innovations de rupture.

* Proactive
* Perception très fine
* Cherche ce qui va arriver

Les chauves-souris sont à l'écoute des signaux subtils.

La durée de vie moyenne d'une chauve-souris est 10 fois supérieure à celle d'une grenouille. La capacité d'une chauve-souris à détecter les signaux faibles est à l'évidence une stratégie de survie à long terme.

Pour réussir, une entreprise doit attirer et encourager des « chauves-souris » qui seront capables d'identifier les signaux faibles associés à de nouvelles opportunités.

Exemple d'un cas de Facteurs de Succès :
Stefan Crisan : Cycle Supérieur en Management de l'EDHEC

« *Découvrir la magie de la vie avec d'autres* »

Le développement par Stefan Crisan du programme diplômant de *Cycle Supérieur en Management* pour l'école de commerce EDHEC est un exemple d'innovation de rupture. Stefan a lancé le programme en 2003 dans le cadre de la formation continue de l'EDHEC. A la différence d'un programme d'études de commerce traditionnel basé sur des cours magistraux, le Cycle Supérieur en Management de Stefan avait un but révolutionnaire - proposer aux participants les « expériences, savoir-faire et accompagnement pour gagner en compétences et réussir dans un monde difficile - riche en complexité, souffrance et situations paradoxales ».

Les participants au programme (âgés de 35 à 50 ans) ne seraient pas des étudiants mais des cadres intermédiaires cherchant à s'améliorer. « Ce sont des managers autodidactes très expérimentés », explique Stefan, « qui manquent de connaissances managériales puisqu'ils ont bâti leur carrière en partant de rien, mais ont un fort potentiel et l'envie de grandir professionnellement et personnellement. En général Ils en sont à un stade où ils comprennent que : 'pour réussir, je dois faire plus.' » Contrairement à des jeunes en tout début de carrière, les participants au programme du Cycle Supérieur de Management ont à « gérer une vie personnelle et professionnelle surchargée et faire face à un changement de paradigme ».

La Nécessité d'une Vision

Créer un nouveau programme innovant dans une école de commerce internationale reconnue s'avère plutôt difficile et exige une *vision* forte. Comme le souligne Stefan, « L'axe du programme est de développer une *identité de leadership* chez chaque participant et de leur faire vivre une expérience de transformation sur un cycle d'un an. L'idée sous-tendant le programme est de leur donner accès à une nouvelle façon d'être un leader, par un travail sur leur développement personnel et la conscience de soi ».

Stefan Crisan

L'élaboration, par Stefan Crisan, du programme diplômant de Cycle Supérieur en Management pour l'EDHEC est un exemple d'innovation de rupture.

L'idée sous-tendant le programme est de donner aux managers l'accès à une nouvelle façon d'être un leader, par un travail sur leur développement personnel et la conscience de soi.

Stefan poursuit son explication :

> *La vision c'est : Se transformer pour réussir - voir les gens devenir des maîtres de la transformation. La promesse n'est pas de transformer le monde, mais plutôt de permettre aux gens d'avoir une meilleure compréhension de façon à accroître leur aptitude à évoluer dans le monde avec sincérité et lucidité et non dans la peur et la manipulation.*

Pour réaliser cette vision, Stefan a dû travailler à une structure pédagogique totalement inédite. Un élément clé de cette structure a été la création d'*évènements collectifs* où les « participants peuvent vivre et expérimenter des moments de leadership et gagner en discernement personnel ». « Nous plongeons les gens dans un contexte particulier pour leur faire vivre quelque chose d'intense ensemble », dit Stefan, « et qu'ensuite ils gèrent ensemble une expérience de changement pertinent et adapté à leur situation professionnelle ».

En voici quelques exemples :

- Passer trois jours dans un centre de formation de l'Armée de l'Air et découvrir comment développer la maîtrise de soi, la réactivité et le leadership en situations difficiles. Les participants sont vêtus différemment, participent à des entrainements militaires, gèrent le stress, etc.
- Aller en salle des urgences d'un hôpital et observer comment les médecins et le personnel médical gèrent les patients et interagissent, et font face à l'ambiance tendue du contexte.
- Assister à une répétition générale d'un orchestre philharmonique avant un concert.

« Dans un nouveau contexte, comme ceux-ci, les participants peuvent s'observer plus facilement », dit Stefan. Les autres parties du programme consistent en une combinaison novatrice de e-learning et de coaching individuel.

Il est évident que le programme de Stefan met l'accent sur le fait d'être un véritable *holon* intégré – à la fois individu pensant et agissant de manière créative et partie contribuante d'un tout plus vaste - et sur le développement des compétences nécessaires à la collaboration générative. Comme Stefan le souligne, « l'Intelligence collective est essentielle aux participants. Les évènements propres à ce cursus sont spécialement conçus pour favoriser le partage entre personnes ». Selon Stefan, les évènements aident aussi les participants à « vivre et traverser des situations dans lesquelles les ressources personnelles s'avèrent utiles. Pour accroître leur capacité à relier des ressources intérieures à des contextes difficiles ».

La vision de Stefan Crisan pour le Cycle Supérieur en Management de l'EDHEC était « Se transformer pour réussir ».

Pour réaliser sa vision, Stefan a dû travailler à une structure pédagogique inédite en combinant des évènements collectifs, de l'e-learning et du coaching individuel.

La Passion comme Socle

Cette réinvention en profondeur d'une formation d'école de commerce a été l'aboutissement de la passion que Stefan a depuis toujours pour l'innovation et le travail d'équipe. Comme il l'affirme :

> *L'innovation est l'histoire de ma vie. J'ai affronté nombre d'obstacles et de difficultés et les ai surmontés. Je suis aussi passionné par les gens. Depuis ma naissance, je découvre la magie de la vie avec d'autres. J'ai vécu des moments magiques avec des gens dans un contexte où il nous fallait aboutir à quelque chose. Les situations de défi, dans lesquelles un groupe doit réaliser quelque chose, me motivent.*

Stefan Crisan se passionne pour l'innovation et la résolution de problèmes, notamment dans des situations où il savoure « la magie de la vie avec les gens. »

« Au cours de ma vie étudiante et professionnelle, j'ai connu nombre de situations de dynamique d'équipe », poursuit Stefan. « J'ai eu une éducation dynamique, généreuse et intelligente. J'avais cinq frères et sœurs et une mère assistante sociale extrêmement active qui s'occupait d'enfants abandonnés. J'ai appris les bienfaits de l'entraide et de la vie ensemble. Cela crée le sentiment d'être utile, de contribuer à une dynamique d'équipe et de réussir. C'est l'histoire de ma vie. »

Afin de transformer sa passion et sa vision en réalité pour ses clients, Stefan a du concrètement se servir de l'intelligence collective et la collaboration générative pour élaborer un Cercle de Succès efficace - réunissant les parties prenantes, les membres de l'équipe et les partenaires appropriés.

Réaliser les ambitions

Il est évident que la première des parties prenantes dans cette aventure est l'EDHEC. L'école de commerce fournit la majeure partie des ressources nécessaires au programme, elle apporte de la crédibilité et partage aussi les risques et les récompenses liés à son succès. Un facteur clé de réussite pour Stefan a été de s'aligner avec les *ambitions* de l'école. « L'ambition de l'EDHEC est très élevée, et ce dans un contexte international », dit-il. « Il y a aussi une ambition d'innovation ». Néanmoins, la réussite d'une École de Commerce est liée à son image de marque. Cela constitue un défi important et une résistance potentielle vis à vis de projets tels que celui de Stefan. Comme il le souligne, « Dans ce contexte, le risque d'échec, qui est intrinsèque à l'innovation, n'est pas bon ».

Le projet de Stefan devait être aligné avec les ambitions de l'EDHEC, en aidant la marque de l'école de commerce à briller à l'international.

Les aptitudes de Stefan à créer des synergies, à trouver des partenariats clés et à faciliter la collaboration générative lui ont permis de surmonter nombre de risques en concevant son programme rapidement et à moindre coût. Lancé sur le campus niçois de l'EDHEC, le programme s'est étendu à toute la France, et Stefan envisage aujourd'hui de le développer à l'international. « En tant qu'innovateur, je suis OK », dit Stefan. « J'ai rapidement mené au succès un programme e-learning de cycle supérieur. J'ai été capable d'expérimenter et d'accomplir beaucoup sans grands moyens ».

L'aptitude de Stefan à mener rapidement son programme à la réussite résulte du *rôle* qu'il a établi et qui lui a permis de défendre la vision et la mission du projet en étant aligné avec l'ambition de l'EDHEC, sa principale partie prenante. Comme il l'explique :

> *La raison pour laquelle j'ai pu le faire est que je ne suis pas un enseignant, mais plutôt un développeur. En tant que développeur, j'ai l'avantage de pouvoir innover. Et je ne suis pas au cœur du système, qui est celui de l'enseignement des jeunes (et compte des milliers de personnes). Je travaille en périphérie dans le domaine restreint de la formation continue avec 40-50 personnes. Dans cette position satellite, je peux expérimenter. Mon programme est « fait-main », pas « industriel ». Je suis considéré comme un « artisan ». J'ouvre une fenêtre de possibilités. Mes collègues décident si ils souhaitent en intégrer une partie dans leur enseignement.*

Le rôle de « développeur » de Stefan lui a permis d'avoir toute la latitude pour penser « hors cadre » et créer des partenariats intéressants.

Établir de Puissants Partenariats

L'un des facteurs clés de la réussite de Stefan a été de mettre en place des *partenariats* efficaces. « Les partenaires me donnent les moyens de réaliser des activités clés », souligne-t-il. « Par exemple, le cours à l'armée de l'air se fait avec un partenaire. La Mairie de Nice est mon partenaire pour l'expérience avec l'orchestre philharmonique ».

La capacité de Stefan Crisan à établir des partenariats efficaces a été un facteur clé de son succès..

Établir un partenariat puissant implique de développer de la confiance. Comme Stefan l'explique :

> *Nos premiers partenaires sont les DRH des entreprises clientes. Les clients deviennent partenaires parce qu'ils voient l'influence du programme sur leurs managers.*
>
> *Lorsque vous vendez des cours, vous vendez du « vent ». La confiance est donc très importante. Vous devez développer la confiance avec les gens. Derrière la confiance, il y a la croyance que je peux être efficace dans le processus de développement managérial. Par exemple,*

je peux avoir dans mon programme de cycle supérieur un certain nombre de managers de la même entreprise. La direction générale de cette entreprise en voit la portée sur ses managers ; à savoir, la différence entre ce qu'ils sont au début et à la fin. C'est pour cela qu'ils me font confiance. Leurs managers développent une confiance en eux et un comportement pertinent dans les situations difficiles. Quand ils le constatent, ils disent, 'OK. Ça marche !' et nous continuons ensemble.

Pour développer un niveau élevé de confiance avec ses partenaires, Stefan doit créer chez eux l'impression qu'ils « gagnent » clairement à coopérer et participer. Pour se faire, il a réalisé qu'il devait prendre le *rôle* de *conseiller* vis à vis d'eux en complément de son rôle de *développeur*. « Mon rôle principal avec des partenaires, est d'être un conseiller », affirme-t-il. « Lorsque j'échoue dans ce rôle, le partenariat est rompu. Le rôle de conseiller est essentiel pour les partenariats à long terme. Ils ont confiance en moi et j'ai confiance en eux. »

Pour établir des partenariats gagnant-gagnant durables, Stefan a appris a endosser le rôle de conseiller et à pratiquer une écoute très fine des volontés et besoins de ses partenaires potentiels.

Pour être un conseiller efficace et construire des relations gagnant-gagnant durables qui accroissent et lèvent des ressources tant pour lui (et l'EDHEC) que ses partenaires, Stefan a du apprendre à être attentif à ce dont ils ont besoin et veulent vraiment. « La ressource que je dois développer est une écoute très fine pendant suffisamment longtemps pour comprendre leur vision », affirme-t-il. « Ce n'est pas toujours aussi évident ».

Constituer une Équipe Alignée

Bien sûr, pour la réussite de la vision et de l'entreprise de Stefan, il a été essentiel d'attirer, d'aligner et de constituer une *équipe* efficace. »Mon équipe c'est mon personnel administratif, qui aide à coordonner les actions, et aussi les enseignants et les coaches internes et externes à l'EDHEC », dit Stefan. La mission de l'équipe, en cohérence avec la vision du projet, est « d'aider les personnes des organisations à développer leurs capacités, leur courage, leur vision et à surmonter les épreuves ». L'influence des enseignants et des coaches est particulièrement essentielle à la réussite du programme. Selon Stefan :

Pour concevoir un programme réussi, Stefan a eu besoin d'aligner son équipe, composée de son personnel administratif ainsi que des enseignants et coaches internes et externes à l'école de commerce.

La mission des enseignants et des coaches est d'être source d'inspiration, de travailler avec les personnes dans la durée et de faciliter leur transformation. N'étant pas dans une posture traditionnelle de pouvoir, comme ils le seraient en cours magistral, ils peuvent étudier l'influence qu'ils ont sur les gens et constater les différences dans leurs savoir et comportement. Ce qui est très inspirant, surtout pour des enseignants.

Mais si cette nouvelle façon d'interagir avec les étudiants peut être inspirante, elle peut aussi s'avérer délicate à mettre en œuvre. « La difficulté réside dans le fait que notre programme diffère de celui d'un enseignement classique de cycle universitaire supérieur et que les gens sont habitués à travailler en environnement académique », dit Stefan. « Pour les enseignants, il s'agit d'un changement identitaire. Ils sont habitués à donner des cours magistraux à de grands groupes. Dans notre programme, ils doivent devenir coachs dans un contexte d'e-learning. Ils doivent toucher les participants au niveau identitaire ».

En fait, Stefan a investi la majeure partie de son temps dans le développement et l'optimisation des compétences de son équipe. « J'ai besoin de 2-3 ans pour accompagner un enseignant à être à l'aise dans cette nouvelle posture », explique-t-il. « Mon approche principale consiste à passer le premier et à être exemplaire. Je dois démontrer que c'est possible. Ensuite, je coache les personnes dans l'équipe. Je fais avec eux ce que je fais avec mes clients. J'anime aussi une session collective, mais chaque enseignant est coaché. Ceci me prend une grande partie de mon temps (c'est la partie immergée de l'iceberg) ».

Stefan prend aussi des mesures spécifiques pour promouvoir l'*intelligence collective et la collaboration générative* dans son équipe. « Je cherche à créer des situations où nous réfléchissons ensemble collectivement », dit il. « Une fois par an et tous les trimestres, nous avons une réunion entre enseignants, coaches et personnel. Il y a parfois beaucoup de bonnes idées pour améliorer la qualité des interactions et de la communication ».

Résumé : Créer un Cercle de Succès pour une Innovation de Rupture

En résumé, Stefan a transformé sa *passion* pour l'innovation et le développement personnel en une *vision* où les cadres intermédiaires se transforment pour réussir par la conscience de soi et l'intelligence collective. La vision a nécessité l'élaboration d'un programme inédit, combinant coaching, e-learning et expériences spécialement conçues, pour aider les managers à développer une « identité de leadership » et acquérir les compétences leur permettant d'évoluer dans un monde changeant et compliqué.

Stefan a été capable d'aligner sa vision avec l'*ambition* orientée innovation et image de marque de l'EDHEC, sa principale partie prenante. De par son projet de Cycle Supérieur en Management, il a créé une sorte de satellite qui a ouvert une fenêtre sur de nouvelles possibilités pour l'école de commerce. Sa capacité à collaborer de manière générative et à créer de la confiance avec des partenaires lui a permis de mettre en place un programme novateur rapidement et à moindre coût, réduisant de beaucoup les risques pour sa principale partie prenante.

Stefan a investi la majeure partie de son temps à développer les compétences de son équipe, par son propre exemple, son coaching individuel des membres de l'équipe et par des séances collectives avec l'équipe.

Les étapes qu'a suivies Stefan Crisan pour concevoir son programme de Cycle Supérieur en Management sont un bon exemple de la façon de créer un Cercle de Succès efficace.

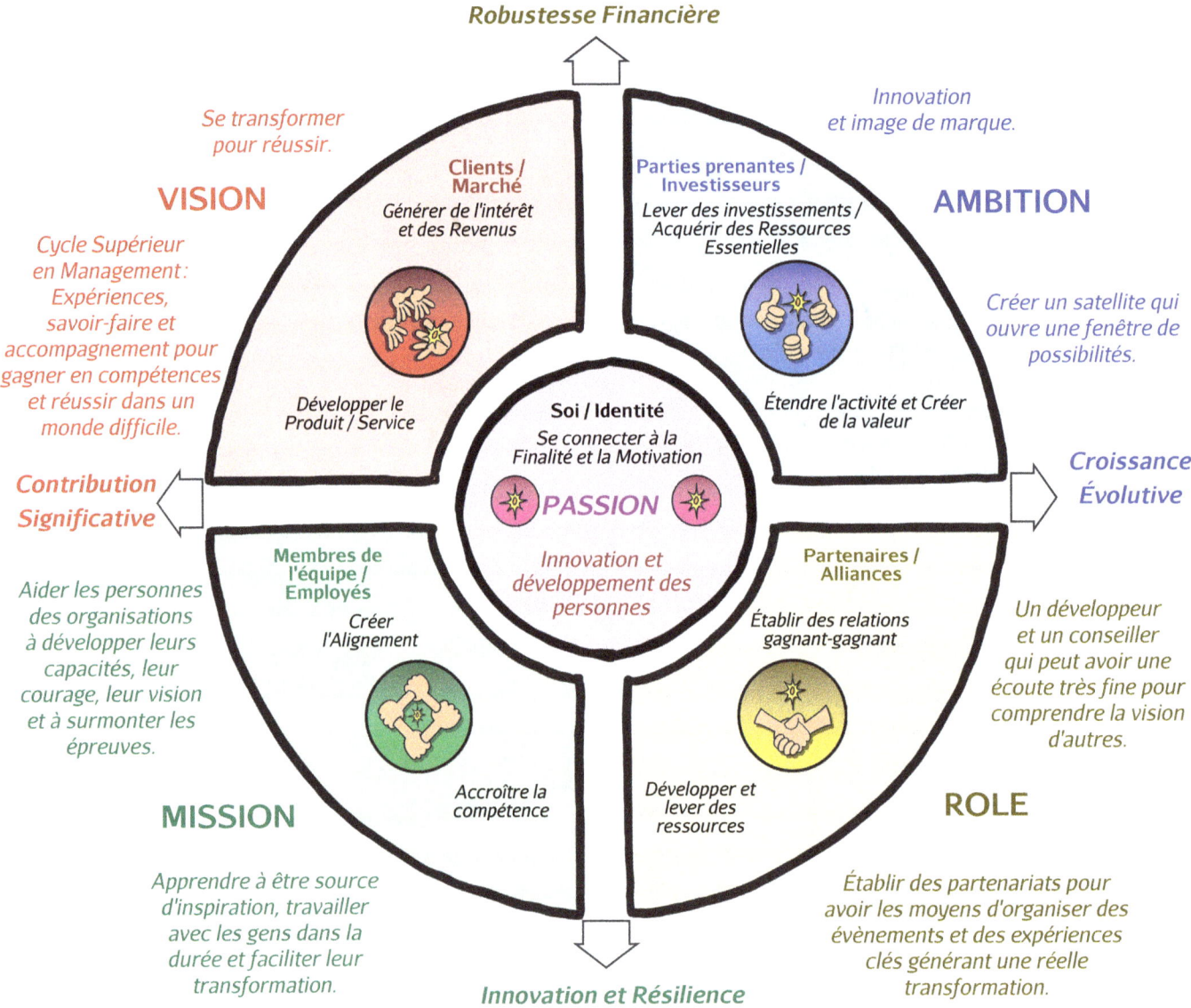

LE CERCLE DE SUCCÈS DE STEFAN CRISAN

VISION
Clients / Marché

* SE TRANSFORMER POUR RÉUSSIR.

* CYCLE SUPÉRIEUR EN MANAGEMENT : EXPÉRIENCES, SAVOIR-FAIRE ET ACCOMPAGNEMENT POUR GAGNER EN COMPÉTENCES ET RÉUSSIR DANS UN MONDE DIFFICILE.

AMBITION
Parties Prenantes / Investisseurs

* INNOVATION ET IMAGE DE MARQUE

* CRÉER UN SATELLITE QUI OUVRE UNE FENÊTRE DE POSSIBILITÉS

MISSION
Membres de l'équipe / Employés

* AIDER LES PERSONNES DANS LES ORGANISATIONS À DÉVELOPPER LEURS CAPACITÉS, LEUR COURAGE, LEUR VISION ET À SURMONTER LES ÉPREUVES.

* APPRENDRE À ÊTRE SOURCE D'INSPIRATION, TRAVAILLER AVEC LES GENS DANS LA DURÉE ET FACILITER LEUR TRANSFORMATION.

RÔLE
Partenaires / Alliances

* UN DÉVELOPPEUR ET UN CONSEILLER QUI PEUT ÉCOUTER DE MANIÈRE TRÈS FINE POUR COMPRENDRE LA VISION D'AUTRES.

* ÉTABLIR DES PARTENARIATS POUR AVOIR LES MOYENS D'ORGANISER DES ÉVÈNEMENTS ET DES EXPÉRIENCES CLÉS GÉNÉRANT UNE RÉELLE TRANSFORMATION.

PASSION :

INNOVATION ET DÉVELOPPEMENT DES PERSONNES

La réussite de Stefan Crisan résulte en grande partie de son aptitude à créer et encourager des synergies par le benchmarking / étalonnage, le brainstorming et la collaboration générative, lui permettant, ainsi qu'à son équipe et à ses partenaires de faire naître de nouvelles idées, trouver des solutions créatives et prendre des décisions plus avisées.

Dans la symbolique de la vision plus large de Stefan, « tous forment un cercle, tenant dans leurs mains un tapis élastique, et au centre du tapis, il y a le monde ».

La réussite de Stefan a été en grande partie le fruit d'innovations qui ont changé la donne en développant les compétences des membres de son équipe, en enrichissant et en levant des ressources par des partenariats et alliances.

En endossant le *rôle* de développeur ET de conseiller qui écoute en profondeur pour comprendre la vision d'autres, Stefan a su instaurer la confiance et construire des relations durables avec des partenaires. Cela lui a donné les moyens d'organiser des évènements et expériences clés produisant de réelles transformations pour les participants à son programme. La confiance et la motivation sont renforcées par la « signification de la tâche » que les partenaires attribuent à leur contribution ; c.-à-d., leur potentiel à générer une influence positive sur la vie des autres.

Un facteur essentiel pour créer des transformations qui changent la vie de ses clients a été d'aligner son équipe sur une *mission*, celle d'aider les personnes des organisations à « développer leurs capacités, leur courage, leur vision et à surmonter les épreuves ». Pour cela il a fallu que les enseignants changent leur manière habituelle d'interagir avec les étudiants et apprennent à être source d'inspiration, à travailler avec les personnes dans la durée et à faciliter leur transformation.

Comme pour toutes les innovations de rupture, Stefan a réussi à créer et à encourager des synergies par le benchmarking/étalonnage, le brainstorming et la collaboration générative. Cela lui a permis, ainsi qu'à son équipe et à ses partenaires de faire naître de nouvelles idées, de trouver des solutions créatives et de prendre des décisions plus avisées.

Comme nombre d'innovations d'avant-garde, le programme de Cycle Supérieur en Management de Stefan Crisan a produit un changement fondamental au niveau identitaire ; non seulement pour ses clients, mais aussi les membres de son équipe. Un point essentiel de cette transformation est la mise en pratique continue de l'intelligence collective et de la collaboration générative, où chaque individu grandit en tant que tout séparé tout en contribuant plus à son organisation, sa communauté et à la société. En d'autres termes, Stefan a su attirer une communauté virtuelle de « chauves-souris » sous la forme d'adopteurs précoces, de pionniers, d'explorateurs et de précurseurs partageant une vision et des valeurs communes pour se transformer ainsi que leurs communautés et « découvrir la magie de la vie avec les gens ».

Stefan exprime tout cela avec force dans une image symbolique qui illustre la finalité à laquelle il travaille : « tous forment un cercle, tenant dans leurs mains un tapis élastique, et au centre du tapis, il y a le monde ».

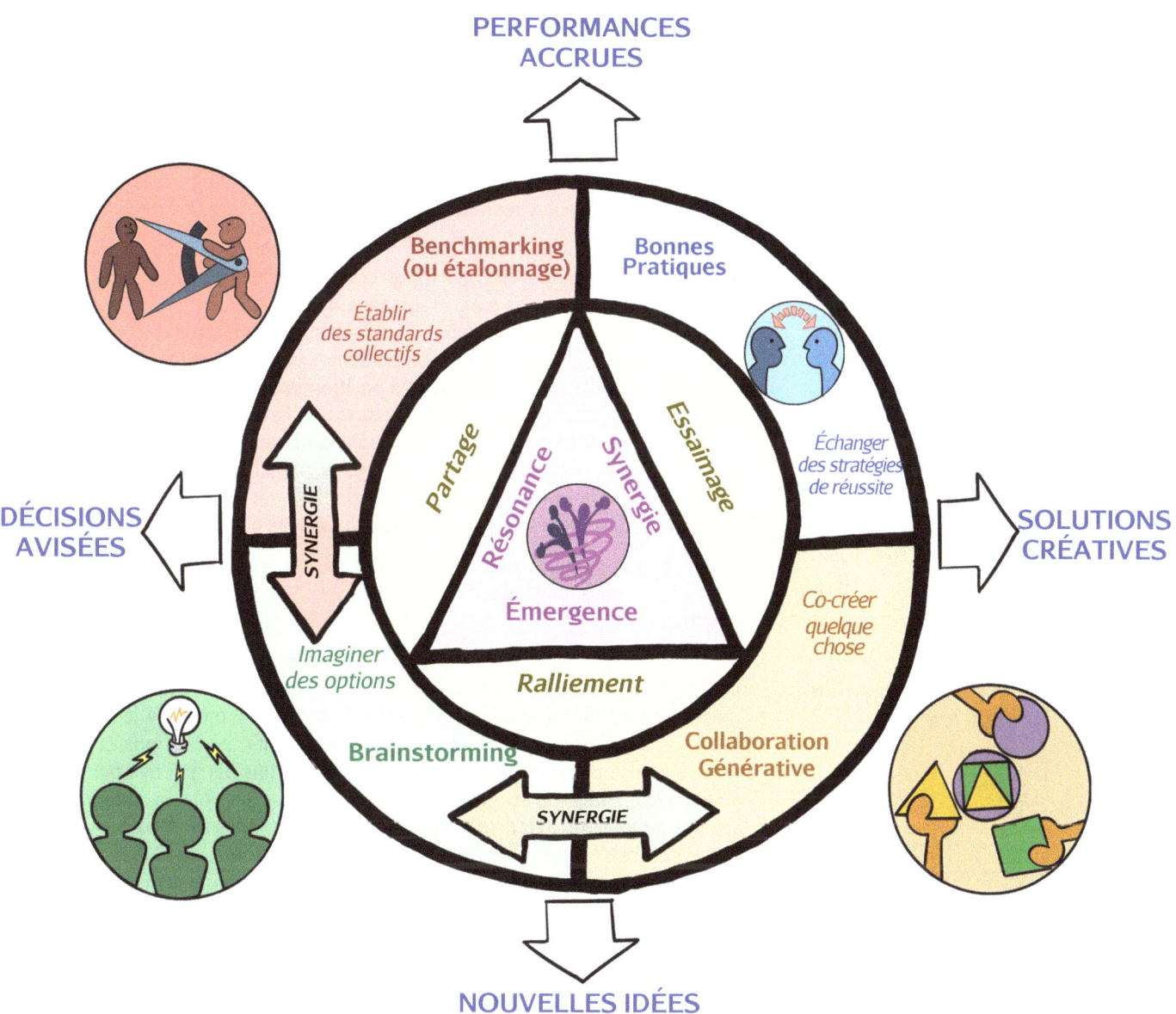

Stefan Crisan a été capable de combiner benchmarking, brainstorming et collaboration générative pour créer son programme novateur de Cycle Supérieur en Management pour l'EDHEC.

La puissance de la combinaison de plusieurs positions perceptuelles

Pour favoriser l'intelligence collective et la collaboration générative, les entrepreneurs de nouvelle génération doivent maîtriser différentes « positions perceptuelles » clés.

Dans le chapitre précédent, j'ai insisté sur l'importance qu'il y a à maîtriser la « seconde position » comme savoir-faire essentiel pour créer une collaboration générative. L'innovation de rupture requiert l'aptitude à prendre et à intégrer deux autres points de vue importants.

La Seconde Position est l'une des « positions perceptuelles » clés que les entrepreneurs de la nouvelle génération doivent apprendre à maîtriser en priorité. *Une position perceptuelle* est en substance une perspective ou un point de vue particulier depuis lequel on perçoit une situation ou une relation. La *Première position* implique de voir quelque chose de nos yeux, associé au point de vue de la « première personne ». La seconde position implique de vivre quelque chose comme si nous étions dans « les chaussures de l'autre ». La troisième position implique de se mettre en retrait et de percevoir la relation entre nous et d'autres selon la perspective d'un « observateur ». La quatrième position est en rapport avec la notion de système ou de « champ relationnel » (au sens d'un « nous » collectif) et découle d'une synthèse des trois autres positions.

Une position perceptuelle est en substance une perspective (ou un point de vue) particulière à partir de laquelle quelqu'un perçoit une situation ou une relation, marquée par des caractéristiques physiques, cognitives et linguistiques.

Les positions perceptuelles se caractérisent par des schémas linguistiques, cognitifs et physiques spécifiques. Ci-dessous les résumés descriptifs de ces schémas :

La première position c'est vous, installé dans votre propre espace physique, avec votre posture corporelle habituelle. Une fois pleinement associé(e) à la première position, vous utiliserez des mots tels que « moi », « je », et « moi-même » en vous référant à vos propres sentiments, perceptions et idées. En première position, vous vivez la relation à partir d'une perspective personnelle : vous voyez, entendez et ressentez ce qui se passe en vous et autour de vous selon une perspective où vous êtes associé(e) à l'expérience. Si vous vraiment en première position, vous ne vous verrez pas mais serez vous-même, considérant le monde à travers vos yeux, vos oreilles, etc. Vous serez pleinement associé(e) à votre corps et à votre carte du monde.

Comme nous l'avons déjà vu, la *seconde position* consiste à pouvoir prendre le point de vue d'une autre personne. Dans la seconde position, vous explorez le monde à travers les yeux, pensées, sentiments, croyances etc. de quelqu'un d'autre. Dans cette position, vous êtes à l'extérieur de vous-même et associé(e) à l'autre personne. Vous vous adresserez à votre « première position » avec le « tu » ou le « vous » (et non pas « je » ou « moi »), en employant les termes propres à la « deuxième personne ». Le fait d'occuper temporairement la position d'un autre est un excellent moyen d'évaluer votre efficacité dans la relation. (Après avoir pris la perspective d'une autre personne, il est important de vous assurer que vous êtes bien revenu(e) dans votre peau et avec l'information qui vous aidera dans votre interaction avec l'autre.)

La troisième position, ou position de l'« observateur » vous place temporairement à l'extérieur de la relation pour récolter de l'information, comme si vous étiez un témoin de, et non un participant à, l'interaction. Vous adopterez une posture symétrique et détendue. Dans cette position, vous verrez, entendrez et ressentirez ce qui se passe dans la relation du point de vue d'un observateur intéressé mais neutre. Vous vous exprimerez à la « troisième personne », avec le « elle » et le « il », lorsque vous vous référerez aux personnes observées (y compris celle qui a l'air, parle et agit comme vous). Vous serez dissocié(e) de l'interaction, et dans une sorte de position « meta » ou miroir. Cette position vous permet d'obtenir des informations précieuses sur l'équilibre et la concordance des comportements dans l'interaction. Les informations récoltées depuis ce point de vue peuvent être ramenées à votre première position et utilisées, en complément de celles recueillies en seconde position, pour améliorer la qualité et l'efficacité de l'interaction ou de la relation.

La quatrième position se présente comme une synthèse des trois autres perspectives, créant l'impression « d'être l'ensemble du système ». Elle implique une identification au système ou à la relation en soi, produisant ce sentiment de faire partie d'un collectif, et se caractérise par l'emploi du « nous » (première personne du pluriel). La quatrième position est fondamentale pour produire une « conscience de groupe » ou « esprit d'équipe ». Elle constitue l'essence de ce que j'ai appelé « communauté virtuelle » dans ce chapitre.

En plus d'être clair sur notre propre point de vue et de comprendre celui des autres, il est important de pouvoir prendre la perspective d'un témoin neutre et de développer un sens pour le système en tant que tout.

En résumé, les positions perceptuelles se réfèrent aux points de vue fondamentaux que vous pouvez prendre par rapport à une relation entre vous et une autre personne ou un groupe :

- **1ère Position :** Associé(e) à votre point de vue, vos croyances et présupposés personnels, vous voyez le monde de vos yeux – la position du « *Je* » ou position du *soi*.
- **2nde Position :** Associé(e) au point de vue, aux croyances et présupposés d'une autre personne, vous voyez le monde à travers son regard – la position du « *vous/tu* » ou position de l'*autre*.
- **3ème Position :** Associé(e) à un point de vue extérieur à la relation entre vous et l'autre personne comme un témoin de l'interaction – la position du « *ils/elles* » ou position de l'*observateur*.
- **4ème Position :** Associé(e) à la perspective de globalité de la relation ou du système – la position du « *nous* » ou position du *champ*.

L'aptitude d'un entrepreneur à prendre ces quatre positions perceptuelles clés permet de créer et renforcer les collaborations génératives ainsi que le potentiel d'innovations de rupture qui changent la donne.

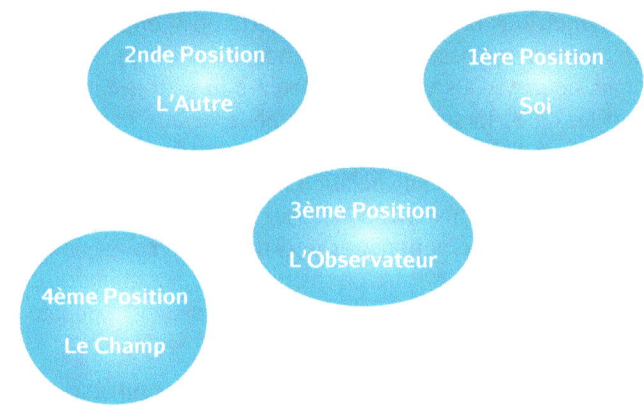

Votre « première position » se précise et s'enrichit grâce au processus de définition de vos propres passion, vision, mission, ambition et rôle. Vous pouvez faire l'expérience de la « seconde position » avec vos collaborateurs en passant par l'*Analyse des Spécificités d'un Collaborateur* présentée dans la conclusion du chapitre précédent.

Les outils suivants, que j'utilise dans mes coachings d'entrepreneurs, permettent d'appliquer les points de vue de la troisième et de la quatrième position afin de créer et renforcer les collaborations génératives ainsi que le potentiel d'innovations de rupture qui changent la donne.

Il y a quatre positions perceptuelles fondamentales à partir desquelles nous pouvons appréhender n'importe quelle interaction.

Collaboration Générative et Innovation de Rupture

Catalyseur de collaboration SFM™ :
Créer des collaborations gagnant-gagnant avec la Troisième Position

L'aptitude à maîtriser la 3ème position (celle de l'observateur) contribue à des relations gagnant-gagnant en explorant les manières dont les différents acteurs impliqués dans votre Cercle de Succès tireront parti d'éventuelles collaborations.

La collaboration générative crée une expansion des idées, des ressources et de la richesse en élaborant des systèmes gagnant-gagnant solides et viables. Plus il y a de personnes qui gagnent et tirent avantage d'une vision individuelle ou collective, plus se renforcera la boucle de rétroaction positive soutenant cette vision. Il en sera de même pour les partenariats solides.

Prenons l'exemple d'Ed Hogan et le développement du « voyage organisé » cité dans le *Tome I SFM™* (p. 94). Ed a créé une structure dans laquelle de nombreux membres de son Cercle de Succès pouvaient tirer parti de leur collaboration. Sa vision créative a contribué à ce que le gâteau soit plus grand pour chacune des personnes impliquées.

Une question essentielle à se poser constamment en tant qu'entrepreneur est, « De quelle façon une collaboration peut créer un *gâteau plus grand* pour mon projet ou entreprise? »

La fiche de travail ci-après fournit une « feuille de route » pour établir des collaborations gagnant-gagnant, elle vous aide à définir en quoi les différents acteurs impliqués dans votre Cercle de Succès bénéficieront d'éventuelles collaborations. Elle est aussi utile pour préciser les effets positifs qu'auront sur vous et votre projet ou entreprise ces avantages pour d'autres. La meilleure perspective pour répondre à ces questions est celle de la troisième position en étant observateur de vous-même et de votre collaborateur/collaboratrice potentiel(le).

Ma Vision/Entreprise : _____

Collaborateur potentiel : _____

Clients

Le gain / avantage de la collaboration pour les clients est _____

Son effet positif pour moi et mon entreprise sera _____

Investisseurs / Parties prenantes

Le gain/avantage de la collaboration pour les investisseurs / Parties prenantes est _____

Son effet positif pour moi et mon entreprise sera _____

Partenaires / Alliés

Le gain / avantage de la collaboration pour les partenaires/alliés est _____

Son effet positif pour moi et mon entreprise sera _____

Membres de l'équipe

Le gain/avantage de la collaboration pour les membres de l'équipe est _____

Son effet positif pour moi et mon entreprise sera _____

Catalyseur de collaboration SFM™ : Audit d'un collaborateur

Établir une véritable relation gagnant-gagnant est déterminant pour une collaboration générative efficace. Quand une relation ne comporte pas d'avantage mutuel, il n'est pas judicieux de collaborer avec une autre personne, même si celle-ci est motivée pour le faire.

Il est donc également important de savoir avec qui ne pas collaborer. Des relations inappropriées peuvent s'avérer chronophages, épuisantes et énergivores.

Il est important de garder à l'esprit que les collaborations qui ne sont pas gagnant-gagnant ne sont pas forcément gagnant-perdant. Une relation peut produire des résultats gagnant-neutre ou neutre-neutre où les parties ne sont pas nécessairement perdantes, mais pas spécialement gagnantes. De telles collaborations s'avèrent au mieux d'un niveau basique et peuvent consommer autant de temps et d'énergie que des collaborations gagnant-perdant.

Il arrive parfois qu'une relation démarre sur un mode gagnant-gagnant et se transforme ensuite de telle manière que les avantages perdent en équité et équilibre. Les collaborations doivent être périodiquement réexaminées et évaluées.

L'Audit SFM™ d'un Collaborateur est un outil simple qui permet aux entrepreneurs d'évaluer rapidement l'état de leur relation avec un collaborateur précis.

En général, les gens reconnaissent les collaborations gagnant-perdant, perdant-perdant et neutre-perdant comme celles devant être abandonnées ou sérieusement restructurées.

Ce sont les collaborations gagnant-neutre et neutre-neutre que souvent les gens ne remarquent pas ou tolèrent car ils ne les estiment pas problématiques, or elles peuvent néanmoins accaparer temps et attention au détriment d'autres questions importantes.

Une collaboration qui s'avère déséquilibrée devrait être mise de côté, les collaborateurs peuvent aussi vouloir utiliser certains des autres catalyseurs de collaboration SFM™ déjà décrits dans ce livre pour réactualiser ou rééquilibrer la relation.

L'audit SFM™ d'un Collaborateur est un outil pour évaluer et identifier les forces et vulnérabilités d'une collaboration avec d'autres.

Collaborateur / collaboratrice A

	GAGNANT	NEUTRE	PERDANT
GAGNANT (Collaborateur / collaboratrice B)			
NEUTRE			
PERDANT			

L'Audit SFM™ d'un Collaborateur est un outil permettant aux entrepreneurs d'évaluer rapidement le potentiel d'une collaboration.

Catalyseur de Collaboration SFM™ : Se déplacer en Quatrième Position
Créer un Champ Relationnel ou « Communauté Virtuelle »

Établir une collaboration gagnant-gagnant fiable et durable exige l'aptitude à synthétiser et à aligner des capacités et ressources dans le cadre d'une vision commune. Cela constitue une sorte d'identité commune ou « champ » relationnel (c.-à-d., une « communauté virtuelle ») caractérisé par un sentiment de « nous ».

Nous utilisons la fiche de travail suivante pour aider de futurs collaborateurs à trouver des points de convergences et de synergie à différents niveaux. C'est un moyen efficace pour renforcer leur compréhension de la collaboration dans sa globalité et avoir une feuille de route pour travailler ensemble en tant qu'équipe.

1. « Quel sont les thèmes partagés par vos visions ? »

   « Quelle est votre vision commune en tant que collaborateurs ? »

Notre Vision commune est _____

2. Compte tenu de cette vision commune, quel but et quelle identité avez-vous en commun en tant que collaborateurs ?

   « Qui êtes-vous ensemble ? » « Quelle est votre identité commune ? » (Il est souvent préférable de l'exprimer par une métaphore).

Nous sommes _____

   « Quelle est votre mission commune ? »

Notre mission commune est de _____

3. « Quelles croyances et valeurs partagez-vous ? »

Nos valeurs et motivations partagées sont _____

Nous croyons / présumons _____

4. « En tant que collaborateurs, quelles capacités avez-vous qui dépassent vos capacités individuelles ? »

En tant que collaborateurs, nous avons des capacités supplémentaires à _____

5. « Quelles actions conjointes entreprendrez-vous ensemble ? »

Nous pouvons nous servir de ces capacités pour mener à bien les actions suivantes
_____

6. « Dans quel environnement commun ou contexte externe agirez-vous ? »

Nous réaliserons ces actions dans le cadre de_____

Il est aussi possible de créer les conditions pour la 4ème position avec le catalyseur de collaboration que j'appelle *Identifier la Résonance de la Signification de la Tâche*.

Catalyseur de Collaboration SFM™ : Identifier la Résonance de la Signification de la Tâche

Identifier la Résonance de la Signification de la Tâche a trait à l'exploration du niveau auquel les membres d'un groupe perçoivent un ressenti commun de l'importance d'une activité.

Le phénomène de « communauté » émerge lorsque le niveau de résonance de la signification du travail est élevé.

Le processus d'une communauté fraternelle consiste à s'entraider pour atteindre un but significatif par l'alliance et le soutien mutuel, ce à travers plusieurs situations et défis de la vie, en général imprévisibles.

Comme je l'ai dit au chapitre 1, la résonance entre les membres d'un groupe sur la « signification de la tâche » est un facteur de réussite majeur pour accroître les performances et créer de l'intelligence collective. *La signification de la tâche* est liée à l'importance perçue de l'influence positive d'une activité sur la vie d'autres personnes, celles du groupe dont nous faisons partie et au delà de celui-ci. Le degré de perception de la signification du travail est étroitement corrélé au niveau de motivation et de performance des gens.

A l'évidence, plus les personnes dans votre Cercle de Succès considèrent votre projet ou votre entreprise avec un degré élevé de signification de la tâche, plus elles y consacreront de temps, d'attention et d'efforts. Le catalyseur de collaboration suivant permet d'évaluer le degré de perception de la signification de la tâche qu'ont les gens à propos de votre entreprise.

Il intègre un outil que j'ai développé avec mon confrère Ian McDermott pour notre programme de communauté fraternelle en ligne, le *Fellowship Program* (http://www.thefellowshipprogramme.com). Notre concept de « communauté fraternelle » (« fellowship ») est une variante de collaboration générative issue d'un partage servant un but élevé, du niveau de l'« âme ». Par exemple dans le roman épique de J. R. R. Tolkien, Le seigneur des anneaux : *La communauté de l'anneau* (adapté avec succès au cinéma en 2001 par Peter Jackson), un groupe improbable d'individus très divers entreprend un voyage complexe et périlleux pour sauver les « races libres de la Terre du Milieu ». Bien qu'adversaires naturels à bien des égards, ils ont en commun un but supérieur qui les unit et leur inspire des actions et des réalisations remarquables dépassant leurs capacités initiales. En travaillant ensemble en communauté fraternelle, ils sont capable d'accomplir des choses qu'aucun d'eux n'aurait pu faire seul.

Selon cette perspective, le propos de la *communauté fraternelle* est de nous entraider pour atteindre notre finalité d'Âme par l'alliance et le soutien mutuel, à travers plusieurs situations et défis (en général imprévisibles) de la vie. La création d'une entreprise réussie requiert à bien des égards de développer un certain niveau de fraternité entre nous et les différents membres de notre Cercle de Succès.

Pour ce catalyseur de collaboration d'un type particulier, chaque membre du groupe est invité à présenter un résumé ou un aperçu (« Elevator pitch ») de son projet ou entreprise ; et ce avec autant de passion et d'authenticité que possible. Lors de chaque présentation de projet ou d'entreprise, les participants qui écoutent doivent noter à quel niveau de « résonance » ils évaluent leur perception de la signification de la tâche sur une échelle de 1 à 5 – « 1 » représentant le degré minimum de résonance et « 5 » la résonance maximale. Le niveau d'alignement relatif à la signification de la tâche est ce que Ian et moi appelons l'Index de Résonance. Nous pouvons symboliser ces niveaux de résonance par les appréciations suivantes :

1. *« Je me réjouis que quelqu'un dans le monde pense à ça. Je vous souhaite le meilleur. Si je pense à quelque chose qui puisse vous être utile, je vous le dirai. »*

2. *« Ça m'intéresse. Dites-moi ce que je peux faire pour vous aider et je ferai mon possible. »*

3. *« Ce que vous faites m'inspire. Restons en contact pour voir comment travailler ensemble et avancer sur ce sujet. »*

4. *« C'est aussi très important pour moi en ce moment. Nous sommes sur des chemins parallèles. Je veux que nous restions en contact. Partageons nos ressources et idées et tenons-nous régulièrement informé(e)s de nos progrès. »*

5. *« Je veux travailler avec vous. Nous suivons le même chemin. Voyageons ensemble un moment. Je m'engage à mettre mes ressources, mon temps et mes efforts au service de cette cause. »*

Quand vous participez à ce processus, il est important d'être honnête dans votre appréciation. Aucune de ces appréciations n'est un rejet. Elles impliquent toutes une forme de soutien et sont juste d'authentiques indicateurs du niveau de signification du travail que les personnes ressentent pour les projets ou entreprises d'autres.

Une fois que tout le monde a présenté sa vision, projet ou elevator pitch, les participants discutent entre eux de la façon dont ils resteront en contact et s'offriront un soutien mutuel. Chacun est invité à échanger ses coordonnées et, si possible à préciser les dates, heures ou créneaux horaires, et modalités (c'est à dire, téléphone, e-mail, texto, rdv physique, Skype, etc.) de leurs futures rencontres. Cela contribue aussi à instaurer ce que j'appelle les « catalyseurs de créativité collective ».

L'Index de Résonance est un outil qui aide des collaborateurs potentiels à trouver ceux avec qui ils partagent des buts et intérêts communs pour identifier des opportunités de futurs partenariats et synergies.

Catalyseurs de Créativité Collective

Une fois établie la 4ème position ou « communauté virtuelle », on peut l'améliorer à l'aide de différents catalyseurs de créativité « collective » permettant de stimuler l'intelligence collective et la collaboration générative de façon à accroître la possibilité d'une innovation de rupture. Les *Catalyseurs de Créativité Collective* sont des environnements, activités et/ou processus qui favorisent les interactions génératives entre pionniers et explorateurs, renforcent la conscience de la « quatrième position », accroissent les chances d'identifier les « signaux faibles » et créent l'accès à l'« inconscient créatif » au niveau d'un groupe ou d'une organisation.

Chez Google par exemple, les employés disposent de 20% de leur temps (n'importe quand sur leur 70h de travail hebdomadaire) pour se consacrer à des projets ou idées qui les intéressent ou les passionnent personnellement. En fait, cela transforme la société toute entière en un laboratoire géant de Recherche et Développement de nouveaux produits Google.

D'autres entreprises de la Silicon Valley proposent régulièrement ce que les américains appellent les « Free Fridays ». Comme l'indique le nom, les gens disposent de temps libre rémunéré les vendredis après-midi pour explorer ou travailler à ce qui les attire.

Autre exemple de catalyseur de créativité collective, celui de la règle instaurée par la société de sports d'hiver que j'ai citée dans le *Tome I SFM™* (pp 38-39), à savoir « le droit et le devoir de tous les employés de trouver de nouveaux débouchés commerciaux et d'en parler aux bons décisionnaires de l'entreprise ».

Les catalyseurs de créativité collective peuvent aussi apparaître dans la structuration de l'environnement. Pixar, par exemple, met à la disposition des employés de confortables salles créatives pour se réunir et partager des idées dans un contexte agréable et détendu.

Apple a des espaces d'innovation similaires ; pièces aérées et autres environnements stimulants. Parfois, Apple a aussi mis en avant des activités, allant du massage aux cercles de tambours, pour aider les gens à sortir de leurs limites cognitives, intellectuelles et rationnelles. Par exemple, le rituel du « beer bust » des vendredis après-midi. Des réunions informelles avec bière à volonté qui se déplaçaient d'un bâtiment Apple à un autre pour encourager le contact et le rassemblement inter-services.

George Lucas a conçu les bâtiments de son site de bureaux du « Skywalker Ranch » pour représenter la ferme d'une famille imaginaire de l'époque des débuts de la Californie. En fait, il a écrit toute une histoire sur cette famille pour élaborer le complexe ; il comprend une étable avec des animaux, des

Des environnements offrant des espaces confortables qui donnent aux membres d'une équipe, partenaires et clients des occasions de se réunir et partager des idées dans un contexte agréable et détendu sont une sorte de catalyseur de créativité collective.

vignobles, un jardin avec un verger et un potager exploités pour le restaurant du site, une piscine extérieure et un centre de remise en forme avec courts de tennis, le lac artificiel « Lake Ewok », un observatoire au sommet de la colline, un théâtre de 300 places baptisé « The Stag » et plusieurs salles de projections, enfin un parking en majeure partie sous-terrain pour préserver le paysage. Lorsque vous passez le portail sécurisé et entrez dans la propriété, vous vous sentez immédiatement transporté dans un monde où la réalité normale est momentanément « suspendue ».

Bien sûr, un environnement n'a pas à être aussi élaboré pour constituer un catalyseur de créativité collective. Walt Disney, par exemple, avait conçu une « salle du rêveur » dans ses bureaux d'entreprise. Les murs de la *salle du rêveur* étaient tapissés de photos et de dessins inspirants en lien avec le projet sur lequel l'équipe travaillait. Tout dans cette pièce était anarchique et coloré, et aucune critique n'y était admise.

Il n'était pas rare que les membres de l'équipe, et particulièrement Disney lui-même, prennent la « seconde position » avec les personnages du projet quand ils étaient dans cette pièce. Comme l'a affirmé l'un de ses collaborateurs, « Walt ressentait si fortement les styles et la situation des personnages qu'il ne pouvait s'empêcher d'avoir leur gestuelle voire même leur attitude corporelle en disant le dialogue ».

La Salle du rêveur de Disney est un autre exemple de catalyseur de créativité collective.

Walt Disney, lorsqu'il était dans la « Salle du Rêveur », prenait souvent la « seconde position » avec les personnages de son projet d'animation.

Disney a aussi instauré d'autres formes de catalyseurs de créativité collective. « Orchestrateur de l'innovation » tout comme Steve Jobs, Disney s'est évertué à impliquer dans le processus créatif quiconque travaillant avec lui en affirmant que « Chacun doit contribuer, au risque de rester simple exécutant ». Du point de vue de Disney, plus il y a d'idées meilleur c'est. Selon les membres de son équipe, « Walt estimait que chaque idée avait été pensée, tout comme chaque gag voire chaque histoire – la clé était dans votre façon d'utiliser ce matériau pour exprimer votre travail personnel. Il ne s'est donc jamais préoccupé de la provenance des idées ».

En fait, Disney a été le premier à instaurer et gérer un système d'incitation dans le seul but de cultiver et de renforcer la créativité dans l'ensemble de sa société. Dès le début des années 1930, il lançait un système de bonus selon lequel « quiconque proposant un gag qui était repris dans un film recevait cinq dollars et quiconque apportant une idée qui constituait la base d'un dessin animé recevait cent dollars ». S'agissant de dollars de l'époque de la récession, ces sommes constituaient une incitation de taille. Du reste, ce système de bonus ne se limitait pas à ses scénaristes et animateurs. Il s'adressait à tous dans ses studios, y compris les équipes de jardinage et d'entretien.

Il est important de noter que le système de bonus de Disney était basé sur une contribution créative et non sur des résultats commerciaux. Je le mets en perspective avec ma participation, début des années 1980, à un projet pour Activision, une société de jeux vidéo bien connue à l'époque et qui réussissait. J'avais été appelé en soutien pour re-stimuler la créativité et l'innovation des concepteurs de jeux. L'entreprise avait été créée par cinq ingénieurs logiciels qui dans les premières années, grâce à leur collaboration générative, ont sorti un certain nombre de jeux innovants et généré des revenus impressionnants. Mais la société en se développant avait ajouté plusieurs strates entre la direction, le marketing et les concepteurs et elle commençait à se faire distancer en matière d'innovation par d'autres sociétés de jeux vidéo (ce qui au final a conduit à une forte baisse des revenus).

Lors d'entretiens avec la direction générale, j'ai découvert qu'ils avaient mis en place un système de bonus récompensant les concepteurs de logiciels sur la base des ventes de leurs jeux. Si d'un coté cela semblait raisonnable, il s'est avéré que la conséquence a été une situation où les concepteurs ont recherché à l'extérieur les jeux du moment qui se vendaient le mieux et essayé de les copier. Il en a résulté une profusion d'imitation des jeux les plus vendus. Pour reprendre la métaphore de Steve Jobs, tout le monde « patinait vers le palet » plutôt que vers l'endroit où il allait être.

J'ai proposé, pour favoriser une réelle innovation, d'ajouter en parallèle un système de bonus récompensant les concepteurs pour leur « degré d'innovation ». Le bénéficiaire de ce bonus serait désigné par ses confrères concepteurs plutôt que par des personnes du marketing. Cela aiderait à créer un focus sur les affaires à venir et une direction vers l'endroit où « le palet allait être » plutôt que de se contenter de courir après. Inutile de dire que cela a suscité un accroissement significatif de l'innovation dans l'équipe de concepteurs.

Réfléchissez aux différents catalyseurs de créativité collective que vous pourriez mettre en place pour votre projet ou entreprise. Quels catalyseurs de créativité collective pouvez-vous instaurer dans votre environnement, notamment aux moments et dans les lieux où vous collaborez avec d'autres ?

Je demande souvent aux cadres dirigeants que je coache ou conseille si, sur leur lieu de travail, ils ont une « salle du rêveur » pour eux-mêmes et d'autres. Et sans surprise la plupart n'en ont pas, même si ils disposent en général de nombreux espaces de « travail » libres et ennuyeux. Comment pourriez-vous installer une « salle du rêveur » ou un « espace d'innovation » où vous travaillez et collaborez ?

Quelles activités ou processus (par ex., danse, activités sportives, représentations, excursions, etc.) pourriez-vous organiser avec les membres de votre équipe ou autres collaborateurs pour penser « hors cadre » et stimuler la connexion à l'inconscient créatif et l'innovation ouverte ?

Walt Disney avait instauré un système de bonus pour encourager la contribution de l'ensemble de ses employés, des scénaristes au personnel d'entretien.

Résumé du chapitre

Quand la collaboration générative est correctement mobilisée, elle peut mener à des innovations de rupture. Les *Innovations de rupture* sont celles qui créent un nouveau marché dont les limites ne s'inscrivent dans aucun marché existant. Les innovations de rupture émergent de synergies de vision et d'imagination entre les différentes parties du Cercle de Succès en harmonie avec ce qui se déroule dans ce que j'ai appelé le champ de l'innovation. Elles sont manifestement difficiles à prévoir à partir du seul savoir existant et créent des phases nécessaires d'incertitude et de chaos.

Les innovations de rupture commencent souvent par une communauté virtuelle d'*adopteurs précoces* chez des *clients* et de *pionniers* parmi les *membres de l'équipe de l'entreprise*. Ces communautés virtuelles sont unies au niveau de l'identité et de la vision. Leur vision transcende l'identité et les capacités respectives de chaque groupe et s'harmonise aux évolutions du « champ de l'innovation » plus vaste. Cette vision plus vaste génère la dose d'enthousiasme et d'engagement nécessaires pour dépasser les inévitables périodes d'incertitude et de doute. Les adopteurs précoces et les pionniers doivent donc partager une passion irrésistible imprégnée de l'alignement des valeurs, de l'identité et de la vision.

En général, l'innovation de rupture requiert aussi une certaine dose d'innovation ouverte, qui implique de la collaboration générative entre des « explorateurs » dans l'entreprise et des partenaires externes « précurseurs ». L'idée centrale sous-tendant l'innovation ouverte est que les connaissances et ressources nécessaires à l'innovation se trouvent dans l'intelligence collective des employés, fournisseurs, clients, concurrents, universités, etc. Ainsi, pour accélérer l'innovation et lever des ressources, les entreprises ont besoin de créer des partenariats et alliances gagnant-gagnant avec d'autres organisations et entités.

Il est difficile de prévoir à l'avance l'aboutissement du potentiel d'un nouveau marché créé par une innovation de rupture. Pour réussir, les individus, équipes et entreprises doivent identifier de nouvelles tendances suffisamment tôt dans le champ de l'innovation pour tirer parti des opportunités et se préparer aux périodes de changement. Un autre facteur déterminant pour réussir une innovation de rupture est donc l'aptitude à détecter les « signaux faibles » annonçant de nouveaux besoins et intérêts encore insatisfaits. Pour se faire, une entreprise doit créer un réseau aussi étendu que possible d'adopteurs précoces, de pionniers, d'explorateurs et de précurseurs ; c.-à-d., des « chauves-souris » qui seront à même de détecter les signaux faibles associés à de nouvelles opportunités et non des « grenouilles » se contentant d'attendre que le potentiel soit évident. En restant à l'affut d'opportunités, les équipes et entreprises peuvent en repérer que d'autres ne voient pas encore.

Il est normal que les dirigeants et leaders d'entreprises déjà établies craignent de voir les innovations de rupture déranger leurs stratégies en place, concurrencer leurs produits générateurs de revenus et déconcerter leurs clients existants. En général, il est donc plus facile au départ de lancer les innovations de rupture au sein d'une niche d'adopteurs précoces désintéressés par l'achat de produits traditionnels issus d'offres existantes.

Le développement par Stefan Crisan du programme diplômant de *Cycle Supérieur en Management* pour l'école de commerce EDHEC donne un bon exemple de certaines des dynamiques générant une innovation de rupture réussie. En partant d'une niche de l'école de commerce, composée de cadres intermédiaires autodidactes et expérimentés qui voulaient s'améliorer, Stefan a créé un programme révolutionnaire et non conventionnel visant à transformer l'identité des participants. Pour se faire, Stefan a du collaborer de façon générative avec une communauté virtuelle d'adopteurs précoces du public cible, de pionniers de l'école de commerce et de précurseurs de son réseau de partenaires potentiels avec une vision et des valeurs similaires aux siennes. C'est en créant des synergies entre ces trois groupes qu'il a pu élaborer en très peu de temps un programme générant un niveau élevé de transformation avec des résultats pratiques et concrets. La réussite du programme dans cette niche initiale a permis son développement dans la France entière et à l'international.

Un facteur majeur de réussite qui a joué pour Stefan en faveur de la collaboration générative nécessaire à son innovation de rupture a été son aptitude à « écouter en profondeur pour comprendre la vision d'autres ». Je fais référence ici à l'aptitude à occuper une « seconde position ». La Seconde Position est l'une des *Positions Perceptuelles* clés nécessaires à la réussite d'une collaboration générative. Une Troisième Position, ou position de l'observateur, est nécessaire pour considérer la collaboration d'un point de vue plus distancié afin de vous assurer de *Créer des Collaborations Gagnant-Gagnant*.

Quand les collaborations sont gagnant-perdant ou gagnant-neutre, elles peuvent avoir un effet dégénératif sur la capacité de l'entrepreneur à accéder à sa vision. L'*Audit SFM™ d'un Collaborateur* est un outil permettant d'identifier les points faibles dans nos collaborations avec d'autres. Ces collaborations peuvent alors être ré-évaluées, abandonnées ou réactualisées à l'aide d'autres catalyseurs de collaboration.

La Quatrième Position (position du collectif ou du « nous ») sert à tisser des liens étroits avec des collaborateurs et à constituer un champ relationnel génératif. Un catalyseur de collaboration qui peut être très utile pour créer une Quatrième Position ou communauté virtuelle est d'Identifier la Résonance pour la Signification de la Tâche. Dans ce processus, les membres du groupe présentent leurs projets ou entreprises les uns aux autres, relèvent et repèrent le niveau de « résonance » quant à leur perception de la signification du travail. Cela permet de générer une « proximité » entre ceux qui partagent des buts et intérêts communs et de créer des opportunités de futurs partenariats et synergies.

Les *Catalyseurs de Créativité Collective* favorisent les interactions génératives entre collaborateurs et créent une meilleure quatrième position ainsi qu'un accès à l'« inconscient créatif » du groupe ou de l'organisation en encourageant les gens à trouver et partager des idées qui les passionnent et, à se concentrer pour « aller vers là où le palet va être » (c.-à-d., les affaires de la nouvelle génération). Leur but est d'offrir un environnement et un système de renforcement qui soutient les individus dans l'amélioration de leur propre créativité par des interactions de groupe et qui contribue de manière proactive à « agrandir le gâteau commun ».

Références

- *Misez Sur les ruptures de marché : vingt histoires d'innovations réussies*, Benoît Sarazin, mai 2007 Editions Milalma
- *Alpha Leadership : Tools for Leaders Who Want More From Life*, Deering, A., Dilts, R. and Russell, J., John Wiley & Sons, London, England, 2002.

  (*Alpha Leadership : Les 3 A : Anticiper, Aligner, Agir*, Deering, A., Dilts, R. et Russell, J., juin 2009 Editions de Boeck).

- *Success Factors of Disruptive Innovations*, Robert Dilts & Benoît Sarazin, 2008. (Article publié en français dans l'Expansion Management Review, sept 2008 : « Facteurs de réussite des innovations de ruptures ».)
- *The Fellowship of the Ring*, J. R. R. Tolkien, Ballantine Books, New York, NY, 1965.

  (*La communauté de l'anneau* et *La fraternité de l'anneau*, J. R. R. Tolkien, 1972 et 2014, Éditions Bourgeois.)

- *Le seigneur des anneaux* (The Lord of the Rings) : La communauté de l'anneau (The Fellowship of the Ring), Film par Peter Jackson, New Line Cinema, 2001.
- *Strategies Of Genius volume I,* Dilts, R., Meta Publications, Capitola, CA, 1994.

  (*Mozart et Disney : stratégies du génie*, Dilts, R., Editions La Méridienne-Desclée Debrouwer, mai 1996).

04
Réaliser quelque chose à Partir de Rien
Constituer une Communauté Générative d'Entreprises

Dans la longue histoire du genre humain (et aussi du genre animal) ce sont ceux qui ont appris à collaborer et à improviser efficacement qui l'ont emporté.
Charles Darwin

Un engagement individuel à un effort collectif - c'est ce qui fait fonctionner une équipe, une entreprise, une société, une civilisation.
Vince Lombardi

L'histoire de la « Soupe au Caillou »

*Il était une fois un village, dans un pays souffrant d'années de guerre. Les difficiles conditions de vie avaient rendu les villageois de plus en plus pessimistes, méfiants et amers. Qui plus est, suite à plusieurs années de maigres récoltes, les gens stockaient jalousement le peu de nourriture qu'ils pouvaient trouver, la cachant même de leurs amis et voisins.

Un jour, arriva au village un voyageur étranger qui posa des questions comme si il envisageait de rester pour la nuit. « Il n'y a pas une once de nourriture dans toute la province », lui dit-on. « Mieux vaut poursuivre ton chemin ».

« Pas de soucis, j'ai tout ce qu'il me faut », dit-il. « En fait, vos terres fatiguées ne vous ayant rien laissé à partager, je vais partager quelque chose avec vous : le secret pour faire une soupe à partir d'un caillou. » Les villageois dubitatifs se regardèrent en se moquant et ricanant de la proposition. L'étranger commença par extraire un chaudron de son chariot, le remplit d'eau et alluma un feu en dessous. Puis, très cérémonieusement, il tira d'un sac de velours un caillou d'aspect banal qu'il jeta dans l'eau bouillante.

A ce moment là, ayant eu vent de la présence d'un étranger et de la rumeur de nourriture, la plupart des villageois avaient rejoint la place ou observaient avec méfiance de leur fenêtre. Alors que l'étranger humait le « bouillon » en se pourléchant d'avance, la faim devint plus forte que leur scepticisme.

« Ahh », se dit l'étranger plutôt fort « J'aime qu'une soupe au caillou soit savoureuse, et celle-ci est l'une de mes meilleures ». Je suis sûr que vous l'apprécierez tous. Bien sûr, une soupe au caillou avec un peu de choux - ce serait formidable !«

Bientôt un villageois s'approcha timidement, tenant un chou qu'il avait sorti de sa cachette, et l'ajouta au bouillon. « Génial ! » s'écria l'étranger. « Vous savez, une fois j'ai eu une soupe au caillou avec du chou et un morceau de bœuf salé, c'était digne d'un roi ».

Le boucher du village fit en sorte de trouver un peu de bœuf salé... puis s'ajoutèrent pommes de terre, oignons, carottes, champignons, et ainsi de suite, chaque villageois contribuant avec un petit peu de quelque chose jusqu'au moment où il y eu un délicieux repas pour tous. Pour la première fois depuis longtemps, les villageois mangèrent, chantèrent et dansèrent jusqu'au petit matin, revitalisés par la fête et leur nouveau bienfaiteur.

A son réveil dans la matinée, l'étranger se réveilla face au village entier réuni devant lui. A ses pieds il y avait une sacoche pleine des meilleurs pains et fromages du village. « Vous nous avez fait le plus beau des cadeaux : le secret pour faire une soupe avec des cailloux », dit un ancien, « et jamais nous ne l'oublierons ». L'étranger se tourna vers la foule et dit : « Ce n'est un secret que parce que nous oublions facilement que c'est seulement en partageant que nous pouvons faire un festin ».

Et il partit, reprenant sa route.*

L'histoire de la « Soupe au Caillou » est à la fois une allégorie et une illustration de la façon dont nous pouvons créer « quelque chose » à partir de « rien » par la collaboration.

L'histoire de la Soupe au Caillou est une allégorie sur la façon de « réaliser quelque chose à partir de rien », grâce aux petites contributions de ressources clés des membres d'une communauté.

Réaliser Quelque Chose à partir de Rien : Constituer une Communauté Générative d'Entreprises

Une autre des caractéristiques d'un entrepreneuriat réussi est l'aptitude à « réaliser quelque chose à partir de rien ». L'histoire de la *Soupe au Caillou* est à l'évidence une allégorie de la façon de le faire. En démarrant sans rien d'autre qu'un caillou et de l'eau bouillante, on fait une soupe fabuleuse grâce à la contribution de ressources clés des membres de la communauté. L'enseignement est qu'en travaillant ensemble, chacun contribuant comme il peut, les gens peuvent faire quelque chose d'extraordinaire à partir de ce qui semble sans valeur tangible (un caillou) et d'une vision de ce qui pourrait être.

Selon la Modélisation des Facteurs de Succès, l'étranger représente l'« esprit entrepreneurial ». L'idée de « soupe au caillou » s'apparente à la vision de l'entrepreneur. Au début, il semble impossible aux villageois de faire une soupe à partir d'un caillou et, de fait, l'étranger n'aurait pas réussi seul. Toutefois, faisant preuve d'une persuasion efficace, il s'adresse d'abord aux egos des villageois (exprimés par la nourriture qu'ils stockent jalousement) en leur offrant quelque chose de nouveau plutôt qu'en menaçant le peu qu'ils ont. La confiance qu'il a en sa vision, en lui et dans les villageois lui permet de créer chez eux assez de curiosité pour qu'ils dépassent puis finalement transforment leur mentalité « de pénurie ». Leur collaboration ravive leurs âmes et le sentiment de possibilité, générosité, contribution, optimisme, partage et confiance. Ce sont des caractéristiques de ce que nous appelons une « communauté générative d'entreprises » dans la méthodologie SFM™.

La capacité à faire quelque chose à partir de rien exige l'éveil et l'activation d'une « communauté générative d'entreprises » basée sur un sentiment commun de possibilité, générosité, contribution, optimisme, partage et confiance.

Au départ, les visions d'entrepreneurs n'ont en général pas plus de substance que le caillou de l'étranger. Qu'il s'agisse d'une soupe au caillou, d'un ordinateur personnel, d'une application internet ou d'une voiture électrique, le fait est que la vision d'un entrepreneur est une idée qui ne devient réalité que par la participation et la contribution d'une communauté plus vaste. Cela s'exprime dans l'image de « la pyramide inversée » de Steve Jobs, présentée dans la *Modélisation des Facteurs de Succès Tome I* (pp. 275-276). Il décrit comment la « minuscule graine » de son idée d'ordinateur personnel a grandi pour devenir quelque chose qui a amélioré la qualité de vie de quantité de gens grâce aux différentes contributions de personnes aux savoir-faire différents et complémentaires.

Donc, outre les autres savoir-faire et modèles que nous avons explorés jusqu'ici dans ce livre, la capacité à créer quelque chose à partir de rien exige l'éveil et l'activation d'une « Communauté Générative d'Entreprises ». Y parvenir est peut-être l'expression ultime de l'entrepreneuriat nouvelle génération et de l'intelligence collective.

Communauté

Le dictionnaire Webster définit une *communauté* comme « une population de différents individus (ou espèces) interagissant » qui sont « liés par des intérêts communs » ou reliés par la « conscience d'un trait unificateur ». Ainsi, une communauté implique de la diversité à un niveau, mais de l'unité à un autre.

Les gens d'une communauté particulière ont souvent en commun un même lieu géographique, mais partager un environnement n'est pas forcément un facteur constitutif d'une communauté. Les individus d'une communauté, comme par exemple la « communauté médicale », peuvent être géographiquement dispersés. D'autres communautés, comme la « communauté hispanique », peuvent constituer une sous-population dans une zone géographique donnée. Ce type de communauté serait formé par un « groupe de personnes ayant une caractéristique commune mais vivant dans une société plus vaste ne partageant pas cette caractéristique ».

On peut aussi faire une distinction entre les communautés « intentionnelles » et « involontaires ». Dans une communauté intentionnelle il doit y avoir « un partage conscient et determiné ». Pour le Webster, une telle communauté implique « une activité sociale caractérisée par un sentiment d'unité, mais aussi une participation individuelle volontaire et non forcée ou imposée, et sans perte d'individualité. » Selon cette définition, la création d'une « communauté » nécessiterait un contexte offrant assez de sécurité pour que les gens aient un sentiment de choix et la liberté d'exprimer leur individualité. Dans une communauté, les gens n'ont pas besoin de tous « voir la même image » ou vision, mais doivent tous « regarder dans la même direction ».

Dans une communauté intentionnelle, il doit y avoir « un partage conscient et determiné... caractérisé par un sentiment d'unité, mais aussi une participation individuelle volontaire et non forcée ou imposée, et sans perte d'individualité ».

La valeur d'une communauté tient au fait qu'en réunissant des individus de forces et d'aptitudes différentes au service d'un intérêt commun, on peut accomplir plus qu'avec des individus agissant seuls. Une « communauté d'apprentissage », par exemple, consisterait en un groupe de différentes personnes, provenant de différentes zones géographiques et de différents milieux professionnels, mais ayant pour but commun d'apprendre et de se soutenir mutuellement.

Une communauté est un exemple classique de système « auto-régulé ». Les membres de tels systèmes ajustent leurs propres comportements en fonction de points de mire environnementaux appelés « attracteurs » (comme la pierre de l'étranger dans l'histoire de la *Soupe au Caillou*). Selon la théorie de l'auto-organisation, l'ordre se forme autour d'un « paysage » d'« attracteurs » qui aident à créer et maintenir des schémas stables dans le système. Dans les communautés humaines, le « paysage attracteur » est créé par des traits unificateurs, des buts partagés, des intérêts et présupposés communs, et la conscience d'une unité entre les membres de la communauté.

Les communautés ont différents types d'« attracteurs ». Dans la Soupe au Caillou, l'attracteur est le caillou qui donne aux gens l'envie de partager leurs ingrédients. De la même façon, d'autres communautés se forment autour de symboles représentant leur « finalité » ou la raison commune de leur collaboration.

Les « attracteurs » communautaires peuvent exister à différents niveaux de facteurs de réussite : environnement, comportement, capacités, croyances et valeurs, identité, ou expérience spirituelle. Ainsi, dans certaines communautés les gens sont unis simplement parce qu'ils partagent le même lieu géographique (par ex., une « communauté de montagne » ou une « communauté de plage »). D'autres communautés se constituent sur la base d'activités ou de comportements similaires des gens (par ex. une « collectivité minière »). D'autres encore émergent sur la base de capacités communes (par ex., une « communauté enseignante »), de croyances et valeurs (une « communauté religieuse » ou une « communauté utopique »), ou d'une identité (par ex., une « communauté d'artistes » ou la « communauté homosexuelle »). Une « Communauté Générative d'Entreprises » se forme autour de « l'esprit » d'entrepreneuriat et des visions de ses membres.

Les communautés se forment autour d'« attracteurs » - des points d'intérêt commun, qui peuvent se situer à différents niveaux.

Caractéristiques d'une Communauté Générative d'Entreprises (GVC ou Generative Venture Community)

Une communauté *générative* est une communauté qui se développe et prospère par les visions, passions et contributions individuelles de ses membres. Elle est structurée de façon à ce qu'il y ait une boucle de rétroaction positive entre le développement des individus et celui de la communauté.

Un but essentiel du processus SFM™ est de créer une *Communauté Générative d'Entreprises* (Generative Venture Community ou GVC). La finalité de la GVC est de permettre aux entrepreneurs, membres d'une équipe, parties prenantes et partenaires de rester en lien et d'entretenir leurs collaborations de façon à accroître la valeur et les chances de réussite des projets des uns et des autres. Il en résulte, pour les entrepreneurs et les membres de leur Cercle de Succès, un échange continu de ressources, y compris des contacts, coaching, services professionnels, pistes d'investisseurs, etc., et le bénéfice direct de ces efforts. De plus, ce type de communauté offre un moyen de partager une participation dans les projets d'autres.

Les communautés génératives s'appuient sur une culture rendant possibles de nouveaux développements car elle favorise résonance, synergie et émergence ; accroissant ainsi le « facteur chance » collectif. Il arrive souvent que de nouveaux produits à succès émergent de réunions et de relations imprévues.

Une « Communauté Générative d'Entreprises » se forme autour de « l'esprit » d'entreprenariat et des visions de ses membres.

Le but d'une Communauté Générative d'Entreprises est de permettre aux entrepreneurs, équipes, parties prenantes et partenaires de rester en lien et d'entretenir leurs collaborations de façon à accroître mutuellement les chances de réussite des projets de chacun.

L'histoire de la création des Post-it® est un bon exemple de la façon dont, souvent, de nouveaux produits à succès émergent de réunions et de relations imprévues.

Voyons, par exemple, comment les « Post-it » (Post-it® Notes) sont nés. En 1970, un chimiste nommé Spencer Silver travaillait à une colle extra forte dans les laboratoires de recherche 3M. Il élabora une nouvelle colle, mais celle-ci s'avéra moins forte que celles que fabriquait déjà 3M. Elle adhérait aux objets mais pouvait être facilement décollée. Elle était extra faible au lieu d'être extra forte. La tentative de créer une colle plus forte avait « échoué ».

Personne n'a su que faire de ce truc, mais Silver ne l'écarta pas (le considérant peut-être comme « une solution à un autre problème que celui sur lequel il travaillait »). Puis quatre ans plus tard Arthur Fry, autre scientifique de 3M, chantait un dimanche dans sa chorale paroissiale. Il se servait de petits bouts de papier comme marque-pages pour son recueil de cantiques, mais ceux-ci tombaient sans arrêt. Se souvenant de la colle de Silver, Fry en enduisit ses marque-pages. Du fait de la faible adhérence, les marque-pages tenaient en place mais s'enlevaient sans abimer le papier. De là l'idée de fabriquer de petits blocs de feuillets avec une bande de la colle faible au dos de chacun permettant de les associer ou les dissocier facilement d'autres supports papier. L'idée des Post-it® en tant que produit a résulté d'une synergie ou collaboration générative entre la colle faible de Silver et l'idée de Fry de l'utiliser pour fixer provisoirement ses marque-pages dans son recueil de cantiques.

3M a commencé à distribuer les Post-it® au niveau national en 1980 – 10 ans après que Silver ait élaboré la colle extra faible. Aujourd'hui, ce sont l'une des fournitures de bureau existantes les plus utilisées. Sans l'interaction entre les deux scientifiques, le lien « heureux » entre l'adhésif faible et le marque-page n'aurait jamais eu lieu. Un des buts d'une Communauté Générative d'Entreprises est d'augmenter les chances que de telles synergies émergent.

Intelligence Distribuée

À l'origine d'une communauté générative se trouve ce qui est connu comme l'« Intelligence Distribuée ». D'un point de vue scientifique, l'*Intelligence Distribuée (ou en Essaim)* est définie comme « *la propriété d'un système où les comportements collectifs d'agents (simples) interagissant localement avec leur environnement causent l'émergence de schémas fonctionnels globaux cohérents. L'Intelligence Distribuée fournit une base pour étudier la résolution d'un problème collectif (ou distribué) sans contrôle centralisé ni modèle global préalable* ».

Un exemple typique d'intelligence distribuée est la capacité d'une colonie de fourmis à identifier la source de nourriture la plus abondante et la plus proche alors qu'aucun de ses membres ne la connaît.

Les fourmis laissent une trace de phéromone sur leur chemin, de leur départ de la fourmilière jusqu'à leur retour. Chaque fourmi part en quête de nourriture et de ressources à rapporter à la fourmilière. Ce faisant, elles suivent la piste de phéromone la plus forte (la plus fraîche). Les pistes les plus fortes sont celles que la plupart des fourmis empruntent le plus fréquemment. Quand une source alimentaire est épuisée, plutôt que de revenir à la fourmilière, les fourmis se remettent en quête de nourriture. Ainsi, la piste menant à la source alimentaire épuisée s'affaiblit et les pistes les plus fraîches mènent à la nouvelle source alimentaire.

Résultat, la grande majorité des fourmis continuera de se déplacer vers la source alimentaire la plus proche et la plus abondante, même si aucune fourmi ne sait où elle est.

En quelque sorte, ces pistes de phéromone sont analogues aux « pistes » virtuelles résultant de la Modélisation des Facteurs de Succès et de processus comme le benchmarking (ou étalonnage) et le partage de bonnes pratiques. Les pistes menant le plus facilement et le plus vite aux grandes réussites seront celles le plus souvent suivies par la plupart des gens. Parce que cela mène à la croissance et la réussite de la communauté en tant que tout, celle-ci tire avantage des réussites de chaque individu réalisant sa vision.

Souvent les communautés génératives fonctionnent sur la base des principes de l'« intelligence distribuée » par laquelle les actions individuelles produisent des décisions ou solutions collectives sans nécessité de contrôle centralisé.

Exemple d'un cas de Facteur de Succès
Randy Williams, Le Keiretsu Forum
Une Communauté Générative d'Entreprises

Une culture de possibilités riche d'esprits curieux.

Randy Williams
Fondateur - Keiretsu Forum

Randy Williams a fondé le Keiretsu Forum, un groupe « investisseur providentiel (ou Business Angel) », en septembre 2000 (http://www.keiretsuforum.com). Ayant lui-même réussi comme entrepreneur et investisseur, Williams a voulu créé une communauté pour discuter d'opportunités d'investissements. Sa vision était simple : des membres parlant à d'autres membres avant d'investir. « J'ai lancé le Keiretsu Forum à cause de mon manque de discipline comme investisseur en capital-investissement », plaisante-t-il.

Ayant gagné de l'argent dans l'immobilier au milieu des années 1990, Williams voulaient diversifier ses investissements dans la technologie. Mais, comme il souligne, « je ne voulais pas investir dans des entreprises sans avoir suffisamment d'informations ou d'avis partagés pour me faire une idée pertinente sur la façon d'investir dans cette opportunité ». Le but premier de William était de créer un climat d'efficacité permettant de décider ou non d'investir. « Je voulais créer une communauté où personne n'aurait d'intérêt direct, où nous bénéficierions tous d'un leadership éclairé et d'un dialogue - que j'ai appelé »intelligence distribuée« - afin de prendre des décisions efficaces ».

L'idée était bonne. Le Keiretsu Forum a grandi et prospéré au début des années 2000, alors que la majeure partie de l'argent « providentiel » s'était tari et que nombre d'investisseurs perdaient leur chemise dans l'éclatement de la « bulle internet ». Au moment de ces écrits, le Keiretsu Forum est le plus grand réseau mondial d'investisseurs providentiels (ou Business Angels) avec plus de 2 500 membres, investisseurs accrédités, répartis dans 46 assemblées sur trois continents. A ce jour, les membres du Keiretsu Forum ont investi plus de 400 millions de $ dans plus de 485 sociétés de la technologie, des produits de consommation, des sciences de la vie, de l'immobilier et d'autres secteurs à forte croissance.

Williams a lancé sa première assemblée Keiretsu avec 50 de ses amis, et s'est finalement arrêté à 150 membres. « Je voulais que cela reste intime », dit-il, tout en ajoutant « Il se créée une grande intimité et de la fraternité dans notre communauté ».

Suite à son succès dans la région de San Francisco au nord de la Californie, le Keiretsu s'est étendu et de nombreuses autres assemblées se sont ouvertes dans le monde. Chaque assemblée est limitée à 150 membres investisseurs.

La vision de Randy Williams est un monde où des investisseurs providentiels (ou Business Angels) peuvent se retrouver et bénéficient d'un dialogue et d'un leadership éclairé, en utilisant l'« intelligence distribuée » pour s'entraider et prendre de meilleures décisions.

Ces assemblées forment une communauté dont la finalité déclarée est de :

1. Soutenir les sociétés du portefeuille Keiretsu en proposant aux entrepreneurs des capitaux propres et des ressources sur différents marchés de capitaux.
2. Accroître la qualité des flux de transactions des membres dans différentes zones géographiques.
3. Permettre aux membres de jouir de relations professionnelles et sociales collaboratives entre les assemblées.

Pour le choix des placements, chaque assemblée Keiretsu tient une réunion mensuelle de Pré-sélection. Ces réunions ont lieu une semaine avant la réunion mensuelle du Forum où se prennent les décisions d'investissement. Environ 10 des 25 ou 30 sociétés candidates considérées sont conviées à la réunion de Pré-sélection. Les sociétés sont présentées par le réseau Keiretsu et pré-sélectionnées par des comités de membres Keiretsu disposant des connaissances et de l'expertise de leur industrie.

Environ 25 à 30 membres Keiretsu participent à la Pré-sélection. « Nous voulons que cela reste intime », explique Williams. Les entrepreneurs interviennent 15 minutes devant le groupe - 7 minutes de présentation et 8 minutes de questions et réponses avec les membres Keiretsu présents. « Une fois toutes les présentations faites, les représentants des sociétés sont libérés puis nous votons », dit Williams. Toutefois, avant le vote, il y a une discussion sur chaque société ; et c'est là que la valeur de l'expertise collective du groupe se révèle. Pour chaque société, les membres participants sont encouragés à d'abord commenter les points « positifs » puis les points de « doutes ».

L'ambition de Randy Williams pour servir celle du Keiretsu Forum a été de créer le plus grand réseau mondial d'investisseurs providentiels (ou Business Angels), avec plus de 2 500 membres, investisseurs accrédités, répartis dans 46 assemblées sur trois continents.

Récolter les Fruits d'un Dialogue Collectif

Les discussions mettent en lumière une grande variété d'expertises et d'expériences et chaque réflexion des membres offre à tous l'opportunité de devenir des investisseurs plus avertis. Les réunions Keiretsu sont bel et bien une formidable occasion de se tenir informé des dernières innovations en matière de modèles technologiques et économiques, et d'apprendre des connaissances et de l'expérience de personnes prospères et généreuses. « N'importe qui peut critiquer une entreprise », explique Williams. « Je voulais créer le Keiretsu Forum pour parler avec bienveillance de sociétés ».

Les réunions Keiretsu sont une formidable occasion de se tenir informé des dernières innovations en modèles technologiques et économiques, et d'apprendre des connaissances et de l'expérience de personnes prospères et généreuses.

Une des contributions au Keiretsu Forum propre à Randy Williams est d'« encourager le dialogue collectif dans le groupe ».

Quand Williams anime les discussions sur les sociétés à la fin des réunions, il insiste sur le fait qu'il n'est pas qu'un modérateur. « Je suis enthousiasmé par les retours », dit-il. « Je ne fais donc pas de la modération, j'encourage le dialogue collectif dans le groupe ».

Suite à la discussion, les membres Keiretsu votent pour choisir les sociétés qui seront invitées à participer à la réunion du Forum. « Chaque membre dispose d'une voix : oui, non ou 'en suspens' », explique Williams, « 'En suspens' signifie que nous ne comprenons pas vraiment leur proposition ou technologie et avons besoin d'envoyer quelqu'un pour nous aider à comprendre leur activité ou offre ».

Si une société obtient un « non », une équipe est envoyée pour leur expliquer les raisons de cette décision et sur ce qu'il y a à faire pour obtenir un « oui » la fois suivante. Williams souligne que les Capital-risqueurs ont la mauvaise réputation de ne pas revenir vers les gens. « Comment pouvez-vous progresser si vous devez deviner et n'êtes pas débriefé ? » demande-t-il. « Il est très important que nous soyons bienveillants, car la communauté entrepreneuriale nous tient vraiment à cœur », rappelle Williams. « Il y a des entreprises à qui nous avons dit 'non' ou 'en suspens' qui ont suivi nos conseils, sont revenues et bénéficient maintenant de fonds. Et c'est enthousiasmant ».

À titre d'exemple, Williams cite « une entreprise nous a sollicité pour un substitut au bouchon de liège des bouteilles de vin. Ça existe, mais n'a pas encore été accepté ni adopté sur le marché. Nous avons délégué une équipe pour les aider pour leur plan marketing. Maintenant ils viennent au Forum ».

Prendre de Sages Décisions

100 à 175 personnes participent à la réunion mensuelle du Forum. Quatre à cinq sociétés sont retenues parmi celles ayant fait une présentation la semaine précédente lors de la réunion de Pré-sélection. À la réunion du Forum, les sociétés ont 10 minutes de présentation et 10 autres minutes pour les questions et réponses avec les membres participants. Comme pour les réunions de pré-sélection, les présentateurs sont libérés en fin de session et il y a un échange autour des points « positifs » et des points de « doutes » relatifs à chaque société.

À la fin de chaque présentation de société, une feuille d'« or » circule. Si un membre Keiretsu est intéressé pour discuter d'un possible investissement dans cette société, il ou elle y écrit son nom et ses coordonnées. Nul n'est obligé d'investir et écrire son nom n'est qu'un signe d'intérêt à poursuivre par une discussion avec la société sur les modalités d'investissement et, à participer au processus de diligence raisonnable.

Suite à la discussion, les investisseurs potentiels sont invités à supprimer ou ajouter leur nom au moment de conclure la réunion. Williams encourage toutefois les membres Keiretsu à être catégoriques pour ne pas faire perdre son temps à l'entrepreneur. « Si vous arrivez à un 'non', dites-leur non tout de suite », déclare-t-il. « Si vous arrivez à un 'peut-être', donnez-vous 30 jours et dites-leur. »

Le processus du Keiretsu Forum promeut la discrétion et l'indépendance tant des entrepreneurs que des investisseurs. Williams veut s'assurer que chaque affaire soit gagnant-gagnant pour les deux parties. « Les membres du Keiretsu Forum donnent plus que de l'argent aux entrepreneurs », déclare Williams. « Ils les font bénéficier de leur expérience en tant que mentors et de leurs réseaux. »

Le Keiretsu Forum, en tant que groupe d'investissement, doit en partie sa réussite à sa sélectivité. « Nous ne finançons qu'environ 15 des 48 entreprises que nous voyons », déclare Williams, « mais c'est mieux que tout autre Forum d'investisseurs existant aujourd'hui dans le monde ».

Même si une entreprise n'est pas retenue par le Forum en tant que groupe, les membres sont libres d'y investir à titre individuel, s'ils le souhaitent. Keiretsu ne touche aucun pourcentage sur les investissements effectués. Il n'y a qu'une cotisation pour ceux qui sont admissibles et reconnus en tant que membres et des frais pour les sociétés retenues pour la présentation.

Une histoire de réussite typique est celle de T.S. Pharma, une société qui a mis au point un produit pour traiter efficacement la diarrhée chez les patients porteurs du SIDA. Dix-sept membres du Keiretsu ont participé à un tour sur six semaines. « C'est magnifique d'investir dans des choses qui contribuent à aider l'humanité », affirme Williams. « Trois membres ont été leaders sur ce dossier. En raison du respect que d'autres leurs témoignaient, et de l'absence d'intérêt direct, ces trois là ont mobilisé dix-sept membres pour accompagner l'entreprise ». Grâce à l'investissement et au soutien de ces dix-sept membres, T.S. Pharma a pu se développer et être racheté très rapidement, ce qui aura permis d'accélérer l'accès à leurs produits par des patients en ayant besoin et de générer des bénéfices pour les investisseurs.

Le rôle des membres du Keiretsu Forum dépasse celui de simples « investisseurs ». Ils agissent aussi comme des partenaires, offrant aux entrepreneurs « plus que de l'argent » et les faisant « bénéficier de leur expérience en tant que mentors et de leurs réseaux ».

Même si une entreprise n'est pas retenue par le Forum en tant que groupe, les membres sont libres d'y investir à titre individuel, s'ils le souhaitent.

Recourir à l'« Intelligence Distribuée »

Une clé déterminante de la réussite du Keiretsu Forum est d'évidence une sorte d'« intelligence distribuée ». Ce type d'intelligence provient de personnes ayant différents domaines d'expérience et d'expertise qui focalisent leur attention sur des buts communs et réunissent leur connaissances collectives. « Toute ma philosophie d'investissement consiste à choisir des gens plus intelligents que moi et qui se dédient à la tâche à accomplir », explique Williams. Les membres du groupe forment une « base de données d'une formidable richesse intellectuelle partagée », dit Williams. « Quoiqu'il se produise, l'expertise est assurée. »

À titre d'exemple, Williams cite l'anecdote d'un journaliste d'un célèbre magazine économique et financier français qui l'a appelé pour un avis sur le stockage de données. Williams lui a répondu, « je n'y connais rien au stockage de données mais vais transmettre à notre communauté Keiretsu ». Il a envoyé un courriel aux membres du Keiretsu de la Californie du Nord. Dans les 30 minutes suivantes il avait 27 réponses de personnes ayant une expertise dans le stockage de données, dont 2 ou 3 qui avaient lancé des entreprises dans ce domaine. La journaliste a été tellement impressionnée qu'elle a décidé de changer l'angle de son article et de le consacrer au Keiretsu Forum.

Selon Williams, cette intelligence distribuée réduit les risques des investisseurs, mais crée aussi de la valeur car les membres peuvent contribuer au « capital intellectuel » et à d'autres ressources complémentaires à l'argent. « Les ressources sont plus puissante que les capitaux », affirme Williams.

Williams insiste aussi sur une autre clé de la réussite de Keiretsu, le fait que ses membres « ont des croyances communes pour ce qui est de se divertir et d'investir judicieusement ». En fait, la mission déclarée du forum Keiretsu est, *Une formidable association avec des flux de transactions de qualité.** « Il s'agit de réunir les bonnes personnes et de les motiver », dit Williams. « Si vous n'avez pas les bons membres, ça ne marchera pas ».

La mission déclarée du Keiretsu Forum est « Une formidable association avec des flux de transactions de qualité ». Elle est mis en œuvre en appliquant l'intelligence distribuée pour prendre des décisions éclairées et soutenir les entrepreneurs. « Il s'agit de réunir les bonnes personnes et de les motiver », dit Randy Williams.

---

* *Flux de Transactions* inclut le nombre et la diversité des opportunités d'investissement, sous forme de nouvelles start-ups, qu'un éventuel investisseur peut voir. La qualité du « flux de transactions » a une grande incidence sur le degré de réussite des investisseurs.

Établir les Principes Directeurs de la Création d'une Communauté

Williams a fondé la communauté Keiretsu autour de quatre valeurs clés ou « Principes Directeurs » :

1. Une entière collaboration

« Nous adorons la collaboration et travaillons avec d'autres forums d'investisseurs providentiels et groupes d'investissement où qu'ils puissent être », dit Williams. En fait, le mot Keiretsu est un symbole de collaboration. *Keiretsu* est un terme japonais signifiant « un ensemble de sociétés affiliées, au pouvoir et à la portée étendus ».

Comme Williams l'explique, « Les investisseurs providentiels sont en général des individus qui investissent dans quelque chose qu'ils connaissent et contribuent à faire grandir grâce à leur réseau. » La collaboration est donc un élément essentiel à leur réussite. Selon Williams, l'essence d'une collaboration réussie est de se réunir et se demander, « Que pouvons-nous faire ensemble qui soit avantageux pour *vous* ? »

La collaboration est essentielle à la réussite des membres du Keiretsu Forum et des entrepreneurs qu'ils accompagnent.

2. Des investissements intelligents

Les membres du Keiretsu Forum fournissent des capitaux de départ allant de 250 000 à 2 millions de $, avec pour chaque membre un apport individuel de 25 000 - 30 000 de $. Le Keiretsu Forum n'est pas un fonds et n'investit pas au titre d'entité unique. Les Membres collaborent en « diligence raisonnable »*, mais prennent des décisions d'investissement individuelles. Le Keiretsu Forum examine de multiples opportunités sectorielles dont les logiciels, les soins de santé, les télécommunications, les médias et divertissements, l'instrumentation et l'immobilier ou des entreprises « classiques ». Les investissements sont moindres et offrent l'occasion d'une monétisation de départ. « En tant qu'Investisseurs Providentiels, nous apprécions voir notre investissement devenir rentable ou générer un certain retour dans les 3-5 ans », dit Williams. « Nous ne recherchons pas des retours à 8-10 ans. Vingt-huit pourcents de nos investissements ont concerné l'immobilier ou d'autres entreprises non-technologiques. »

Les membres du Keiretsu Forum collaborent dans l'analyse et la vérification des informations clés nécessaires pour évaluer précisément les risques, mais décident d'investir individuellement.

---

* *Diligence Raisonnable* est le processus d'enquête approfondie, fait par les investisseurs, en amont d'un éventuel investissement pour évaluer précisément les risques, comme l'analyse de gestion et d'exploitation et la vérification de faits concrets.

3. Des membres de nature généreuse

Williams revendique un objectif central de Keiretsu qui est d'« enseigner et encourager d'autres personnes à donner ». Chaque année, par exemple, le Keiretsu organise une opération de collecte de manteaux (Warm Coat Drive). « L'année dernière je suis allé dans une école et en ai parlé à une fillette », se souvient Williams. « Elle a mobilisé toute son école et collecté 900 manteaux dont Keiretsu a fait don. »

Les membres Keiretsu sont eux-même des personnes qui réussissent et ressentent le besoin de « donner en retour ». Cela ressort dans ce que Williams décrit comme « le partage bienveillant et courageux » qui se fait entre les membres Keiretsu et les gens qu'ils soutiennent. A leur arrivée aux réunions Keiretsu, les participants « laissent leur ego à l'entrée », affirme Williams.

L'un des principes fondamentaux de Keiretsu est de n'avoir « aucun intérêt direct ». Lors des échanges avec les sociétés, par exemple, il est important que l'intention des personnes impliquées reste précise et transparente. « Pour chaque discussion chez Keiretsu », explique Williams, « les gens savent qu'ils doivent indiquer si ils sont conseillers, membres du conseil, investisseurs ou ont un conflit d'intérêt avant de dire quoi que ce soit, ainsi nous savons comment évaluer leurs remarques ».

En tant que communauté, Keiretsu assure une politique de « non-sollicitation ». Un exemple en est que les invités au Keiretsu Forum sont avertis qu'il ne peuvent pas donner de carte de visite à quelqu'un sauf si ils offrent quelque chose sans rien demander en retour. « Nous portons attention », affirme Williams. « Nous voulons être bienveillants. »

Le Keiretsu a aussi constitué une fondation caritative par assemblée appelée Keiretsu Forum Charitable Foundation. Williams rapporte avec fierté qu'une année, récemment, « nous avons été assez riches pour faire un don de 250 000 $ ». Cela incluait une contribution de 50 000 $ à un groupe d'aide aux femmes battues.

Williams persiste, « Notre mantra est, *plus le don est judicieux, plus le cadeau est grand* ».

Les membres Keiretsu sont eux-même des personnes qui réussissent et ressentent le besoin de « donner en retour ». Quand ils arrivent aux réunions Keiretsu, les participants « laissent leur ego à l'entrée ».

Les invités au Keiretsu Forum sont avertis qu'ils ne peuvent pas donner de carte de visite à quelqu'un sauf si ils offrent quelque chose sans rien demander en retour.

4. Se divertir

Pour Williams, il est impossible de constituer une communauté avec des gens insensibles qui ne viennent que pour l'argent. « Nous nous réunissons et passons de bons moments ensemble », explique Williams. « La fraternité est une conséquence directe de la confiance. » Au Keiretsu, la confiance est favorisée par des événements axés sur l'établissement de relations où l'on se divertit ensemble. « Nous avons 3 à 5 grands événements par mois », dit Williams, « depuis des séjours au ski et tournois de golf, à un aéroclub et un dîner de groupe ».

Selon Williams, « La participation est essentielle pour créer la communauté ». Le Keiretsu a un comité permettant aux gens de participer de nombreuses façons. « Tout ce qui résonne pour vous - l'immobilier, les télécommunications, les œuvres de bienfaisance, l'instrumentation ou la biotechnologie - tout ce qui apporte de l'eau à votre moulin, impliquez-vous-y », insiste Williams. Le Keiretsu a même un Comité de Participation pour aider les gens à trouver des façons de participer correspondant le plus à leurs centres d'intérêt et passions. Williams précise, « Chaque assemblée a un comité de participation qui présente, partage et oriente chaque membre vers un lieu où il/elle envisage d'interagir ».

Ces principes directeurs se révèlent nettement dans les dynamiques et interactions qui ont lieu pendant les réunions Keiretsu. Selon un nouveau membre, « J'ai été à tellement de réunions de réseautage, mais là j'ai vécu une expérience qui avait une âme ».

« Le Keiretsu Forum est une culture d'opportunités riche en esprits curieux », conclut Williams. « Un autre signe de réussite est un esprit pacifique », souligne Williams, « et il y a beaucoup de gens sereins au Keiretsu ».

Le Keiretsu a un Comité de Participation pour aider les gens à trouver des façons de participer correspondant le plus à leurs centres d'intérêt et passions.

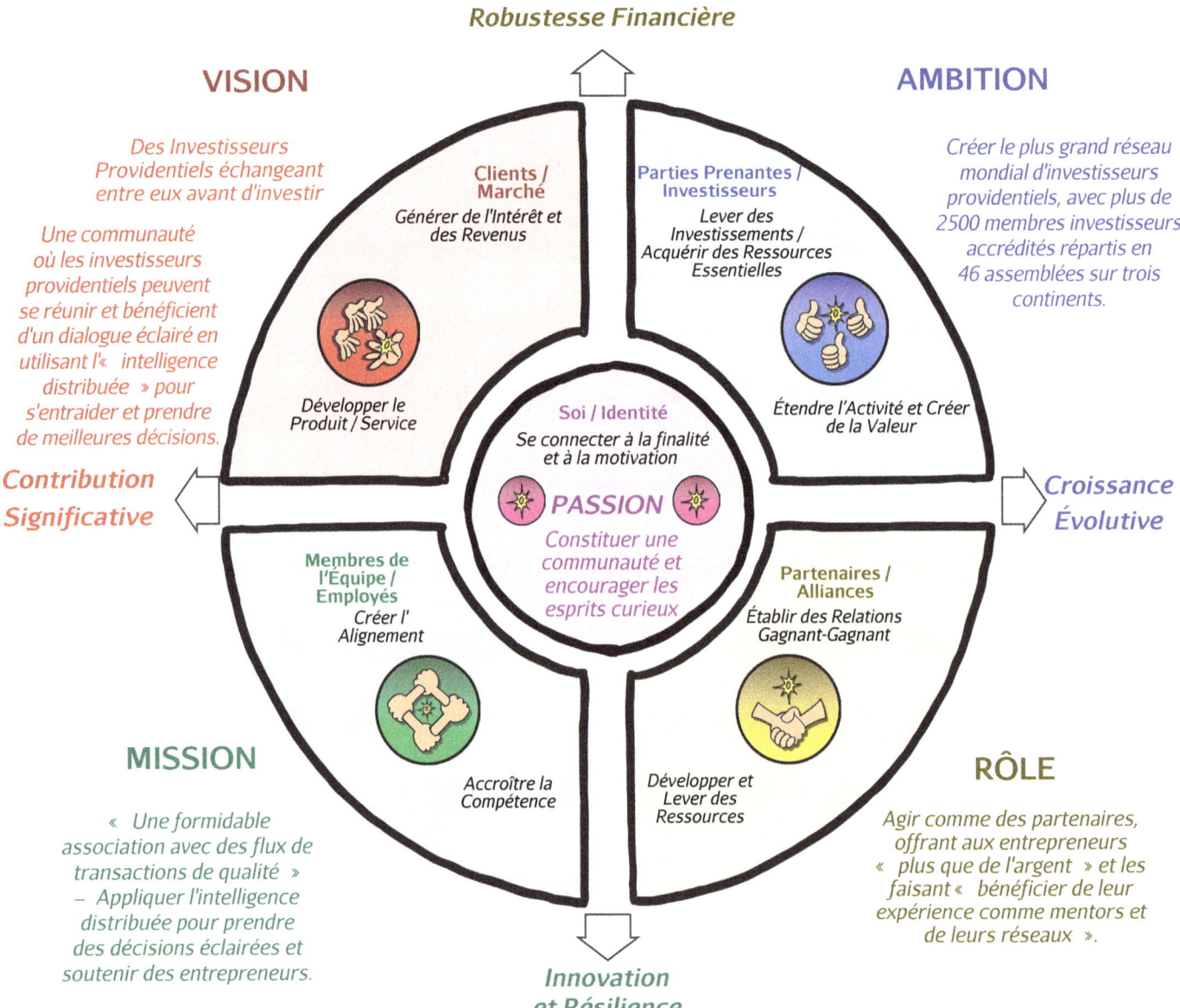

CERCLE DE SUCCÈS DE RANDY WILLIAMS ET DU KEIRETSU FORUM

VISION
Clients / Marché

* DES INVESTISSEURS PROVIDENTIELS ÉCHANGEANT ENTRE EUX AVANT D'INVESTIR

* UNE COMMUNAUTÉ OÙ LES INVESTISSEURS PEUVENT SE RÉUNIR ET BÉNÉFICIENT D'UN DIALOGUE ÉCLAIRÉ EN UTILISANT L'« INTELLIGENCE DISTRIBUÉE » POUR S'ENTRAIDER ET PRENDRE DE MEILLEURES DÉCISIONS.

AMBITION
Parties Prenantes / investisseurs

* CRÉER LE PLUS GRAND RÉSEAU MONDIAL D'INVESTISSEURS PROVIDENTIELS, AVEC PLUS DE 2,500 MEMBRES INVESTISSEURS ACCRÉDITÉS RÉPARTIS EN 46 ASSEMBLÉES SUR TROIS CONTINENTS.

MISSION
Membres de l'équipe / Empoyés

* « UNE FORMIDABLE ASSOCIATION AVEC DES FLUX DE TRANSACTIONS DE QUALITÉ » - APPLIQUER L'INTELLIGENCE DISTRIBUÉE POUR PRENDRE DES DÉCISIONS ÉCLAIRÉES ET SOUTENIR DES ENTREPRENEURS.

RÔLE
Partenaires / Alliances

* AGIR COMME DES PARTENAIRES, OFFRANT AUX ENTREPRENEURS « PLUS QUE DE L'ARGENT » ET LES FAISANT « BÉNÉFICIER DE LEUR EXPÉRIENCE COMME MENTORS ET DE LEURS RÉSEAUX ».

PASSION :

CONSTITUER UNE COMMUNAUTÉ ET ENCOURAGER LES ESPRITS CURIEUX

Conclusion : Une passion pour constituer une communauté et encourager les esprits curieux

La création du Keiretsu Forum résulte de la passion de Randy Williams : constituer une communauté et encourager les esprits curieux.

Un facteur de réussite majeur du Keiretsu Forum est qu'il applique les processus de partage et d'essaimage de l'intelligence collective pour aider tant les investisseurs providentiels que les entrepreneurs à accroître leurs performances, à prendre des décisions avisées et trouver des solutions novatrices.

Alors, que faut-il pour créer une communauté comme Keiretsu ? La « Passion », dit Williams. « Il faut de la passion pour constituer une communauté. Et vous devez avoir le respect des gens que vous amenez à la table. Vous devez aussi être d'esprit curieux. J'apprends quotidiennement quelque chose de nouveau des membres de Keiretsu et des entrepreneurs. »

Un facteur de réussite majeur du Keiretsu Forum est qu'il applique les processus de *partage* et d'*essaimage* de l'intelligence collective pour aider tant les investisseurs providentiels que les entrepreneurs à (1) étalonner des standards collectifs pour des investissements réussis et (2) partager de bonnes pratiques pour soutenir la mise en œuvre de stratégies fructueuses. Cette synergie mène à des performances accrues et des décisions avisées pour les investisseurs ET les entrepreneurs. Comme Williams le souligne, ce « capital intellectuel » est beaucoup plus puissant que le seul capital financier dans la réussite de lancement de start-ups.

Le Keiretsu Forum de Randy Williams est un exemple probant de création d'une Communauté Générative d'Entreprises. La vision de Williams de créer un cadre gagnant-gagnant pour les investisseurs ET les entrepreneurs a d'évidence attiré des gens qui réussissent dans les deux milieux et a été l'occasion de soutenir leurs visions, missions et ambitions respectives. La communauté Keiretsu est composée de personnes qui partagent des croyances et valeurs communes conciliant les besoins et désirs de l'ego ET de l'ame. C'est ce que j'appelle une « culture gagnante ».

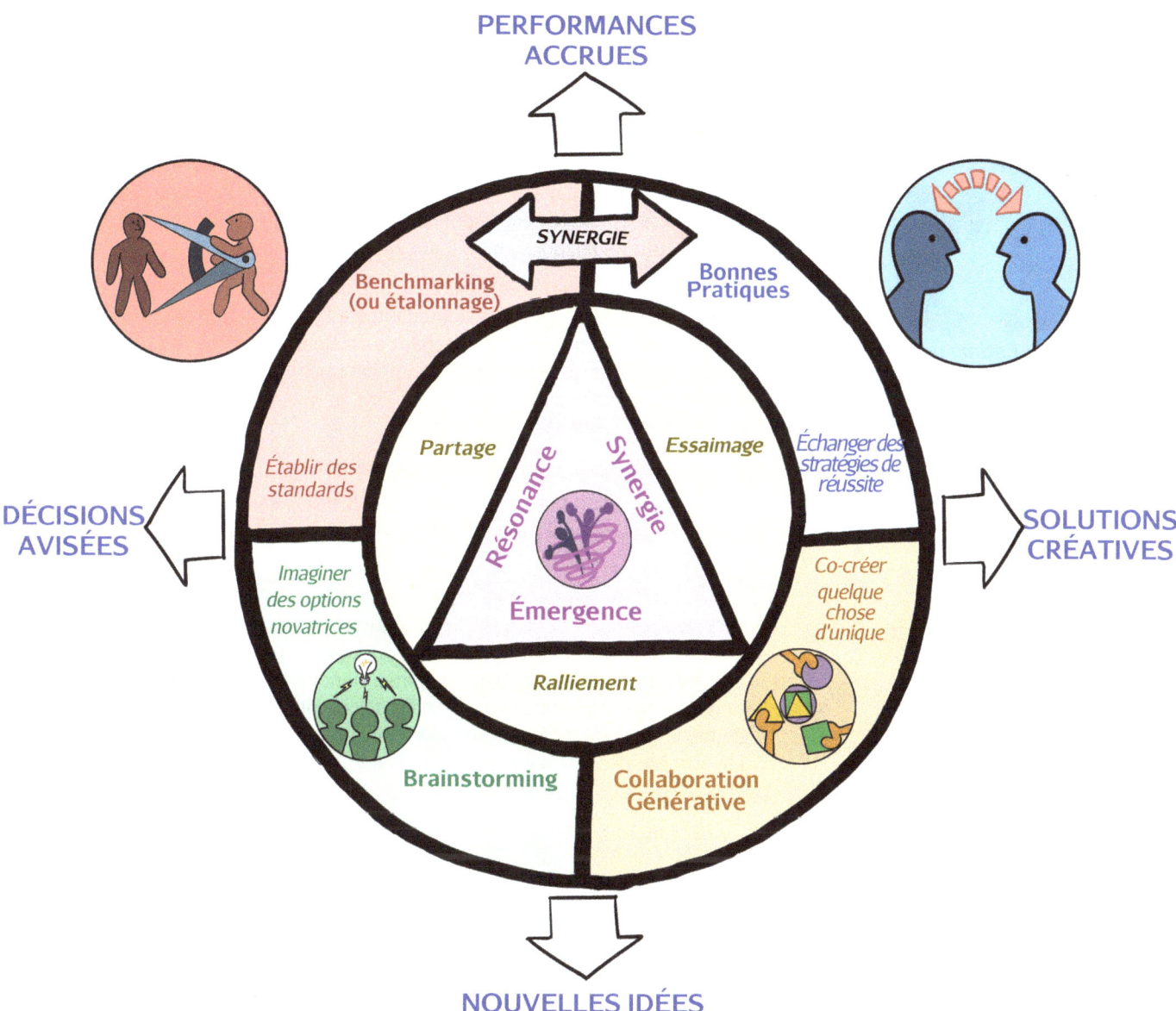

Le Keiretsu Forum de Randy Williams conjugue les activités d'Étalonnage et de Bonnes Pratiques pour améliorer la performance et la prise de décisions avisées pour les investisseurs ET les entrepreneurs.

Caractéristiques d'une Culture « Gagnante »

Généralement le sens de *gagnant(e)* est « qui réussit à atteindre une position ou un état ». Le mot « win », (en français « gagner »), vient de l'anglais ancien *winnan* signifiant « lutter ». Ainsi, le sens implicite du terme est « atteindre ou acquérir par des efforts » ou « obtenir par le travail ». La notion de « lutte » implique aussi la capacité à « remporter la victoire dans une compétition ». Toutefois, il est également important de noter que *winnan* est aussi en lien avec le substantif *wynn*, qui signifie « joie, plaisir et bonheur ».

Une « culture gagnante » est donc une culture qui permet d'atteindre un état désiré, de mobiliser la motivation adaptée à l'effort et au travail nécessaires, de réussir à surpasser d'autres cherchant à atteindre le même but, et aussi d'avoir plaisir à et être heureux de l'accomplissement. Dans cette perspective, les cultures gagnantes sont « aptes pour l'avenir ». Ainsi, une culture gagnante est en mesure de favoriser :

- Une expectative d'avenir prometteur
- Un sentiment de capacité et de responsabilité
- Une estime de soi et un sens d'appartenance

Une culture gagnante se caractérise donc par l'optimisme, une orientation vers des résultats désirés et l'instauration de valeurs explicites et cohérentes étayant l'« âme » autant que l'« ego ». Les cultures gagnantes sont en mesure d'équilibrer durablement l'enthousiasme, l'innovation et la créativité avec talent et pragmatisme. Elles sont aussi capables d'accueillir et de tirer profit de la diversité, de façon à optimiser ce que chaque individu impliqué a de meilleur ; partant de l'hypothèse que chaque membre de l'équipe ou entreprise a une contribution à apporter.

La culture selon le dictionnaire American Heritage est « l'ensemble des schémas comportementaux, arts, croyances, institutions et tout autre produit du travail ou de la pensée humaine socialement transmis ». Le dictionnaire Merriam-Webster définit la culture comme « les croyances coutumières, pratiques sociales et traits distinctifs d'un groupe ethnique, religieux ou social » et « l'ensemble des attitudes, valeurs, buts et pratiques partagés caractérisant une entreprise ou une corporation ». Le terme peut donc s'appliquer à un groupe aussi restreint qu'une famille comme à une nation entière.

Estime de soi et sens de l'appartenance

Sentiment de capacité et de responsabilité

Expectative d'un avenir prometteur

Caractéristiques d'une Culture « Gagnante »

Le concept de culture a été explicitement défini pour la première fois en 1871 par l'anthropologue britannique Edward B. Tylor. Il l'a utilisé en référence à « ce tout complexe qui englobe les connaissances, croyances, arts, morales, lois, coutumes, et tout autre capacité et habitude acquise par l'Homme en tant que membre d'une société ». Ces définitions de la culture impliquent autant la culture intangible transmise par les individus sous forme de styles de pensée, croyances et présupposés sur le monde, que la culture tangible qui comprend l'expression de valeurs et comportements comme les outils, arts, poteries et autres vestiges.

L'intégralité ou « essence » d'une culture est la synthèse de ses éléments intangibles et tangibles. Une culture intègre son environnement, les schémas comportementaux qui la sous tendent, les styles de pensée qui la reflètent, les valeurs et croyances culturelles, les rituels, les arts et autres produits de la culture. Ensemble ces éléments créent un tout cohérent, ou ce que nous avons appelé un « champ ».

Si ce champ est marqué, il a un effet auto-organisationnel sur les personnes qui y agissent. Il devient l'eau dans laquelle ils nagent. La culture d'excellence que Steve Jobs a instauré chez Pixar et Apple est un bon exemple de la puissance de ce type de champ. Comme disait Jobs « Si les gens travaillent dans un environnement où on attend l'excellence, alors ils feront un excellent travail sans rien d'autre que de l'auto-motivation. Je parle d'un environnement dans lequel l'excellence est remarquée, respectée et intégrée dans la culture. Si vous avez ça, vous n'aurez pas besoin de dire aux gens de faire un excellent travail. Ils le comprennent par leur environnement ».

En fait, étymologiquement le terme culture vient du latin *cultura* qui signifie littéralement, « ce qui sera soigné, conservé, cultivé ».

Dans cette perspective, la finalité positive de la culture est de :

- Créer une cohésion – promouvoir un sentiment d'appartenance et fournir un cadre qui donne un sens aux actions des personnes.
- Préserver ce qui est bon/efficace – acquérir et transmettre des connaissances aux générations à venir.
- Préserver l'identité/les racines – offrir une stabilité.
- Encourager et récompenser les actions réussies.
- Offrir la sécurité.
- Favoriser la croissance.

Une culture intègre son environnement, les schémas comportementaux qui la sous tendent, les styles de pensée qui la reflètent, les valeurs et croyances culturelles, les rituels, les arts et autres produits de la culture.

Les cultures ont une forte incidence auto-organisationnelle sur les personnes qui y interagissent.

Allégorie de l'Expérience des Singes

Comme l'illustre l'histoire de *La Soupe au Caillou* en début de chapitre, toutes les cultures ne sont pas gagnantes ; même si le potentiel est toujours présent. Les épreuves et la pénurie peuvent générer des qualités à l'opposé d'une culture gagnante en poussant les gens à des stratégies de survie qui peuvent inconsciemment imprégner la culture.

Dans une expérience évocatrice de la création des modèles culturels inconscients, une demi-douzaine de singes sont mis dans une grande cage. Un beau régime de bananes est accroché au dessus d'un escalier. La cage est aménagée de telle sorte que dès qu'un singe commence à gravir les marches, tous les singes reçoivent des jets d'eau glacée à haute pression.

Très vite les singes apprennent à éviter l'escalier et à empêcher leurs congénères de s'approcher trop près de celui-ci. Fait intéressant, le comportement d'évitement perdure même quand les expérimentateurs coupent l'eau. Les singes ne se rendent jamais compte que l'eau est coupée car ils ne s'approchent plus de l'escalier craignant ce qui pourrait arriver du fait de leur commune appréhension fondée sur leur vécu d'aspersion.

Quand l'un des singes est remplacé par un nouveau, le nouvel arrivant pense naturellement que les bananes sont là pour être prises, et se dirige vers l'escalier. Craignant ce qui pourrait arriver après ce qu'ils ont vécu, le reste du groupe fait corps pour maintenir le nouveau venu à l'écart de l'escalier. Après plusieurs tentatives, le nouveau singe apprend vite la règle, « l'escalier est hors-limites », même si il ne sait pas pourquoi.

Ensuite, un autre singe du groupe d'origine est retiré et remplacé par un nouveau. Ce second nouveau venu finit par voir les bananes et commence à se diriger vers l'escalier pour les attraper. Encore une fois, le reste du groupe se rue pour l'en empêcher y compris le précédent nouvel arrivant - apparemment motivé à se joindre aux autres pour arrêter ce nouveau venu. Il pense sans doute, « si je ne peux grimper sur l'escalier, il en est de même pour toi ! »

Une demi-douzaine de singes sont mis dans une grand cage. Un beau régime de bananes est accroché au dessus d'un escalier.

Quand un des singes grimpe les marches pour avoir les bananes, tous reçoivent une douche d'eau glacée. Ils apprennent vite à éviter d'aller sur les marches.

Un troisième singe d'origine est alors remplacé par un nouveau. La même chose se produit, il est aussi écarté de l'escalier. Deux des cinq singes qui se ruent pour l'arrêter n'ont aucune idée de la raison pour laquelle ils ne peuvent gravir l'escalier (ils n'ont jamais été aspergés et l'eau est toujours coupée). Ils ont juste appris de leurs interactions avec les autres que l'escalier est interdit à quiconque.

Au fil du temps, tous les singes qui ont vécu les effets néfastes associés au fait d'emprunter l'escalier sont retirés un à un de la cage et remplacés par des nouveaux. Le groupe enseigne à chaque nouveau singe que « cet escalier est hors-limites » et la proscription d'emprunter l'escalier pour avoir les bananes se perpétue, même si aucun des nouveaux singes n'était là quand les jets d'eau ont été utilisés sur le groupe de singes d'origine.

De ce fait, longtemps après que les jets d'eau aient été désactivés et tous les singes du premier groupe qui avaient été aspergés aient été remplacés, la proscription d'emprunter l'escalier pour avoir les bananes demeure sans être remise en question. La raison en est que pour le nouveau groupe de singes « il en a toujours été ainsi ici ».

Même si l'expérience est très probablement apocryphe, elle illustre clairement la façon dont sont créées ce que j'appelle les « virus mentaux ». Un *virus mental* est une croyance limitante ou « barrière mentale » qui n'a plus aucun lien avec les expériences et expectatives qui l'ont créée. Les virus mentaux sont particulièrement difficiles à changer parce qu'ils ne sont plus fondés sur l'expérience qui les a créés au départ.

La seule façon de briser le schéma dans le cas des singes est d'introduire dans la cage un singe « rebelle » qui enfreint les conventions, fait fi des tentatives pour l'arrêter, emprunte l'escalier et mange les bananes. Après un temps d'observation horrifiée, les membres du groupe se mettent aussi à tester l'escalier. Bientôt, ils empruntent tous l'escalier pour prendre les bananes, bénéficiant ainsi des actes du singe rebelle.

Si l'un des singes du groupe d'origine est remplacé par un nouveau, les membres restant, de peur d'être aspergés, se mobilisent pour l'empêcher de gravir les marches pour attraper les bananes. Il apprend vite la règle, « l'escalier est hors-limites ».

Quand on remplace un autre singe d'origine, le premier singe de remplacement se joint au reste du groupe pour empêcher le nouveau venu d'emprunter l'escalier parce que « c'est comme ça ici ».

Au final tous les singes d'origine sont remplacés. Ceux qui sont dans la cage n'ont jamais vécu l'aspersion. Ils continuent d'éviter l'escalier sans savoir précisément pourquoi.

Encourager les Qualités Entrepreneuriales

Les entrepreneurs de nouvelle génération ressemblent un peu au singe « rebelle » de l'allégorie précédente. Ils sont prêts à outrepasser les barrières mentales et les critiques pour réaliser leurs objectifs et ambitions ; et, ce faisant, ils transforment souvent la perception culturelle de ce qui est possible et admissible.

L'étranger dans l'histoire de *la Soupe au Caillou* en début de chapitre illustre aussi comment des entrepreneurs et une attitude entrepreneuriale peuvent éveiller les autres et transformer une culture « parasitée » par une mentalité de pénurie.

L'encouragement d'attitudes et de qualités entrepreneuriales a joué un rôle clé dans chacun des cas de Facteurs de Réussite présentés jusqu'ici dans ce livre. Steve Fiehl et ses partenaires chez CrossKnowledge ont fait de l'« entrepreneuriat » une des valeurs centrales de leur société. Le programme diplômant de Cycle Supérieur en Management de Stefan Crisan pour l'EDHEC a été un produit de son propre esprit entrepreneurial. Le programme est imprégné par cette attitude et les participants sont soutenus et encouragés à développer nombre de savoir-faire et attitudes entrepreneuriaux. La réussite de Randy Williams avec le Keiretsu Forum démontre clairement le pouvoir d'une communauté dont la création s'appuie sur l'instauration de qualités entrepreneuriales.

Nous l'avons vu, les entrepreneurs de nouvelle génération ont des caractéristiques spécifiques. Ils désirent vivre leurs rêves et sont capables d'éviter les pièges du « dogme » ou du « vacarme » des opinions d'autres personnes, comme l'a indiqué Steve Jobs. Ils ont découvert qu'ils peuvent faire une différence, améliorer le cours des choses, rebondir face à l'adversité et même faire ce que d'autres considèrent comme « impossible ». Ils abordent de façon créative les problèmes et sont capables de trouver sans cesse différentes voies pour surmonter ou transformer les obstacles.

Dans le *Tome 1 SFM*™ (p.192), j'ai abordé la référence que fait Joseph Campbell à l'archétype du « village ». Le *village* représente l'« ego » et la vie que nos société et culture traditionnelles ont planifiée pour nous. Il repose sur des qualités de l'ego : sécurité, contrôle, bénéfices personnels et conformité. Dans le village, nous réussissons en respectant les règles et, comme Steve Jobs l'a dit, « sans trop ruer dans les brancards, en menant une vie familiale convenable, en se divertissant, en mettant un peu d'argent de coté, etc ». La vie du village nous procure sécurité et certitude mais elle peut aussi être « restreinte ». Comme illustré dans l'histoire de *la Soupe au Caillou* et l'allégorie du singe, elle peut aussi imposer des contraintes créées par des « virus mentaux » inconscients et des barrières de croyances.

Les entrepreneurs de nouvelle génération ont des caractéristiques spécifiques. Ils ont découvert qu'ils peuvent faire une différence, changer les choses pour le meilleur, rebondir face à l'adversité et même faire ce que d'autres considèrent comme « impossible ». Ils abordent de façon créative les problèmes et sont capables de trouver sans cesse différentes voies pour surmonter ou transformer les obstacles.

Les Entrepreneurs, pour leur part, tendent vers l'archétype du « voyage ». Au cours du *voyage*, nous suivons notre cœur, notre vision et notre appel pour trouver notre voie et découvrir quelque chose de nouveau. C'est le chemin de tous les grands leaders, entrepreneurs et pionniers. Par les défis et découvertes que nous faisons en chemin, nous acquérons courage, intuition, sagesse, résilience et une plus grande conscience de nous-mêmes et du monde. Et quand nous revenons au village nous sommes capables d'apporter notre contribution individuelle unique et sommes acceptés et reconnus comme qui nous sommes vraiment. Suite à notre évolution, nous apportons de nouvelles idées et une nouvelle vie au village, permettant à plus de gens d'y prospérer.

Alors que l'« ego » et le « village » sont nécessaires, le risque est qu'ils produisent une rigidité et d'inutiles limitations s'ils ne sont pas équilibrés par les qualités complémentaires de l'« âme », du « voyage » et de l'entrepreneur.

Le voyage de l'entrepreneur consiste à apprendre à vivre avec son « canal ouvert », selon les mots de Martha Graham, pionnière de la danse moderne. Il s'agit de découvrir votre vision et mission, de vivre vos rêves et créer un monde meilleur. Le tableau ci-dessous compare certaines des qualités clés d'entrepreneurs à celles de « villageois ».

La vie d'un Villageois procure sécurité et certitude, mais elle peut aussi être « restreinte ».

Qualité	Entrepreneurs	Villageois
Orientation générale	*Vers des objectifs.*	*Loin des problèmes*
Locus de contrôle	*Proactif en référence interne*	*Réactif en référence à « l'autre »*
Approche des tâches	*Options et choix*	*Procédures à suivre*
Cadre temporel	*Présent vers Futur*	*Passé*
Mode de comparaison	*Par différences*	*Par similitudes*
Découpage Situation	*Globalité - Vision*	*Détails*

Comparatif des Qualités Clés d'Entrepreneurs et de « Villageois »

La vie du Voyage implique de suivre son cœur, sa vision et son appel pour trouver sa propre voie et découvrir quelque chose de nouveau.

Une culture gagnante promeut les qualités entrepreneuriales en encourageant (et en récompensant) les individus à :

- Penser à ce vers quoi ils veulent aller (par opposition à ce qu'ils veulent éviter).
- Faire preuve de proactivité et prendre des décisions par eux-même.
- Rechercher des options et envisager de nombreux choix possibles.
- Se concentrer à actualiser le futur (plutôt que de reproduire le passé).
- Rechercher les différences et tenter de trouver des moyens de faire une différence.
- Penser en termes d'image globale et de vision (au lieu de se perdre dans les détails).

Encourager les qualités entrepreneuriales est certes important dans de petites start-up mais aussi dans de grandes organisations, qui peuvent facilement sombrer dans l'attitude du « villageois ».

Encourager ces types d'attributs est certes important dans de petites start-up mais aussi dans de grandes organisations, qui peuvent facilement sombrer dans l'attitude du « villageois ». Un esprit entrepreneurial est essentiel à l'innovation et au progrès. Ce genre d'attitude culturelle apparait clairement dans ce que dit Steve Jobs, « Notre culture récompense effectivement la pensée indépendante, et nous avons souvent des désaccords constructifs – à tous niveaux... Notre attitude est que nous voulons le meilleur. Ne vous attachez pas à qui détient l'idée. Prenez la meilleure, et en avant. »

Créer une Culture Gagnante

La promotion des qualités entrepreneuriales est à l'origine de la création de ce que nous avons appelé une « culture gagnante » et la clé de voûte d'une Communauté Générative d'Entreprises. Comme l'illustre la réussite de Williams avec le Keiretsu Forum, pour constituer des entreprises et des communautés génératives, il est important que les entrepreneurs et leaders instaurent et favorisent une culture pouvant utilement soutenir la réalisation de la vision de l'entreprise, créer de la valeur pour les parties prenantes, favoriser la participation et le développement des gens impliqués dans l'entreprise, et fournir des produits et services de qualité aux clients.

Ce type de culture crée une communauté dont les membres sont :

- Alignés sur une vision et des valeurs communes
- Respectueux de la diversité
- Novateurs
- Agiles – prompts à réagir et s'adapter
- Arrangeants – réceptifs en interne et en externe
- Efficaces – ils visent la réduction du gaspillage et l'optimisation des ressources

Les qualités d'une culture gagnante.

La définition SFM™ de la réussite se fonde sur la réalisation de résultats gagnant-gagnant. Il est évident qu'une culture gagnante s'appuie aussi sur le postulat d'interactions « gagnant-gagnant », par opposition aux interactions à « somme nulle ». Comme je l'ai défini dans le *Tome I SFM*™ (p. 130), une *interaction à somme nulle* se produit quand, dans une interaction, une personne ou partie gagne et l'autre perd – comme dans un jeu, une compétition ou un conflit. Au final les résultats gagnant (+1) et perdant (-1) s'annulent mutuellement pour arriver à zéro (0).

Comme le démontrent le comportement des villageois au début de l'histoire de la Soupe au Caillou et celui des singes dans l'expérience allégorique, les interactions à somme nulle se produisent souvent en situations où une pénurie liée à une ressource vitale est perçue ou présupposée, ne permettant qu'à un seul protagoniste de réussir ou survivre. Les interactions à somme nulle mènent à la mainmise ou au pouvoir d'une seule des parties interagissant. Les *interactions gagnant-gagnant*, quant à elles, présupposent qu'il y a potentiellement assez de ressources pour tous, ou que chacun peut en bénéficier d'une manière ou d'une autre, et créent en général par effet de rétroaction positive une boucle vertueuse qui génère évolution et croissance.

Il peut aussi y avoir des interactions à « somme négative » ou « perdant-perdant » desquelles aucune des parties ne tire avantage. Cela se produit quand, par dépit ou ignorance, une partie tire l'autre vers le bas avec elle. Bien que les interactions à somme négative ne soient pas rationnelles, elles arrivent plus souvent qu'on ne le pense. Souvent, c'est parce que ce qui semble être gagnant à court-terme s'avère perdant à long terme (c.-à-d., gagner une bataille mais perdre la guerre).

Contrairement aux interactions à somme nulle ou négatives, les interactions gagnant-gagnant recherchent le profit mutuel de toutes les parties impliquées dans la situation. Dans une culture gagnante, par exemple, les actions des personnes visent à influencer positivement le plus grand nombre possible d'éléments du système. Selon Abraham Lincoln, le but de nos actions devrait être de « faire le plus grand bien au plus grand nombre de personnes ».

En résumé, une culture gagnante est l'assise d'une Communauté Générative d'Entreprises. C'est une culture à la fois soutenante et efficace – elle soutient les personnes et produit des résultats de qualité. Dans une culture gagnante les gens changent, évoluent et gagnent en compétences et les processus avec lesquels se réalisent les tâches s'améliorent en continu. Elle est efficace car elle est soutenante, et elle est soutenante pour être efficace. Comme l'illustre clairement le Keiretsu Forum de Williams, dans une culture gagnante :

C'est une culture à la fois soutenante et efficace – elle soutient les personnes et produit des résultats de qualité.

1. Ensemble les gens travaillent bien et vite – avec une « énergie positive »
2. Tous les membres sont impliqués et utiles
3. Tous les membres contribuent et sont valorisés
4. Les interactions humaines produisent des résultats novateurs

Les *Catalyseurs de Collaboration* et les *Catalyseurs de Créativité Collective* présentés dans les précédents chapitres, le *Contenant COACH* du chapitre 1 et les exercices de développement de la *Collaboration Dynamique* du prochain chapitre sont des pratiques efficaces contribuant à créer une culture gagnante.

Catalyseur de Collaboration SFM™ : Exercice d'Affirmation en Groupe

Dans la culture gagnante d'une Communauté Générative d'Entreprises, les gens croient les uns aux autres et confortent les aptitudes de chacun à réaliser des rêves et objectifs. Voici un catalyseur de collaboration que nous faisons souvent dans nos programmes SFM™ et séances de coaching d'équipes pour créer un « champ » de soutien entre les membres d'une équipe ou des collaborateurs. C'est un exemple de mise en œuvre de ce que j'ai appelé le « ralliement ».

Cet exercice est une variante des processus *Trouver Soutien et Sponsoring et Rassembler Vos Alliés* présentés dans le *Tome I SFM™* (pp. 144-147). C'est aussi un bon suivi et un complément du processus *Favoriser un Champ de Co-Sponsoring* décrit au chapitre 1 de ce livre. *Le sponsoring* implique de créer un espace dans lequel les autres peuvent agir, grandir et exceller. Les sponsors offrent un contexte, des contacts et des ressources (y compris, mais pas limitées à, des ressources financières) permettant au groupe ou à l'individu sponsorisé de se concentrer sur ses propres savoir-faire et compétences, de les développer et les utiliser pleinement. Le sponsoring implique de s'engager à mettre en avant quelque chose qu'une personne ou un groupe possède déjà, mais qui n'est pas encore pleinement manifesté. Cela suppose de chercher, soutenir et préserver les potentiels d'une autre personne pour qu'ils puissent s'exprimer pleinement.

Cela passe souvent par une communication authentique et congruente avec de simples affirmations, pourtant « capacitantes », comme :

Il est souhaitable et important que vous réussissiez.

Vous pouvez réussir.

Vous êtes capable de réussir.

Vous méritez de réussir.

L'*Exercice d'Affirmation en Groupe* permet, par ce type de message, d'intensifier et d'améliorer le « champ » de co-sponsoring d'un groupe ou d'une équipe. Il se pratique d'ordinaire en groupe de 5 personnes. Un membre du groupe est l'entrepreneur / présentateur et les autres des « sponsors ». Les sponsors se placent debout autour du présentateur ; un devant lui, l'autre derrière, un à sa gauche et un à sa droite. Chacun choisit d'exprimer une des affirmations précédemment listées.

> *Le sponsoring implique de s'engager à mettre en avant quelque chose qui existe déjà chez quelqu'un ou dans un groupe, mais qui n'est pas encore pleinement manifesté. Cela suppose de chercher, soutenir et préserver les potentiels d'une autre personne pour qu'ils puissent s'exprimer pleinement.*

Les croyances congruentes et favorables d'autrui accroissent notre confiance et notre motivation dans la réalisation des étapes nécessaires à nos projets et entreprises.

1. Le groupe entre dans l'état COACH et crée un Contenant COACH. Le présentateur fait l'« elevator pitch » (argumentaire express) de son projet ou entreprise. Les sponsors écoutent avec une grande qualité d'attention et vivent les moments où il y a résonance avec le projet ou l'entreprise du présentateur.

2. Un à un, chaque sponsor dit à voix haute, de manière authentique et congruente, l'affirmation qu'il ou elle a choisit pour le présentateur. Il est important que les « sponsors » s'assurent de pouvoir sincèrement exprimer l'affirmation qu'ils ou elles ont choisi.

   En option, quand chaque sponsor a verbalisé son affirmation, ils peuvent tourner (dans le sens horaire) autour du présentateur et répéter chaque affirmation à partir d'un autre endroit. Cela peut se faire jusqu'à ce que chaque sponsor revienne à son point de départ.

   Autre option, chaque sponsor peut se mettre à répéter son affirmation trois ou quatre fois en même temps que les autres disent la leur, dans n'importe quel ordre et quand ils en ont envie. Quand ils ont fini de répéter plusieurs fois les affirmations, les sponsors et le présentateur se taisent. Le groupe garde le silence jusqu'à ce que le présentateur hoche la tête, signalant que les messages ont été reçus et intériorisés.

3. Le présentateur partage ensuite avec le groupe ce qui a changé ou a été renforcé dans son sentiment de confiance et d'engagement vis à vis de son projet ou entreprise.

4. Un autre membre du groupe se propose alors comme présentateur et le processus est répété, jusqu'à ce que tous les membres du groupe soient passés par chacune des positions.

   Un exemple simple et touchant de la puissance de ce type d'affirmation en groupe est une courte vidéo* où un petit garçon tente de franchir une table de saut lors d'une démonstration publique de jeunes gymnastes. Après plusieurs tentatives infructueuses où il n'a même pas été sur le point de franchir l'obstacle - plus haut que lui - l'enfant est visiblement découragé. Il commence à essuyer des larmes alors qu'il s'apprête à recommencer. Soudain, toute son équipe quitte les gradins et se regroupe en cercle autour de lui ; l'encourageant et l'acclamant tous simultanément. Porté par la confiance et l'énergie de ses équipiers, à l'essai suivant l'enfant franchit aisément l'obstacle à la surprise et avec la reconnaissance du public entier.

---

* La vidéo est visionnable sur Youtube sous le titre : *« Flocking » example Japan*

Dans une culture gagnante, la croyance des collaborateurs les uns dans les autres crée un champ qui favorise la réussite.

Réaliser Quelque Chose à partir de Rien : Constituer une Communauté Générative d'Entreprises

Établir les Relations Génératives Conduisant à la Collaboration Générative

Comment passer de « je ne suis personne » à « je suis quelqu'un »

L'aptitude à faire quelque chose à partir de rien est inhérent à l'établissement de relations. Instaurer des rapports humains solidaires et productifs constitue le socle d'une Communauté Générative d'Entreprises ; notamment, en créant des « relations génératives » qui mènent à une collaboration générative. *Les Relations Génératives* sont celles qui créent un résultat supérieur à la somme des parties. Elles sont une expression du principe : 1+1=3. Bien plus que les autres formes de synergie ou de collaboration que nous avons déjà vues, les relations génératives sont à même de créer une expansion majeure de notre *identité*.

Les relations générative sont à même de créer une expansion majeure de notre identité.

Nous constatons souvent dans nos programmes et séances de coaching SFM™ que les gens se limitent dans la poursuite de leurs rêves et visions en se faisant « petits ». Ils disent, « J'ai cette grande vision, mais qui suis-je ? Je ne suis personne. Je suis qu'un 'petit moi'. Quelle différence puis-je faire ? Si j'étais 'Steve Jobs' alors je pourrais faire quelque chose ».

En fait, la plupart des entrepreneurs et leaders brillants ont commencé en étant « personne ». Steve Jobs, par exemple, était le fils illégitime d'une étudiante, élevé dans une famille d'ouvriers et qui a abandonné l'université en cours de premier semestre. Comment a-t-il fini par fonder et devenir le DG de la plus grande entreprise technologique du monde ?

Les gens qui réussissent gardent le contact avec un vaste réseau d'amis et d'associés, contribuant à créer un réseau de chance - des gens qui les soutiennent et les informent de nouvelles opportunités.

Bien sûr, nous avons déjà souligné l'importance du « facteur chance ». Il est facile de dire que les entrepreneurs qui réussissent, comme Steve Jobs, ont juste eu de la « chance ». Toutefois, un puissant levier pour « maximiser vos chances » de devenir chanceux est d'instaurer des relations. Nous l'avons déjà souligné, les personnes prospères et « chanceuses » gardent le contact avec un vaste réseau d'amis et d'associés, contribuant à créer un *réseau de chance* - des gens qui les soutiennent et les informent de nouvelles opportunités.

Une grande part de la réussite de Steve Jobs, par exemple, vient de son aptitude à constituer un chemin critique de relations clés accroissant l'influence de sa vision et de ses idées au sein d'une communauté grandissante de clients, membres d'équipe, parties prenantes et partenaires. C'est le fait d'établir ces relations qui a conduit aux collaborations génératives constituant ce qu'il a appelé la « pyramide inversée » qui lui a permis de faire croître la « minuscule graine » de son idée d'ordinateur personnel en activité internationale. Les relations génératives et les collaborations génératives ouvrent des portes qui font qu'il est possible de créer quelque chose à partir de rien.

Le commentaire de Jobs (voir le *Tome I SFM*™, p. 274) disant qu'il n'a jamais trouvé quelqu'un qui refusait de l'aider si il le lui demandait est un message fort sur sa façon d'accroître son facteur chance en constituant un « réseau chance ». Il a aussi dit « quand quelqu'un me demande quelque chose, j'essaie d'être aussi réactif pour payer cette dette de gratitude » qui illustre une attitude fondamentale de culture gagnante et de communauté générative d'entreprises. Établir des relations exige toutefois de la proactivité. Comme Jobs l'a souligné, « La plupart des gens ne demandent jamais. Et c'est ce qui sépare les gens qui font des choses de ceux qui se contentent d'en rêver ».

Comme notre métaphore de l'hydrogène et de l'oxygène se combinant pour produire de l'eau, les relations et les collaborations génératives nous transforment en quelque chose de plus grand qu'un simple individu. De part sa collaboration avec Steve Wozniak qui a conduit à la conception du premier ordinateur Apple, Steve Jobs, par exemple, n'est plus juste un étudiant qui a décroché ; il est devenu un « designer d'ordinateurs ». Une fois établies les relations avec d'autres personnes sachant concevoir des ordinateurs, il est devenu un « fabricant d'ordinateurs ». Puis, en créant des liens avec des personnes ayant un savoir-faire juridique et financier, il est devenu « DG d'une petite entreprise« et ainsi de suite. Au fil de l'expansion de la spirale des relations, sa propre identité a grandi avec celle de ses entreprises et projets.

Une grande part de la réussite de Steve Jobs a tenu à sa capacité à établir des relations clés.

La Spirale de la Collaboration SFM
(SFM Collaboration Spiral™)

Les effets des relations génératives peuvent être représentés par une spirale ascendante où des collaborations clés mènent à la création de plateformes successives, sous forme de projets ou entreprises, étendant la zone d'influence de l'entrepreneur et le ou la plaçant sur la trajectoire de sa mission vers la vision plus large.

Nous avons constaté que cette capacité à reconnaître l'importance d'établir des relations génératives, et la volonté de s'y engager activement, est l'un des plus importants facteurs de réussite des entrepreneurs et leaders dans la création de projets et entreprises réussis.

La plupart du temps, nous commençons seuls notre voyage d'entrepreneurs. Quelque chose suscite en nous une vision de la façon dont les choses pourraient être différentes ou améliorées et nous ressentons la mission pour contribuer à cette vision. Quand cela se combine à notre ambition de laisser notre empreinte et à notre désir de croissance et de maîtrise, la « graine » du projet ou le « caillou » de la Soupe au Caillou émergent. Au début, nous ne sommes « personne » avec juste une idée, comme l'étranger et son caillou à faire de la soupe. Mais si nous communiquons avec congruence et passion notre vision et notre mission aux autres, il peut se trouver quelqu'un pour qui ça « résone ». Si nous sommes « chanceux-se », cette personne nous présente à d'autres qui entrent aussi en « résonance » et peuvent fournir des ressources et un soutien clés.

Ces relations constituent le socle sur lequel bâtir une plateforme qui élargit notre rayonnement et soutient notre cheminement vers la réalisation de la vision. Cette plateforme émerge des collaborations génératives rendues possibles par ces relations, tout comme l'eau émerge de l'interaction entre les atomes d'hydrogène et d'oxygène. Du fait de notre participation à la collaboration générative, notamment quand nous accomplissons notre mission au service d'une vision plus vaste, notre identité s'étend à quelque chose qui dépasse notre état de simple individu. Comme je l'ai souligné dans le *Tome 1 SFM™*, interagir avec d'autres en étant relié à une mission – comme une mère rat sauvant ses petits ou le pilote de l'avion du Miracle sur l'Hudson – donne aux différents protagonistes la possibilité d'une expansion identitaire au delà du simple individu, rat ou humain. Les autres nous répondent en nous considérant non plus comme un simple individu isolé mais, comme l'expression d'un rôle et d'une mission plus vastes. Et nous percevons et répondons aux choses non plus à partir d'un « ego » individuel séparé mais de l'identité plus vaste du « holon ».

Les effets des relations génératives peuvent être représentés par une spirale ascendante où, à l'instar de la « pyramide inversée » de Steve Jobs, des collaborations clés mènent à la création de plateformes successives étendant votre zone d'influence et vous plaçant sur la trajectoire de votre mission vers votre vision plus large.

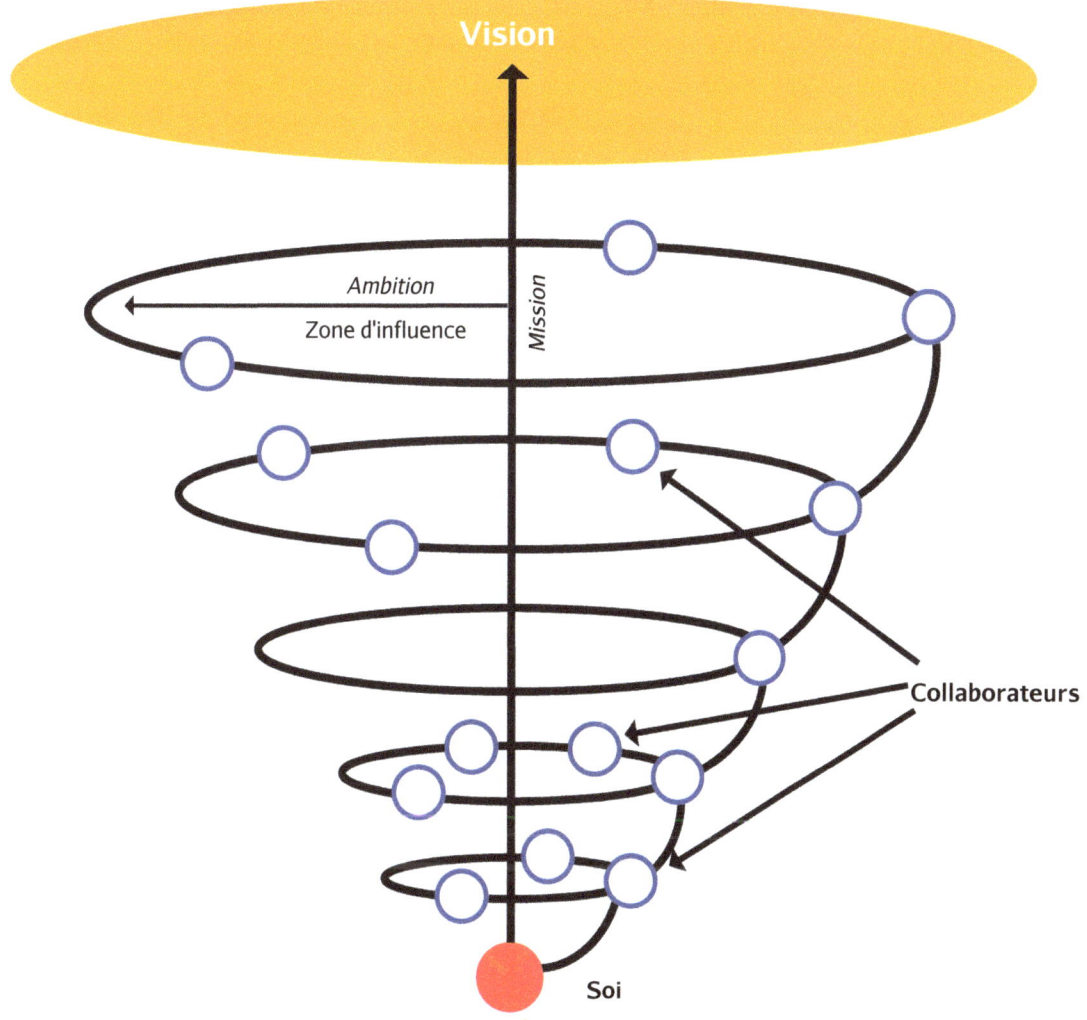

Les collaborations nous permettent d'étendre notre zone d'influence pour remplir nos missions et réaliser nos visions

Réaliser Quelque Chose à partir de Rien : Constituer une Communauté Générative d'Entreprises

A titre de simple exemple, le fait de participer à la production d'un livre tel que celui-ci transforme chaque collaborateur en identités plus larges d'« auteur », d'« éditeur », de « directeur marketing« , etc. Comme autre exemple, Mark Fizpatrick (présenté dans le *Tome I SFM*™, pp. 156-161) a débuté comme simple « commercial » d'une grande entreprise. Toutefois en collaborant avec un ingénieur logiciel de l'entreprise il est passé de « commercial » à « développeur de logiciels » et a poursuivi son ascension pour devenir « directeur général » d'une entreprise de plusieurs millions de dollars.

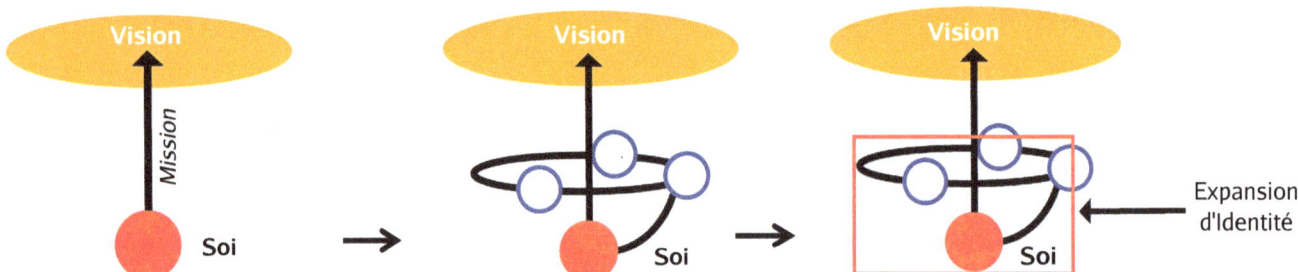

Les relations génératives ouvrent l'accès à un réseau de collaboration et de soutien conduisant à une expansion de notre identité

Il n'est pas rare qu'après avoir constitué une plateforme nous permettant de nous rapprocher de notre vision et d'accomplir notre mission et notre ambition, une version nouvelle ou élargie de notre vision émerge hors de portée de cette plateforme. Pour réaliser l'expression élargie de la vision, il faut repasser par le cycle de croissance, la maîtrise et l'établissement de relations. Cependant, nous ne repartons pas « de zéro » en régressant vers notre identité individuelle en tant qu'« ego » séparé. Nous commençons plutôt à édifier une nouvelle plateforme en partant de notre identité précédemment élargie. En d'autres termes, si je suis déjà un « auteur », je peux démarrer ma nouvelle plateforme en partant de cette identité.

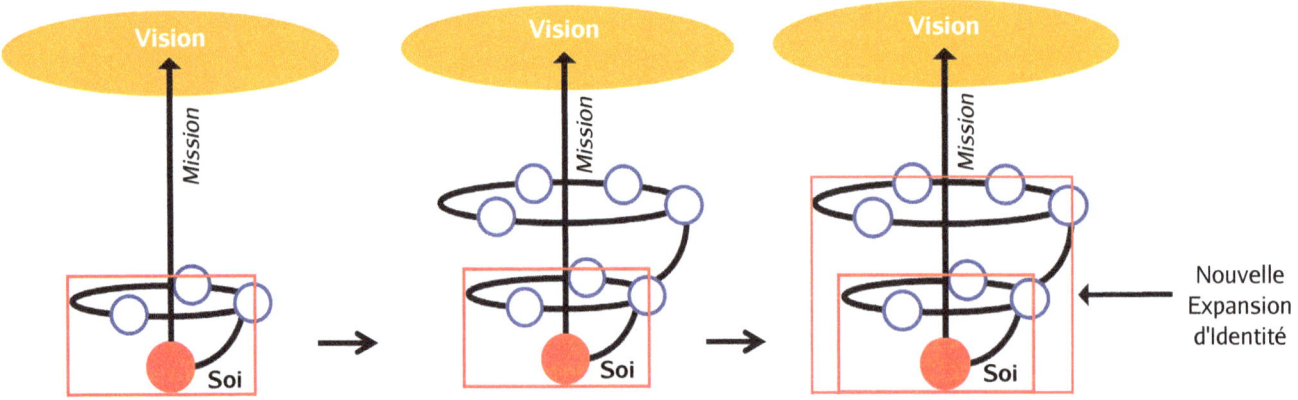

De nouvelles expressions de notre vision émergent de l'élaboration d'une plateforme grâce à la collaboration générative, nous amenant à créer la plateforme suivante qui étendra notre rayonnement et notre identité.

Si votre vision est large, il vous faut au fil du temps édifier un certain nombre de plateformes successives, constituant une sorte de spirale ascendante. Au cœur de la spirale il y a le sentiment du soi et d'identité de l'entrepreneur qui évolue et s'étend alors que s'élabore chaque plateforme dans la quête perpétuelle de l'individu à réaliser sa vision ultime.

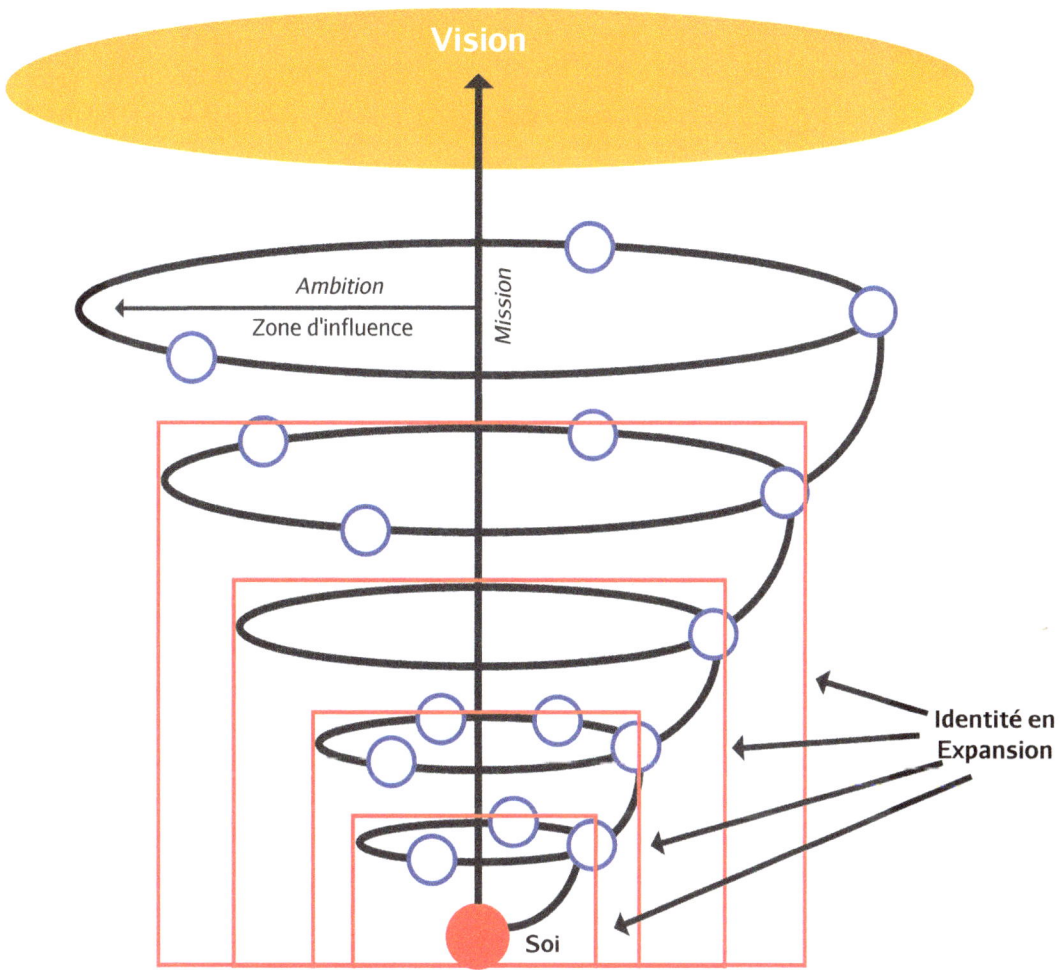

Chaque nouveau niveau de collaboration et d'influence s'accompagne de l'expansion d'identité correspondante

Réaliser Quelque Chose à partir de Rien : Constituer une Communauté Générative d'Entreprises

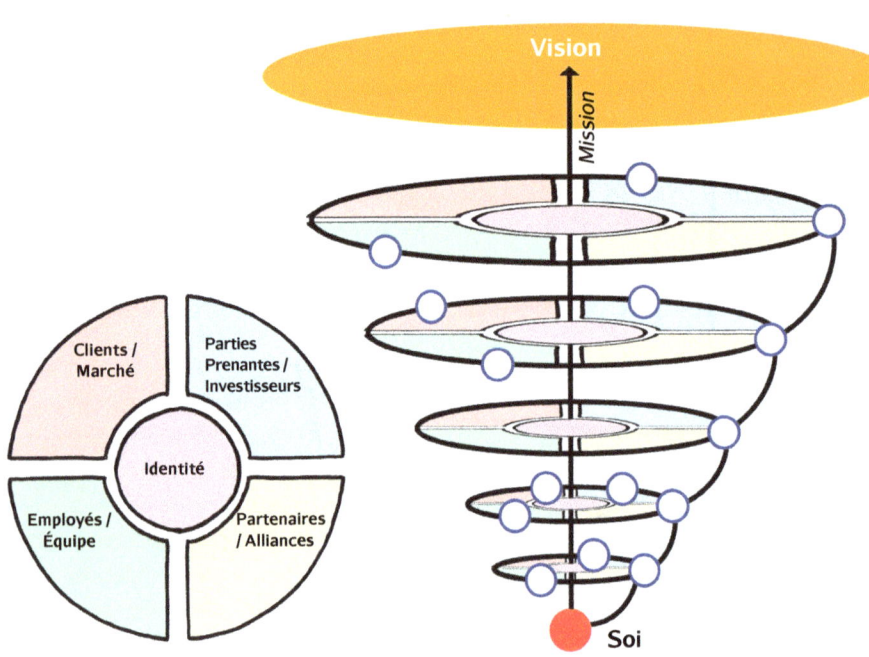

Les plateformes successives de votre Spirale de Collaboration s'élaborent en nouant des relations composant un Cercle de Succès nouveau ou étendu.

À chaque plateforme l'individu grandit et dépasse les limites, perçues comme une « boîte », de son identité en cours. Le fait que l'entrepreneur s'attache ou s'identifie à cette « boîte » peut contribuer à le ou la retenir en arrière. Une fois atteintes et passées les limites d'une plate-forme, l'entrepreneur doit continuer à regarder vers le haut, envisager de nouvelles collaborations potentielles et de plus grandes plateformes pour réaliser sa vision, sa mission et son ambition.

Souvent, une sorte de tension apparait entre les niveaux en expansion des partenariats collaboratifs qu'une personne a établis et la manière dont elle perçoit son identité. Une personne peut, par exemple, avoir établi les relations de collaboration lui permettant de passer à la plateforme d'influence suivante, mais être retenue par le sentiment de ne pas avoir le droit d'endosser l'identité associée à ce nouveau niveau d'influence.*

A d'autres moments, une personne peut vouloir endosser le niveau d'identité de la plateforme supérieure sans avoir mis en place les partenariats collaboratifs lui ouvrant la zone d'influence.

---

* C'est là où certains des processus décrits dans le *Tome I SFM™* peuvent être utiles, notamment *Rassembler Vos Alliés* (p.147) et *La Matrice de l'Identité* (pp.180-186) ; ou l'exercice des *Gardiens du Rêve* à la fin de ce chapitre (pp. 247-248).

Bâtir de Nouvelles Plateformes

En fait, pour bâtir une plateforme solide, l'entrepreneur doit établir des relations clés dans chacune des différentes dimensions du Cercle de Succès. Chaque nouveau niveau de la spirale se concrétise en général par un projet ou entreprise et requiert la création d'un Cercle de Succès pour lequel l'entrepreneur doit établir des relations suffisamment fortes avec de nouveaux clients, membres d'équipe, parties prenantes et partenaires.

Si les relations composant le Cercle de Succès sont trop faibles pour une plateforme donnée, celle-ci peut ne pas supporter la création du niveau suivant de la spirale et commencer à se détériorer voire s'effondrer.

La force de chaque plateforme sera largement déterminée par l'aptitude de l'entrepreneur à contribuer à, et à faciliter, l'intelligence collective avec et entre les différents membres de son Cercle de Succès. Cela exige de participer sans cesse à des étalonnages (benchmarking), brainstormings, bonnes pratiques et à de la collaboration générative avec les clients, membres de l'équipe, partenaires et parties prenantes.

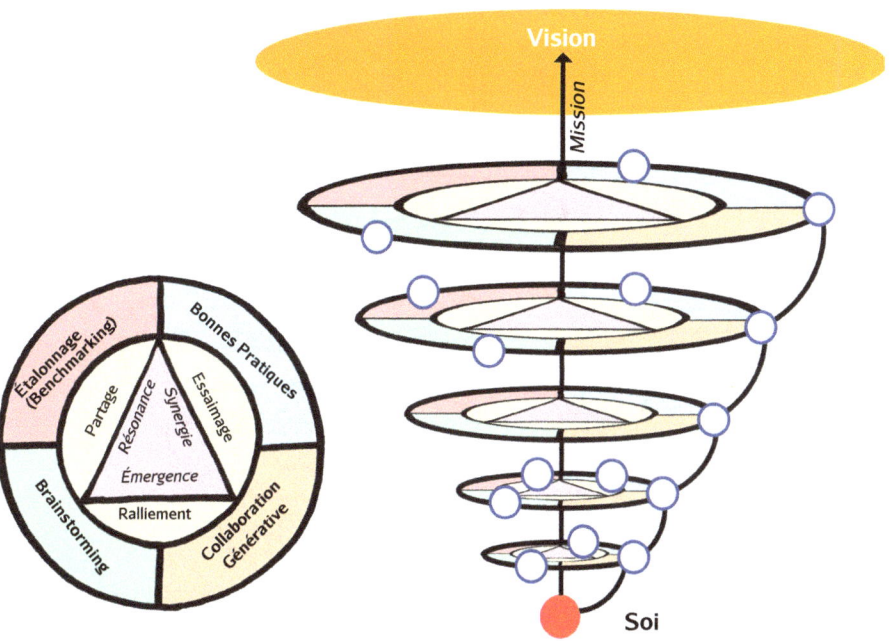

La solidité et la stabilité d'une plateforme particulière dépend de votre aptitude à participer à, et à faciliter, l'intelligence collective et la collaboration générative.

Réaliser Quelque Chose à partir de Rien : Constituer une Communauté Générative d'Entreprises

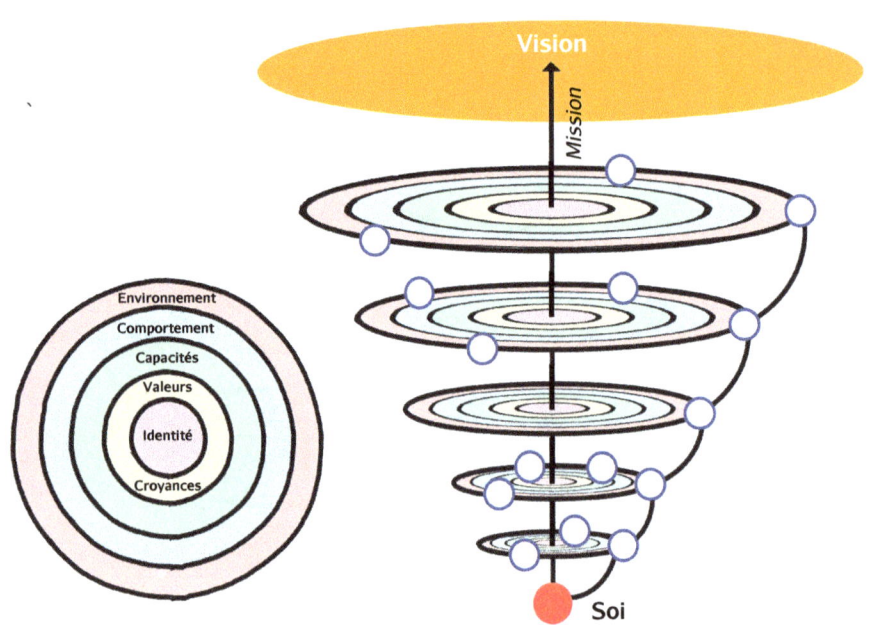

Chaque nouvelle plateforme exige la maîtrise et l'alignement de tous les niveaux de Facteurs de Succès nécessaires dans cet environnement et zone d'influence.

Autre élément déterminant de la solidité d'une plateforme, la maîtrise et l'alignement par l'entrepreneur des différents niveaux de facteurs de réussite qui sont liés à cette plateforme (identité, croyances et valeurs, capacités, comportements et environnement). De ce point de vue, nous pouvons aussi considérer que chaque niveau de la Spirale de Collaboration se base sur le niveau de développement et de préparation de l'entrepreneur en lien avec son « jeu intérieur ».

Chaque nouvelle plateforme entraînera l'entrepreneur dans un environnement nouveau ou plus étendu qui lui demandera d'enrichir et de diversifier son répertoire de comportements. Ce qui nécessite qu'il ou elle développe de nouvelles capacités et approfondisse et renforce en conséquence ses valeurs et sa confiance en lui ou elle, ce qu'il ou elle fait, son équipe, etc. L'enrichissement et l'alignement de ces facteurs clés de réussite sont nécessaires pour soutenir l'expansion du sentiment d'identité associé à la nouvelle plateforme.

Si nos ambitions ou notre situation nous poussent à tenter de passer au niveau supérieur d'identité et d'influence avant d'être prêt(e) et apte à incarner les croyances, valeurs, capacités et comportements requis par le niveau du moment, les conséquences risquent d'être pénibles voire catastrophiques.

Prenons l'exemple des enfant vedettes catapultés dans la gloire et la fortune avant d'être suffisamment mûrs ou prêts à y faire face. Ils sont souvent dans l'incapacité de gérer les demandes et le stress de la situation ce qui peut les mener à une grave dépression ou une régression dans leur carrière ou leur vie.

Cette dynamique a eu lieu dans la carrière de Steve Jobs par exemple. Après une réussite fulgurante, il a été obligé de quitter Apple pour avoir perdu la confiance de ses parties prenantes (Conseil d'administration et Actionnaires) et a été exclu de l'entreprise qu'il avait fondée. Ce n'est qu'après avoir créé NeXT et Pixar qu'il a acquis la maturité et la maîtrise de tous les niveaux nécessaires pour diriger Apple et l'emmener à la plateforme suivante de sa spirale. En développant pleinement tous les niveaux des facteurs de réussite et en renforçant son identité, il a pu revenir chez Apple et l'a conduite vers de nouveaux paliers de réussite.

Cette même dynamique douloureuse issue d'une expansion trop rapide sans assise suffisante à tous les niveaux de facteurs de réussite de la plateforme inférieure peut arriver à une entreprise ou une organisation entière comme à un individu.

Il est important d'avoir intégré les croyances, valeurs, capacités et comportements requis à un niveau d'identité et d'influence avant d'essayer de passer au niveau suivant.

En résumé, l'élaboration, la maîtrise et l'alignement des différents niveaux de facteurs de réussite constituent le socle du centre de notre Cercle de Succès et sont liés aux différentes dimensions de ce même cercle par la vision, la mission, l'ambition et le rôle de l'entrepreneur. En fait, nous pouvons dire que chaque plateforme de la Spirale de Collaboration est étayée par trois strates : (1) La maîtrise intérieure et l'alignement par l'entrepreneur des différents niveaux de facteurs de réussite (identité, croyances et valeurs, capacités, comportements et environnement) ; en lien avec cette plateforme et sa zone d'influence ; qui s'expriment par (2) l'aptitude de l'entrepreneur à participer à, et à faciliter, l'intelligence collective et la collaboration générative ; et se manifestent finalement au travers des collaborations dans (3) chaque dimension du Cercle de Succès.

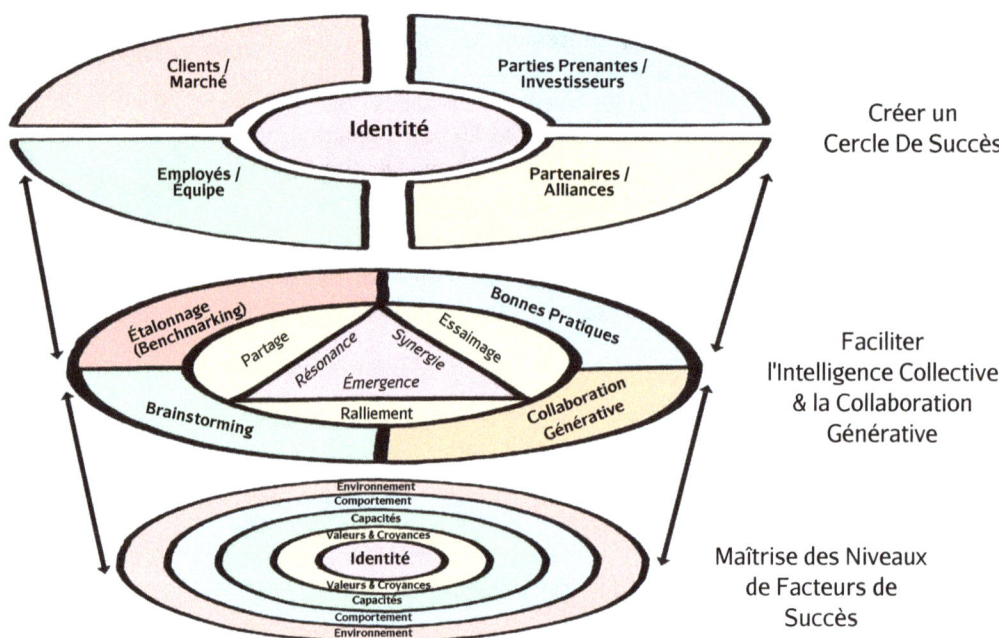

La solidité de chaque plateforme dans la Spirale de Collaboration dépend de :
  (1) La maîtrise par l'entrepreneur des Facteurs de Succès appropriés
  (2) L'aptitude de l'entrepreneur à contribuer à, et à faciliter, l'Intelligence Collective et la Collaboration Générative
  (3) L'Établissement des relations collaboratives nécessaires pour créer un Cercle de Succès fiable

« Gardiens » et « Portiers »

Les relations génératives sont celles qui étayent ces trois strates nécessaires à l'élaboration d'une plateforme solide. En plus d'un soutien concret pour ce qui est des clients, membres de l'équipe, parties prenantes et partenaires, ceux avec qui nous entrons en relation générative apportent conseils, coaching, enseignement, mentorat et parrainage. Chaque nouvelle plateforme correspond à un jalon ou « seuil » à venir dans notre voyage vers notre vision. C'est un nouveau territoire jusqu'ici inconnu, hors de notre zone de confort du moment ; un territoire qui nous force à grandir et évoluer, et nous oblige à trouver soutien et orientation. Les *Gardiens* sont nos sponsors et mentors. Ce sont les personnes avec lequelles nous développons des relations clés nous aidant à monter en compétence, croire en nous et garder le cap sur nos objectifs. Parce que le territoire au-delà du seuil nous est nouveau, nous ne pouvons pas toujours savoir à l'avance de quelle sorte de tutelle nous aurons besoin ou qui seront ces gardiens. Parfois les gardiens viendront d'endroits surprenants. Nous devons donc rester ouverts et disponibles à recevoir orientation et soutien à chaque étape de notre voyage.

L'un des principaux types de relation générative de la Spirale de Collaboration a lieu avec ce que l'on pourrait appeler un « portier ». Les *Portiers* sont ceux qui « ouvrent la porte » à un nouveau réseau de relations au niveau d'influence que nous recherchons, ou dont nous avons besoin, pour progresser dans notre mission et notre vision. Dans la spirale, ils se trouvent au point de jonction de la boucle dans laquelle nous cherchons à entrer. Souvent ce sont aussi des sponsors qui voient notre potentiel et nous présentent, ce qui assoit notre crédibilité aux yeux des personnes avec qui nous devons nouer des relations pour créer et renforcer notre nouvelle plateforme.

Etablir de telles relations et constituer une Spirale de Collaboration réussie est à l'évidence un des principaux buts du Keiretsu Forum de Randy Williams. Quand j'interviens auprès d'entreprises établies, j'encourage aussi les grandes entreprises à réfléchir sur des façons d'offrir aux cadres à haut potentiel des opportunités de développement de leur réseau de gardiens et de portiers tant en interne qu'en externe pour les aider à élaborer des spirales de collaboration fiables.

Il importe néanmoins de signaler que, dans certains cas, vu l'ampleur de nos vision, mission et ambition, nous sommes prêt(e)s à passer au niveau supérieur de notre spirale mais le portier du niveau où nous sommes peut ne pas être prêt, capable ou désireux de nous soutenir dans cette transition. Un peu comme un parent qui ne veut pas que son enfant quitte la maison, le portier peut tenter de nous empêcher de passer au niveau suivant.

Les Gardiens sont nos sponsors et mentors avec qui nous développons des relations clés nous aidant à monter en compétences, croire en nous et garder le cap sur nos objectifs.

Les Portiers sont ceux qui « ouvrent la porte » à un nouveau réseau de relations au niveau d'influence que nous recherchons, ou dont nous avons besoin, pour progresser dans notre mission et notre vision.

Parfois, si les portiers d'un niveau sont dans l'incapacité de nous rejoindre ou nous soutenir, ils peuvent tenter de nous empêcher de passer au niveau suivant.

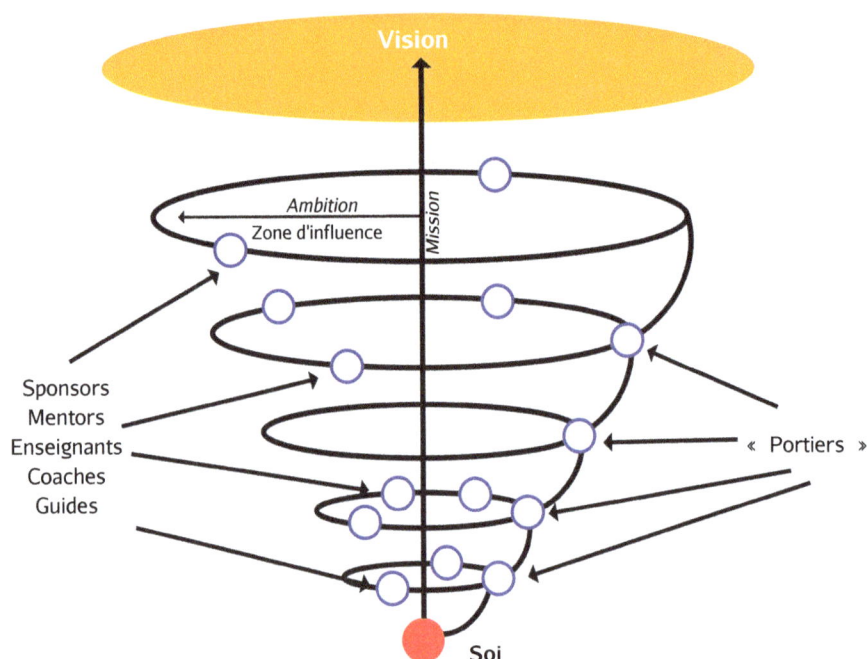

Les relations avec les « Portiers » constituent le point de jonction du niveau d'Influence et de réalisation suivant.

Comme pour tout autre barrière, les entrepreneurs ne doivent pas laisser des relations potentiellement limitantes les freiner. Si un partenaire de collaboration cesse d'être un soutien, il peut s'avérer nécessaire de l'outrepasser ou de s'en séparer au profit de nouvelles relations appuyant l'évolution de l'entrepreneur vers sa vision. Cela peut être l'un des épisodes de notre voyage d'entrepreneur les plus difficiles et douloureux à vivre.

L'âpre et désolante relation entre Steve Jobs et John Sculley en est un exemple emblématique. Jobs a fait entrer Sculley chez Apple pensant qu'il s'agirait d'une relation générative. En lieu et place, Sculley s'est retourné contre lui du fait des différences dans leurs visions, ambitions et rôles.

De tels dilemmes et transitions peuvent aussi bien se produire dans nos relations personnelles que dans nos relations d'affaires.

Il importe de garder à l'esprit que la décision d'en finir avec une relation pour aller de l'avant doit se faire en étant profondément relié et au service de notre vision et notre mission. Dans ma pratique de coach et mon expérience d'entrepreneur, j'ai constaté maintes fois que tenter de régler une telle situation sur la base de l'ambition seule menait presque toujours au regret.

Comme je l'ai dit plus tôt, il est risqué de se lancer trop vite en avant. Il est essentiel de nouer suffisamment de relations pour maintenir une plateforme, au cas où quelque chose arriverait à certaines des relations clés constituant cette plateforme. Pour la troisième boucle ou plateforme de la spirale sur le schéma de la page précédente, par exemple, la seule relation significative est le « portier ». Cela exige trop de ce poste unique pour assurer une pérennité de la plateforme. Si la relation tourne mal, toute la plateforme peut s'effondrer.

La dernière boucle du schéma montre qu'il y a deux relations clés d'établies, mais il n'y a pas encore de portier pour créer une synergie et en faire une plate-forme suffisamment solide permettant une expansion de l'identité. Dans la situation telle qu'illustrée par ce schéma, l'entrepreneur devrait être vigilant et rechercher un portier pour ce niveau.

Dans la section suivante nous étudierons des méthodes qui vous préparent à pouvoir identifier et/ou créer des relations génératives et des collaborations fructueuses.

Il est essentiel de nouer suffisamment de relations pour maintenir une plateforme en place, au cas où quelque chose arriverait à certaines des relations clés constituant cette plateforme.

Catalyseur de Collaboration SFM™ : Modéliser une Collaboration Réussie

À bien des égards, trouver des relations génératives et bâtir une Spirale de Collaboration réussie est une question de chance. Toutefois comme nous l'avons déjà déterminé, la « chance » réunit préparation et opportunité. Il y a deux façons de se préparer à établir des relations fructueuses. D'abord, nous devons faire nos propres « devoirs ». C'est-à-dire que nous devons étoffer le centre de notre Cercle de Succès par de la rigueur dans la maîtrise de soi et suivre notre voie de croissance et de maîtrise. Comme l'a souligné l'entrepreneur prospère Mark Fizpatrick, il est important de « se donner les moyens de s'améliorer ». Il y a un ancien dicton disant : « Quand l'élève est prêt, le maître apparaît. »

La préparation consiste ensuite à être au clair sur le type de collaboration que vous cherchez et sur ce qui fait une bonne « relation générative ». Il est bon de commencer par faire votre propre modélisation de facteurs de réussite.

Voici quelques questions et lignes directrices pour vous aider à réfléchir sur une collaboration réussie à laquelle vous avez participé. Servez-vous en pour définir les caractéristiques d'une relation générative réussie.

Avec qui avez-vous collaboré ? Quel a été le parcours de votre/vos partenaire(s) de collaboration.

Quel était le contexte de votre collaboration ? Quelles étaient les caractéristiques de l'environnement et la situation de votre collaboration ?

A quels défis particuliers avez-vous fait face qui ont rendus la collaboration importante ou nécessaire ?

Quelles valeurs et croyances ont guidé votre collaboration ?

Qu'avez-vous fait concrètement pour garantir une interaction gagnant-gagnant ?

Quelles ont été les synergies clés entre vous et votre/vos partenaire(s) de collaboration ? Quels ont été les capacités, ressources ou savoir-faire complémentaires qui vous ont réunis dans cette collaboration ?

Pourquoi cette collaboration a-t-elle été fructueuse ? Qu'avez-vous accompli ensemble qu'aucun d'entre vous n'aurait pu accomplir seul ?

Quelle est la preuve de votre réussite ? Quel ont été les résultats de la collaboration ?

Catalyseur de Collaboration SFM™ : Se Préparer à une Relation Générative

En modélisant une collaboration que vous avez réussie, servez-vous des questions suivantes pour clarifier le type de collaboration dont vous avez besoin ou recherchez pour passer à l'étape suivante de votre propre spirale de collaboration. Ces questions peuvent vous servir à définir les caractéristiques d'une collaboration potentielle avec un collaborateur qui n'existe pas encore, ou pour réfléchir à une collaboration que vous envisagez.

Questions de la Spirale de Collaboration vous concernant

1. Actuellement, quelle est ma plateforme et qui suis-je ?

    Plateforme : _____

    identité : _____

2. Quelles sont les relations clés (portiers et gardiens) qui me soutiennent aujourd'hui dans cette identité ?

    _____   _____

    _____   _____

    _____   _____

3. Quelles sont mes ressources clés pour cette plateforme et identité ?

    _____   _____

    _____   _____

    _____   _____

4. Quelles sont mes qualités clés (comportements, capacités, croyances, valeurs, ambition, mission, vision) ?

_____   _____

_____   _____

_____   _____

5. Quelle est la prochaine plateforme à constituer pour générer la prochaine expression de ma vision ? Quelle sera mon identité élargie ?

Plateforme : _____

Identité : _____

6. Quelles sont mes principaux besoins pour bâtir cette plateforme ?

_____   _____

_____   _____

_____   _____

7. Quelles qualités personnelles dois-je développer, renforcer ou étendre pour constituer cette plateforme (comportements, capacités, croyances, valeurs, ambition, mission) ?

_____   _____

_____   _____

_____   _____

8. De quelles relations clés (portiers et gardiens) aurai-je besoin pour m'aider dans la création de ma nouvelle plateforme et identité ?

_____   _____

_____   _____

_____   _____

Une autre question à étudier en lien avec votre spirale de collaboration est : y-a-t-il une ou des relations qui vous freinent dans votre expansion vers votre prochaine plateforme ou identité ? Si oui, comment pouvez-vous les transformer ou les contourner ?

Questions de la Spirale de Collaboration concernant votre collaborateur potentiel

1. Actuellement, qui est mon potentiel collaborateur ? _____

2. Quelles sont les relations clés qui soutiennent mon collaborateur potentiel dans cette identité ?

   _____   _____

   _____   _____

   _____   _____

   Parmi ces relations y-en-a-t-il qui pourraient m'aider à établir ma prochaine plateforme et identité ?

3. Quelles sont les ressources de mon collaborateur potentiel ? Parmi ces ressources quelles sont celles dont j'ai besoin ?

   _____   _____

   _____   _____

   _____   _____

4. Quels sont les besoins de mon collaborateur potentiel ? Lesquelles de mes ressources pourraient satisfaire ces besoins ?

   _____   _____

   _____   _____

   _____   _____

5. Quels sont les qualités de mon collaborateur potentiel (comportements, capacités, croyances, valeurs, ambition, mission, vision) ?

_____   _____

_____   _____

_____   _____

6. Qui pourrions-nous être ensemble si nous devenions partenaires ou collaborions ?

_____

7. Que pouvons-nous accomplir ensemble que nous ne pourrions accomplir individuellement ?

_____

Exemple d'un cas de Facteur de Succès
John Dilts, fondateur - Maverick Angels

Laissez votre futur vous tirer vers le haut.

Il semble approprié que le prochain cas de Facteurs de Succès de cet ouvrage soit celui de John Dilts.

John a été un cocréateur du processus de Modélisation des Facteurs de Succès et cofondateur du Dilts Strategy Group. Toutefois, ses réalisations s'avèrent beaucoup plus vastes.

En 1999, à 35 ans, John n'était presque « personne » ; juste un parmi le personnel nombreux d'un cabinet juridique de la Silicon Valley. Moins de quatre ans plus tard, il était un conseiller spécial auprès du gouvernement chinois pour développer l'entrepreneuriat dans leurs provinces, et un élément clé d'une vague qui propulserait la Chine dans sa position actuelle de puissance économique mondiale. La progression et la transformation rapides de John témoignent de la puissance de la Spirale de Collaboration.

John Dilts
Fondateur – Maverick Angels

John Dilts est passé, en moins de quatre ans, d'un statut de simple employé d'un cabinet juridique de la Silicon Valley à celui de conseiller spécial auprès du gouvernement chinois pour développer l'entrepreneuriat dans leur provinces.

John vient du droit et de la finance. Comme Mark Fizpatrick (voir le *Tome I SFM*™, pp. 156-162), John a d'abord suivi les pas de son père (notre père était avocat spécialisé en propriété intellectuelle qui s'est installé comme expert électronique dans la Silicon Valley à la fin des années 50). Une fois en poche son diplôme en droit de l'Université de San Francisco, John s'est fait la main dans divers cabinets d'avocats de la baie de San Francisco. Il n'a cependant jamais pu embrasser complètement le droit. Il était désabusé de la nature gagnant-perdant de la plupart des procédures judiciaires. Pendant ses études de droit, il avait excellé dans les négociations. Lui et moi avons souvent discuté de l'importance de la collaboration et de la seconde position avec les clients, leurs adversaires et leurs représentants. John avait une passion et du talent pour les négociations générant des solutions gagnant-gagnant pour les deux parties.

Au final, il trouva plus d'attrait au droit des affaires quand il s'agissait de construire quelque chose plutôt que de simplement battre un adversaire. Le cabinet juridique de la Silicon Valley dans lequel il travaillait représentait des start-up financées par du capital risque et gérait des fusions-acquisitions et des introductions en bourse. De ce fait, John avait acquis une grande expérience en étant des deux cotés de la table des négociations entre entrepreneurs et investisseurs potentiels, équipes et partenaires. Il a commencé à noter que, suite à une rencontre infructueuse avec un entrepreneur, il arrivait qu'un investisseur potentiel dise quelque chose comme, « si seulement il avait abordé *X* ou fait preuve de *Y*, j'aurais été intéressé ». John s'est mis à se demander, « Alors, pourquoi ne leur avez-vous pas dit, pour qu'il puissent réagir au feed-back et avoir une possibilité de s'adapter ? »

Lors de ces réunions, John a aussi pris progressivement conscience de l'importance pour un entrepreneur de savoir communiquer à d'autres sa passion et sa vision de façon inspirante, au lieu de se contenter de présenter son produit ou plan financier. Il a compris que les investisseurs choisissaient rarement d'investir seulement dans une idée, un produit ou un plan. Ils misaient sur l'entrepreneur, sa vision, sa mission, son ambition, sa passion et son implication à les concrétiser. Ils ne voulaient pas investir dans un produit ou un plan en particulier mais dans une entreprise, ce qui dans un contexte en rapide évolution suppose bien plus qu'un plan ou un produit. Le plan et le produit étaient importants, mais au final les investisseurs investissaient dans des gens.

De par son talent et sa passion innés pour les négociations gagnant-gagnant, John a aussi observé qu'établir un partenariat (ou une alliance) approprié pouvait accroître immédiatement la valeur apparente d'une start-up en difficulté, et ainsi dire « faire quelque chose à partir de rien ».

C'est en participant à des négociations entre des entrepreneurs et des investisseurs que John a réalisé que les investisseurs décidaient rarement d'investir juste dans une idée, un produit ou un plan. Ils misaient sur l'entrepreneur, sa vision, sa mission, son ambition, sa passion et son implication à les concrétiser.

Démarrer Assistant Juridique et passer Gestionnaire de Fonds et Coach d'Entreprise

Ces expériences ont inspiré à John l'idée d'un type particulier de « catalyseur d'entreprise ». Un *catalyseur d'entreprise* est une personne ou un groupe de personnes (comme un fonds) qui investit de l'argent et d'autres ressources dans une start-up pour accélérer son développement et augmenter ses chances de réussite. L'idée de John a non seulement été d'investir dans de petites start-up à haut potentiel et de leur offrir un accompagnement juridique et financier, mais aussi de coacher les entrepreneurs sur les compétences comportementales et managériales nécessaires à l'essor de leur entreprise. Cette idée finirait par devenir la vision d'une communauté générative d'entreprises.

Comme premier pas vers cette vision, John s'est mis à rêver de constituer son propre fonds de capital-risque, axé sur l'investissement dans les entreprises technologiques en amorçage. Il aimait à souligner que ce rêve avait vu le jour sous la forme d'un « carton sous le bureau ». Le carton contenait ses fiches d'idées, de contacts et de plans. Il a commencé à exister quand John est entré en résonance avec un collègue du cabinet juridique qui gérait les investissements. Leur passion pour le projet grandissant, tout comme l'ambition et la foi de John, le « carton sous le bureau » a commencé à devenir son centre d'intérêt principal. A un moment donné, John a réalisé que ça ne pouvait plus rester un projet à part mais devenir l'objet prioritaire de son attention. Cela signifiait de prendre le risque de quitter le cabinet juridique.

Tout a commencé avec un carton sous le bureau.

John a démissionné d'un cabinet juridique de la Silicon Valley pour lancer son propre fonds d'investissement en amorçage.

**D'Assistant Juridique
à Coach d'Entreprise**

En plus de gérer le fonds et de coacher les sociétés de son portefeuille, John Dilts a fondé Dilts Ventures et commencé à coacher d'autres entrepreneurs et dirigeants de start-up.

John et moi avons démarré notre collaboration et fondé le Dilts Strategy Group, en combinant nos deux réseaux, en accroissant sensiblement la zone d'influence de John et en étendant son identité à celle de Consultant et Formateur International.

Il l'a fait, et son partenaire et lui ont lancé le fonds d'investissement privé IPF Fund, LCC, où il a été Directeur Général. Tous deux ont réuni et investi 1 million de dollars dans 14 start-up des secteurs de l'infrastructure et des applications Internet, du logiciel d'entreprise et des télécommunications. Même si le montant n'a pas été représentatif des standards de la Silicon Valley, la collaboration a donné lieu à un changement identitaire, d'« employé » d'un cabinet juridique il est passé « gestionnaire de fonds d'investissement ». Cela lui a permis de créer une nouvelle plateforme le rapprochant de sa vision. Son identité de gestionnaire de fonds l'a amené à côtoyer beaucoup plus de gens qu'il ne l'aurait fait par son cabinet juridique. En plus de gérer le fonds et de coacher les sociétés de son portefeuille, John Dilts a fondé Dilts Ventures et commencé à coacher d'autres entrepreneurs et dirigeants de start-up. Ce qui a étendu son identité pour y inclure celle de « coach d'entreprise ». Cela a aussi simultanément étendu son réseau relationnel, l'amenant à siéger au sein des conseils d'administration de plusieurs entreprises technologiques de la Silicon Valley dans différents secteurs d'activité.

Évoluer à l'International comme Formateur et Consultant

Compte tenu de mon parcours en PNL et en modélisation et de mes interventions en innovation et leadership dans de grandes entreprises et organisations, John et moi avons souvent parlé des types de coaching, formation et outils qui font un catalyseur d'entreprise efficace. Nous avons aussi parlé des façons de catalyser pleinement l'entrepreneuriat dans les grandes organisations. Cela nous a permis d'élaborer le processus SFM™. La nouvelle identité de gestionnaire de fonds et coach d'entreprise de John nous a permis de collaborer sur plusieurs projets. Il a non seulement excellé comme négociateur gagnant-gagnant créatif mais aussi comme orateur. Suite à la réussite de nos collaborations, nous avons fondé le Dilts Strategy Group. Le fait de combiner nos deux réseaux a créé un changement important de notre zone d'influence, élargissant à nouveau l'identité de John pour y inclure celle de « formateur et consultant international ».

L'un de nos projets a porté sur le Groupe Fiat. Le groupe avait connu une croissance rapide dans les années 1990 et sur la seconde moitié de la décennie il avait acquis en deux ans près de 1 000 entreprises. Il comportait plus de 600 comités de direction. Les dirigeants de la holding ont éprouvé le besoin d'instaurer une culture commune et une approche de direction conjointe (leadership partagé) pour amener un sentiment d'identité partagée aux entreprises du groupe. J'avais travaillé avec plusieurs hauts dirigeants d'ISVOR Fiat, la direction des ressources humaines et du développement organisationnel du conglomérat et leur université d'entreprise. Ils étaient fascinés par ce qui s'était passé dans la Silicon Valley et se sont rendus compte qu'il fallait encourager un plus grand esprit entrepreneurial dans leur culture.

Devenir DG d'un organisme multinational de formation

Le Dilts Strategy Group et ISVOR Fiat ont démarré une collaboration dans le but d'appliquer la méthodologie de la Modélisation des Facteurs de Succès pour cerner les savoir-faire et caractéristiques des leaders les plus performants du Groupe Fiat. Cette collaboration a permis d'élaborer le Modèle SFM™ du Leadership (voir *La Modélisation des Facteurs de Succès Tome III*). Une étape suivante a consisté à déployer ce modèle de leadership au sein des sociétés du groupe Fiat. Une coentreprise (joint-venture), « ISVOR Dilts Leadership Systems », a été créée pour faciliter ce processus. De par son parcours d'assistant juridique puis gestionnaire de fonds, formateur et consultant international, et co-développeur d'un processus unique de modélisation comportementale, choisir John comme directeur général de la nouvelle coentreprise a été évident.

À ce stade, du fait du développement de sa Spirale de Collaboration, John était passé en l'espace de quelques années du statut d'employé anonyme d'un cabinet juridique à celui de DG d'une organisation internationale de développement du leadership. Cette nouvelle plateforme n'avait toutefois pas encore conduit John à réaliser pleinement sa vision de communauté générative d'entreprises.

Une collaboration entre le Dilts Strategy Group et le constructeur automobile Fiat, appliquant la Modélisation des Facteurs de Succès au développement du leadership, a donné lieu à une coentreprise où John est devenu DG d'un organisme de formation international.

De coach d'entreprise à formateur international, puis à DG d'un organisme multinational.

John s'est associé à une consœur chinoise pour amener les approches managériales occidentales en Chine continentale. Cela a conduit à sa nomination comme Doyen de la School of Entrepreneurism à Jiatiai et, au final, comme conseiller à l'entrepreneuriat auprès du gouvernement chinois.

Passer Consultant International en Capital Risque et Doyen de l'Entrepreneuriat

Alors qu'il dirigeait ISVOR Dilts, John s'associa à une chinoise vivant aux États-Unis et qui contribuait à amener les approches managériales occidentales en Chine continentale. Ensemble, ils ont fondé GlobalAngels, une société internationale de conseil qui visait à faciliter le commerce international et les investissements de capital risque entre l'Asie et les États-Unis. Le réseau de John a ainsi poursuivi son expansion dans une communauté ayant soif de son expertise. Lors d'une de ses visites en Chine, la partenaire chinoise de John l'a présenté au conseil d'administration de l'Université de Jiatai, une prestigieuse nouvelle école de commerce privée à Hangzhou, en Chine. Ils étaient en train de fonder une École de l'Entrepreneuriat pour les jeunes arrivant sur le marché du travail alors que leur pays passait du communisme au capitalisme.

Du fait de son parcours de conseiller juridique de start-up financées par du capital risque, gestionnaire de fonds d'investissement et coach d'entreprise, consultant et formateur expérimenté, DG d'un organisme international de formation de dirigeants et, partenaire d'une chinoise aidant les entreprises à intégrer les processus managériaux américains, on proposa à John de devenir Doyen de l'École de l'Entrepreneuriat de l'Université, ce qu'il a accepté.

Conseiller le Gouvernement Chinois

Peu après, au moment où le gouvernement chinois cherchait des conseils sur la façon de « stimuler » l'entrepreneuriat dans les provinces, ils ont naturellement pensé au « Doyen de l'Entreprenariat » de l'une de leur plus récentes et plus prestigieuses écoles de commerce. Le voyage de John sur sa Spirale de Collaboration en a fait un candidat idéal pour ce rôle, et ça a été pour lui une nouvelle plateforme pour promouvoir une communauté générative d'entreprises dans la puissance économique émergente.

A terme l'identité de John Dilts s'est élargie, passant de Doyen de l'entrepreneuriat, à conseiller du gouvernement chinois, puis fondateur d'une Communauté Générative d'Entreprises.

Fonder une Communauté Générative d'Entreprises

Cependant, ce n'était toujours pas l'expression ultime de la vision de John. Début 2004, John rencontre Randy Williams et découvre ce qu'il fait avec le Keiretsu Forum. Impressionné par la structure, John a immédiatement ouvert une assemblée Keiretsu à Los Angeles. Toutefois, de par son expérience avec la Modélisation des Facteurs de Succès, John a estimé possible de faire beaucoup plus en matière d'outils, de coaching et d'accompagnement tant pour les entrepreneurs que pour les investisseurs providentiels (business angels).

En 2006, John fonde sa propre communauté générative d'entreprises, Maverick Angels, axée sur le financement et le mentorat de sociétés en amorçage. La structure de la communauté Maverick Angels s'inspirait des idées de Randy Williams complétées des principes et outils de la Modélisation des Facteurs de Succès pour soutenir la réussite de ses membres. De la même façon que le Keiretsu Forum, John a conçu *Maverick Angels* comme un réseau d'investisseurs providentiels réunissant des entrepreneurs visionnaires plein d'idées et des investisseurs de capitaux d'amorçage. Il a créé une structure où les entrepreneurs, sélectionnés avec soin et coachés, présentaient leur vision et leurs plan d'activités à un groupe d'investisseurs qualifiés. Les entrepreneurs étaient ensuite accompagnés à l'aide des outils, exercices et du coaching présentés dans les trois tomes de cette série sur la Modélisation des Facteurs de Succès.

Outre les Assemblées Maverick Angels qu'il a implanté dans le sud de la Californie, l'Utah et en Europe, John a mis à profit son expérience en conseil et formation dans les grandes organisations et créé une division Maverick Angels de conseil aux entreprises. Son objet était de créer, pour de plus grande sociétés, des stratégies concurrentielles d'accélération de l'innovation basées sur la Modélisation des Facteurs de Succès. L'approche a nécessité d'adapter le processus du réseau d'investisseurs aux grandes organisations en transférant les stratégies et catalyseurs modélisés à la fois chez les entrepreneurs accomplis et dans l'écosystème entrepreneurial dans lequel ils opèrent. John a réussi à mettre en œuvre cette approche pour accompagner des stratégies d'innovation durables dans des multinationales comme Nestlé, Kraft, Amgen, Warner Bros., Sony, et l'Intesa Sanpaolo Bank.

En 2006, John fonde sa propre communauté générative d'entreprises, Maverick Angels, axée sur le financement et le mentorat de sociétés en amorçage.

Au moment de son décès prématuré et inattendu en août 2010, John travaillait à des émissions télévisées pour promouvoir dans plusieurs pays l'entrepreneuriat et les principes d'une communauté générative d'entreprises sur le format d'*American Idol* ou *Britain's Got talent** Il envisageait un programme d'émissions de type télé-réalité où les entrepreneurs soumettraient leurs idées à un groupe d'investisseurs expérimentés et accomplis qui commenteraient leurs présentations. Les téléspectateurs voteraient pour les projets à financer. Ces programmes sont désormais une réalité dans plusieurs pays.

John a aussi exprimé avec passion son engagement dans la création de communautés génératives d'entreprises en s'impliquant personnellement dans des collectifs comme El Nido Family Centers en Californie du sud. El Nido est une organisation qui aide des enfants, des jeunes et des familles défavorisés et à risque. John s'est impliqué bénévolement notamment auprès d'adolescents et de jeunes adultes. Comme l'étranger de l'histoire de la soupe au caillou, le but de John était de les inspirer avec sa vision de ce qui était possible et sa conviction qu'ils pourraient co-créer quelque chose en contribuant chacun à la cause commune. A ses obsèques, le directeur d'El Nido en pleurs a dit combien le temps considérable que John avait accordé aux jeunes avait transformé leur vie.

Aujourd'hui, la vision de communauté générative d'entreprises de John se réalise avec Wild Horse Labs, cofondé par son épouse Julie Davis Dilts (www.wildhorselabs.com). Le Wild Horse Labs est né d'un projet Maverick Angels, il fonctionne comme un accélérateur international d'investissements qui fait du mentorat de startups pour attirer des investissement et contribuer à leur réussite, en appliquant les principes SFM™.

Aujourd'hui la vision de communauté générative d'entreprises de John se réalise dans le Wild Horse Labs, un accélérateur international d'investissements faisant du mentorat de startups pour attirer des investissement et contribuer à leur réussite, en appliquant les principes SFM™.

---

*NdT : l'équivalent anglais de l'émission « La France a un incroyable talent ».

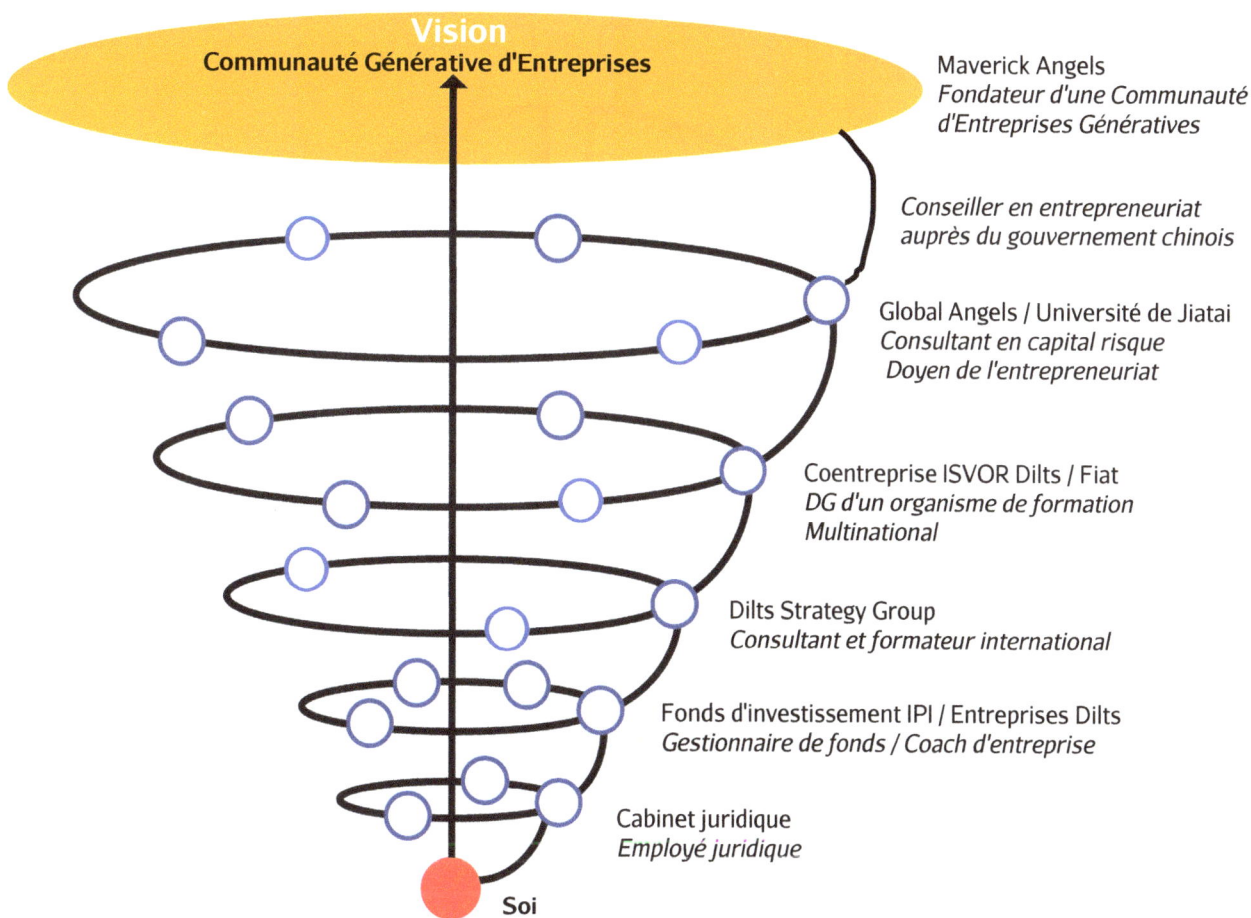

L'aptitude de John Dilts à créer une Spirale de Collaboration efficace lui a permis de passer du statut d'employé anonyme d'un cabinet juridique de la Silicon Valley à celui de conseiller en entrepreneuriat auprès du gouvernement chinois et fondateur d'une communauté internationale d'entreprises en moins de cinq ans.

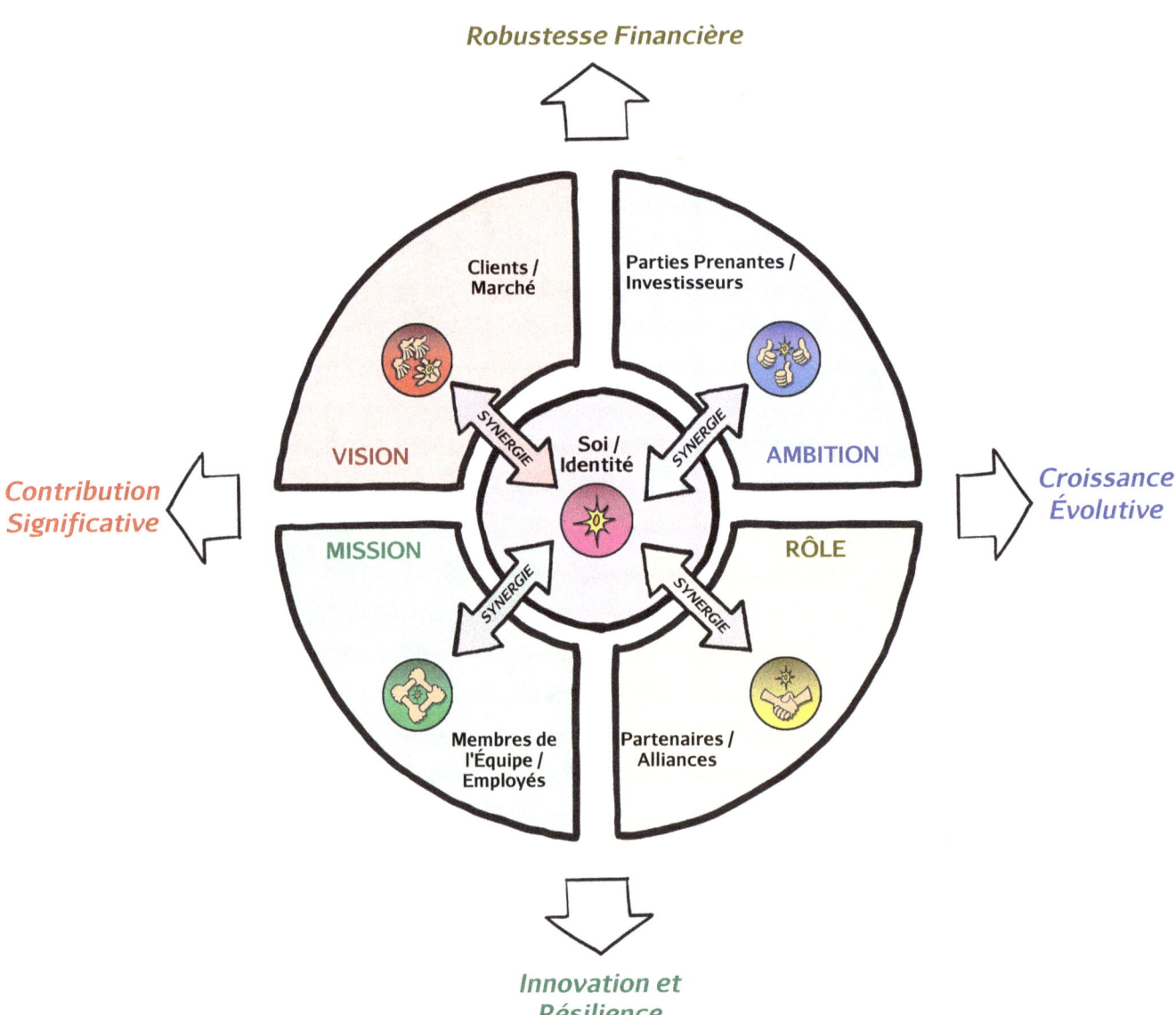

Tout comme Randy Williams, John Dilts croyait que renforcer le centre du Cercle de Succès de l'entrepreneur par de solides relations avec des parties prenantes, comme les investisseurs providentiels, enrichirait toutes les autres parties.

Résumé : Les Facteurs Clés de Succès pour créer une Communauté Générative d'Entreprises

Comme Randy Williams, John Dilts s'est attaché à renforcer la synergie entre les entrepreneurs et leurs parties prenantes. Dans leur vision de « communauté générative d'entreprises », les parties prenantes font office de sponsors et gardiens autant que d'investisseurs ; apportant soutien et capital intellectuel autant que capital financier. John notamment croyait que renforcer le centre du Cercle de Succès par de solides relations avec des parties prenantes, comme les investisseurs providentiels, renforcerait aussi la synergie entre l'entrepreneur et toutes les autres parties du Cercle de Succès.

John croyait aussi qu'un profond sentiment identitaire et la passion des entrepreneurs étaient essentiels à leur réussite. La force, la clarté et la créativité des quadrants d'un Cercle de Succès dépendaient de la force, la clarté et la créativité de son centre - l'entrepreneur, sa passion et sa vision.

Selon le Cercle de Succès, la *croissance évolutive* s'obtient principalement par les démarches consistant à *étendre l'activité et créer de la valeur* pour les parties prenantes et les investisseurs et à *établir des relations gagnant-gagnant* avec les partenaires et les alliés.

Comme je l'ai dit plus tôt, le génie de John a été de penser aux collaborations gagnant-gagnant. Il considérait les partenariats comme un point essentiel de la collaboration et souvent négligé par les entrepreneurs et les organisations. Il les voyait comme un puissant levier, comme démontré par Steve Jobs avec le partenariat Apple-Microsoft décrit dans le *Tome I SFM™* (p. 268). Plusieurs fois, j'ai vu John augmenter la valorisation d'une start-up de plus de 1 million de dollars en négociant un simple partenariat avec une grande ou prestigieuse organisation sur un projet conjoint sans coût pour l'une ou l'autre partie.

Comme son travail avec Maverick Angels et El Nido le démontre, John était très attaché à diffuser les avantages d'une communauté générative d'entreprises à travers le monde. Il croyait fermement que la création d'une nouvelle génération d'entrepreneurs vivant leurs rêves contribuerait à créer un monde meilleur.

Voici la philosophie de John et ce qu'il disait pour que les entrepreneurs créent une culture gagnante et une communauté générative d'entreprises.

John Dilts a compris que la force, la clarté et la créativité des quadrants d'un Cercle de Succès dépendaient de la force, la clarté et la créativité de son centre - l'entrepreneur, sa passion et sa vision.

Il croyait fermement que la création d'une nouvelle génération d'entrepreneurs vivant leurs rêves contribuerait à créer un monde meilleur.

Réflexions sur la puissance d'une Communauté Générative d'Entreprises « Laisser votre futur vous tirer vers le haut »

- *Commencer par croire en vos futurs atouts. Identifiez-les, et faites en sorte de les renforcer en utilisant les outils et modèles que vous avez appris.*
- *Exploitez votre pouvoir génératif personnel ainsi que le pouvoir et les ressources de la communauté à laquelle vous donnez avec passion.*
- *Surmontez les croyances limitantes par votre foi dans la puissance de vos idées et dans le véritable catalyseur qui les attends.*
- *Restez ouvert(e) aux idées positives et constructives d'autres membres de la communauté et autorisez-les à vous parrainer sur un mode gagnant-gagnant - ils ont besoin de et font confiance à vos idées.*
- *Ne vous jugez pas trop durement, et ne permettez pas que vous freinent les croyances limitantes de personnes externes à la communauté qui n'ont ni votre compréhension, ni vos aptitudes, ni votre passion.*
- *Si vous sentez que c'est le cas, focalisez-vous sur la force de votre passion issue du respect de vous-même et repensez au sponsoring et à la collaboration que vous avez reçu dans cette communauté. C'est réel ; fiez-vous y et ne renoncez pas.*
- *Vous pourrez ainsi pleinement réaliser les possibilités de vos idées, savoir-faire et de la puissance générative de la communauté.*
- *Vous avez le devoir de partager cet unique pouvoir avec le monde – il est tout à fait particulier.*
- *Si vous vous adonnez à la force de votre pouvoir et vos aptitudes personnels et à la passion qui les anime au sein de la communauté, plus rien ne vous arrêtera.*
- *Cette force générative que vous avez créée ensemble est un potentiel absolument infini pour l'avenir.*

Vous avez découvert, je l'espère, la vérité sur vos croyances limitantes - elles sont intrinsèquement « limitées » et erronées. D'autres voient beaucoup plus en vous, dans vos idées, dans vos capacités et, en fait, ils comptent dessus. Les besoins et perceptions du groupe à votre égard deviennent donc désormais votre réalité, pas les mensonges que vous créez sur vous-même dans votre propre « grotte ». Cette nouvelle réalité est le tremplin pour votre futur et l'avenir de cette puissante nouvelle communauté.

Laissez votre futur vous tirer vers le haut.

Catalyseur de Collaboration SFM™ : Exercice des Gardiens du Rêve

Une ressource clé pour « réaliser quelque chose à partir de rien » est d'obtenir soutien et encouragement d'autres personnes qui voient votre vision et croient en votre capacité a l'atteindre. Comme l'indiquent avec tant d'éloquence les précédents propos de John Dilts, c'est un des cadeaux et avantages d'une communauté générative d'entreprises. Dans nos programmes SFM™ et séances de coachings avec les équipes et jeunes entreprises, l'un des principaux exercices auquel nous convions les participants est celui que nous appelons les Gardiens du Rêve. Les *Gardiens du Rêve* sont ceux qui nous aident à bâtir une nouvelle plateforme de notre Spirale de Collaboration en nous soutenant dans l'identification de ressources utiles pour surmonter ou transformer les obstacles et réaliser nos rêves. Autrement dit, ils nous aident à considérer les problèmes avec créativité et à trouver différentes façons de surmonter ou transformer les obstacles.

Cet exercice se pratique idéalement en groupe de sept : Un présentateur/entrepreneur et six gardiens. Chaque gardien doit choisir un niveau de facteurs de succès sur lequel se concentrer ; c.-à-d., environnement, comportement, capacités, croyances et valeurs, identité ou esprit (vision et finalité).

Dans l'Exercice des Gardiens du Rêve, l'équipe examine les obstacles potentiels et les ressources nécessaires à plusieurs niveaux : environnement, comportement, capacités, croyances et valeurs, identité et vision ou finalité.

1. L'ensemble du groupe étant dans l'état COACH, le présentateur expose son « Impossible Rêve » ou son GOA* (Grand Objectif Audacieux) au groupe de « gardiens ». La manière la plus facile de procéder est de reprendre son « elevator picth » tel que décrit dans l'Introduction (p. 26-29). Il est également utile que le présentateur intègre une description de la plate-forme qu'il ou elle s'efforce de bâtir dans sa Spirale de Collaboration.

2. Puis tous commencent à envisager quels types de problèmes ou d'obstacles pourraient surgir et bloquer, ou interférer avec, l'évolution du présentateur dans la création de la plate-forme et vers le rêve. L'équipe devra étudier les obstacles ou interférences potentiels à tous les niveaux : environnement, comportement, capacités, croyances et valeurs, identité et vision ou finalité.

3. Un par un, les gardiens questionnent sur ou suggèrent les ressources possibles, du niveau qu'ils ont choisi, qui pourraient traiter ou contourner l'obstacle.

Y-a-t-il dans votre *environnement* des ressources dont vous disposez ou avez besoin pour contourner ou transformer cet obstacle ?

- Quels *comportements ou actions* pourriez-vous, ou d'autres personnes, avoir pour dépasser ou transformer cet obstacle ?
- Quelles sont les *compétences ou capacités* dont vous-même ou votre équipe disposez ou avez besoin pour contourner ou transformer cet obstacle ?
- Quelles sont les *croyances et valeurs* qui vous soutiendront, vous et vos collaborateurs, pour dépasser ou transformer cet obstacle ?
- Dans quelle mesure le fait de clarifier et renforcer votre connexion à votre *identité* (c.-à-d., mission ou rôle) peut vous aider ainsi que vos collaborateurs à contourner ou transformer cet obstacle ?
- Si vous et votre équipe réussissez à rester profondément connectés à votre *vision et finalité*, quelles possibilités de dépasser ou transformer cet obstacle émergent ?

4. Le processus se répète jusqu'à ce que les principaux obstacles au rêve du présentateur aient été identifiés et les ressources ou solutions analysées à tous les niveaux.

---

*NdT : en anglais BHAG pour Big Hairy Audacious Goal, sigle proposé par Jim Collins et Jerry Porras dans leur livre « Built to last » (1994) paru en français sous le titre « Bâties pour durer »

Résumé du chapitre

Comme l'illustre l'histoire de la *Soupe au Caillou*, en travaillant ensemble, avec une vision de ce qui pourrait être et chacun contribuant comme il peut, les gens peuvent faire quelque chose d'extraordinaire à partir de ce qui semble d'abord sans valeur tangible. C'est l'essence même de ce que nous appelons dans la méthodologie SFM™ une *communauté générative d'entreprises*.

Une communauté *générative* est celle qui s'étend et prospère grâce aux visions, passion, et contributions individuelles de ses membres, elle est structurée de façon à former une boucle d'interactions positives entre la croissance des individus et celle de la communauté. Les communautés génératives s'appuient sur une culture rendant possibles de nouveaux développements car elle favorise résonance, synergie et émergence entre les individus qui les composent ; accroissant ainsi le « facteur chance » collectif et l'« intelligence distribuée ».

Comme l'illustre le cas de Facteurs de Succès de *Randy Williams et du Keiretsu Forum*, ces principes peuvent s'appliquer à la création d'une « communauté générative d'entreprises » où des entrepreneurs et des investisseurs potentiels s'épaulent mutuellement pour accroître leurs chances de succès. Une telle communauté s'élabore en créant une « culture gagnante » fondée sur des valeurs gagnant-gagnant de générosité, partage et soutien.

Les cultures créent une sorte de champ qui devient l'« eau » dans laquelle « nagent » les personnes d'une communauté. Les valeurs exprimées ou non de la culture façonnent et orientent, tant consciemment qu'inconsciemment, les pensées et actions des membres de la communauté. Une *culture gagnante* favorise une expectative d'avenir prometteur, un sentiment de capacité et de responsabilité chez les membres de la communauté, l'estime de soi et un sens de l'appartenance.

Toutes les cultures ne sont pas gagnantes. Beaucoup découlent de stratégies de survie issues de perceptions de pénurie et de menace comme dans l'histoire de la Soupe au Caillou et l'*allégorie de l'expérience des singes*. Des schémas comportementaux entravant le sentiment de possible, de liberté et de permission des gens peuvent se former et se transmettre aux membres d'une communauté sans intention délibérée ou consciente. Une fois déconnectés des conditions qui les ont créés, ils agissent comme un « *virus mental* » qui continue d'engendrer des limitations y compris quand les conditions ont changé.

Encourager les Qualités Entrepreneuriales comme être orienté vers un but, proactif, axé sur de futurs possibles et en recherche constante de nouvelles options pour évoluer vers une vision partagée constitue une stratégie clé pour instaurer une culture gagnante et bâtir une communauté générative d'entreprises capables de faire quelque chose à partir de rien.

Créer une Culture Gagnante implique de mettre l'accent sur l'importance des interactions et des collaborations gagnant-gagnant et d'agir les uns envers les autres sur le principe de l'intention positive. C'est à la fois aidant et efficace. Les gens se soutiennent mutuellement pour changer, évoluer et gagner en compétences et les processus avec lesquels il réalise les tâches s'améliorent en continu. Dans la culture gagnante d'une Communauté Générative d'Entreprises, les gens croient les uns aux autres et confortent les aptitudes de chacun à réaliser des rêves et objectifs. Des processus comme l' *Exercice d'Affirmation en Groupe* peuvent contribuer à créer, entre les membres ou collaborateurs d'une équipe, un « champ » de soutien capacitant qui accroit les chances de réussite de chacun.

Établir des Relations Génératives Conduisant à la Collaboration Générative est un moyen de devenir « quelqu'un » après avoir été « personne ». Comme la métaphore de l'hydrogène et de l'oxygène se combinant pour donner de l'eau, les relations et les collaborations génératives transforment leurs participants en quelque chose de plus grand qu'un groupe d'individus indépendants. *La Spirale de Collaboration SFM (SFM Collaboration Spiral™)* est un modèle qui illustre comment le fait d'établir des relations et collaborations clés peut créer une spirale ascendante de plateformes successives, sous forme de projets ou entreprises, qui étendent notre zone d'influence et nous placent sur la trajectoire de notre mission vers notre vision ultime.

Les plateformes s'élaborent par un réseau de collaborations génératives qui nous aident à bâtir un Cercle de Succès et à enrichir ou renforcer les différents niveaux de facteurs de réussite (environnement, comportements, capacités, croyances et valeurs et identité) pour être efficace dans le projet ou entreprise en lien avec cette plateforme. La réussite de la mise en place d'une nouvelle plateforme génère une nouvelle expansion de notre identité et zone d'influence. Les relations les plus déterminantes pour bâtir une Spirale de Collaboration efficace sont celles à établir avec les « Gardiens » qui agissent comme des enseignants, mentors et sponsors, et les « *Portiers* » qui ouvrent la porte à de nouveaux réseaux relationnels. Les relations et collaborations ne sont pas toutes génératives, certaines peuvent même changer et d'aidantes passer à répressives, et devront être contournées ou abandonnées.

Modéliser une Collaboration Réussie implique de passer par des questions et lignes directrices clés pour réfléchir à une collaboration réussie à laquelle vous avez participé, clarifier quel type de collaboration vous recherchez et ce qui fait une « relation générative » réussie. Vous pouvez alors accroître votre « facteur chance » dans la création d'une Spirale de Collaboration opérante avec les *Questions de la Spirale de Collaboration* clés pour vous préparer ainsi que votre potentiel collaborateur.

L'*Exemple du Cas de Facteurs de Succès* du co-developpeur de SFM™ *John Dilts* montre comment il a appliqué la Spirale de Collaboration pour passer d'employé anonyme d'un cabinet juridique de la Silicon Valley, à gestionnaire de fonds d'investissement et coach d'entreprise, à consultant international et DG d'un organisme international de développement du leadership, puis à doyen de l'entrepreneuriat d'une prestigieuse université chinoise et conseiller du développement de l'entrepreneuriat auprès du gouvernement chinois en l'espace de quelques années. Chacune de ces plateformes a successivement été une expression de sa vision de communauté générative d'entreprises. Maverick Angels a été l'aboutissement de cette vision et d'un profond désir de partager ses idées pour que plus de gens aient la possibilité d'exploiter les pouvoirs d'une communauté générative d'entreprises, selon ses mots pour « Laisser votre futur vous tirer vers le haut ».

Comme exemple de fonctionnement d'une communauté générative d'entreprises, l'exercice des *Gardiens du rêve* nous aide à construire une nouvelle plateforme de notre Spirale de Collaboration et à faire quelque chose à partir de rien en nous soutenant dans l'identification des ressources qui nous sont nécessaires pour surmonter ou transformer les obstacles et atteindre nos rêves. Les gardiens du rêve et notre communauté générative d'entreprises sont comme le « Sangha » du « Zen-trepreneur » – le groupe de supporters qui nous aident à être au meilleur de nous-mêmes et à rester sur notre voie.

Références

- *Stone Soup*, Marcia Brown, Simon & Schuster, New York, NY, 1979.
  (*La soupe au caillou*, Michel Handenoch, Contes et légendes Jeunesse (poche), Syros Jeunesse, 2007)
- History of Post-it® Notes, http://www.post-it.com/3M/en_US/post-it/contact-us/about-us/.
  (Historique - A propos de la Marque Post-it® http://www.3mfrance.fr/3M/fr_FR/post-it-notes/contact-us/about-us/)
- Intelligence distribuée, https://fr.wikipedia.org/wiki/Intelligence_distribuée
- Keiretsu Forum, http://www.keiretsuforum.com/about/
- Edward B. Tylor, https://fr.wikipedia.org/wiki/Edward_Tylor
- *Cultural acquisition of a specific learned response among rhesus monkeys*, Stephenson, G. R. (1967). Dans : Starek, D., Schneider, R., and Kuhn, H. J. (eds.), Progress in Primatology, Stuttgart : Fischer, pp. 279-288
- *From Coach to Awakener*, Dilts, R., Meta Publications, Capitola, CA, 2003.
  (*Être Coach : de la recherche de la performance à l'éveil*, Robert Dilts, InterEditions, 2008)

05
Collaboration Dynamique d'Équipe

Le travail d'équipe est l'aptitude à travailler ensemble pour atteindre une vision commune. L'aptitude à orienter des réalisations individuelles vers des objectifs organisationnels. C'est le combustible qui permet à des gens ordinaires d'atteindre des résultats extraordinaires.
Andrew Carnegie

Si vous voulez construire un bateau, ne rassemblez pas les personnes pour ramasser du bois et leur assigner des tâches, apprenez-leur plutôt à aspirer à l'immensité sans fin de la mer.
Antoine de Saint-Exupéry

Si tout le monde va de l'avant ensemble, alors le succès vient de lui-même.
Henry Ford

Collaboration Dynamique d'Équipe

Créer et lancer une entreprise avec succès exige de nous assurer du soutien et de l'énergie d'autres à réaliser les rêves et visions sur lesquels se fonde notre entreprise. La réussite dans le monde des affaires d'aujourd'hui demande que, de plus en plus, l'accent soit mis sur un travail d'équipe « efficace » basé sur les principes de la collaboration générative. Dans ce chapitre, nous explorerons certains des principes et processus nécessaires pour favoriser une « collaboration dynamique d'équipe ».

Une *équipe* se définit en général comme « plusieurs personnes associées ensemble dans un travail ou une activité ». Plus précisément, une équipe* peut être considérée comme « un nombre limité de personnes avec des savoir-faire complémentaires, un but commun, une responsabilisation mutuelle et une responsabilité collective de résultats ». L'équivalent anglais « team » vient de l'anglais ancien et est dérivé du mot « teon » qui signifie « tirer ou trainer » et était utilisé pour décrire « deux animaux ou plus harnachés à un même véhicule ou outil ». Ainsi, une équipe peut être considérée comme un groupe d'individus qui « tirent ensemble » dans la même direction. Ce qui produit un effet génératif.

Pour être un entrepreneur de nouvelle génération qui réussit, il importe de pouvoir constituer des équipes vite et efficacement. *La collaboration dynamique d'équipe* implique de combiner plusieurs compétences et traits de personnalité de façon à ce que chaque membre de l'équipe soit au clair sur la finalité, les rôles et responsabilités, et les principes de fonctionnement de l'équipe. Dans une équipe efficace, les membres du groupe partagent la responsabilité des résultats et œuvrent ensemble à réaliser plus que la somme des efforts individuels. Comme montré plus tôt avec l'exemple de l'équipe de 20 personnes ayant surpassé le groupe de 1000, « Quelques personnes avec des savoir-faire complémentaires, un but commun, une responsabilisation mutuelle et une responsabilité collective de résultats » peut atteindre des résultats remarquables.

Prenons comme exemple concret des effets génératifs du travail d'équipe le fait qu'un seul mulet peut au mieux tirer 2 fois son poids. Autrement dit, si un mulet pèse 450 kg, il peut à lui seul tracter 900 kg. Donc, deux mulets tractant deux charrettes distinctes peuvent tirer 1800 kg environ.

---

*NdT : Selon le Littré, le terme vient du vieux français et est dérivé du mot *esquif* littéralement « se mettre en mer » et désignait un groupe de bateaux attachés les uns aux autres et trainés par un groupe d'hommes.

Dans une équipe efficace, les membres du groupe partagent la responsabilité des résultats et œuvrent ensemble à réaliser plus que la somme des efforts individuels.

Deux mulets tirant ensemble une charge peuvent déplacer au minimum 50 % de poids en plus que séparément.

Toutefois, si ces même deux mulets sont harnachés à une seule charrette en équipage, ensemble ils peuvent tirer au moins 2 700 kg ! Ce qui veut dire qu'en travaillant en équipe, chaque mulet devient soudain capable de tirer au moins trois fois son propre poids et non plus deux fois comme c'est le cas quand il est seul. Cela illustre concrètement, à un niveau comportemental, le principe selon lequel « 1 + 1 = 3 ». Ce qui est impossible à faire pour un mulet seul devient possible quand il collabore avec un autre.

Du temps d'avant les tracteurs, camions et trains, un attelage de 20 mulets pouvait tracter 32,2 tonnes de marchandises ; près du double de leur capacité individuelle !

Même si l'exemple de l'attelage de mulets souligne le potentiel d'une équipe à accroître les performances au-delà de la somme des efforts individuels, il n'illustre pas encore vraiment une « collaboration dynamique d'équipe ». Les mulets sont d'évidence dirigés par le conducteur qui les a harnachés à la charrette pour atteindre son objectif. Dans une collaboration dynamique d'équipe, tous les membres partagent une vision commune et coopèrent ensemble dans un cadre de « méta leadership »*, partageant « un but commun, une responsabilisation mutuelle et une responsabilité collective de résultats ».

Un équipage de 20 mulets peut tracter près du double de poids que tous séparément.

---

*NdT : concept repris de John Nicholls, le Méta Leadership crée un « mouvement » dans une large direction (par ex., les droits civiques, les ordinateurs personnels ou la Glasnost). Source : article « leadership in organisations : meta, macro and micro - John Nicholls, 1988 in European Management journal - https://www.econbiz.de/Record/leadership-in-organisations-meta-macro-and-micro-nicholls-john/10001076771)

Leçons de Collaboration Dynamique avec les Oies

La migration des oies est un exemple d'origine naturelle et une allégorie de la « collaboration dynamique d'équipe ». L'étonnante migration annuelle de certains oiseaux, entre leurs aires de reproduction et d'hivernage, constitue une des merveilles du monde naturel. La plupart des quelques 29 espèces d'oies existant migrent tous les ans, et certaines ont l'habitude d'accomplir d'incroyables exploits. En Asie, par exemple, les oies à tête barrée migrent régulièrement en survolant la chaîne de l'Himalaya, y compris le Mt Everest à 9 375 mètres d'altitude où l'air est rare et les températures descendent à -50° C. Les oies des neiges effectuent chaque année un aller et retour de plus de 8 000 Km, entre la zone arctique Nord américaine et l'Amérique centrale, à des vitesses de 80 km/h ou plus.

C'est la capacité de ces oiseaux à collaborer dynamiquement en équipe qui leur permet ces exploits exceptionnels. Considérons les faits suivants baptisés « leçons avec les oies » qui sont à la fois une démonstration et une métaphore de la collaboration dynamique d'équipe.

Des oies volant en « V » gagnent 71% par rapport à la distance de vol que chacune parcourrait seule.

Fait 1

Chaque fois qu'une oie bat des ailes, elle crée un « appel d'air » pour les oiseaux qui suivent. Quand une oie peut se placer au bon endroit derrière l'oie qui la précède dans le vol, elle bénéficie de l'énergie que cette dernière produit, ce qui réduit ses efforts. En volant en « V », la formation gagne 71% par rapport à la distance que chaque oiseau parcourrait seul.

Leçon

Les gens partageant une direction commune et un sens de la communauté peuvent atteindre leur destination bien plus vite et facilement car ils avancent en puisant inspiration et énergie les uns chez les autres.

Chaque fois qu'une oie bat des ailes, elle crée un « appel d'air » pour les oiseaux qui suivent. Quand une oie peut se placer au bon endroit derrière l'oie qui la précède dans le vol, elle bénéficie de l'énergie que cette dernière produit, ce qui réduit ses efforts.

Fait 2

Quand une oie quitte la formation, elle sent instantanément la résistance et l'effort exigé par le vol en solitaire. Elle y revient très vite pour profiter de la portance de l'oiseau qui la précède.

Leçon

Si nous étions comme les oies, nous resterions en formation avec celles et ceux allant dans la même direction que nous. Nous serions prêts à accepter leur aide et à offrir la nôtre à d'autres.

Fait 3

Quand l'oiseau de tête fatigue, il retourne dans la formation pour profiter de la portance de l'oiseau qui le précède.

Leçon

Cela vaut la peine d'effectuer les tâches ardues à tour de rôle et de partager le leadership. Comme pour les oies, les gens sont interdépendants en matière de savoir-faire, capacités et dispositions spécifiques de dons, talents et ressources.

Les migrations annuelles des oies sont un bon exemple d'origine naturelle et une allégorie de « collaboration dynamique d'équipe ».

Fait 4

Les oies volant en formation cacardent pour encourager celles de tête à maintenir l'allure.

Leçon

Nous devons nous assurer que notre signal est encourageant. Dans les groupes où règne l'encouragement, la production est beaucoup plus élevée. La puissance de l'encouragement (être proche de son cœur ou de ses valeurs profondes et encourager le cœur et les valeurs profondes d'autres) est la qualité de signal que nous cherchons.

Fait 5

Quand une oie est malade, blessée, ou abattue, deux oies abandonnent la formation et la suivent dans sa chute pour l'aider et la protéger. Elles restent avec elle jusqu'à ce qu'elle meure ou puisse à nouveau voler. Puis elles se lancent dans une autre formation ou rattrapent le vol.

Leçon

Si nous étions comme les oies, nous resterions proches les uns des autres dans les moments difficiles comme dans les bons moments.

Si une oie est malade, blessée, ou abattue, deux oies quittent la formation et la suivent dans sa chute pour l'aider et la protéger.

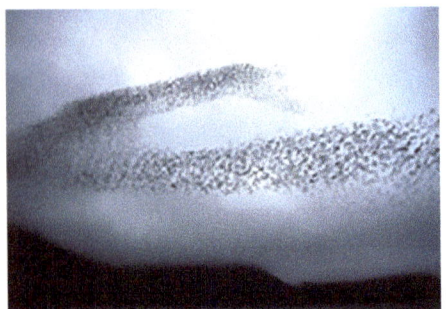

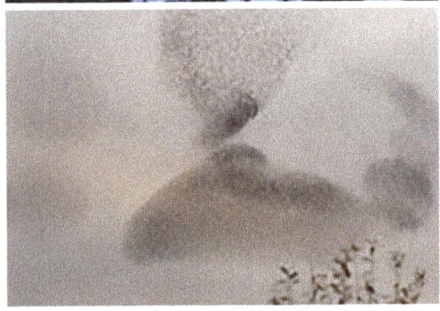

Les figures complexes créées par les vols d'oiseaux en nuée sont un exemple de collaboration dynamique d'équipe.

Nuée d'Oiseaux et la Puissance d'un Processus

Bien sûr, les oies ne sont pas les seuls oiseaux volant en groupe. Des oiseaux comme les étourneaux sont connus pour leurs nuées aux configurations très sophistiquées, appelées « murmures » (voir http://www.huffingtonpost.com/2013/02/01/starling-murmuration-bird-ballet-video_n_2593001.html).

Ce comportement de ralliement est un exemple fascinant de collaboration dynamique d'équipe et d'intelligence collective.

D'apparence très complexe, les mouvements des nuées d'oiseaux peuvent malgré tout être reproduits sur ordinateur de manière impressionnante à l'aide de quelques simples lignes directrices. Réfléchissez aux enseignements d'actions suivants :

- Le mouvement de chaque oiseau est en général aléatoire
- Les oiseaux parviennent à en identifier d'autres (compagnons de nuée)
- Les oiseaux cherchent être proches les uns des autres, mais pas trop
- Les oiseaux suivent la direction générale de la nuée.

Ces principes simples permettent à chaque oiseau de commencer à agir en « holon » intégré.

L'une des premières simulations de nuées d'oiseaux, appelée « Boids », a été créée par Craig Reynolds suite à ses travaux de recherche sur le mouvement coordonné d'animaux. Chaque « boid » suivait quelques règles fondamentales :

- Règle 1 - La *cohésion* (manœuvrer pour se rapprocher des compagnons de nuée avoisinants)
- Règle 2 - La *séparation* (manœuvrer pour éviter les bousculades avec les compagnons de nuée avoisinants)
- Règle 3 - L'*Alignement* (manœuvrer pour suivre la même direction que les compagnons de nuée avoisinants)

Chaque « boid » est conçu comme une entité autonome, mais chacun est guidé par ces règles communes ce qui permet au groupe de fonctionner de façon coordonnée (voir http://www.red3d.com/cwr/boids/applet/).

La simulation GitHub (http://black-square.github.io/BirdFlock/) est une version en 3D, un peu plus élaborée, des phénomènes de nuées d'oiseaux en vol. La simulation suit et enrichit le modèle proposé par Reynolds :

- Chaque oiseau est individuellement modélisé et conserve sa spécificité.
- Chaque oiseau suit les mêmes lignes directrices, hiérarchisées comme suit :
    1. Éviter les collisions avec des objets solides (autres qu'oiseaux).
    2. Éviter les collisions avec d'autres oiseaux.
    3. Adapter sa vitesse à celle des oiseaux avoisinants.
    4. Se déplacer vers le centre de la nuée.

Quand la nuée croise un obstacle, chaque membre applique individuellement les règles aux circonstances du moment. La nuée contourne ainsi avec succès l'obstacle en tant que groupe homogène.

Ces simulations nous fournissent de très bons exemples et principes pour favoriser l'intelligence collective et la collaboration dynamique d'équipe. Curieusement, les règles guidant le comportement des oiseaux en nuée sont semblables aux trois points d'attention abordés au chapitre 2 (pp. 118-119) pour l'« état génératif de performance »:

1. La connexion à soi en tant qu'individu, à sa passion et ses motivations uniques
2. La connexion à une intention commune (une direction partagée avec ses coéquipiers)
3. La connexion au « champ » de ressources (le sentiment de cohésion avec le plus vaste holon de l'équipe)

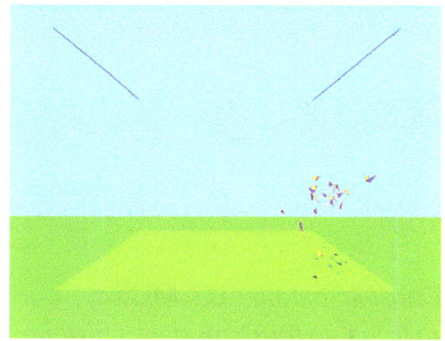

En suivant quelques règles simples, les « boids » de Craig Reynolds arrivent à simuler les particularités du comportement complexe d'une nuée d'oiseaux en vol.

La simulation GitHub d'une nuée d'oiseaux

Leçons de Collaboration Dynamique avec la Bataille de Midway

Le comportement de ralliement ne concerne pas que les oiseaux. Il peut s'avérer extrêmement efficace pour atteindre des objectifs très importants. Considérons la bataille de Midway, citée par mes confrères et moi dans notre ouvrage *Alpha Leadership* (2003), qui a marqué un tournant dans l'histoire de la campagne du Pacifique lors de la Seconde Guerre mondiale.

Début juin 1942, les avions de reconnaissance de la marine américaine repèrent une vaste flotte japonaise de 185 unités, dont neuf navires de guerre et quatre porte-avions, se dirigeant vers l'atoll de Midway dans le Pacifique central. Sous les ordres de l'Amiral Isoroku Yamamoto, commandant en chef de la marine japonaise, et architecte en chef de l'attaque de Pearl Harbor, la mission de l'armada était de s'emparer de l'atoll pour lancer une invasion sur Hawaï.

La flotte japonaise avait largement l'avantage du nombre sur les forces américaines défendant l'atoll de Midway avec seulement 10 navires (trois porte-avions et sept cuirassés) et les avions de combat basés sur les îles. Le matin du 4 juin, les avions des porte-avions japonais attaquaient les terrains d'aviation de Midway. Dans le même temps, les avions américains de Midway et trois porte-avions américains de la flotte du Pacifique, sous le commandement de l'amiral Chester W. Nimitz, attaquaient la flotte japonaise. Si les attaques japonaises ont infligé des dégâts aux bases aériennes de Midway, les bombardiers américains ont été bien plus efficaces. En une attaque de cinq minutes ils détruirent trois porte-avions japonais. Au total, les américains ont détruit les quatre porte-avions de Yamamoto, deux croiseurs et trois des destroyers japonais. Ils n'ont perdu que deux navires ; le porte-avions Yorktown et un destroyer.

Bien que minoritaires à 1 contre 18, les américains ont remporté la bataille grâce à leur capacité de collaboration dynamique d'équipe. Il est à noter que, pendant les deux journées de combat, les deux flottes ne furent jamais assez proches pour échanger des coups de feu, et encore moins pour se voir. En appliquant la métaphore présentée au chapitre 4, nous pouvons dire que la bataille a été menée et remportée par des « chauves-souris » et non des « grenouilles ».

Dans la bataille de Midway, qui marqua un tournant dans l'histoire de la campagne du Pacifique pendant la Seconde Guerre mondiale, l'armada japonaise était majoritaire, à 18 contre 1, par rapport aux forces américaines.

Comme facteur notable de réussite, Nimitz, un intercepteur avide de « signaux faibles », qui surveillait les messages radio japonais a ainsi pu être averti très tôt de l'attaque imminente et se préparer au combat. D'égale importance, la radio a été utilisée de façon plus efficace par les américains que par les japonais lors de la bataille. Les deux commandants étant éloignés de leurs forces de frappe aériennes, il leur était très difficile d'orchestrer leurs forces directement. Poussé par la tradition militaire japonaise Yamamoto a tenté de le faire, mais le rythme auquel les combats aériens se déroulaient fit que ses instructions radio n'ont fait que confondre ses pilotes.

Nimitz et le contre-amiral Raymond A. Spruance, commandant de la force opérationnelle des porte-avions américains, ont eu une toute autre approche. Ils n'ont pas tenté de diriger la bataille, mais ont fixé des règles simples de communication entre leurs pilotes de combat :

1. Laissez tous les canaux de radio ouverts à d'autres avions.
2. Écoutez, mais ne dites rien sauf si vous êtes :
    a. attaqués par les combattants ennemis, ou
    b. en position d'attaque d'un navire ennemi.

La victoire des forces américaines sur l'armada japonaise dans la bataille de Midway a résulté d'une collaboration dynamique d'équipe.

Ces règles ont généré de formidables dynamiques auto-organisationnelles parmi les avions américains qui leurs ont permis de se rallier en « nuée » efficace dans les zones critiques de l'espace aérien. Bien que très minoritaires, les pilotes américains ont volé avec une force écrasante là où il y en avait le plus besoin - un exemple probant de « collaboration dynamique d'équipe ».

Comme l'exemple en début du chapitre 2 (p. 98) de l'équipe de 20 personnes qui ont surpassé l'équipe de 1 000, la bataille de Midway a été gagnée non pas par la coalition d'une puissance supérieure, ou un commandant brillant, mais plutôt par une collaboration dynamique d'équipe animée par l'intelligence collective et une sensibilité aux signaux faibles. En tenant compte des limites du commandement dans une situation changeant vite et constamment, Nimitz a donné à son équipe les moyens, la liberté et la confiance d'utiliser l'initiative individuelle tout en agissant en holon coordonné.

La victoire de la bataille de Midway a été gagnée non par la coalition d'une puissance supérieure, ou un commandant brillant, mais plutôt par une collaboration dynamique d'équipe animée par l'intelligence collective et une sensibilité aux signaux faibles.

Collaboration Dynamique d'Équipe

Développement Dynamique d'Équipe

Le développement d'une équipe dynamique passe par l'implication des gens dans des activités qui renforcent les relations autant qu'elles précisent les tâches, ainsi que les compétences et actions nécessaires pour accomplir ces tâches en collaboration.

Les équipes se forment sur deux dimensions à la fois, la *relation* (« des personnes associées ensemble ») et la *tâche* (leur « travail ou activité »). Le *développement dynamique d'équipe* implique de faciliter ces deux aspects du développement d'une équipe. Autrement dit, il passe par l'implication des gens dans des activités qui valorisent (a) la stimulation ou le renforcement des relations, ou (b) la définition précise de tâches, et les compétences et actions nécessaires pour les accomplir.

Les catalyseurs de collaboration étudiés dans les chapitres précédents sont fondamentaux pour un développement dynamique d'équipe. Des processus comme par exemple « créer un contenant COACH », aident à renforcer les relations entre les membres d'une équipe. D'autres catalyseurs comme Explorer et Partager de Bonnes Pratiques avec SFM™, Développer un État Génératif de Performance, Favoriser la Synergie par l'Intervision, faire une analyse en « Seconde Position » ou Créer des Collaborations Gagnant-Gagnant avec la « Troisième Position » sont tous très utiles pour promouvoir la collaboration dynamique d'équipe.

Voici quelques autres facteurs clés du développement dynamique d'équipe que nous traiterons dans ce chapitre :

- Identifier des valeurs partagées et aligner différentes capacités et actions par rapport à une vision et mission communes.
- Élaborer une « infrastructure de communication et une infrastructure de créativité » en définissant les facteurs clés de réussite nécessaires à une collaboration dynamique d'équipe et une collaboration générative et, en instaurant des pratiques régulières de réflexion sur l'existence de ces facteurs de réussite lors d'interactions d'équipe.
- Encourager la reconnaissance des forces et défis des différents membres de l'équipe, et les aider à apprécier leurs différences et à les utiliser au service de leur mission et vision communes.

L'un des objectifs clés de ce chapitre est donc de vous fournir des outils et des savoir-faire qui vous aiderons à créer des équipes dynamiques et génératives capables de travailler ensemble avec efficacité et créativité pour accomplir une mission commune.

Comme évoqué dans le *Tome I SFM™*, l'entrepreneuriat et la réussite entrepreneuriale ne se limitent pas aux petites entreprises ou start-ups de la Silicon Valley. Nombre des facteurs de réussite appliqués par de nouvelles entreprises peuvent aussi être mis en œuvre pour encourager l'entrepreneuriat efficace dans des organisations établies. Un des buts de cette série de livres est de montrer comment les principes et pratiques modélisés chez les entrepreneurs qui réussissent peuvent s'appliquer à de grandes entreprises traditionnelles pour leur permettre de rester innovantes et mieux gérer les défis du changement.

Le cas de Facteurs de Succès qui suit montre comment les principes SFM™ et l'application de quelques catalyseurs de collaboration clés permettent de générer une réussite entrepreneuriale dans un contexte de grande organisation traditionnelle.

Le but du développement dynamique d'équipe est de créer des équipes dynamiques et génératives capables de travailler ensemble avec efficacité et créativité pour accomplir une mission commune.

Exemple d'un cas de Facteurs de Succès : L'Équipe Produits Personnalisés de Comau Pico

En 2002, Chuck Dudek, Dave Redys, John Vance et Mike Mercer se sont retrouvés face à un formidable défi. En tant que membres de la toute nouvelle Équipe Produits Personnalisés (custom products team) de Comau Pico, ils ont en substance été chargés de réinventer leur entreprise.

Fondé en 1973, Comau Pico (aujourd'hui, le Groupe Comau) s'est créé une niche de marché puissante, en fournissant des technologies d'assemblage automatisé à l'industrie automobile. Comau Pico était devenu extrêmement prospère, fonctionnant principalement comme un service d'assemblage spécialisé pour les trois grands constructeurs automobile américains alors appelés les « big three » : General Motors, Ford et Chrysler. L'entreprise avait un marché captif et des produits de grande qualité.

L'Équipe Produits Personnalisés de Comau Pico a en substance été chargée de réinventer son entreprise.

Passer de Managers à « Intrapreneurs »

Au début des années 2000, toutefois, le monde avait quelque peu changé. Il y avait eu un changement de paradigme pour la clientèle-cible de Comau Pico. En fait, les « big three » n'existaient plus ; Chrysler était devenu Daimler-Chrysler (et au final Fiat Chrysler). Le marché évoluait et l'entreprise ne générait plus les mêmes niveaux de revenus.

L'entreprise devait créer de nouveaux produits et trouver de nouveaux clients. Chuck, Dave, John et Mike se sont vus confier cette responsabilité. Leur tâche principale a été de devenir entrepreneurs internes, ou ce qu'on peut appeler des « intrapreneurs ».

Ils ont intuitivement commencé par le centre du Cercle de Succès. Comme Chuck l'a souligné, « Nous avons du identifier et ré-identifier qui nous étions ». Ils ont aussi intuitivement compris que leur succès dépendrait d'une collaboration générative efficace. Ils se sont donc réunis et ont en substance démarré leur propre forme d'intervision. Ils ont commencé par une « boîte à idées » avec des questions comme : « Qu'est-ce que la réussite ? » et « Qu'est-ce que nous avons maintenant que nous n'avons jamais eu avant ? »

L'équipe a intuitivement commencé au centre du Cercle de Succès par « Identifier et ré-identifier qui nous étions » et « Qu'est-ce que nous avons maintenant que nous n'avons jamais eu avant ? »

Penser Hors Cadre

Ils savaient qu'ils devaient penser « hors cadre ». Que leur réussite en clientèle ne se ferait pas avec des idées classiques. Ils devaient enrichir leur Cercle de Succès. « Comme nous étions en terrain inconnu, nous avons fait appel à nos commerciaux », explique Dave. Ils ont réalisé qu'ils pouvaient réaffecter une grande part de leur technologie, savoir-faire et autres ressources à de nouvelles utilisations. Ils pouvaient, par exemple, fournir du conseil en gestion de projet à des entreprises ayant des projets complexes dans des industries autres que la production automobile mais pas les compétences internes pour coordonner des combinaisons élaborées et complexes d'équipements et de procédures. Ils pouvaient aussi utiliser leurs ressources en peinture et soudage pour aider de plus petites entreprises ayant des problématiques de fabrication complexes mais manquant de ou ne pouvant s'offrir l'outillage pour le faire de façon efficace ou à moindre coût.

À un moment Chuck parla de prendre sa voiture et partir à la « recherche de lieux où une cheminée fumait ». Il y entrerait et demanderait ce qui s'y faisait pour récolter des idées.

Suite à ce type de réflexion générative, ils ont établi une longue liste de marchés cibles, créé un document et commencé à mettre en place le processus pour accéder à ces nouveaux marchés.

Leur vision était de réaffecter leurs technologie, savoir-faire et autres ressources à de nouvelles utilisations. Leur quête de nouveaux clients a commencé par une « recherche de lieux où une cheminée fumait ».

Constituer l'Équipe

Ils ont commencé par constituer la plus grande équipe possible pour réunir tous ces éléments. Plutôt que d'embaucher de nouvelles personnes, ils ont procédé à une sorte de sous-traitance « interne ». « Pourquoi repartir de zéro ? » pensèrent-ils. Ils ne voulaient pas réinventer la roue, ils ont donc « exploité les ressources » de l'entreprise. « Nous avions un avantage pour la sélection », explique Dave, « Nous pouvions choisir des gens ayant la même philosophie ».

Ils ont commencé par leur stratégie de marché et élaboré un plan d'affaires/business plan (spécifiant « quoi », ce qu'ils cherchaient à atteindre, et « pourquoi ») pour chaque service. Chaque directeur a établi des budgets, puis un plan d'action détaillant comment, très précisément, ils atteindraient leurs buts.

L'équipe a considéré sa mission comme une « sous-traitance interne » et créé une culture de « leadership serviteur ».

L'équipe est passée à un rôle d'« ingénieurs qui pensent en entrepreneurs » et s'est concentrée sur « la gestion de contrats plutôt que la fabrication d'outils ».

Pour accomplir leur vision et leur mission, l'équipe a du suivre une approche ouverte, « Faire tomber les murs entre ingénierie et production ».

Pour réussir, l'Équipe Produits Personnalisés savait qu'elle devrait se transformer pour passer de la « fabrication d'outils » à la « gestion de contrats ». Jusqu'alors, leur approche de base en affaires avait été « faites d'abord le travail et ensuite facturez » (un peu comme « garder le score pour la fin de partie »). La nouvelle démarche nécessitait de passer de la gestion de projet à la gestion de contrats. Cela signifiait une aptitude à *affronter la concurrence* en plus de celle à exécuter.

L'entreprise a eu à associer les aspects techniques et commerciaux des affaires. « Les Ingénieurs doivent penser en entrepreneurs », expliqua Mike Mercer. « Chacun doit comprendre ses responsabilités et chercher des occasions de les assumer. »

Mettre en Place des « Catalyseurs de Collaboration »

Ils ont eu une réunion de lancement, décrit la vision et les plans et commencé à susciter l'adhésion. Pour constituer et soutenir l'équipe, il ont du suivre une approche ouverte, « faire tomber les murs entre ingénierie et production ». Cela a permis d'accroître leur aptitude à collaborer de façon générative.

Ils ont aussi du instaurer des « catalyseurs de collaboration » réguliers pour réussir à assurer leur transformation. Ils ont ainsi fixé des réunions hebdomadaires, les lundis matin à 7h30. Pour faciliter le processus de gestion des contrats, ils ont revu les bons de commandes avec l'équipe. Ils ont discuté du cadre des contrats et ont couvert les questions de gestion des relations.

De plus, ils ont planifié des réunions mensuelles du personnel interne, au cours desquelles s'exprimait « un invité » - en général quelqu'un d'une autre équipe qui présentait idées et « bonnes pratiques ». L'objet principal de ces réunions était de fournir une image complète de l'état des ventes, de parler du trimestre et d'échanger sur les relations et les fournisseurs clés.

Ils avaient aussi une réunion mensuelle de direction où ils revoyaient en détail les travaux avec le chef de projet, le directeur, le responsable financier, etc. Le but de ces réunions était de « travailler au plan » en passant par des questions comme « quels sont vos problèmes ? » « Dans quelle direction allez-vous ? » « Que faites–vous ? » etc.

Créer une Culture de « Leadership Serviteur »

Leur devise était, « Considérez-vous non pas comme un manager, mais comme un catalyseur ». Ils ont élaboré une culture fondée sur les principes du « leadership serviteur ». Les *leaders serviteurs* ont pour vocation de « faciliter le travail des autres ». Tel que John Vance l'a décrit, « C'est une façon capacitante de faire des affaires et une relation ouverte ». « Faites que les gens se sentent bien et ils travailleront comme des fous », a-t-il ajouté.

La stratégie de collaboration générative de l'Équipe Produits Personnalisés de Comau Pico s'est avérée très efficace pour « agrandir le gâteau commun ». Leur contribution a cru jusqu'à représenter la moitié de l'activité de Comau Pico. Fin 2002, Comau Pico avait plus de travail que jamais auparavant.

Leur relation avec le célèbre fabricant de motos Harley-Davidson est un bel exemple de leur succès. Ils sont passé d'un « appel à froid » à 15 millions de dollars de ventes en 2 ans.

Réflexions sur le cas de l'Équipe Produits Personnalisés Comau Pico

L'histoire de la réussite de l'Équipe Produits Personnalisés de Comau Pico est un autre exemple de gestion efficace du Cercle de Succès SFM™. En réfléchissant au et en ré-examinant le centre du cercle (c.-à-d., en retrouvant qui ils étaient), ils ont pu faire une « re-vision » de leur rôle vis à vis de leurs clients et du reste de l'entreprise, accroître les compétences de l'équipe, établir en interne des partenariats et alliances avec d'autres groupes et divisions de l'entreprise et créer une valeur ajoutée pour leurs parties prenantes (la société mère). Ils ont clairement réussi à atteindre un nouveau palier de *robustesse financière* en acquérant et en optimisant les ressources existantes clés de leur parties prenantes et en générant de l'intérêt et des revenus de la part de nouveaux clients.

D'évidence, c'est aussi un exemple de collaboration générative et de collaboration dynamique d'équipe. Les membres de l'Équipe Produits Personnalisés ont dû travailler de concert pour créer quelque chose de nouveau et d'inédit en sortant des sentiers battus d'une collaboration de base et en se considérant eux-même sous un autre jour, tout comme leurs outils et leur façon de travailler ensemble. Ils ne pouvaient plus se contenter de continuer avec un niveau basique de collaboration, faire leur travail et accomplir les tâches pour lesquelles ils avaient été embauchés Ils ont dû créer une nouvelle « conscience de groupe » et trouver des façons novatrices de combiner et appliquer leur savoir-faire et ressources.

L'Équipe Produits Personnalisés de Comau Pico s'est fixé comme ambition d'« affronter la concurrence en plus d'exécuter ». En 2 ans, l'entreprise a eu plus de de travail que jamais auparavant.

Les membres de l'Équipe Produits Personnalisés ont dû travailler de concert pour créer quelque chose de nouveau et d'inédit en sortant des sentiers battus d'une collaboration de base et en se considérant eux-même sous un autre jour, tout comme leurs outils et leur façon de travailler ensemble.

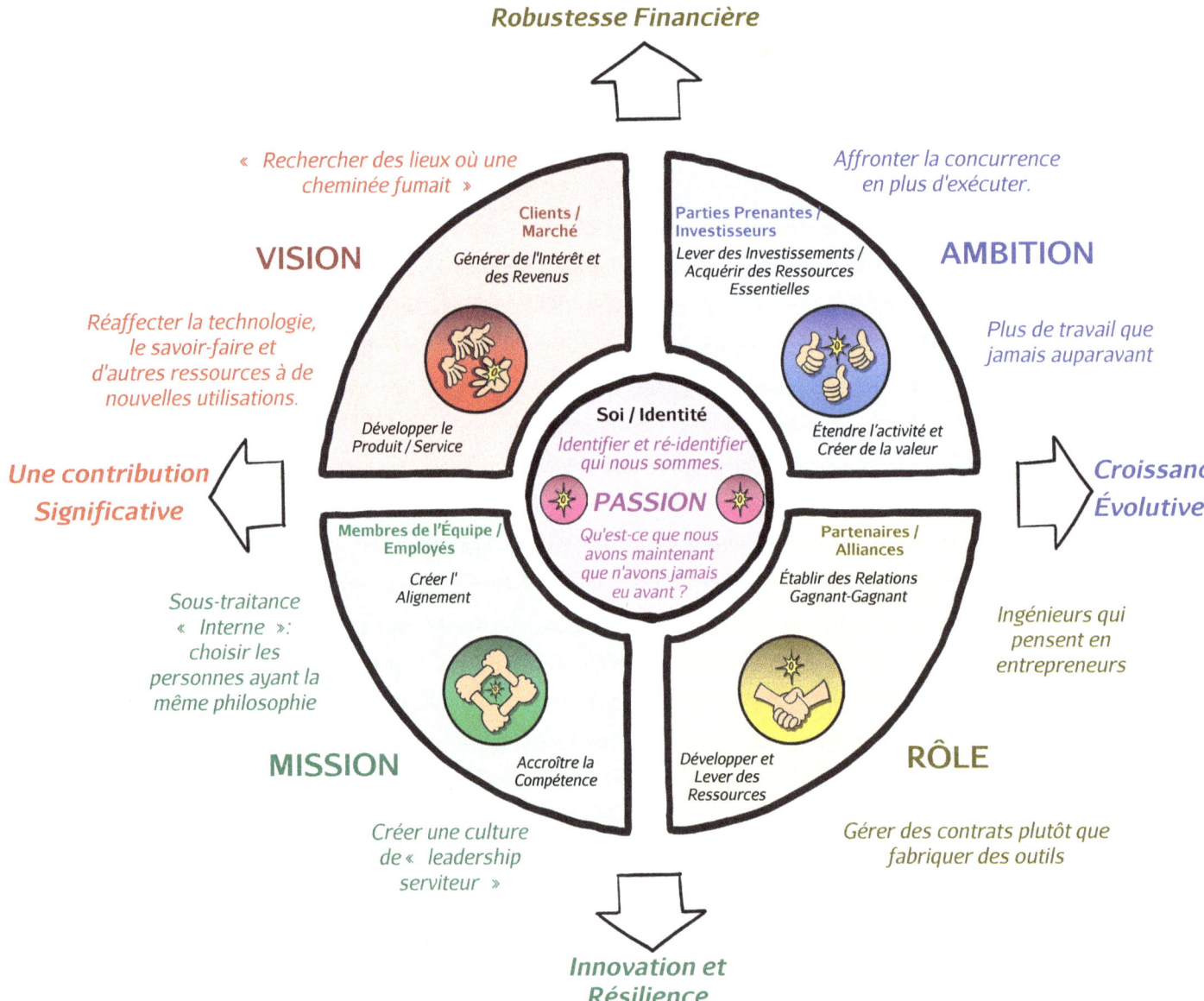

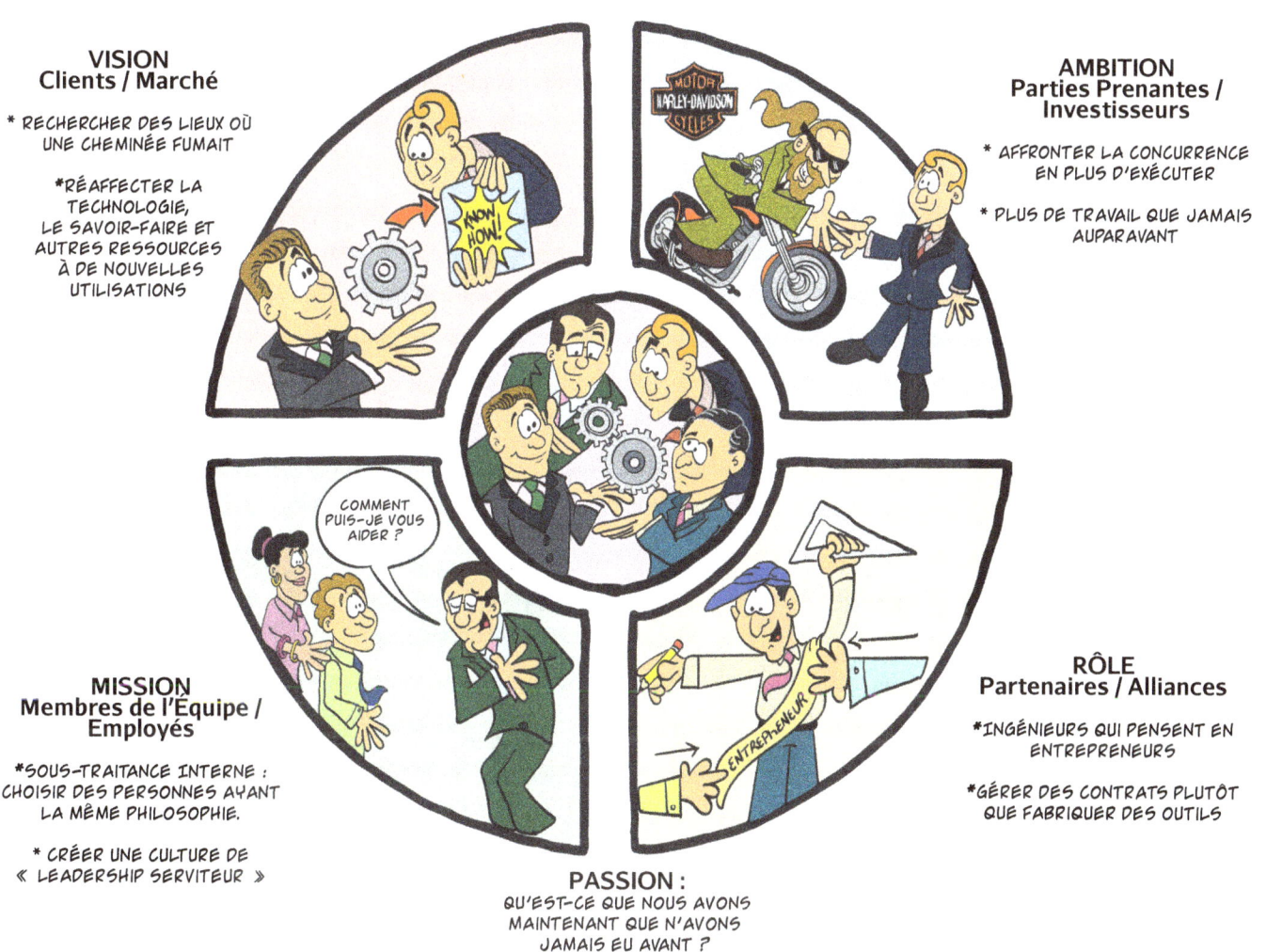

Le cas de l'Équipe produits Personnalisés de Comau Pico fournit de bons exemples de différents « Catalyseurs de Collaboration ».

Ce cas fournit aussi quelques bons exemples de « catalyseurs de collaboration ». La « boîte à idées » et le brainstorming avec les « commerciaux » sont des formes naturelles d'intervision. Ils ont aussi mis en œuvre ce que nous appelons l'*Exploitation des Ressources* en externe et en interne en cherchant des correspondances entre besoins et ressources avec des clients et des personnes de différentes divisions dans l'organisation. Cela a créé la possibilité d'un « ralliement » efficace - travailler ensemble afin de placer les ressources disponibles là où elles sont les plus nécessaires. Nous détaillerons le processus d'Exploitation des Ressources plus loin dans ce chapitre.

Parmi les autres catalyseurs de collaboration que l'Équipe Produits Personnalisés de Comau Pico a créé ou appliqué :

- *Mettre en synergie des objectifs et des ressources* en « combinant les aspects techniques et commerciaux des affaires ».
- *Faire tomber les murs* en faisant interagir entre eux les gens de l'ingénierie, de la production et du marketing.
- *Partager des critères de collaboration* en identifiant et en travaillant avec d'autres ayant une philosophie commune.
- *Établir une communication récurrente pour les parties clés du Cercle de Succès* en tenant des réunions périodiques à différentes fréquences pour traiter des questions de relations managériales, partager les bonnes pratiques entre différentes équipes et discuter des relations et des fournisseurs clés.
- *Encourager l'attitude de partenariat et de « leadership serviteur »* en favorisant l'état d'esprit caractérisé par le fait que « faciliter le travail des autres » fait partie du travail de chacun.

Ce cas donne plusieurs bonnes illustrations sur la façon dont les différents domaines du Modèle SFM™ de l'Intelligence Collective se combinent pour faciliter la collaboration dynamique d'équipe. Les membres de l'Équipe ont appliqué le *brainstorming* pour définir de nouveaux marchés en imaginant des options novatrices. Ils ont fait de l'*étalonnage (benchmarking)* en demandant « qu'est-ce que la réussite ? » et « Qu'est-ce que nous avons maintenant que nous n'avons jamais eu avant ? » Et ils ont continué à fixer des critères collectifs lors de leur réunions mensuelles de direction. Les membres de l'équipe Produits Personnalisés ont partagé de *bonnes pratiques* avec des intervenants invités lors de leurs réunions du personnel interne, échangeant des stratégies réussies avec d'autres équipes. Ils ont également encouragé *la collaboration générative* en « faisant tomber les murs » entre ingénierie et production pour aider à la co-création de quelque chose d'unique.

Benchmarking, ou étalonnage

Bonnes Pratiques

Brainstorming

Collaboration Générative

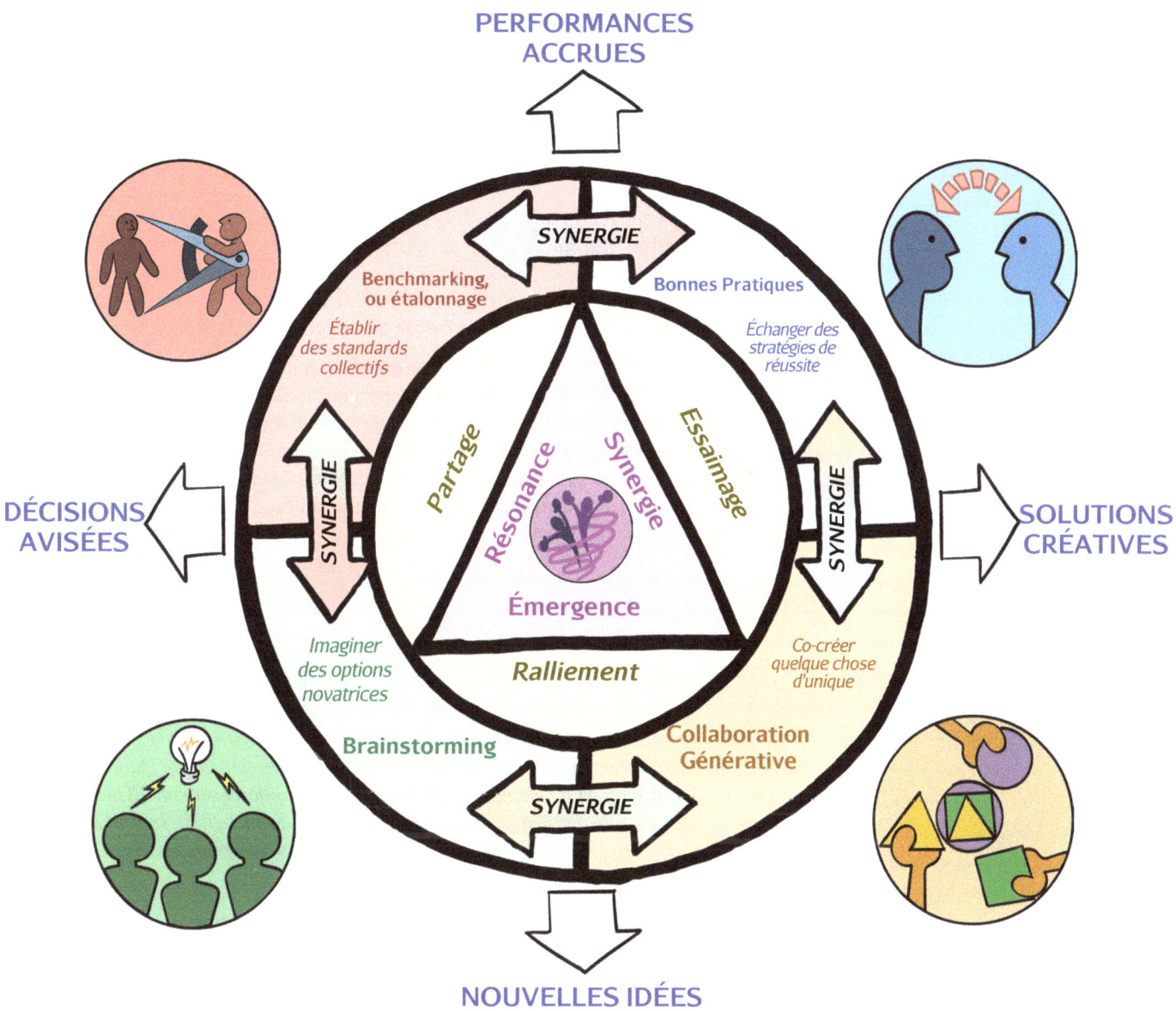

L'Équipe Produits Personnalisés de Comau Pico fournit un bon exemple de création de synergies entre tous les processus liés à l'intelligence collective en tant qu'application de la collaboration dynamique d'équipe.

Collaboration Dynamique d'Équipe

Catalyseur de Collaboration SFM™ :
Format d'une Réunion de Collaboration Dynamique d'Équipe

Les réunions sont un des catalyseurs de collaboration les plus courants. Atteindre et entretenir la synergie et l'émergence nécessite en particulier certains types d'interactions et de rétroactions (feedback) réguliers.

La fréquence et l'organisation des réunions peuvent être particulièrement importantes. J'ai participé à de nombreux projets et entreprises, impliquant souvent des équipes internationales et virtuelles. Selon l'urgence, la complexité et la phase du projet ou entreprise, la périodicité des réunions peut être trimestrielle, mensuelle, hebdomadaire voire même quotidienne (ou plusieurs fois par jour).

Bien sûr, ce qui est traité et la façon dont la réunion est structurée détermineront fortement le degré de synergie, d'émergence, d'intelligence collective et de collaboration générative. Sans structure, certaines réunions peuvent s'avérer chaotiques et inefficaces. Trop de structure peut limiter l'interaction et empêcher les occasions de synergie et d'émergence. Nous l'avons vu dans notre réflexion sur les nuées d'oiseaux, il est important de parvenir à un équilibre entre les deux pour qu'une sorte de « flux discipliné » ait lieu. Prenons la description faite par Steve Jobs sur la façon dont il dirigeait son équipe pour « orchestrer l'innovation » :

> *Ce que nous faisons tous les lundis est de passer en revue l'ensemble de l'activité. Nous analysons les ventes de la semaine précédente. Nous examinons chaque produit en cours de développement, les produits qui nous posent problème, ceux dont la demande dépasse notre capacité de production. Nous passons en revue tout ce qui est en développement. Et nous le faisons chaque semaine. J'établis un ordre du jour - semblable pour 80 % à celui de la semaine d'avant, et nous le déroulons chaque semaine. Nous avons peu de procédures chez Apple, mais c'est une des rares choses que nous faisons juste pour rester tous en phase.*

Ce que dit Jobs de ses réunions hebdomadaires décrit un type de « structure ouverte », avec suffisamment de procédure pour permettre à tous d'être en phase mais sans trop de détails qui empêcheraient spontanéité et souplesse. Gabrielle Roth, fondatrice de la pratique du mouvement transformationnel des 5Rhythms®, a souligné qu'« être un esprit libre exige de la discipline ».

Un format de réunion efficace doit équilibrer structure et opportunités d'ouverture au partage, à la synergie et à l'émergence pour produire un « flux discipliné ».

Voici un format simple de réunion, similaire à celui des réunions hebdomadaires de Jobs, que nous proposons aux entrepreneurs et leaders que nous coachons.

1. *Décrivez brièvement une réunion que vous animerez et les personnes qui y seront (ou devront y être).*

2. *Quels sont les objectifs ou les résultats attendus de cette réunion ? - c.-à-d., quel est l'ordre du jour ?*

3. *Que ferez-vous pour atteindre les objectifs* (traiter les points à l'ordre du jour) ? *Quelles démarches et activités spécifiques utiliserez-vous lors de la réunion pour atteindre vos objectifs ?* (par ex., discussions, présentations, vote à main levée, etc.) Il s'agit, bien sûr, d'un moment propice à plusieurs catalyseurs de collaboration. Nous vous présenterons plus de pistes dans ce chapitre et les suivants.

4. *Quels sont les problèmes ou difficultés à aborder pendant la réunion ? Quelles activités ou démarches spécifiques pourriez-vous intégrer à votre format de réunion pour les traiter plus efficacement ?* Nous sommes ici aussi dans un domaine propice à certains catalyseurs de collaboration que nous présenterons dans la suite du chapitre et du livre.

5. *Quels seront les retours (feedbacks) qui vous permettront de savoir que vous atteignez ces objectifs ? Quelle est pour vous la preuve que les objectifs (points à l'ordre du jour) ont été atteints ou traités de façon adéquate ?*

Que vous vous réunissiez avec les membres d'une équipe, des clients, des parties prenantes ou des partenaires, nous avons constaté qu'il était utile de se poser ces questions. Même si vous n'annoncez ou ne présentez pas d'ordre du jour, le format permet de vous préparer à collaborer efficacement.

Certains points de l'ordre du jour peuvent être facilement traités par une collaboration de base. D'autres demanderont un degré supérieur d'intelligence collective et de collaboration générative. Dans la prochaine partie du chapitre nous détaillerons plus les principes, démarches et catalyseurs de collaboration permettant d'accroître la résonance, la synergie et l'émergence et de générer un niveau dynamique et avancé de collaboration générative.

Catalyseur de Collaboration SFM™ : Exploitation des Ressources

L'un des facteurs de réussite démontré par le cas de l'Équipe Produits Personnalisés Comau Pico est la promotion d'une communication ouverte pour que les gens puissent mettre en synergie des objectifs et ressources et établir des critères communs de collaboration. Comme Dave Redys l'a souligné, il est important de choisir des gens ayant une philosophie commune si vous voulez créer une collaboration générative efficace.

Il est également important de sortir des sentiers battus et chercher comment des ressources et besoins différents peuvent se compléter ou se combiner entre eux pour enrichir les possibilités de collaboration. Nous appelons ce processus l'*Exploitation des Ressources*

Le but de l'Exploitation des Ressources est d'aider les groupes à trouver des points de recoupement et de synergie avec d'éventuels collaborateurs sur des besoins, ressources et critères de collaboration.

1. Commencez par écrire ci-dessous l'intitulé de votre entreprise ou projet.

   Projet/Entreprise : _____

2. Faites une *Analyse des Besoins et des Ressources*. L'aptitude à s'offrir les uns aux autres les ressources nécessaires est le socle de toute collaboration efficace. Comme nous l'avons indiqué, les sentiments de gratitude et de générosité sont les critères fondamentaux pour réussir à titre personnel – la *gratitude* pour les opportunités et ressources d'autres qui contribuent à vos réalisations, et la *générosité* de partager avec d'autres les ressources que vous avez. C'est aussi la base pour créer des relations gagnant-gagnant concrètes avec d'autres. La gratitude naît lorsque d'autres nous offrent les ressources dont nous avons besoin. La générosité est notre propension à offrir des ressources qui satisfont les besoins d'autres.

Guide d'Étude des Besoins d'un Projet/d'une Entreprise

Listez ci-après, dans les espaces prévus à cet effet, les ressources que « vous avez besoin d'avoir », celles que « vous voulez avoir » et celles que « vous aimeriez avoir » pour concrétiser la vision, la mission et l'ambition de votre projet ou entreprise.

Vous avez besoin d'avoir
Essentiel pour réaliser vos vision, mission et ambition.

Vous voulez avoir
Important pour réaliser vos vision, mission et ambition.

Vous aimeriez avoir
Si possible, cela améliorerait ou faciliterait vos vision, mission et ambition.

Check-list des Facteurs de Succès

Utilisez la check-list qui suit pour vous assurer d'avoir traité tous les niveaux des facteurs de réussite susceptibles d'être utiles à votre projet ou entreprise. Vous pouvez aussi l'utiliser pour explorer les ressources que vous pourriez offrir aux autres.

J'ai besoin de...   **J'ai...**

Environnemental Par ex., soutien matériel et social, temps, espace, conseils.
Comportemental Par ex., actions à mener par vous et d'autres.
Capacités Par ex., savoir-faire, technologies, compétences, enseignants, etc.
Croyances Par ex., motivation, confiance en soi, confiance, mentorat, etc.
Identité Par ex., sponsors, clarté du rôle, orientation de vie, limites, etc.
Spirituel Par ex., personnes, expériences, idées, etc., qui me relient à quelque chose de plus grand.

Guide d'Exploitation des Ressources

A présent, dans les colonnes ci-dessous, résumez à gauche les ressources clés dont vous avez besoin puis listez à droite celles que vous savez pouvoir offrir aux autres.

BESOINS	RESSOURCES

Lors des réunions avec de futurs collaborateurs, vous partagerez votre liste de besoins et ressources et les questionnerez sur leurs besoins et ressources. Cela vous aidera à déterminer les domaines dans lesquels vous entraider ou vous compléter pour mieux réussir.

Gardez à l'esprit que, pendant l'exercice, vous pouvez découvrir d'autres besoins personnels ou d'autres ressources à offrir. Assurez-vous de les ajouter à votre liste.

3. Avant de commencer à chercher les domaines de collaboration avec d'éventuels collaborateurs, listez vos critères de collaboration. Pourquoi voulez-vous collaborer ? Qu'est-ce que la collaboration doit apporter ou intégrer pour que vous soyez intéressé(e) et disposé(e) à vous y engager ? (par ex., « accroître les ressources », « être agréable », « être soutenante », « partager des valeurs communes », etc.)

Critères de Collaboration :

_____   _____

_____   _____

_____   _____

_____   _____

4. Joignez-vous à quelques collaborateurs potentiels. Commencez par partager vos critères de collaboration. Assurez-vous d'exprimer et de déterminer vos critères de collaboration clés, notamment ceux qui vous sont communs. Il constituent le « fondement » de votre collaboration.

À ce stade, vous ne savez pas quelles idées de collaboration pourraient surgir, mais vous savez que quelles qu'elles soient, elles devront satisfaire ces critères spécifiques. Par exemple, vous pouvez décider avec vos collaborateurs potentiels que votre collaboration soit « financièrement rentable » ou « divertissante ». Peut-être doit-elle tirer avantage de certaines ressources. Peut-être doit-elle avoir lieu dans un délai donné. Autrement dit, quelles sont les caractéristiques que votre collaboration doit satisfaire, même si vous ne savez pas encore ce qu'elle sera.

5. Ensuite, chacun lit sa liste de besoins et ressources. Un fois que c'est fait, recherchez les croisements possibles entre les besoins de l'un des membres du groupe et les ressources des autres.

Au final, vous devriez avoir pu identifier un certain nombre de domaines potentiels de synergie et de collaboration entre tous les membres du groupe.

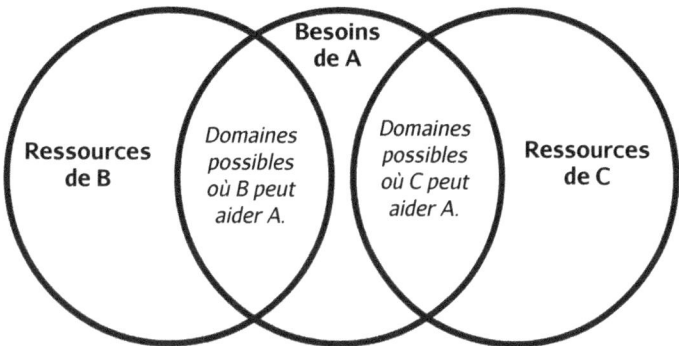

Trouver des synergies entre les besoins et les ressources.

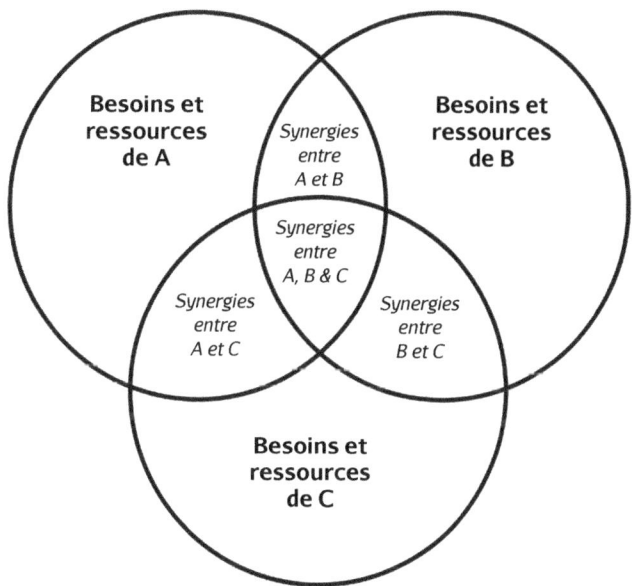

L'Exploitation des Ressources implique de chercher des zones de Synergie entre les besoins et les ressources de Collaborateurs Potentiels

6. La dernière étape consiste à s'assurer que les domaines possibles de collaboration répondent à vos critères de collaboration. Il se peut que vous ayez à affiner ou orchestrer les synergies pour qu'elles répondent aux contraintes imposées par les critères que vous avez exprimés et déterminés au début du processus.

Plus précisément, en tant que groupe, vous devez revoir chacune des propositions qui ont émergé lors de la phase d'Exploitation des Ressources, examiner un à un vos critères et déterminer si la collaboration potentielle y répond. Si c'est le cas, passez au critère suivant. Si l'un des critères n'est pas rempli, ne rejetez pas l'idée tout de suite. Essayez plutôt de cerner ce qui doit être ajouté ou modifié pour que l'idée réponde à ces critères.

Faites en sorte de modifier progressivement cette première proposition pour la rendre compatible avec le critère qu'elle ne remplissait pas. Poursuivez la vérification de chacun des domaines de synergie possibles au regard de vos critères jusqu'à les avoir ajustés pour satisfaire chacun des critères de collaboration.

Passer de la Vision à l'Action

La création d'une entreprise performante quelle qu'elle soit nécessite l'aptitude à élaborer une vision puis déterminer et suivre la voie qui relie cette vision à des comportements et actions spécifiques. Selon SFM™, cette voie est composée de différents niveaux de facteurs de réussite favorisant la création du projet ou de l'entreprise, notamment :

- La **Vision** : L'image ou le rêve qui donne l'« esprit » ou le niveau de finalité le plus élevé de l'ensemble des ressources et activités connexes – la réponse aux questions *pour qui* et *pour quoi* orientons-nous nos énergies, savoir-faire et actions ?
- La **Mission** : La notion d'« identité », de rôle et d'appel qu'ont les personnes en lien avec la vision - la réponse à la question *qui* sommes-nous, ou devons-nous être, pour incarner la vision ?
- L'**Inspiration** : Les « valeurs et croyances » exprimées ou englobées par la vision et la mission qui motivent leur réalisation – la réponse à la question *pourquoi* avons-nous cette vision et cette mission-là ?
- La **Stratégie** : Les « capacités » et les compétences nécessaires pour manifester la vision et remplir la mission – la réponse à la question *comment* accomplirons-nous notre mission ?
- La **Structure** et le **Plan** : Le plan opérationnel, ou les « comportements » et l'« environnement » spécifiques constitutifs du projet ou du plan qui traduit la vision, la mission et les valeurs – la réponse aux questions *qu'est-ce que*, précisément, nous ferons pour accomplir notre mission ; ainsi que *quand* et *où* (dans quel contexte) déroulerons-nous notre projet ou plan ?

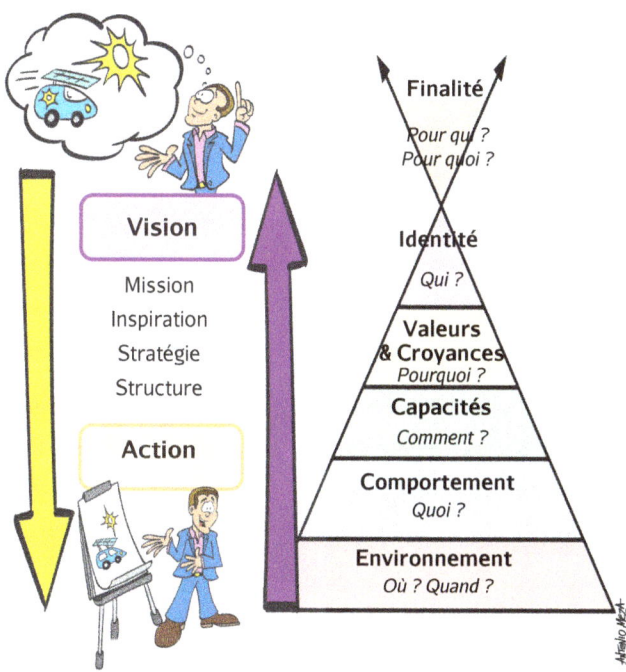

Différents niveaux de Facteurs de Succès sont à déterminer et aligner pour créer la voie entre la Vision et l'Action

Catalyseur de Collaboration SFM™ : Aligner les Rôles dans une Vision Commune

L'alignement de l'équipe entière vers une vision commune est un des plus importants facteurs de réussite pour une collaboration dynamique d'équipe et l'élaboration d'un Cercle de Succès efficace. Les actions et objectifs des personnes dans leurs environnements spécifiques doivent être congruents avec la stratégie et les objectifs de l'entreprise. Ces objectifs, à leur tour, doivent être congruents avec la mission et la culture de l'entreprise dans son environnement plus vaste.

Souvent dans une jeune entreprise, les membres de l'équipe « ont plusieurs casquettes ». À l'instar des oiseaux dans nos exemples de vols, chacun occupe une sorte de position de leader, auto-organisant souvent son propre rôle par l'interaction et la coordination avec d'autres membres de l'équipe. En général, il n'existe pas de « descriptif de poste » unique avec des directives à la clé. Un facteur de réussite majeur de collaboration dynamique d'équipe est donc d'aider les gens à trier et aligner leurs activités en fonction des autres.

Pour ce faire, vous pouvez utiliser le guide de travail suivant. Chaque membre de l'équipe doit le compléter. Au début du processus, chaque membre de l'équipe doit définir sa conception de la vision et de la mission de toute l'équipe. Pour que l'équipe soit alignée, il importe que ces réponses soient congruentes avec la conception que les autres membres ont de la vision et de la mission.

Puis chacun doit définir la conception qu'il a de son rôle, ses valeurs et priorités, ses croyances et présupposés, ses capacités, ses tâches et les contextes dans lesquels il ou elle agira pour soutenir la vision et la mission de l'équipe. Ensuite, chaque membre de l'équipe lit ses réponses aux autres, qui doivent les comparer à leur propre conception du rôle et des activités de la personne au regard de la vision et de la mission communes.

L'alignement de votre équipe vers une vision commune est un des plus importants facteurs de réussite pour une collaboration dynamique d'équipe et la création d'un Cercle de Succès efficace.

Guide pour l'Alignement d'une Équipe

1. Notre vision collective est :
___

2. Notre mission collective est :
___

3. Mon rôle par rapport à la vision et la mission collectives est :
___

4. Avec cette mission et étant dans ce rôle, mes valeurs/priorités sont :
___

5. Avec cette mission et étant dans ce rôle, je crois/présume que :
___

6. Pour participer à l'accomplissement de la mission, j'utiliserai les capacités suivantes :
___

7. J'utiliserai ces capacités pour mener à bien les tâches suivantes :
___

8. Je réaliserai ces tâches dans le(s) contexte(s) suivant(s) :
___

Les membres de l'équipe peuvent souhaiter se questionner entre eux pour préciser les réponses qui leur semblent ambigües ou imprécises. Ils devront aussi veiller à ce que les tâches et les priorités d'autres membres de l'équipe, dont leurs actions dépendent, soient assez précises et organisées pour pouvoir bénéficier du soutien nécessaire de la part du membre concerné.

Catalyseur de Collaboration SFM™ :
Modéliser les Facteurs de Succès d'une Collaboration Dynamique d'Équipe

Une fois définie la voie de la vision à l'action et les membres de l'équipe alignés, il est important de créer les conditions qui permettent à l'équipe de progresser sur la voie et d'exploiter pleinement les possibilités du moment. Cela suppose de constituer une « infrastructure de communication et de créativité » en définissant les facteurs clés de réussite nécessaires à une collaboration dynamique d'équipe et une collaboration générative, puis en instaurant des pratiques régulières de réflexion sur la base et l'intensité de ces facteurs lors d'interactions de l'équipe.

Pour l'appliquer à votre propre entreprise, commencez par identifier une équipe dynamique et « générative » dont vous avez fait partie. Réfléchissez aux caractéristiques de cette équipe exceptionnelle et à la façon dont elle a été conduite puis répondez aux questions suivantes.

Qu'est-ce qui vous touche le plus dans la façon dont ont interagi les membres de cette équipe, comment l'équipe a été conduite et comment elle a fonctionné ?

Quelles ont été les principales actions et qualités caractérisant cette équipe et son leadership ?

- *Qu'est-ce-que les gens ont fait ensemble ?*
- *Comment les gens se traitaient entre eux ?*
- *Comment les gens communiquaient ? Existait-il déjà une infrastructure de communication ?*
- *Comment la créativité était-elle été appréciée et encouragée ?*
- *Quelles qualités (intérieures et extérieures) avaient l'équipe, ses membres et son leadership et qui ont le plus influencé le niveau de relation et de performance de ses membres ?*

Pensez à prendre en compte tous les niveaux de facteurs de réussite que nous avons étudié dans ce livre : environnement, comportement, capacités, croyances et valeurs, identité/mission et vision/finalité.

Maintenant, comparez cette équipe et la façon dont elle a été conduite à votre expérience personnelle en tant que membre (1) d'une équipe moyenne (2) d'une équipe ou d'un groupe inefficace ou « dégénératif ». Reprenez les mêmes questions pour ces autres équipes et la façon dont elles fonctionnaient. [Vous pouvez aussi faire cet exercice pour une équipe particulière à laquelle vous avez appartenu et qui a fonctionné différemment ou à différents niveaux (génératif, moyen, dégénératif) au fil du temps.]

Quelles sont les « différences qui font la différence » ? Utilisez le guide de travail suivant pour noter vos réponses.

Guide de Modélisation d'une Collaboration Dynamique d'Équipe

	Génératif	Moyen	Dégénératif
Vision/Finalité			
Identité/Mission			
Valeurs/Croyances			
Capacités			
Comportements			
Environnement			

Qu'est-ce qui existe dans une équipe dynamique et générative et n'est que partiel dans une équipe moyenne et infime ou manquant dans une équipe dégénérative ?

Quels niveaux de facteurs présentent *plus de* ou *moins de* ce qui semble avoir une incidence sur la vitalité de la relation et/ou la performance de la tâche dans les équipes (a) dégénératives, (b) moyennes et (c) génératives ?

Faites en sorte de résumer vos réflexions en cinq à neuf facteurs de réussite essentiels.

Si votre équipe est déjà constituée, c'est un exercice très puissant à faire ensemble, sous forme d'« intelligence collective ». Je le fais habituellement en demandant d'abord aux membres de l'équipe de réfléchir individuellement à leurs réponses, puis d'en choisir trois ou quatre prioritaires, et enfin de les partager dans une sorte de processus d'intervision de « benchmarking/ étalonnage ». Les participants doivent chercher une résonance entre leurs réponses en se concentrant moins sur les mots que sur le sens et l'expérience profonds que le langage fait ressortir.

Catalyseur de Collaboration SFM™ :
Réaliser une Grille d'Évaluation de Collaboration Dynamique d'Équipe

Une fois que vous avez identifié et défini les facteurs de réussite clés pour une collaboration dynamique d'équipe et une collaboration générative, il convient de les formaliser en une sorte d'« infrastructure » pour l'équipe en réalisant une « grille d'évaluation ».

Prenons l'exemple de grille d'évaluation ci-dessous. Les facteurs de réussite clés de collaboration dynamique d'équipe sont énumérés dans la colonne de gauche. Le niveau d'expression de chaque facteur de réussite est indiqué sur une échelle de 1 à 5 entre un « niveau bas » correspondant à une contre-performance (1 + 1 = -1) et un « niveau haut » correspondant à une performance générative, efficace (1 + 1 = 3).

Facteur de Succès	Niveau Bas	1+1=-1	1+1=0	1+1=1	1+1=2	1+1=3	Niveau haut
1. Finalité du Projet	ambigu	1	2	3	4	5	clair
2. Dialogue	circonspect	1	2	3	4	5	ouvert
3. Interactions	évitées	1	2	3	4	5	engagées
4. Soutien	soi uniquement	1	2	3	4	5	chacun pour tous
5. Utilisation des compétences	médiocre	1	2	3	4	5	pleine
6. Rapport	faible	1	2	3	4	5	élevé
7. Rythme	lent	1	2	3	4	5	rapide

Pour utiliser cette grille, à différents moments clés du projet ou d'une interaction d'équipe, les membres doivent faire une pause et réfléchir à l'existence et au niveau de ces facteurs clés de réussite en s'appuyant sur leurs réponses aux questions suivantes :

1. Finalité du projet
Dans quelle mesure êtes-vous au clair avec les objectifs et priorités du projet ?

2. Dialogue
Quel est votre degré d'ouverture et d'honnêteté quand vous discutez des enjeux auxquels vous faite face et évaluez les points forts et ceux à améliorer d'autres membres de l'équipe ?

3. Interactions
A quelle fréquence et avec quel degré d'investissement interagissez-vous et communiquez-vous entre vous ?

4. Soutien
Soutenez-vous les autres pour qu'ils réussissent dans leurs tâches ou avez-vous plutôt tendance à surtout vous concentrer sur vos propres tâches individuelles ?

5. Utilisation des compétences
Dans quelle mesure mettez-vous en œuvre vos compétences pour atteindre des objectifs communs ?

6. Rapport
Quel niveau de rapport entretenez-vous les uns avec les autres ?

7. Rythme
Comment percevez-vous votre rythme dans la réalisation de buts et objectifs communs ?

Les membres de l'équipe évaluent et comparent leur notes au regard de ces différentes questions et facteurs de réussite y correspondants, en réfléchissant à leurs points forts et à ceux qu'ils pensent pouvoir améliorer.

Créer votre propre Grille de Collaboration Dynamique d'Équipe

Compte tenu de ce que vous avez modélisé des groupes et équipes génératifs, quels facteurs de réussite différents ou complémentaires pourriez-vous ajouter à l'exemple de grille précédent pour créer votre propre Grille d'Évaluation de Collaboration Dynamique d'Équipe ?

Servez-vous du tableau ci-après pour lister les facteurs de réussite clés de collaboration dynamique d'équipe et collaboration générative que vous avez identifiés et déterminer les niveaux hauts et bas pour chacun.

Facteur de Succès	Niveau Bas	1+1=-1	1+1=0	1+1=1	1+1=2	1+1=3	Niveau haut
1.		1	2	3	4	5	
2.		1	2	3	4	5	
3.		1	2	3	4	5	
4.		1	2	3	4	5	
5.		1	2	3	4	5	
6.		1	2	3	4	5	

Maintenant, pour chaque facteur, rédigez une question qui vous aidera, ainsi que votre équipe, à évaluer à quel niveau vous agissez collectivement.

1. _____   4. _____

2. _____   5. _____

3. _____   6. _____

Là encore, il s'agit d'un exercice puissant d'intelligence collective permettant aux membres d'une équipe de créer ensemble leurs propres grilles d'évaluation. Pour cela, je conseille souvent que chaque membre de l'équipe choisisse un facteur de réussite avec lequel il ou elle est le plus en résonance et en devienne le « champion ». Par exemple, dans une équipe de huit personnes, chaque membre propose un facteur de réussite, donne la question clé puis définit avec le reste du groupe le niveau haut et le niveau bas d'expression.

Exemple de Grille d'Évaluation de Collaboration Dynamique d'Équipe

Voici un exemple de Grille créée par les membres d'une équipe que j'ai accompagnée et qui s'apprêtait à lancer un important fonds d'investissement. Cette société a lancé son fonds d'investissement en 2004 avec six personnes et environ 50 millions d'euros. En quatre ans elle était passé à 60 personnes et avait investi plus de 6 milliards d'euros !

Facteur de Succès	Niveau Bas	1+1=-1	1+1=0	1+1=1	1+1=2	1+1=3	Niveau haut
1. Ouverture au Changement	*Passive/Réactive*	1	2	3	4	5	*Active*
2. Planification	*Désorganisée*	1	2	3	4	5	*Organisée*
3. Communication	*Ambigüe*	1	2	3	4	5	*Claire*
4. Interactions	*Aléatoires*	1	2	3	4	5	*Synergétiques*
5. Amélioration des Compétences	*Complaisante*	1	2	3	4	5	*Ambitieuse*
6. Appropriation/Engagement	*Pas impliqué*	1	2	3	4	5	*Impliqué*
7. Respect/Reconnaissance	*Rare*	1	2	3	4	5	*Élevé*
8. Échange/Générosité	*Occasionnel*	1	2	3	4	5	*Systématique*

1. Ouverture au changement/Adaptabilité
Quelle est la proactivité des membres de l'équipe quant à l'apprentissage de nouveaux outils et l'actualisation de leurs connaissances et points de vue des autres ?

2. Planification
Comment s'organisent les membres de l'équipe pour garder le cap sur des objectifs à moyen et à long terme ?

3. Communication
Dans quelle mesure la communication est-elle claire entre les membres de l'équipe ?

4. Interactions
A quel point les interactions sont-elles synergétiques et génératives dans l'équipe ? A quel point l'équipe est-elle apte à passer d'un partage des connaissances et des idées superficiel à un partage créatif ?

5. Amélioration des Compétences
Quelle est l'ambition des membres de l'équipe à mieux utiliser et intégrer leurs compétences ?

6. Appropriation/Engagement
A quel point les membres sont-ils activement impliqués dans la réalisation de la vision de l'équipe et dans l'équipe ? Les membres de l'équipe vont-ils au bout des choses sans être relancés ? Les membres de l'équipe investissent-ils du temps en tant qu'équipe ?

7. Respect/Reconnaissance
Quel degré de respect et reconnaissance mutuels les membres de l'équipe manifestent-ils lors de leurs interactions ?

8. Échange/Générosité
A quel point les membres de l'équipe sont-ils enclins à participer et à s'entraider, même sans y être obligés ? A quel point les membres investissent-t-ils systématiquement du temps pour assurer le développement de leurs coéquipiers ?

Résumé du chapitre

La *Collaboration Dynamique d'Équipe* est une forme (souvent spontanée) de travail d'équipe où les membres du groupe se complètent mutuellement dans leurs compétences et traits personnels, partagent la responsabilité des résultats et travaillent ensemble à des réalisations supérieures à celles de la somme des efforts individuels. La collaboration dynamique d'équipe illustre comment une collaboration peut être générative (c.-à-d., 1+1=3).

Le comportement des oiseaux en vol groupé offre de bons exemples et métaphores de la collaboration dynamique d'équipe. Les oies, par exemple, ont à parcourir des milliers de kilomètres par an dans le cadre de leurs migrations. En volant ensemble, et grâce à l'appel d'air créé par leurs congénères de tête, les oies peuvent voler sur des distances plus de 70% supérieures à celles d'un vol en solitaire.

Les configurations complexes des « murmures » d'oiseaux comme les étourneaux est un autre exemple de ralliement. En suivant des règles simples de cohésion, séparation et alignement, des milliers d'oiseaux sont capables de se déplacer et réagir ensemble et d'éviter les obstacles, agissant comme un holon intégré.

Ces mêmes règles ont été appliquées par des pilotes de chasse américains pour remporter l'importante et improbable victoire de la Bataille de Midway ; un tournant dans la campagne du Pacifique lors de la Seconde Guerre Mondiale. En suivant des règles simples de communication et d'actions, les avions américains ont été capables dans les faits de voler « en nuée », en se regroupant rapidement dans des zones critiques de l'espace aérien. Bien que très minoritaires, les pilotes américains ont volé avec une force écrasante là où ils pouvaient avoir le plus d'impact.

Le Développement Dynamique d'Équipe implique de créer les conditions permettant à des équipes engagées dans des activités entrepreneuriales de « se rallier » pour optimiser leur influence au service d'une mission et d'une vision communes.

Le cas de l'Équipe Produits Personnalisés de Comau Pico montre plusieurs catalyseurs de collaboration reproductibles par n'importe quel groupe participant à une activité entrepreneuriale pour promouvoir la collaboration dynamique d'équipe. Ils incluent : mettre des objectifs en synergie, faire tomber les murs et silos dissociant les gens dans différents rôles, partager des critères de collaboration, instaurer des communications réitératives pour les parties clés du Cercle de Succès et favoriser une posture de partenariat et de « leadership serviteur ».

Le *Format d'une Réunion Dynamique d'Équipe* décrit un processus simple pouvant être utilisé pour organiser des réunions régulières avec des équipes, clients, parties prenantes ou partenaires. Il offre une structure suffisante pour planifier et animer des réunions, mais accorde assez de flexibilité et de spontanéité pour que se produisent résonance, synergie et émergence.

Un Catalyseur de Collaboration efficace pour une collaboration dynamique d'équipe est l'*Exploitation des Ressources*, où de futurs collaborateurs identifient et partagent ouvertement leurs besoins, ressources et critères de collaboration. Cela aide les gens à trouver les domaines de complémentarité nécessaires pour établir des relations collaboratives intenses et bénéfiques.

Les processus *Aligner les Rôles dans une Vision Commune*, et *Guide pour l'Alignement d'une Équipe* aident les co-équipiers à trouver des valeurs partagées et à aligner leurs capacités et actions sur une vision et une mission communes.

Le processus *Modéliser les Facteurs de Succès d'une Collaboration Dynamique d'Équipe* permet d'élaborer une véritable « infrastructure de communication et de créativité » en déterminant les facteurs de réussite clés requis pour une collaboration dynamique d'équipe et une collaboration générative, et en créant une *Grille d'Évaluation de Collaboration Dynamique d'Équipe*. Il peut être utilisé pour instaurer une pratique continue de réflexion sur l'existence de ces facteurs de réussite déterminants lors des phases clés d'un projet et d'interactions d'équipe.

Références

- http://en.wikipedia.org/wiki/Team
- *Lessons from Geese* , Robert McNeish, 1972 ;
- http://www.team-building-bonanza.com/inspirational-short-story.html
- http://www.suewidemark.com/lessonsgeese.htm
- http://en.wikipedia.org/wiki/Flock_%28birds%29 http://en.wikipedia.org/wiki/Flocking_(comportement)
- http://www.huffingtonpost.com/2013/02/01/starling-murmuration-bird-ballet- video_n_2593001.html
- *Murmuration :* https://vimeo.com/31158841
- *Boids,* Craig Reynolds, 1987 ; http://www.red3d.com/cwr/boids/applet/
- *GitHub flocking simulation* (http://black-square.github.io/BirdFlock/)
- *Alpha Leadership : Tools for Leaders Who Want More From Life*, Deering, A., Dilts, R. and Russell, J., John Wiley & Sons, London, England, 2002.

    (*Alpha Leadership : Les 3 A : Anticiper, Aligner, Agir*, Deering, A., Dilts, R. and Russell, J., juin 2009 Editions de Boeck.)
- *Steve at Work*, Romain Moisescot ; allaboutstevejobs.com, 2012
- *Visionary Leadership Skills,* Dilts, R., Meta Publications, Capitola, CA, 1996.

    (*Leadership Visionnaire : Outils et compétences pour réussir le changement par la PNL*, Dilts, R., février 2009 Editions de Boeck).

06
Activer la Sagesse des Foules

Qui est sage ? Celui qui apprend de tous.
Qui est puissant ? Celui qui régit ses passions.
Qui est riche ? Celui qui est satisfait.
Qui est-ce ? Personne.
Franklin Benjamin

Certains des plus grands progrès se produisent quand les gens osent exprimer leur propre vérité et écouter celles des autres.
Kenneth H. Blanchard

La sagesse vient quand on s'assied ensemble et que l'on discute sincèrement de nos différences sans intention de les changer.
Gregory Bateson

Activer la Sagesse des Foules

Outre la passion, la vision, la mission et l'ambition, il y a un autre facteur important lié à l'état d'esprit nécessaire pour créer une entreprise performante et durable : un certain degré de sagesse. *La sagesse* selon le dictionnaire est « la capacité à penser et agir en utilisant le savoir, l'expérience, la compréhension, le bon sens et la perspicacité ». Ces aspects de l'« état d'esprit » sont mis en œuvre pour parvenir à « une évaluation optimale des mesures à prendre ». La sagesse consiste donc à avoir un point de vue élargi et équilibré permettant à une personne ou un groupe de faire des choix et prendre des décisions plus réfléchis et plus écologiques.

Développer la Sagesse

Développer la sagesse implique une compréhension des gens, buts et situations et de la façon dont ils interagissent pour établir une mise en action optimale. Cela demande aussi d'être en recherche constante de connaissances à appliquer à une situation donnée.

Dans son article LinkedIn de novembre 2013 *Comment penser en sage (How to Think like a Wise Person)*, l'auteur et professeur à l'Université de Wharton Adam Grant (déjà cité plusieurs fois dans ce tome) distingue les étapes suivantes pour développer la sagesse :

1. Réfléchir avec attention aux enseignements tirés de l'expérience.
2. Considérer le monde dans des dégradés de gris, pas en noir et blanc.
3. Équilibrer intérêt personnel et bien commun
4. Défier le statu quo.
5. Chercher à comprendre, plutôt qu'à juger.
6. Se concentrer sur la finalité avant le plaisir.

La citation de Benjamin Franklin, « Qui est sage ? Celui qui apprend de tous », indique que la sagesse implique aussi le processus d'accueil et d'intégration de multiples points de vue. Cela fait écho à l'affirmation du théoricien des systèmes Gregory Bateson sur la sagesse qui vient « quand on s'assied ensemble et que l'on discute sincèrement de nos différences - sans intention de les changer ».

Équilibrer intérêt personnel et bien commun

Considérer le monde dans des dégradés de gris, pas en noir et blanc.

Réfléchir avec attention aux enseignements tirés de l'expérience.

Développer la Sagesse

La combinaison des pensées de Grant, Franklin et Bateson nous donne un aperçu des principes et lignes directrices du développement de la sagesse :

- La sagesse n'émerge pas de l'expérience en soi, mais plutôt de l'examen attentif des enseignements tirés de celle-ci, en prenant différents points de vue.
- La sagesse résulte de l'adoption de perspectives multiples et nuancées. Comme Grant l'indique, l'objet de la sagesse est de « comprendre plutôt que de juger ».
- Les personnes et groupes sages sont prêts à remettre en cause les règles. Plutôt que d'accepter les choses telles qu'elles ont toujours été, la sagesse consiste à se demander s'il n'existe pas de meilleure voie.
- La sagesse s'articule autour de l'équilibre entre ce que j'ai appelé l'« ego » et l'« âme » ; c.-à-d., en alignant « intérêt personnel et bien commun ». Elle vient en encourageant et en soutenant les gens à en aider d'autres d'une façon qui promeut aussi leurs propres buts et ambitions.
- La sagesse résulte d'une constante attention à une vue d'ensemble et une finalité plus vaste. Elle exige une connexion à ce que Gregory Bateson a appelé l'« Esprit plus vaste » ou l'intelligence du champ.

A l'évidence, la sagesse est quelque chose que l'intelligence collective renforce. En fait, la prise de *décisions plus avisées* est une des conséquences fondamentales de la valorisation et de la mise en œuvre de l'intelligence collective.

Défier le statu quo

Chercher à comprendre, plutôt que juger

Se concentrer sur la finalité avant le plaisir.

Développer la Sagesse

La Sagesse des Foules

Dans son livre The Wisdom of Crowds (2005) paru en français sous le titre *La Sagesse des foules* (2008), James Surowiecki affirme avec audace que :

> *Dans de bonnes conditions, les groupes sont remarquablement intelligents, et souvent plus intelligents que le plus intelligent de leurs membres. Pour être intelligents, les groupes n'ont pas besoin d'être dominés par des gens supérieurement intelligents. Même si dans un groupe la plupart des gens ne sont pas particulièrement bien informés ou rationnels, celui-ci peut quand même arriver à une décision collectivement avisée.*

En fait, Surowiecki fait valoir que les groupes constitués de participants « intelligents » et d'autres « pas si intelligents » ont toujours fait mieux que ceux uniquement constitués de participants « intelligents ». Selon lui, les décisions collectives sont plus susceptibles d'être les bonnes quand elles sont prises par des gens d'opinions diverses parvenant à des conclusions indépendantes, en se fiant surtout à leurs connaissances personnelles.

Les décisions collectives sont plus susceptibles d'être les bonnes quand elles sont prises par des gens d'opinions diverses parvenant à des conclusions indépendantes, en se fiant surtout à leurs connaissances personnelles.

Surowiecki cite comme exemples naturels de « sagesse des foules » le comportement intelligent des oiseaux volant en nuées (voir le chapitre 5, pp. 256-259) et l'aptitude des colonies de fourmis à trouver le chemin le plus court vers les sources de nourriture (voir le chapitre 4, p. 191). Il cite aussi la nature auto-régulatrice des marchés et le développement informatique des codes source ouverts (comme Linux) comme des manifestations de la sagesse des foules. Il donne comme autre exemple la découverte de la réponse à l'épidémie de SRAS (Syndrome Respiratoire Aigu Sévère) en 2003. La réponse a été le fruit des recherches et des collectes de données de plusieurs hôpitaux et universités du monde entier, travaillant sans organisme central de coordination. Elle a naturellement émergé d'une vaste intelligence collective.

Une démonstration simple et concrète de la sagesse des foules est celle de l'estimation des quantités. L'estimation moyenne du groupe est toujours l'une des plus proches de la quantité réelle.

Autre démonstration très concrète de la sagesse des foules que Surowiecki présente, celle de l'estimation des quantités. Comme exemple emblématique, Surowiecki cite une anecdote du scientifique et psychologue pionnier Francis Galton. Galton était à une foire agricole où un prix était décerné à la personne qui saurait deviner au plus près le poids d'un gros bœuf. Plus de 900 personnes relevèrent le défi. Curieux, Galton additionna toutes les estimations et en fit la moyenne. À sa surprise, il découvrit que, malgré la grande diversité des estimations individuelles, la moyenne du groupe était plus proche du poids réel du bœuf que les estimations de la quasi totalité des participants, et de celles réalisées séparément par les experts en bétail.

Surowiecki affirme que le même phénomène se produit lors de tout type d'estimation de quantités. Prenez par exemple un bocal plein de bonbons et demandez aux gens d'écrire, chacun pour eux sur des bouts de papier, leur estimation du nombre. Une fois les estimations recueillies et additionnées, leur moyenne est presque toujours un des chiffres les plus proche du nombre réel de bonbons.

Je fais régulièrement cette expérience dans mes programmes de formation en intelligence collective. Et les résultats restent impressionnants. L'estimation moyenne du groupe est toujours l'une des plus proches du nombre réel.

Le tableau qui suit est un exemple concret de l'un de mes séminaires. Comme vous le voyez, les estimations individuelles sont incroyablement variées. Sur les 40 estimations, la plus basse est de 150 et la plus élevée de 5 000 ! Ce niveau de disparité témoigne concrètement combien nos perceptions et jugements personnels peuvent différer. Toutefois, la moyenne de l'ensemble des estimations (884) est très proche du nombre réel de bonbons (836). Il n'y a que deux autres estimations légèrement plus proches.

Cet exemple montre aussi à quel point il est important d'inclure la participation de chacun des membres du groupe. Par exemple, si vous excluez les estimations extrêmes, la moyenne sera plus éloignée du nombre réel de bonbons. La contribution de chacun est nécessaire pour obtenir la pleine sagesse de la foule.

ESTIMATIONS INDIVIDUELLES

1000	1384	737	300
1515	522	623	1250
480	1253	150	603
2708	252	623	1205
600	500	800	480
1062	321	288	816
190	3257	540	325
850	400	1263	5000
280	1124	417	500
222	350	780	424

MOYENNE : 884,85
NOMBRE RÉEL DE BONBONS : 836

Un exemple de la Sagesse des Foules est l'estimation des quantités. L'estimation moyenne du groupe est toujours l'une des plus proches du nombre réel.

Activer la Sagesse des Foules

Prérequis pour rendre les Foules Sages

Il va de soi que tous les groupes et foules ne sont pas avisés. En fait, un même groupe peut ou non agir avec sagesse selon les conditions d'interaction entre ses membres. L'une des principales entraves à la sagesse des groupes est, par exemple, le conformisme ou « pensée de groupe ». Au lieu d'accroître la sagesse du groupe, le conformisme et le consensus limitent l'exploration de nouvelles alternatives ou idées possibles. Pour « s'intégrer » ou obtenir l'approbation ou la confirmation de leurs opinions personnelles, les gens se laissent souvent influencer par ce que d'autres disent et pensent.

Par exemple, dans l'expérience d'estimation du nombre de bonbons, il importe que les gens devinent par eux-mêmes sans connaître les estimations des autres. Si vous faisiez cet exercice et que l'un après l'autre les gens exprimaient de manière audible leurs estimations, les estimations des premiers commenceraient à influer sur celles des suivants. La variation des estimations serait probablement plus faible, mais la moyenne pourrait s'éloigner de la réalité. Les estimations des membres influents du groupe peuvent inconsciemment dévier celles des autres.

Souvent, en situation de groupe, les gens cessent d'être attentifs à leurs propres idées et connaissances et commencent à prendre des décisions à partir de ce qu'ils s'imaginent que d'autres dans le groupe savent, pensent ou approuvent. Ils peuvent ne plus exprimer ce qu'ils pensent vraiment, surtout si c'est de nature à créer une perturbation et « faire des vagues ». En fait, la pression à se conformer, penser et agir comme le reste du groupe est à la base des effets de modes, de bandes et des dictatures.

Surowiecki souligne que les groupes homogènes excellent à faire ce qu'ils font déjà bien, mais deviennent progressivement inaptes à étudier de nouvelles alternatives ; « Ils passent trop de temps dans l'exploitation et pas assez dans l'exploration ». La diversité contribue non seulement en offrant de nouvelles perspectives, mais aussi en permettant aux individus de dire plus facilement ce qu'ils pensent vraiment.

Surowiecki résume ainsi les quatre conditions qui rendent les foules sages :

1. *La diversité d'opinions* (personnes représentant un large éventail de points de vue)
2. *L'indépendance* (les opinions des gens ne sont pas déterminées par celles de ceux qui les entourent)
3. *La décentralisation* (capacités individuelles à se spécialiser et s'appuyer sur l'information locale)
4. *L'agrégation* (mécanisme transformant de façon impartiale les déductions individuelles en décision collective)

L'une des principales entraves à la sagesse de groupe est le conformisme ou « pensée de groupe ».

Souvent en situations de groupe, les gens cessent d'être attentifs à leurs propres idées et connaissances et commencent à prendre des décisions à partir de ce qu'ils s'imaginent que d'autres dans le groupe savent, pensent ou approuvent.

James Surowiecki définit les quatre conditions qui rendent les foules sages comme : la diversité d'opinion, l'indépendance, la décentralisation et l'agrégation impartiale des déductions individuelles dans une décision collective.

Quand ces conditions sont réunies, la sagesse du groupe en tant que holon peut émerger.

La conception du fonctionnement de la sagesse des foules de Surowiecki rappelle la notion de « main invisible » guidant le comportement des gens sur un marché libre de l'économiste politique Adam Smith. Selon Smith, lorsque les gens agissent de façon rationnelle dans leur propre intérêt, ils sont « dirigés par une *main invisible* qui concourt à une fin qui n'entrait pas dans leur intention » - c.-à-d. que, sans le vouloir ni le savoir, ils agissent dans l'intérêt de la société. Smith a fait valoir que par la poursuite de leur intérêt personnel, les gens favorisent souvent celui de la société plus efficacement qu'en le cherchant consciemment.

La notion de « main invisible » de Smith est un exemple de l'« Esprit plus vaste » ou intelligence du champ que favorisent certaines des configurations qui rendent les individus sages : réfléchir avec attention aux enseignements tirés de l'expérience ; adopter des points de vue multiples et nuancés dans le but de comprendre plutôt que de juger ; explorer des alternatives et chercher s'il existe une meilleure voie ; se concentrer sur la « finalité » et rechercher l'équilibre entre intérêt personnel et bien commun.

C'est pourquoi j'ajouterais à la liste de Surowiecki l'importance pour les gens d'avoir *une vision ou une finalité commune* comme élément clé de la création de groupes sages. Cela crée la possibilité pour les membres d'un groupe d'équilibrer intérêt personnel et bien commun (c.-à-d., « ego » et « âme ») et de trouver des moyens de bénéficier au groupe tout en progressant dans leurs buts et ambitions.

Avoir une vision ou une intention commune est aussi un élément clé de la constitution d'un groupe sage car il devient possible pour ses membres d'équilibrer intérêt personnel et bien commun et de contribuer au groupe tout en progressant dans leurs buts et ambitions.

La quête de l'Équipe Parfaite chez Google

Plusieurs des points clés présentés par Surowiecki se retrouvent dans les résultats d'une étude menée sur cinq ans par Google pour tenter de découvrir comment créer l'équipe parfaite. À l'instar de nombres d'entreprises prospères d'aujourd'hui, Google a réalisé que l'analyse et l'amélioration des performances de chaque employé – ou « optimisation du rendement employé » - ne suffisait pas. Les activités des organisations devenant toujours plus mondiales et complexes, la majeure partie de ce qui fait la réussite d'une entreprise repose de plus en plus sur le travail d'équipe. En fait, une étude récente publiée par la Harvard Business Review, a révélé que »le temps consacré par les managers et employés à des activités collaboratives a enflé de 50 % ou plus » au cours des deux décennies passées et que, dans nombre d'entreprises, les employés passent plus des trois quarts de la journée à communiquer avec leurs collègues.

Dans une sorte de modélisation des facteurs de réussite, Google a passé cinq ans et dépensé des millions de dollars à collecter des données sur les caractéristiques et schémas comportementaux des personnes au sein d'équipes présentant différents niveaux de performance pour déterminer comment améliorer le « Q.I. collectif ».

C'est ainsi que Google s'est attaché à tenter de constituer l'équipe parfaite. Ils ont consacré des millions de dollars à la collecte de données sur les caractéristiques et schémas comportementaux de membres d'équipes présentant différents niveaux de performance. Surowiecki aurait pu l'anticiper, il a été quasiment impossible de prouver que la composition d'une équipe pouvait faire une vraie différence. « Nous avons étudié 180 équipes dans toute la société », explique Abeer Dubey, un responsable de la division d'analyse des personnes (People Analytics) de Google. « Nous avions quantité de données, mais rien qui puisse démontrer qu'un mélange spécifique de personnalités, compétences ou parcours faisait la différence. Dans l'équation, le 'qui' ne semblait pas importer ». Deux équipes, par exemple, pouvaient avoir des membres de profils quasi identiques, mais afficher des niveaux d'efficacité radicalement différents.

L'égalité dans la répartition de la parole est un facteur important de réussite pour accroître le « Q.I. collectif ».

Tout cela a conduit les chercheurs à cerner la notion de « Q.I. collectif » émergeant dans une équipe et différant de l'intelligence ou la personnalité de n'importe lequel de ses membres ; que nous avons appelé « conscience de groupe ». Nous pourrions dire que ce Q.I. collectif quantifie le degré de « sagesse » du groupe. LA question a évidemment été « comment un groupe favorise-t-il le développement d'un Q.I. collectif ?

Alors qu'ils suivaient différents groupes, les chercheurs ont noté deux caractéristiques semblant communes à toutes les bonnes équipes. La première était un phénomène que les chercheurs ont appelé « l'égalité dans la distribution des tours de parole ». « Dans les bonnes équipes, les membres s'exprimaient dans des proportions similaires. Autrement dit, tous pouvaient contribuer équitablement. Tant que chacun avait une occasion de parler, l'équipe fonctionnait bien », a conclu Anita Woolley, principale auteure de l'étude. « Mais si une seule personne ou un petit groupe parlait sans cesse, l'intelligence collective diminuait. »

Deuxièmement, les membres des bonnes équipes avaient tous un degré élevé de « sensibilité sociale », à savoir qu'ils étaient capables de percevoir le ressenti des autres à partir du ton de leur voix, des expressions de leurs visages et d'autres indices non-verbaux. Cette capacité est une expression de l'empathie et de l'« intelligence émotionnelle ». Elles est aussi liée à ce que nous avons appelé la « seconde position » ; l'aptitude à prendre le point de vue de quelqu'un d'autre.

La combinaison de traits tels que le « tour de parole » et la « sensibilité sociale » produisent ce que l'on appelle la « sécurité psychologique ». La *sécurité psychologique* est « un sentiment de confiance que l'équipe ne se moquera pas, ne rejettera ou ne sanctionnera pas quelqu'un pour s'être exprimé... Elle décrit un climat d'équipe caractérisé par une confiance interpersonnelle et un respect mutuel où les gens se sentent à l'aise d'être eux-mêmes ». Selon les données de Google, la sécurité psychologique, plus que toute autre chose, est essentielle au bon fonctionnement d'équipe.

La sécurité psychologique est aussi favorisée par une expression authentique de soi, quand les gens sont à même de partager ce qu'ils pensent et ressentent vraiment, et de dévoiler des informations personnelles. Dans mon groupe Mastermind, par exemple, nous ouvrons souvent une séance de groupe en présentiel par un tour de cercle où chacun complète l'affirmation : « L'une des choses que la plupart des gens ne connaissent pas de moi c'est... » Le fait que des gens partagent quelque chose de personnel et de significatif sur eux-même offre aux autres la permission de faire de même.

Un autre facteur a émergé sans surprise de l'étude de Google, celui de l'importance de la signification perçue de la tâche. Dans les équipes efficaces, les membres savaient comment leur travail s'intégrait dans la mission globale de Google.

Compte tenu des principes que nous avons vu jusqu'ici dans ce livre, il semble évident que la combinaison sécurité psychologique et signification de la tâche stimule les coéquipiers et leur permet à la fois d'être des touts individuels séparés et d'agir en tant que partie d'un holon plus vaste.

Selon les données de Google, la sécurité psychologique, plus que tout autre chose, était essentielle au fonctionnement d'équipe.

La sensibilité sociale, la capacité d'empathie et l'intelligence émotionnelle sont d'autres facteurs de réussite importants pour accroître le Q.I. collectif.

C'était aussi important pour les membres du groupe de savoir comment leur travail s'intégrait dans la mission globale de Google.

Six étapes pour Activer la Sagesse des Foules

Dans mes ateliers d'intelligence collective et les travaux sur le changement génératif que mon confrère Dr Stephen Gilligan et moi-même menons, nous définissons une série d'étapes pour créer une collaboration générative, efficace et avisée. Ces étapes intègrent tant les critères de Surowiecki pour faire émerger la sagesse des foules que les conclusions de la recherche de Google sur l'équipe parfaite. En substance, elles impliquent de :

1. Créer un contenant COACH.
2. Définir une intention/finalité commune.
3. Développer un état génératif de performance.
4. Se concentrer sur un but ou problème, en réunissant des perspectives multiples.
5. Contenir toutes les perspectives depuis un état de respect et de curiosité.
6. Permettre que de nouvelles idées et possibilités émergent.

En partant des principes de la Modélisation des Facteurs de Succès, le Dr Stephen Gilligan et moi-même avons défini six étapes pour créer une collaboration générative, efficace et avisée.

Les quatre premières étapes sont étayées par des catalyseurs de collaboration déjà décrits dans ce livre. Créer un Contenant COACH (pp. 73-75) et définir une Intention Collective (pp. 78-79) on été abordés au chapitre 1. Développer un état génératif de performance (pp. 118-119) et se concentrer sur un but ou problème, en réunissant des perspectives multiples (pp. 120-127) ont été traités au chapitre 2.

Contenir toutes les perspectives dans un esprit de respect et de curiosité nécessite d'évidence de créer ce que les chercheurs de Google ont appelé la sécurité psychologique. La sagesse émerge souvent de ce qui au départ parait être paradoxal et contradictoire. Les catalyseurs de collaboration qui suivent peuvent aider les groupes à contenir l'ensemble des perspectives dans un esprit de respect et de curiosité et permettre à de nouvelles idées et possibilités d'émerger.

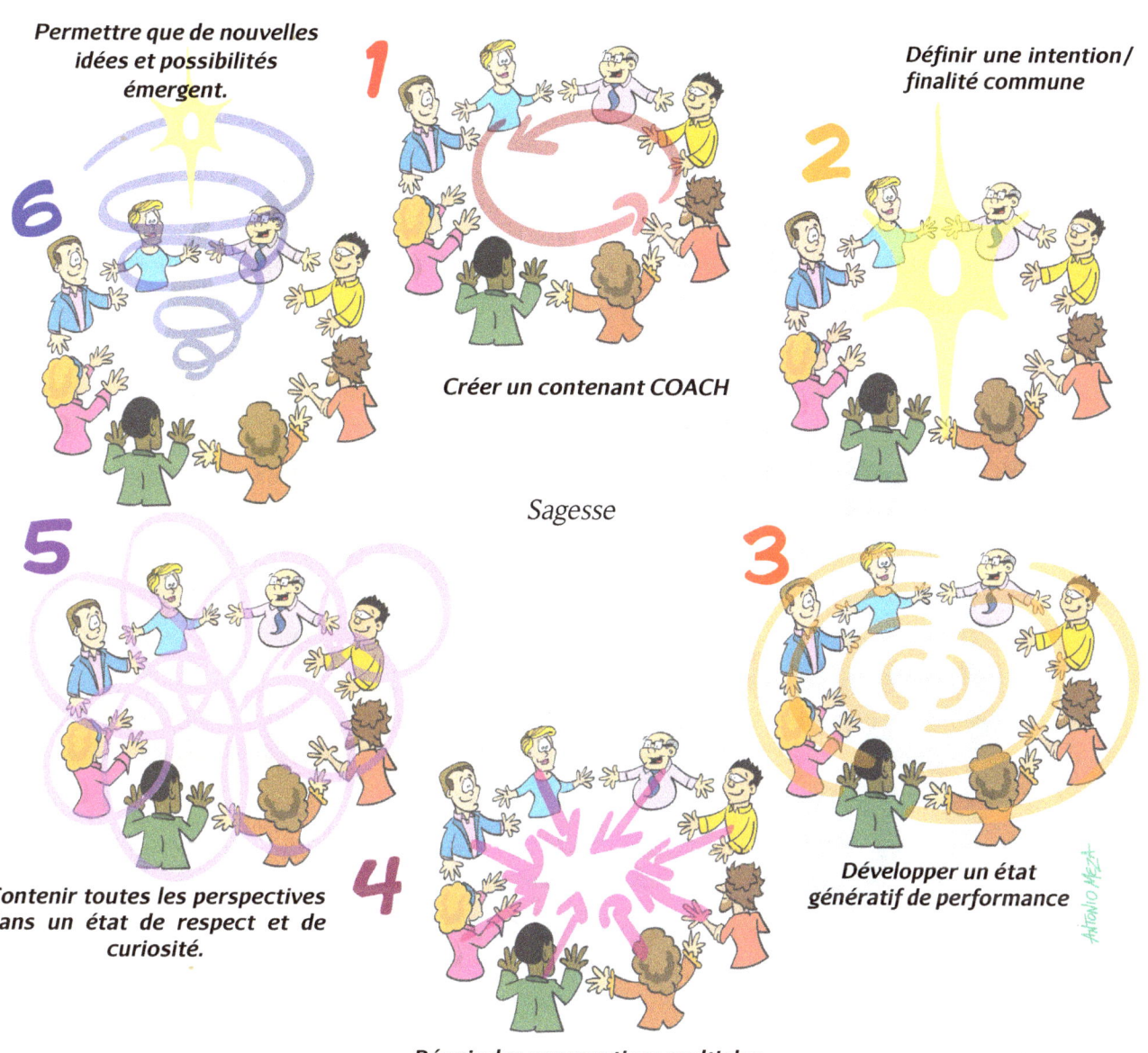

Six étapes pour activer la Sagesse des Foules

Catalyseur de collaboration SFM™ : Passer de l'état CRASH à l'état COACH

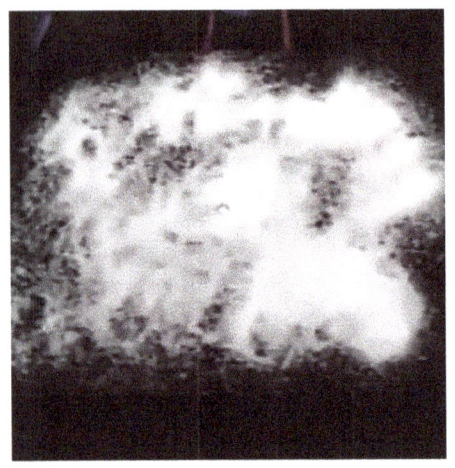

État CRASH

Versus

État COACH

Dans la terminologie de ce livre, nous pouvons dire que la sécurité psychologique est le fruit d'un contenant COACH. Quand les gens sont centrés, ouverts, alertes, connectés à eux-mêmes et aux autres et capable d'accueillir ce qui se présente à partir d'un état de ressource et de curiosité, ils ressentent de la sécurité à être eux mêmes et dire ce qu'ils pensent véritablement. Le contraire se produit lorsque les gens entrent en état CRASH. Être contracté, réactif, trop analytique et se sentir séparé et blessé (hostile) nuit à l'intelligence collective et à l'activation de la sagesse des foules.

Par analogie à l'exemple du sable vibrant sur la plaque de métal du chapitre 1 (pp. 50-51), nous pouvons dire que l'état émotionnel et psychologique du groupe crée une sorte de champ vibratoire. Comme le montrent les expériences de cymatique, c'est le champ vibratoire qui détermine la configuration finale du sable. Dans le cadre d'un groupe ou d'une équipe, nous pouvons dire que le sable s'apparente au contenu de leurs discussions ou tâches. La plaque est le cadre de leurs interactions. Le niveau de vibration est la qualité de leur état génératif de performance. Si le groupe entre dans un état CRASH, rien de créatif ou novateur ne se produira. Si le même groupe de personnes échange ou travaille sur exactement le même contenu à partir d'un état COACH génératif, il est fort probable qu'émergeront de nouvelles idées et possibilités.

Quand un groupe se « fige » en état CRASH, cela se reflète dans la « musicalité » non-verbale des interactions - conversation qui s'accélère, respiration qui s'arrête, rythme décousu, les gens cessent d'être centrés intérieurement et il n'y a plus d'« espace » entre les personnes ou les mots.

L'exercice suivant permet aux membres d'un groupe de pratiquer la « sensibilité sociale » et de s'entraider à revenir à l'état COACH par quelques « signes directifs » non-verbaux simples.

1. Le groupe définit un sujet pour lequel plus de collaboration créative est souhaitée (par ex., discussion sur le budget).

2. Les membres choisissent un signal non-verbal pour (1) ralentir (2) faire une pause, (3) respirer et (4) se centrer. Le but de ces signaux est d'aider le groupe à revenir à, ou renforcer, la qualité de leur contenant COACH et de leur état génératif de performance.

3. Le groupe crée un contenant COACH, pose une intention commune pour collaborer avec créativité sur le thème de leur choix et commence à interagir.

4. À tout moment quand un participant réalise qu'il/elle ou tout autre membre du groupe commence à manifester l'un des comportements de CRASH (contraction, réactivité, trop d'analyse, etc.), il/elle peut l'indiquer par un des signaux non-verbaux lui paraissant le plus approprié.

5. Les membres du groupe répondent collectivement au signal avant de poursuivre l'interaction.

6. Toutes les 10-20 minutes le groupe fait une pause pour réfléchir à la qualité du « champ » et des interactions et s'assurer que tous les membres peuvent apporter une contribution.

Cette sorte de « rituel » est un moyen efficace d'instaurer dans la conscience des membres du groupe des dynamiques comme la « sensibilité sociale » et le « tour de parole ». Il place la responsabilité de l'état du groupe entre les mains de chacun de ses membres. La finalité d'un tel catalyseur de collaboration d'intégrer ces dynamiques aux interactions naturelles et spontanées du groupe. Nous avons constaté qu'après quelques tours de pratique délibérée, les groupes deviennent beaucoup plus sensibles à leur degré de sécurité psychologique.

Exemples de Signaux Non-Verbaux pour Entretenir un Contenant COACH

Transformer d'Éventuels Conflits avec le Tétra-lemme

En début de chapitre, j'ai cité Gregory Bateson indiquant que la sagesse vient quand « on s'assied ensemble et que l'on discute sincèrement de nos différences - sans intention de les changer ». Le fait de contenir plusieurs perspectives contradictoires crée souvent des solutions « hors cadre » parmi les plus innovantes et génératives.

Toutefois, les groupes entrent souvent en état CRASH quand leurs membres se trouvent face à des perspectives divergentes et/ou apparemment contradictoires. Au lieu de réfléchir avec attention, de voir le monde dans des nuances de gris plutôt qu'en noir et blanc, et de viser à comprendre plutôt qu'à juger, les membres du groupe commencent à discuter de qui a raison. Ils tentent d'imposer un accord et recherchent le consensus. Il se peut aussi que les individus se mettent à défendre leurs propres points de vue et attaquent ou critiquent celui des autres. Inutile de dire que cela réduit largement la sagesse du groupe et la créativité de la collaboration. Le *Tétra-lemme* est un catalyseur de collaboration qui permet aux groupes de s'entrainer à transformer de telles situations en occasions de créer quelque chose de nouveau.

Les dilemmes au sein d'un groupe reflètent les conflits entre différentes « vérités » ou perspectives. Le Tétra-lemme est une approche pour détecter la « valeur positive » de chaque position contradictoire, permettant ainsi l'émergence d'une « méta-vérité » intégrative. En grec « Tetra » est le nombre quatre et « Di » le nombre deux. « Lemma » signifie un point, ou une position, précis qui a été adopté. Un dilemme signifie donc littéralement « deux positions ». Tétra-lemme signifie « quatre positions ». Les quatre positions du Tétra-lemme sont :

1. X est vrai
2. Le Contraire de X est vrai
3. X autant que le contraire de X sont vrais
4. Ni X ni le contraire de X ne sont vrais

D'évidence, un dilemme typique a lieu quand une position ou un point de vue particulier rencontre son contraire ou opposé. Si un membre du groupe affirme, « Nous avons besoin de plus de (soutien, temps, ressources, etc.) » et qu'un autre soutient, « Non, nous avons assez de (soutien, temps, ressources, etc.) », le groupe se trouve face à un dilemme classique. Les dilemmes ne sont pas toujours des affirmations aussi directement antinomiques. Un membre du groupe peut dire, « il est important d'agir et nous développer », et un autre déclarer, « Nous devons travailler à asseoir ce que nous faisons déjà ».

Le fait de contenir plusieurs perspectives contradictoires crée souvent des solutions « hors cadre » parmi les plus innovantes et génératives.

Le Processus de Groupe Tétra-lemme est un catalyseur de collaboration permettant aux groupes de s'entrainer à transformer des situations potentiellement conflictuelles en opportunités pour que quelque chose de nouveau émerge.

Dans les deux cas, le processus du Tétra-lemme donnera une place à chaque position ; c.-à-d., (1) « Nous avons besoin de plus de X » (2) « Nous avons assez de X » ; ou (1) « Il est important de nous développer », (2) « Nous devons plus nous stabiliser là où nous sommes ».La réalité et la valeur de chaque perspective seront prises en compte et respectées. Chaque point de vue sera considéré comme ayant une valeur et une intention positive.

Les deux premières positions du Tétra-lemme créent en général une sorte de dilemme.

La troisième position du Tétra-lemme sera, dans une certaine mesure, celle où, *les deux* positions sont simultanément vraies. « Nous avons besoin de plus de X *ET* nous avons suffisamment de X. » Ou, « Il est important de nous développer *ET* nous devons plus nous stabiliser là où nous sommes ». C'est ce qui est communément appelé « position meta » en PNL. La position méta ou troisième position est souvent qualifiée de position de « sagesse » parce qu'elle ouvre à plusieurs perspectives. Cette position est essentielle à presque tous les types de négociation ou de résolution de conflits.

La troisième position du Tétra-lemme admet le bien-fondé des deux premières positions.

La quatrième position du Tétra-lemme est la plus intéressante et la plus inhabituelle. Elle implique d'être dans l'état d'esprit acceptant qu'au final aucune position n'est « exacte ». A savoir, « Il n'est *pas* vrai que nous avons besoin de plus de X *NI* que nous avons assez de X ». « Il n'est *pas* vrai qu'il est important de se développer *NI* que nous devons plus nous stabiliser là où nous sommes ». Cette quatrième position ouvre un espace ou champ de possibilités pouvant ne pas avoir été prises en compte, voire envisagées. C'est depuis cette position que quelque chose de vraiment novateur ou neuf est susceptible d'émerger.

Le Tétra-lemme illustre à bien des égards les quatre positions perceptuelles que nous avons vues aux chapitres 2 et 3. Il y a deux perspectives qui sont vues de façon équivalente et neutre par une troisième. La quatrième position est une position de « champ ». Dans le Tétra-lemme, cette quatrième position est un champ de possibilités.

La quatrième position du Tétra-lemme, où aucune des deux premières positions n'est vraie, ouvre un espace ou champ de possibilités pouvant ne pas avoir été prises en compte, voire envisagées.

Lorsque Stephen Gilligan et moi-même utilisons ce processus avec des groupes, nous invitons leurs membres à attribuer quatre emplacements physiques différents aux positions et à les parcourir, de façon à expérimenter chaque état d'esprit. Nous ajoutons aussi un cinquième emplacement au centre des autres pour intégrer l'état COACH ; une position qui contient simultanément les quatre autres. Elles est par essence une position de choix. N'importe quelle autre perspective, ou toutes, peuvent être envisagées avec détachement.

Catalyseur de collaboration SFM™ :
Processus de Groupe du Tétra Lemme

1. Identifier un dilemme de groupe créé par des perspectives ou opinions divergentes ou contradictoires qui génère du conflit ou un état CRASH.

2. Placez au sol les positions du Tétra-lemme sous la forme d'une sorte de diamant (comme sur le schéma) avec face à face les deux positions du dilemme et au dessus et en dessous les troisième et quatrième positions. Laisser un espace d'intégration de l'état COACH au centre de ces quatre positions.

3. Les membres du groupe se positionnent sur chacun des cinq emplacements de manière à occuper toutes les positions. Chaque membre doit entrer dans l'état d'esprit associé à sa position.

4. Puis les membres du groupe tournent en changeant de position, jusqu'à ce que chacun ait occupé et expérimenté l'état d'esprit associé à chaque position

   Note : Si un des membres remarque qu'il/elle ou d'autres dans le groupe entrent en état CRASH, il/elle peut utiliser l'un des signaux définis dans l'exercice précédent.

5. Ensuite, le groupe échange sur les nouvelles idées et possibilités qui ont émergé du processus.

Comme pour l'exercice précédent, cette façon structurée de passer par le Tétra-lemme permet au groupe de l'intégrer comme une ressource pour aborder différentes perspectives de façon générative.

Il est bien sûr également possible et utile de pratiquer individuellement le Tétra-lemme. Comme pour le processus en groupe, vous placez les quatre positions au sol avec au centre un emplacement pour l'état COACH. Le fait d'occuper chaque position avec l'état d'esprit associé vous permet d'avoir une perspective plus riche et avisée de différentes perspectives d'une équipe ou d'un groupe auquel vous appartenez.

Le cas de Facteurs de Succès qui suit illustre bien l'importance d'être en mesure d'intégrer et de contenir avec sagesse plusieurs positions et perspectives.

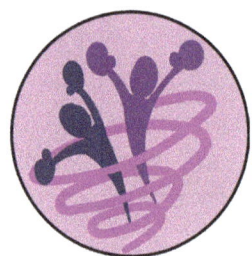

Le fait de pratiquer régulièrement le Tétra-lemme permet d'intégrer le processus comme une ressource pour aborder différents points de vue de façon générative.

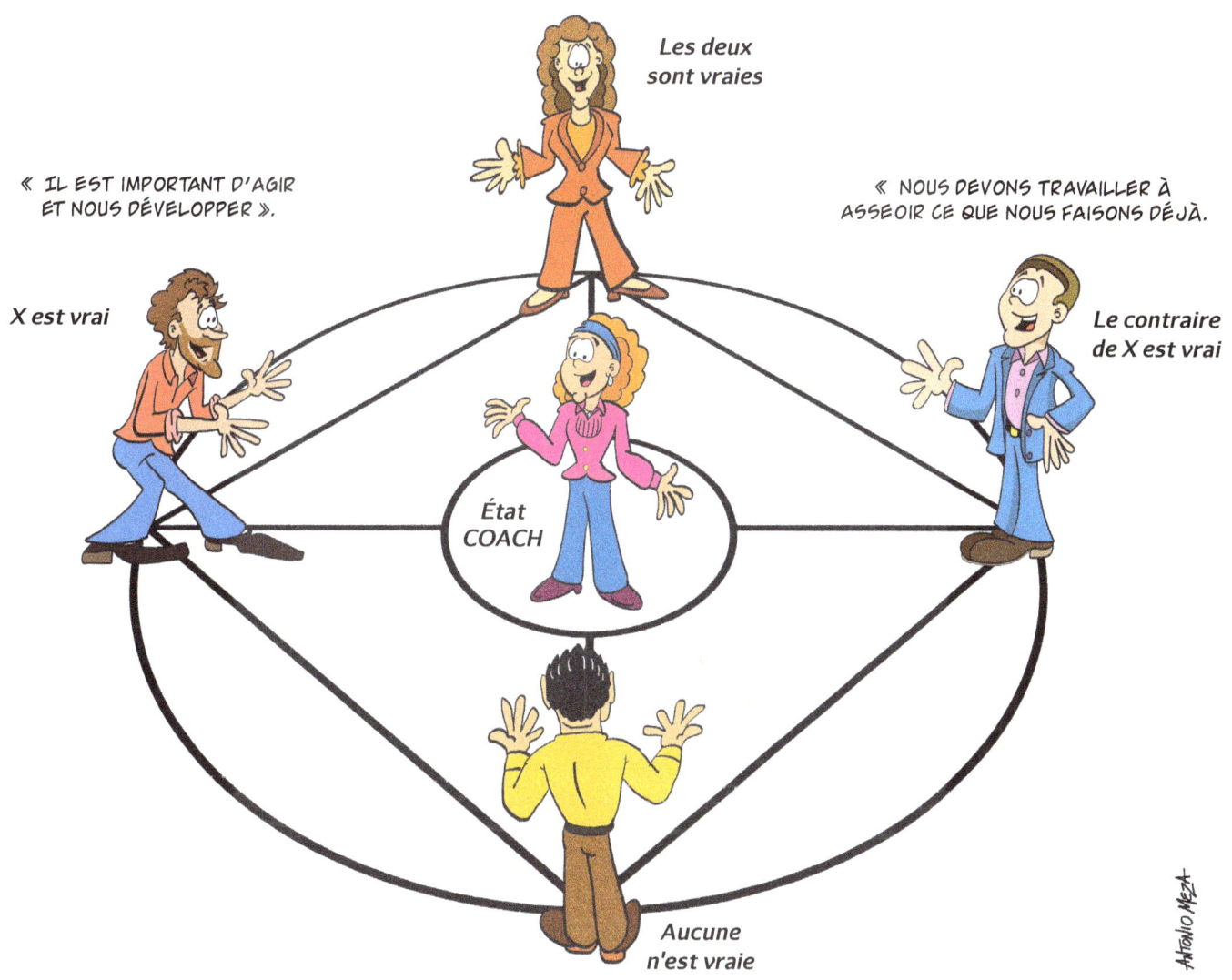

Le Processus de Groupe Tétra-lemme implique de pratiquer l'intégration de perspectives potentiellement conflictuelles.

Exemple d'un cas de Facteur de Succès
Drew Dilts : United States Peace Corps (Corps de la Paix)
Le Projet de Ferme au Bénin : Moringa et Apiculture

Capacitation Générative.

Drew Dilts

Drew définit sa notion de capacitation générative comme « habiliter les gens à devenir des leaders de l'amélioration sociétale qui, avec les savoir-faire et la confiance en soi nécessaires, à leur tour habilitent leur entourage de la même façon générative ».

Une Passion pour la Capacitation

Les entrepreneurs qui réussissent commencent leur quête de création d'un nouveau produit ou service parce qu'ils notent un problème et veulent le résoudre ou rêvent d'une meilleure façon de faire quelque chose. Ils ont un « appel », ou une passion pour créer quelque chose de nouveau et différent. C'est cet appel et cette passion personnelle qui les amènent à prendre des risques et à rester concentrés face aux nombreux défis qu'ils rencontrent.

Très jeune, Drew Dilts a été conscient de son besoin profond d'améliorer le monde. Il s'est aussi découvert un profond désir pour une sorte d'immortalité. Il voulait sentir qu'une part de lui-même perdurerait dans la poursuite de sa mission, indépendamment de sa présence physique. Ce qui lui permettrait d'avoir une influence plus large, ne se limitant pas à ce qu'il pouvait accomplir en une vie.

L'intégration de ces deux motivations - améliorer le monde et que sa mission perdure au-delà de sa présence physique – a créé en Drew une passion pour ce qu'il appelle la *capacitation générative*. Comme il l'explique, « En habilitant les gens à devenir des leaders de l'amélioration sociétale qui, avec les savoirs-faire et la confiance en soi nécessaires, à leur tour habilitent leur entourage de la même façon générative, je peux créer une force de 'capacitation générative' accomplissant plus que tout ce que je pourrais faire seul. Cette force est contagieuse, durable et essentielle aux avancées du monde ; en la libérant, je peux considérer chaque jour avec la satisfaction que ma mission continue, même si je ne suis pas là ». Selon Drew, une solution non-générative « meurt avec vous », ou s'arrête quand vous vous arrêtez.

C'est sa passion pour la capacitation générative qui a amené Drew à se porter volontaire pour le United States Peace Corps en 2012, une fois obtenu son diplôme de premier cycle en Affaires et Relations Internationales de l'Université de San Diego. Il a été affecté en Afrique de l'Ouest au Bénin, l'un des pays les plus pauvres d'Afrique, pour favoriser le développement économique. Là, sa passion pour la capacitation générative a pris la forme d'une vision de « communautés qui réussissent à surmonter leurs propres problèmes majeurs de société par la collaboration, la créativité et la capacitation ».

Apporter une Nouvelle Vision aux Clients

Les *clients* sont les destinataires et les premiers bénéficiaires de l'appel et de la vision de l'entrepreneur. C'est par la relation avec leurs clients que les entrepreneurs développent leurs produits et services et finalement leur entreprise. Pour parvenir à une réussite durable, ils doivent générer assez d'intérêt et de revenus pour soutenir leur entreprise - en établissant à la fois une notoriété et des parts de marché suffisantes.

Situés à Glazoue, ville au centre du Bénin, les tous premiers « clients » de Drew ont été des citadins et des villageois vivant dans des petites communautés rurales en dehors de la ville. Nombre des petits villages restent assez isolés et leurs habitants n'ont vu que très peu de « blancs » - souvent du personnel humanitaire. Les villageois vivent toujours comme les gens des siècles passés, dans des huttes en torchis sans électricité et avec un puits pour seul point d'eau. Les familles s'en sortent avec souvent l'équivalent de moins de 4€ par jour. Drews a aussi noté que beaucoup d'enfants du village avaient le ventre gonflé, symptôme associé à la malnutrition. Même si ils mangeaient suffisamment, leur nourriture manquait de protéines et autres nutriments.

La pauvreté relative combinée à la malnutrition ont amené Drew à élaborer une vision de « projet collaboratif, capacitant, durable et lucratif pour combattre la malnutrition en utilisant des ressources naturelles locales ».

Lors de son parcours d'intégration dans la région, Drew avait découvert un arbre y poussant naturellement : le moringa. Les feuilles du moringa, parfois appelé « l'arbre miracle », sont gorgées de vitamines et minéraux et contiennent les 9 acides aminés essentiels, ce qui en fait une des rares plantes offrant une source complète de protéines. A poids égal, la poudre de feuilles séchées de moringa contient quatre fois plus de vitamine A que la carotte, quatre fois plus de calcium que le lait, sept fois plus de vitamine C que l'orange, trois fois plus de potassium que la banane et plus de fer que l'épinard.

La passion de Drew pour la capacitation générative l'a amené à devenir volontaire pour le US Peace Corps, au Bénin, en Afrique de l'Ouest.

La pauvreté relative combinée à la malnutrition de la région ont amené Drew à élaborer une vision de « projet collaboratif, capacitant, durable et lucratif pour combattre la malnutrition en se servant des ressources naturelles locales » dont les arbres moringa et l'apiculture.

La vision de Drew a été celle d'une communauté capable de surmonter ses problèmes sociaux, comme la pauvreté et la malnutrition, par la collaboration.

Pour lancer son entreprise, Drew a cependant du faire face à un certain nombre d'obstacles dont le manque de compréhension des locaux à l'égard de la « nutrition » et leur dépendance acquise à l'aide étrangère.

En associant sa vision à sa connaissance de la région, Drew a eu l'idée d'une entreprise sous la forme d'une ferme alliant le moringa et l'apiculture. Le projet regroupait la culture de l'arbre moringa, qui tire parti de la pollinisation croisée, et l'apiculture, une exploitation doublant la production de miel quand elle se fait à proximité de ces arbres en floraison quasi constante. Le miel issu de cette exploitation offrait aussi une source d'édulcorant de meilleure qualité que le sucre coûteux utilisé par les gens du cru.

Au delà des avantages nutritionnels pour les familles de villageois, les excédents de poudre de moringa et de miel pouvaient être vendus aux villes et même aux pays voisins et générer des revenus nécessaires aux villageois.

Toutefois, un des défis de Drew lors du lancement de l'entreprise a été l'incompréhension de ses « clients » vis à vis du concept de « nutrition ». L'analyse de la composition de ce qu'ils mangent ne fait pas partie de leur culture ni de leur éducation. Quand Drew a tenté d'expliquer, « la vitamine C aide votre système immunitaire », ils n'ont pas compris. Ils ont demandé, « c'est quoi les vitamines ? » « C'est quoi un système immunitaire ? »

De plus, les villageois pensaient normal voire souhaitable pour leurs enfants d'avoir le ventre gonflé parce que cela signifiait qu'ils étaient « bien nourris ». Pour avoir leur adhésion, Drew a du leur montrer des photos de bébés africains avec un ventre normal et trouver un moyen pour leur expliquer le concept de nutrition de façon à ce qu'ils le comprennent facilement. Il a utilisé la métaphore d'une maison (et en a vraiment construit une avec des bâtonnets), en déclarant, « le corps est une maison et la nourriture construit la maison ». Les « fondations » de la maison, Drew les a appelé les « constructeurs » - c.-à-d., la viande, les protéines, etc. Les « murs » étaient construits à partir d'« énergisants » comme le maïs, le riz, les ignames, etc. Le « toit » était fait de « protecteurs » - c.-à-d. ; les fruits et légumes. Une fois sa métaphore posée, Drew a indiqué que chaque repas devrait être une « maison » et a demandé, « Voudriez-vous que votre famille vive dans une maison sans toit ? Murs ? Fondations ? »

Un autre défi majeur pour l'entreprise que Drew a rencontré a été la croyance locale que « Les réponses sont dans les cœurs et les esprits des blancs ». Résultat, ils étaient en recherche permanente de conseils et solutions externes. Il avait observé que, souvent, lors des interactions entre les agents étrangers d'aide au développement et les locaux, les premiers n'aidaient *pas* les seconds à se développer. Beaucoup des locaux les voyaient tout simplement comme des dispensateurs omniscients des seules solutions à des problèmes qu'ils étaient incapables de résoudre par eux-mêmes.

En fait, il s'est avéré évident pour Drew qu'une grande part de l'économie béninoise reposait principalement sur les aides. Il a noté que les gens les meilleurs et les plus brillants du pays allaient dans les ONG financées par le gouvernement ou l'aide humanitaire - une situation qui ne dure pas - plutôt que d'initier de nouvelles activités.

Pour contrecarrer cette attitude, Drew a collaboré avec Marthe, une béninoise employée par le Peace Corps, originaire d'un village et parlant la langue locale. Elle a pu exercer un rôle de modèle et mentor pour les villageois parce qu'elle était crédible et non blanche. Elle a pu dire aux villageois de manière convaincante dans leur langue : « Vous pouvez faire mieux que ça ». « Je sais que vous pouvez ». « Je suis des vôtres ».

Défis de l'Alignement et de la Motivation des Membres de l'Équipe

L'équipe est le groupe de personnes qui travaillent à accomplir la mission de l'entreprise au plus près de l'entrepreneur. Pour réussir, les entrepreneurs doivent réunir une équipe de personnes compétentes travaillant en coopération à réaliser la mission de l'entreprise.

Drew avait besoin d'une équipe constituée de villageois locaux pour bâtir et mener à bien le projet de ferme moringa et apiculture. Ils devaient défricher le terrain à exploiter, construire des clôtures, semer les graines de moringa et installer les ruches. L'équipe de la culture de moringa s'est finalement constituée avec 1 homme et 16 femmes. Les 10 apiculteurs étaient tous des hommes. Cette répartition du travail reflète la grande inégalité de genre de la culture béninoise avec laquelle Drew a du composer.

De plus, Drew a découvert que, si entre locaux les liens du village, de la tribu et de la famille sont très forts, les gens avaient du mal à travailler ensemble en tant que groupe. Du fait de leur relation culturelle au temps et d'engagements familiaux dynamiques et inattendus, les membres de l'équipe n'arrivent pas au même moment et ne travaillent jamais le même nombre d'heures d'un jour sur l'autre. Résultat, le calendrier de travail de chacun dans l'équipe peut être assez chaotique.

Les revenus de l'entreprise devant être répartis à parts égales, Drew a remarqué que les femmes, notamment, s'entendaient pour « montrer du doigt » en les critiquant ceux de l'équipe qu'elles percevaient comme ne travaillant qu'à moitié. Cela a aussi conduit certains à penser, « Pourquoi travailler plus si quoique je fasse, tout le monde touche la même somme ? »

> *Drew avait besoin d'une équipe constituée de villageois locaux pour bâtir et mener à bien le projet de ferme moringa et apiculture.*

> *Drew a découvert que, si les liens du village, de la tribu et de la famille sont très forts localement, les gens avaient du mal à travailler ensemble en tant que groupe.*

Drew sur le Site de la Ferme Moringa avec une volontaire du Peace Corps et deux villageois.

Drew a décidé d'allouer une parcelle à chaque membre de l'équipe. Cela a donné à chacun une sorte d'autonomie au sein du collectif et a permis à tous de voir les résultats directs de leur travail.

La mission de l'entreprise a été d'aligner l'équipe sur la santé communautaire et d'encourager les propriétaires de parcelles aux échanges ou aux « bonnes pratiques » et au « benchmarking, ou étalonnage » collectif.

La solution de Drew a été d'attribuer à chaque membre de l'équipe sa propre parcelle. Cela a donné à chaque personne une sorte d'autonomie au sein du collectif et a permis à tous de voir le résultat direct de leur travail. Chacun est ainsi devenu une partie prenante partielle. Ils se sont sentis fiers et responsables de leurs parcelles respectives et n'ont plus eu à se justifier au regard du travail des autres. En fait ce changement a contribué à faire un peu plus d'eux de véritables « holons » - à la fois des individus séparés et une partie de quelque chose de plus grand qu'eux.

Curieusement, le fait que chacun ait sa parcelle a aussi encouragé les gens à développer plus d'intelligence collective. Ils ont pu faire des comparaisons et cela a généré un partage naturel de « bonnes pratiques ». Cela a stimulé les gens et les a encouragé à se modéliser les uns les autres. Un fois chacun doté de sa propre parcelle, les membres de l'équipe ont pu voir qui se démarquait, quelle parcelle allait bien et quelles « différences faisaient une différence ». Si la parcelle de l'un produisait plus que celles des autres, ceux-ci réalisaient, »Je peux faire différemment là où peut-être je n'ai pas à travailler si dur ».

Les bénéfices étant partagés, les membres de l'équipe ont alors réalisé, « si nous travaillons tous plus et plus intelligemment, nous gagnerons tous plus d'argent ». La moindre progression de chacun crée exponentiellement une différence positive pour tous. Imaginons par exemple qu'une personne mette au point un dispositif innovant et efficace pour arroser chacun de leurs arbres. Si il n'y avait pas de parcelle et que tous travaillaient en parallèle dans la ferme, les seuls arbres à bénéficier de cette technique innovante d'arrosage seraient ceux entretenus par le concepteur. Toutefois, avec le système de parcelles, tous ont pu constater l'influence positive de la technique et *appliquer la bonne pratique à leur parcelles respectives*, faisant ainsi passer les avantages de celle-ci d'une parcelle d'arbres à dix-sept.

Pour les apiculteurs, qui s'occupaient forcément de leurs propres ruches, cette notion d'autonomie au sein du travail collectif avait déjà été intégrée.

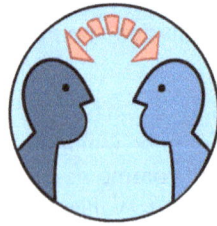

Bonnes Pratiques

Benchmarking, ou étalonnage

Choisir et Satisfaire les Parties Prenantes

Les *Parties Prenantes* sont les personnes ou groupes liés à un projet ou une entreprise et qui : influent sur les décisions ; sont affectés -positivement ou négativement- par les conséquences des décisions et les résultats ; peuvent entraver ou faciliter l'obtention des résultats attendus ; ou disposent de ressources ou compétences qui peuvent avoir une incidence significative sur la qualité des résultats. En règle générale, les parties prenantes sont des individus ou des groupes qui contrôlent l'accès à des ressources indispensables à la réussite de l'entreprise (comme les investissements financiers).

En plus d'offrir aux membres de l'équipe une part dans leur propre succès, Drew a pris une décision déterminante, celle de choisir quelles parties prenantes externes impliquer dans son entreprise. Avec sa vision de communauté à la capacitation générative, Drew voulait minimiser le recours à des fournisseurs externes pour les ressources clés. Il a voulu créer une entreprise excluant le « don de milliers de dollars d'un milliardaire », ne « nécessitant pas une équipe médicale » et dont les fonds ne seraient pas issus de son compte personnel ni « personnellement financés ».

Au final, 60% des ressources ont été fournies par la communauté et 40% par les fonds du Peace Corps (Corps de la paix) et de l'USAID Food Security (aide américaine à la sécurité alimentaire). Les organisations humanitaires ont contribué au financement du matériel de clôture et d'équipements apicoles. Les ressources communautaires, comprenant les terres, la main-d'œuvre, les semences et le transport des matériaux, ont été obtenus avec le soutien de « patrons » locaux. Dans la société béninoise, les *patrons* sont invariablement des hommes ayant acquis statut et pouvoir grâce à un certain niveau de richesse et d'éducation. Ils obtiennent la loyauté et le respect des membres de la communauté locale en « retour » d'actions ou cadeaux contribuant au bien-être de la communauté.

L'ambition de Drew a été d'assurer les ressources essentielles principalement au sein de la communauté et de faire de la Ferme Moringa un projet auto-suffisant sur le long terme. Les parties prenantes clés de l'entreprise ont été les « patrons » locaux et des organisations humanitaires externes.

Drew a été en mesure d'obtenir 3 hectares pour son projet grâce à l'aide d'un patron local, Lucien, ayant le statut suffisant pour faire pression pour le terrain. Les zones rurales béninoises n'ont pas de bureau administratif du cadastre ou de courtiers immobiliers. En lieu et place un officiel local, ou Délégué, décide de qui possède les droits pour quel terrain. Lucien a su convaincre le Délégué de la valeur du projet de Drew et obtenir pour la ferme du terrain adjacent au village. En retour, Lucien tout comme le Délégué sont devenus apiculteurs, bénéficiant de ruches et du matériel nécessaire.

Établir des Partenariats et des Alliances Clés

Les partenariat et alliances sont des relations gagnant-gagnant qui permettent à un entrepreneur de développer ou de lever des ressources ou d'accroître sa visibilité. Les partenariats les plus réussis sont ceux dans lesquels les rôles des partenaires potentiels se complètent, en créant une synergie effective entre leurs ressources.

Établir des partenariats clés a été capital dans la réussite du projet de ferme moringa et apiculture. En collaborant avec une Association d'Apiculture locale, l'équipe de Drew a pu obtenir les équipements nécessaires à moitié prix. Des alliances avec un centre sanitaire et une banque de semences de bénévoles locaux ont permis d'acquérir les semences pour lancer la ferme ; sans elles, l'achat de la quantité nécessaire de graines de moringa se serait avéré trop coûteux. Grâce au partenariat avec la banque de semences, Drew et son équipe ont pu faire un échange. La banque a fourni les semences pour démarrer la ferme. Ces semences « prêtées » ont ensuite été remplacées grâce aux récoltes produites par l'exploitation, permettant à la banque de semences de se maintenir à flot.

La puissance de la Vision

La Vision est liée à la perception que les gens ont du système plus vaste dont ils font partie. Telle que nous l'avons définie, la vision est « une image mentale de ce que le futur sera ou pourrait être ». Elle donne l'orientation générale pour l'équipe et définit la finalité de leurs interactions ; c.-à-d., *pour qui ou pour quoi* on a choisi une entreprise ou une voie donnée.

Pour Drew Dilts, la vision est le socle de toute activité entrepreneuriale. « C'est déterminant », dit-il, « Ça représente tout ». Et il poursuit, « L'entrepreneuriat c'est créer quelque chose de nouveau. Rien n'existe encore. Votre seul atout c'est une vision ».

Drew affirme que les visions les plus puissantes sont celles dans lesquelles vous « visualisez un état futur qui est un changement de paradigme ». Le défi, comme il le souligne, est donc « d'aider les gens à adhérer à ce qui leur apparait comme un concept totalement nouveau ». Dans le cas du projet des arbres moringa et de l'apiculture, la vision de Drew n'était « pas juste une grande ferme de cultures végétales ; mais plutôt, un système intégré d'arbres moringa et d'abeilles dans lequel chacun a sa part. Toutefois, vous ne vendez pas individuellement mais ensemble ».

Un des rôles clés de Drew dans le projet de Ferme Moringa a été de devenir un « champion de la capacitation » et de nouer des partenariats avec des institutions locales telles que l'Association d'Apiculture, un centre sanitaire et une banque de semences pour obtenir des ressources clés.

Pour Drew Dilts, la vision est le socle de toute activité entrepreneuriale. « L'entrepreneuriat c'est créer quelque chose de nouveau. Rien n'existe encore. Votre seul atout c'est une vision. »

La combinaison de l'autonomie et de la collectivité a été déterminante. Pour les raisons déjà citées, il était important que chaque femme participant au projet ait sa propre parcelle. Drew a cependant noté qu'il n'aurait pas pu obtenir la terre pour des individus. Cela devait concerner la communauté entière. « Une femme seule n'aurait pu le faire », conclut-il.

De plus, le fait de vendre le moringa et le miel en tant que collectif a permis aux villageois d'attirer des acheteurs plus importants et fortunés pouvant payer plus. La vente en tant que groupe leur a permis de gagner le double de ce qu'ils auraient perçu en tant qu'individus sur les excédents de récolte, parce qu'ils ont pu avoir de meilleurs prix. Cela souligne le pouvoir qu'il y a d'être un holon.

Il a bien sûr été important d'équilibrer la vente à d'importants acheteurs fortunés et l'amélioration de la nutrition de leur propre village en gardant des prix de vente acceptables pour les locaux.

L'approche proposée par Drew était plutôt nouvelle et inhabituelle pour les villageois, et il lui a fallu user de beaucoup de créativité pour les convaincre de participer. Pour réussir en tant qu'entrepreneur, « vous devez percevoir votre vision en profondeur et être relié aux personnes que vous tentez d'impliquer », déclare-t-il. « Il vous faut connaître les personnes avec qui vous travaillez, insister sur les points qui les intéresseront. »

La richesse matérielle, par exemple, ne motivait pas les villageois. Leur vie était très sobre (beaucoup vivaient dans des huttes en terre) sans électricité ni plomberie. Drew a découvert que la fierté du bien-être commun était la plus grande motivation. « Voulez-vous que votre communauté soit reconnue comme forte et en bonne santé ? » a-t-il demandé. « Qui ici veut voir mourir les enfants de son voisin ? » (ceci était malheureusement assez courant). « Qui connait un enfant qui est mort parce qu'il était trop faible ? », « Qu'arriverait-il si vous pouviez faire quelque chose pour l'aider tout en gagnant de l'argent ? » Puis il a indiqué, « Sans trop d'efforts, vous pouvez utiliser cet arbre pour que votre communauté soit plus forte et en meilleure santé, et gagner de l'argent. N'est-ce pas formidable ? »

Comme Drew l'explique, « Je devais trouver un moyen pour qu'ils aient un aperçu de ma vision, puis être souple et stratégique sans la compromettre (c.-à-d., gagner de l'argent tout en faisant du bien à la communauté) ».

Drew a du déployer des efforts d'imagination pour convaincre les villageois de participer à l'aventure. « Vous devez percevoir votre vision en profondeur et être relié aux personnes que vous tentez d'impliquer », déclare-t-il. « Il vous faut connaître les gens avec qui vous travaillez, insister sur les points qui les intéresseront. »

Drew a découvert que la fierté du bien-être commun était la plus grande motivation. Il a pu créer une résonance autour de la vision d'« une communauté forte et en bonne santé ».

Pour Drew Dilts, « la vision remodèle l'identité des gens ».

Dans la vision de Drew, les villageois passaient à une identité de « stimulateurs communautaires résolvant des problèmes ».

Créer la transformation à un niveau identitaire

L'*identité* a trait à l'idée que les personnes ont de leur rôle ou mission. Ces facteurs dépendent de *qui* une personne or un groupe pense être, et de ce que les autres pensent qu'ils sont. L'identité d'une entreprise est reliée aux caractéristiques uniques de son produit, service ou activité et c'est ce qui distingue un produit ou une entreprise de ses concurrents c.-à-d., son image de marque.

Comme Drew l'affirme, « la vision remodèle l'identité des gens ». Pour son entreprise de moringa/apiculture, il s'est agi de transformer le village en une « communauté à la capacitation générative ». Drew ajoute, comme analogie à ce changement d'identité, le vieil adage « si vous donnez un poisson à un homme, il mangera un jour ; si vous lui apprenez à pêcher, il mangera tous les jours ». Et allant plus loin, il déclare, « si vous apprenez à une personne comment apprendre aux autres à pêcher, la communauté aura à manger pour toujours ». Dans sa vision, les villageois passeraient de « pêcheurs » à « stimulateurs communautaires résolvant des problèmes ».

Toutefois plusieurs enjeux identitaires ont émergé à mesure qu'il réalisait sa vision et son entreprise. Drew voulait que son équipe gère la ferme en « hommes et femmes d'affaires », « partageant leur histoire avec d'autres villages et résolvant de nouveaux problèmes ». Ils deviendraient ainsi des « champions de la capacitation » et seraient capables de dire, « Nous aimons résoudre des problèmes » au lieu chercher des dons et des réponses rapides.

L'un de ses premiers défis a été de faire en sorte que les femmes se considèrent comme des femmes d'affaires. Les villageoises béninoises, « ne se voient pas comme égales », précise Drew. Elles ont plutôt tendance à être suiveuses. Les femmes n'ont pas de propriété ou même de mobylette (le premier moyen de transport du pays). En général, elles 'vont seulement aussi loin qu'elles peuvent marcher' ». Elles diront, « Un patron est important parce qu'il a de l'argent et de l'instruction. Nous ne sommes que de pauvres femmes. Nous ne sommes rien ». En raison de leur absence de fierté individuelle, Drew a du jouer sur leur fierté tribale/communautaire. Quand il a creusé la question, « Qui pensez-vous être ? » il a réalisé qu'elles considéraient leur mission comme « la santé et le bien-être de leur enfants et de la communauté ». C'est-à-dire qu'elles se sont d'abord considérées comme contributrices du « holon » plus vaste. Comme dit plus tôt, c'est le levier dont Drew s'est servi pour créer une « affaire ».

Les hommes du village avaient d'autres enjeux identitaires Drew s'est rendu compte qu'il avaient plus d'« ego » et un besoin de statut. Ils étaient plus conscients de la façon dont les autres verraient le projet et leur communauté. Par exemple, un point important pour les hommes était que les choses paraissent « convenables ». Drew leur fit remarquer qu'un des villages rivaux avait commencé l'apiculture et était en train d'acquérir une réputation d'excellence. De part cette rivalité, les hommes se sont mis à affirmer « *Notre* village doit être celui des meilleurs apiculteurs ».

Découvrir et incarner les Valeurs et Croyances fondatrices

Les croyances et valeurs amplifient ou inhibent certaines capacités et actions. Elles sont liées au *pourquoi* les gens prennent une direction plutôt qu'une autre, et aux motivations profondes qui les font agir ou persévérer. Les valeurs, et croyances associées, déterminent la façon dont les évènements et les communications sont interprétés et prennent sens. Elles sont donc la clé de la motivation et la culture.

Drew soutient, « Les valeurs et croyances sont assurément déterminantes, surtout pour l'avenir ». Il affirme que « les valeurs et croyances aident les gens à prendre des décision individuelles alignées sur la vision ». Par exemple, Il a su que son équipe avait « compris » quand ils ont donné les raisons de leur choix des autres cultures à développer avec les arbres moringa. « Elles n'ont pas besoin de pesticides », ont-il expliqué. « Nous nous sommes souvenu que vous aviez dit que les pesticides sont nocifs, et la finalité de la culture de moringa est d'améliorer la santé. » Drew constate que « des valeurs et croyances partagées contribuent à ce que la majorité garde les autres alignés. Si douze voix sur seize disent, 'pas de pesticide' il est plus facile aux 4 restant d'adhérer ».

Outre la meilleure santé de la communauté du village, l'entreprise agricole de moringa avait pour valeurs fondatrices l'auto-suffisance et l'auto-capacitation. Drew a voulu que les villageois s'approprient la croyance « Nous pouvons et devons le faire nous-même », et se demandent sans cesse, « Comment pouvons-nous créer quelque chose (par ex., planter les arbres en ligne droite) au lieu de demander de l'aide ? » A titre d'exemple, plutôt que d'aller acheter du bois pour les clôtures et poteaux, les villageois l'ont eux même ramassé pour beaucoup moins cher.

La mission de Drew a été en grande partie d'aider les villageois à vivre avec la croyance fondamentale que « Pour presque tous les problèmes d'ici *nous* pouvons trouver une solution ». Il savait que, pour que le projet réussisse, les villageois devaient vraiment croire en ce qu'il faisaient et qu'*ils* pouvaient le faire. Selon ses mots, « La réussite à venir de l'entreprise repose sur la croyance qu'ils peuvent la développer eux-mêmes. C'est ce qui transforme un projet temporaire en entreprise durable ».

A ce stade, explique Drew, « Ils ont été formés à la nutrition et disposent de méthodes et de matériels. Maintenant il leur faut y aller et le faire eux-mêmes au lieu de juste se présenter et travailler dur ». Il ajoute, « La véritable partie 'entrepreneuriale' c'est maintenant. Il ne suffit pas qu'ils le croient, ils doivent convaincre d'autres villageois ». C'est là que Marthe, la femme du pays citée plus tôt, a été un modèle et un mentor indispensable pour inculquer le sens des responsabilités et la fiabilité.

« Les valeurs et croyances aident les gens à prendre des décisions individuelles conformes à la vision », dit Drew.

Drew a su que son équipe avait « compris » quand ils ont expliqué pourquoi ils avaient choisi les autres cultures à développer avec les arbres moringa. « Elles n'ont pas besoin de pesticides », ont-il expliqué. « Nous nous sommes souvenu que vous aviez dit que les pesticides sont nocifs, et la finalité de la culture de moringa est d'améliorer la santé. »

Une grande part de la mission de Drew a été d'aider les villageois à vivre selon la croyance que « Nous pouvons trouver une solution à presque tout nos problèmes ici ».

Une fois que les gens croient en eux, « Même en cas de catastrophe qui détruirait la ferme, ils trouveraient une autre solution ».

La capacité à résoudre des conflits est déterminante dans le lancement d'une entreprise. « Vous devez affronter le conflit et le résoudre rapidement ; surtout entre des parties prenantes clés », dit Drew. Il a eu à régler un litige potentiel entre les villageois et une famille nomade qui campait sur la terre destinée à la Ferme Moringa.

Selon Drew, les croyances et valeurs ont finalement été bien plus importantes que les résultats du projet. Une fois que les gens croient en eux, « même en cas de catastrophe qui détruirait la ferme, ils trouveraient une autre solution ». Si, grâce à l'entreprise, les gens se sentaient habilités et avertis face à un problème à résoudre, dit Drew, alors « ce serait une formidable réussite ». Parce-que : « les gens connaitraient les approches nutritionnelles et de coopération. Ils sauraient à quoi ressemble une bonne/mauvaise alimentation et qu'ils peuvent y travailler en tant que communauté ». Drew poursuit en précisant, « l'arbre moringa n'est ni la seule réponse ni une réponse exhaustive. Avec de la conscience et de la réflexion, une communauté de personnes croyant en elles peut trouver d'autres et de meilleures solutions ».

Étendre les Capacités Clés

Les *Capacités* ont trait aux cartes mentales, plans, stratégies et savoir-faire conduisant au succès. Elles déterminent *comment* les actions sont choisies et pilotées.

Dans une nouvelle entreprise exigeante, la *résolution de conflits* est une capacité essentielle à l'entrepreneur selon Drew. « Quand vous démarrer quelque chose de nouveau », dit-il, « vous n'avez rien pour vous rattraper. Vous devez affronter le conflit et le résoudre rapidement ; surtout entre des parties prenantes clés ».

A titre d'exemple, pour la ferme moringa/abeilles, Drew avait obtenu 3 hectares pour le projet. Néanmoins, au moment de démarrer le défrichage du terrain, l'équipe a découvert qu'une famille peule y vivait. Les Peuls sont un peuple de pasteurs nomades d'Afrique Centrale. En général, Ils font paître leurs troupeaux pendant un an ou deux sur une terre avant de migrer vers une autre.

Au Bénin, il y a souvent de petits conflits réguliers entre les Peuls nomades et les Fons (le plus important groupe ethnique du pays). Parce que nomades, les Peuls ne possèdent pas de terre. Leur bétail piétinant une partie des cultures qu'ils traversent, il y a souvent des tensions entre eux et les agriculteurs Fons.

Certains villageois voulaient déplacer la famille et lui dire de partir. Drew pensait néanmoins que même minoritaires, ils faisaient partie de la communauté étendue et étaient de fait aussi une sorte de « partie prenante ». De plus, il s'agissait d'une famille, et la finalité de l'entreprise était d'aider au bien-être de la « communauté entière ». Au delà de ça, Drew pensait que déplacer la famille stimulerait les frictions (existant de longue date) et aurait un effet très perturbateur. Il en a conclu que ce n'était pas ainsi qu'il voulait lancer l'entreprise, en créant une dynamique et une publicité négatives. Il a pensé, « nous pouvons trouver un moyen de déjouer ça » et a commencé à étudier comment trouver une solution gagnant-gagnant, transformant le dilemme en tétra-lemme.

Selon Drew, il a été important de se rappeler de sans cesse demander, « Qu'est-ce-que nous essayons de faire ici ? » Cela a permis de rester reliés à la vision et la finalité plus vastes de l'entreprise. « Clairement », dit-il, « nous ne cherchions pas à envenimer la discorde entre groupes ethniques et tribus. Et ne voulions pas déraciner cette famille ». Une fois encore la question a été, « Comment peut-on régler ça sans compromettre la vision ? »

Drew a convaincu les villageois de démarrer la ferme sur 1,5 hectares. Cela permettrait de mettre en place le projet et de relever tous les défis à plus petite échelle, augmentant ses chances de succès. En même temps cela laisserait le temps à la famille peule de se déplacer selon son cycle naturel.

Cet exemple pointe une autre capacité qui est la « sensibilité au feedback » de ce que l'on pourrait appeler les indicateurs de « champ » du système plus vaste dans lequel on opère. Selon Drew, l'incident des Peuls a été comme un « signe de Dieu » à ne pas devenir trop ambitieux. Quand on lance un projet transformationnel, déclare Drew, « il importe de rester bien conscient de ce qui marche, ce qu'il faut changer, ce qui est prêt et ne l'est pas ». C'est une compétence subtile. Elle implique d'être sensible à l'« énergie » et à son « intuition ». Drew dit qu'il ne s'agit pas de « confiance aveugle » mais plutôt d'utiliser son intuition comme une boussole. C'est plus efficace, dit-il, quand cette sensibilité est combinée à « une analyse et une diligence raisonnable ».

Une autre des capacités des entrepreneurs qui réussissent, poursuit Drew, est celle de l'intelligence sociale/émotionnelle. Elle implique d'être conscient de ce que d'autres pensent de l'entreprise et de se demander « Qu'est-ce qui motive les gens ? » L'exemple précédent de l'« argent » versus la « malnutrition » comme motivateur communautaire clé en est une bonne illustration. Drew maintient, « Il est important d'être en phase avec ce que veulent les parties prenantes et les membres ». Pour se faire l'entrepreneur doit « y travailler, être appliqué, connaître la culture avec laquelle il travaille, passer du temps avec les gens. On ne peut pas se contenter de 'sonder un lieu', on doit connaître la culture. »

Cela signifie connaître les « préoccupations et désirs » des parties prenantes et comprendre « comment le projet s'y inscrit ». Drew indique qu'il est important « d'être stratégique dans l'exécution du projet de façon à leur offrir joie et satisfaction ». Parfois cela signifie « les rejoindre à mi-chemin ».

Par exemple, les villageois ne comprenaient pas le concept de « nutrition » mais Drew avait noté que le peuple béninois adore les potions et les « remèdes » (la première religion du pays est le vaudou). Il leur a dit, « Prenez deux cuillères de ça (poudre de moringa) chaque jour et vous éviterez un tas de maladies ». Ils ont réagi avec curiosité et enthousiasme. Comme il dit, « Ne mentez pas mais formulez-le de façon à être compris ».

Drew visite les huttes de la famille peule découvertes sur le site de la Ferme Moringa

Une autre capacité clé pour les entrepreneurs est l'intelligence sociale/émotionnelle. Cela signifie connaître les « préoccupations et désirs » des clients, membres de l'équipe et parties prenantes et comprendre comment votre projet s'y inscrit. « Il est important de rester bien conscient de ce qui marche, ce qu'il faut changer, ce qui est prêt et ne l'est pas », affirme Drew.

Un autre exemple a été l'établissement des plages horaires du travail à la ferme. Un des aspects les plus frustrants de la culture béninoise est que « les gens ne se présentent pas et oublient des choses ». Fixer des limites quotidiennes sur la base d'une heure donnée ou même d'une période spécifique aurait été une demande impossible. A la place, Drew a opté pour un calendrier hebdomadaire. Cela a créé une structure suffisante pour que lui et l'équipe puissent s'assurer que les choses à faire le soient dans les temps, mais a donné la flexibilité nécessaire adaptée au rapport culturel au temps.

Ancrer les Résultats en matière de Changement de Comportements

Les facteurs *comportementaux* sont la chaine d'actions spécifiques mises en œuvre pour réussir. Ils impliquent *ce qui (ou quoi)*, précisément, doit être fait ou réalisé pour réussir.

« L'aspect comportemental est une étape essentielle », affirme Drew. Dans le cadre de sa vision, le succès se mesure au changement de comportement. Comme il le dit, « L'objectif est au final de générer un changement comportemental plutôt qu'un résultat de projet particulier ». « D'autres entreprises peuvent être plus soucieuses des résultats d'exploitation que du changement comportemental », explique-t-il. « Ici, les résultats comptent mais uniquement en soutien du but suivant, celui du changement comportemental... Je veille à la réussite de la ferme au niveau résultats parce que cela facilitera le changement comportemental. »

Drew poursuit, « Le comportement de chacun est vraiment important, plus que les mots ou même les résultats pécuniaires. Si ils commencent à gagner de l'argent, le changement de comportements en sera facilité. Qui se soucie de la réussite d'un projet précis si les gens se sentent habilités et gagnent en autonomie pour lancer leurs propres projets ? »

En tant qu'entrepreneur, Drew croit que « Ce n'est pas OK d'accepter un comportement qui compromet la qualité du projet quant à la vision » (par ex., utiliser des produits chimiques et des pesticides alors que la finalité est d'améliorer la nutrition). D'un autre côté, Drew sentait qu'il devait être souple sur les calendriers, pour des raisons culturelles comme déjà indiqué, pour autant que cela ne compromette pas les valeurs et la finalité du projet. Se soucier du temps ou des attentes ne fait pas partie de la culture béninoise.

Selon Drew, dans la réalisation de la capacitation générative, « le succès se mesure dans le changement de comportement ». Il a découvert l'« importance d'avoir des rapports écrits ou autres preuves de participation » comme « un rappel silencieux et visible signalant ce que les gens font d'habitude mais auquel ils ne prêtent pas attention ».

A cet égard toutefois, Drew a constaté qu'« il était important d'avoir des rapports écrits ou autres preuves de participation - pas pour moi mais pour eux ». Selon lui, « Ça a été un rappel silencieux et visible signalant ce que les gens font d'habitude mais auquel ils ne prêtent pas attention ». Ça a commencé à créer un sens des responsabilités. Les membres de l'équipe se sont d'abord sentis gênés en réalisant que leur participation avait été insuffisante, avec une impression de « Oh mon dieu, je crois que je n'ai pas fait grand chose cette semaine ». Cela a aussi renforcé l'ego de ceux qui voulaient pouvoir dire, « Regarde. J'y étais! »

Un autre aspect clé au niveau comportemental incluait, selon Drew, ses propres actes. « Comment puis-je me comporter pour changer leur comportements ? » s'est-t-il demandé. « Je suis sûr que j'aurais pu foncer et faire du projet un succès. J'aurais pu dicter toutes les étapes du projet, et les villageois l'exécuter. Mais la finalité aurait échoué. » D'un autre côté, dit-il, « il était important que ma présence soit adaptée aux requêtes des gens. Je ne le pensais pas nécessaire, mais cela s'est avéré être la meilleure façon de rassembler tout le monde ; La meilleure façon pour ceux qui étaient motivés de faire en sorte que les autres travaillent ».

Sa stratégie avec les enfants est un bon exemple de la façon dont Drew a ajusté son comportement pour encourager l'initiative et la « capacitation générative ». Il explique qu'au Bénin les enfants demandent sans arrêt de l'argent au « yovo » (« blanc »). Plutôt que de leur donner de l'argent (ce qui ne ferait que nourrir la croyance que les Blancs ont tout l'argent et toutes les réponses) ou de les ignorer car « enquiquineurs », Drew les a impliqués pour aider au projet de la ferme.

Le climat étant très chaud au Bénin, les gens boivent beaucoup d'eau. Elle est très souvent fournie dans de petit sacs en plastique. Les gens boivent l'eau et jettent les sacs au bord de la route, générant une prolifération inesthétique de déchets. Drew a réalisé que, pour le projet, ils pouvaient utiliser les sacs pour la culture des graines de moringa. « Vous coupez le sommet du sac et percez le fond de trous ; remplissez le sac de terre et y plantez une graine », explique-t-il. « Les sacs vous permettent d'aligner et d'arroser les graines plus facilement. De plus, vous pouvez démarrer sans avoir de terrain. » Drew a constaté qu'il pouvait mettre 900 sacs dans sa petite cour cimentée.

Plutôt que de donner de l'argent aux enfants, Drew les payaient 50 Francs CFA (environ 8 centimes) pour cent sacs. Ce qui a à la fois réduit les déchets et soutenu le projet agricole. Les gamins ont eu de l'argent, mais avec le sentiment de l'avoir « gagné » en faisant quelque chose d'utile.

Un autre aspect clé au niveau comportemental incluait, selon Drew, ses propres actes. « Comment puis-je me comporter pour changer leur comportements? »

Adapter la Vision à l'Environnement

Les facteurs *environnementaux* sont les circonstances et caractéristiques externes déterminant les opportunités ou les contraintes effectives que les individus et organisations ont à identifier et auxquelles ils doivent réagir pour réussir. Ils se rapportent à *où* et *quand* les actions doivent être entreprises.

Drew soutient qu'au final, « les facteurs environnementaux ont été LA raison pour laquelle nous avons fait la chose ». Il poursuit en précisant, « ça n'a pas dicté la vision (sur la nutrition, auto-capacitation et collaboration), mais a défini comment la vision s'exprimait ». Comme Drew l'explique, il a choisi un projet d'agriculture en raison du contexte rural. Il a choisi les arbres moringa parce que dans la communauté locale la malnutrition est un enjeu majeur. « Nous avons choisi le moringa parce qu'il est nutritif, durable et n'a pas besoin d'un sol particulier. Il peut pousser dans le sable. Nous connaissions les contraintes, comme les besoins en eau et la qualité du sol, pour un certain nombre d'autres cultures ». L'apiculture a été choisie en raison des possibilités de remises et de sa bonne synergie avec les exploitations de moringa.

Il a choisi une ferme parce qu'ils pouvaient avoir les terres. Drew savait que le Delegué était un partisan du moringa et croyait qu'il serait disposé à donner aux villageois la terre pour un tel projet. Il souligne que si il n'avait pu obtenir la terre, « on aurait probablement fait du porte à porte et demandé aux gens de planter des moringas dans leurs cours ».

L'environnement a été un défi pour la ferme. Ils ont du défricher la terre et commencer pendant la saison sèche. Il ne pleuvait pas et les villages n'étaient pas irrigués. Le projet a donc été retardé de 2 semaines 1/2 du fait de l'absence de pluie.

Drew conclut que « la vision transcende les facteurs environnementaux, mais l'environnement influence toute l'approche de la vision ».

Pour Drew Dilts, les facteurs environnementaux « ne dictent pas la vision » mais déterminent la façon dont la vision s'exprimera. « La vision transcende les facteurs environnementaux, mais l'environnement influence toute l'approche de la vision. »

Conclusion

Le cas de Drew montre clairement comment il a créé une « plateforme » significative dans sa Spirale de Collaboration par :

1. la maîtrise des facteurs de réussite adéquats
2. la capacité à établir les relations collaboratives nécessaires à la création d'un Cercle de Succès fiable
3. l'aptitude à entreprendre et faciliter l'intelligence collective et la collaboration générative

Drew Dilts a construit son Cercle de Succès en appliquant de nombreux principes étudiés dans les deux premiers tomes de cette série *SFM™*. Il a eu une compréhension intuitive profonde des différents niveaux de facteurs de réussite décrits dans *La Modélisation des Facteurs de Succès Tome I* et résumés en début de ce tome - Vision, Identité, Valeurs et Croyances, Capacités, Comportements et Environnement. Il a su reconnaître, aligner, intégrer et traiter efficacement l'ensemble des niveaux de facteurs de réussite nécessaires pour transformer sa vision en action.

Drew a aussi méthodiquement travaillé au développement de chaque quadrant de son Cercle de Succès : en appliquant sa vision à ses clients pour créer un projet unique et utile ; en alignant son équipe sur une mission commune d'amélioration de la santé et du bien-être de leur communauté ; en utilisant l'ambition de ses parties prenantes pour acquérir des ressources essentielles ; et en se servant de son rôle pour collaborer avec des partenaires afin de réduire les coûts et réaliser des alliances gagnant-gagnant.

En outre, Drew a intuitivement appliqué nombre des concepts clés que j'ai présenté dans ce tome. Sa passion pour la capacitation générative - son désir d'améliorer le monde et que sa mission personnelle vive au delà de sa vie - illustre bien l'*intégration de l'ego et de l'âme*. Cela indique une appréciation de soi en tant qu'individu indépendant, séparé, et aussi en tant que partie au service d'un tout plus vaste.

> *Drew a méthodiquement travaillé au développement de chaque quadrant de son Cercle de Succès : en appliquant sa vision à ses clients pour créer un projet unique et utile ; en alignant son équipe sur une mission commune d'amélioration de la santé et du bien-être de leur communauté ; en exploitant l'ambition de ses parties prenantes pour acquérir des ressources essentielles ; et en se servant de son rôle pour collaborer avec des partenaires afin de réduire les coûts et réaliser des alliances gagnant-gagnant.*

Le Cercle de Succès de la Ferme de Drew Dilts

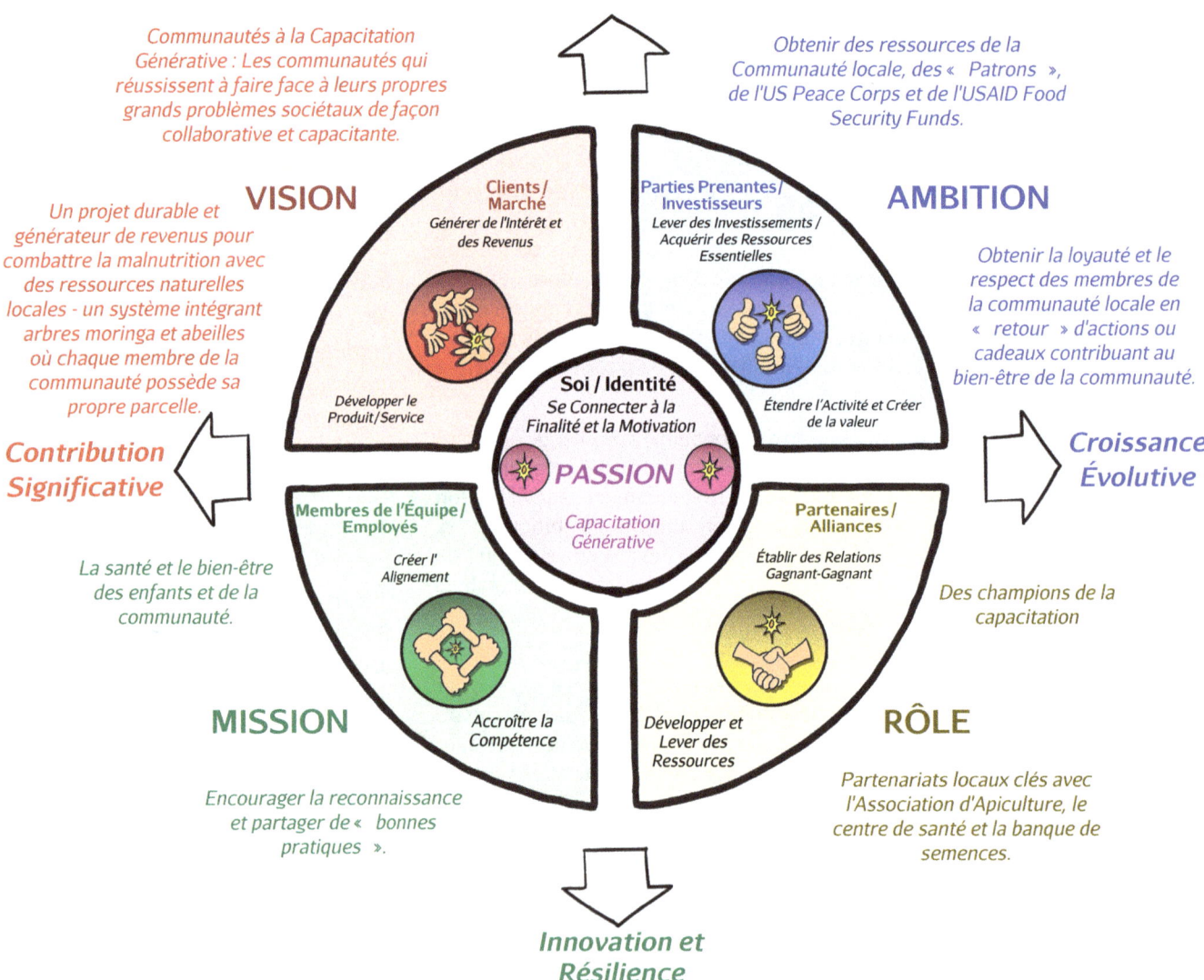

LE CERCLE DE SUCCÈS DE LA FERME DE DREW DILTS

VISION
Clients/Marché

* COMMUNAUTÉS À LA CAPACITATION GÉNÉRATIVE : LES COMMUNAUTÉS QUI RÉUSSISSENT À FAIRE FACE À LEURS GRANDS PROBLÈMES SOCIÉTAUX DE FAÇON COLLABORATIVE ET CAPACITANTE.

* UN PROJET DURABLE GÉNÉRATEUR DE REVENUS POUR COMBATTRE LA MALNUTRITION AVEC DES RESSOURCES NATURELLES LOCALES – UN SYSTÈME INTÉGRANT ARBRES MORINGA ET ABEILLES OÙ CHAQUE MEMBRE DE LA COMMUNAUTÉ POSSÈDE SA PROPRE PARCELLE.

AMBITION
Parties Prenantes/Investisseurs

* OBTENIR DES RESSOURCES DE LA COMMUNAUTÉ LOCALE, DES « PATRONS », DE L'US PEACE CORPS ET DE L'USAID FOOD SECURITY FUNDS.

* OBTENIR LA LOYAUTÉ ET LE RESPECT DES MEMBRES DE LA COMMUNAUTÉ LOCALE EN « RETOUR » D'ACTIONS OU CADEAUX CONTRIBUANT AU BIEN-ÊTRE DE LA COMMUNAUTÉ.

MISSION
Membres de l'Équipe/Employés

* LA SANTÉ ET LE BIEN-ÊTRE DES ENFANTS ET DE LA COMMUNAUTÉ.

* ENCOURAGER LA RECONNAISSANCE ET PARTAGER DE « BONNES PRATIQUES ».

RÔLE
Partenaires/Alliances

* CHAMPIONS DE LA CAPACITATION

* PARTENARIATS LOCAUX CLÉS AVEC L'ASSOCIATION D'APICULTURE, LE CENTRE DE SANTÉ ET LA BANQUE DE SEMENCES.

PASSION :
CAPACITATION GÉNÉRATIVE

La vision de Drew d'une « communauté à la capacitation générative » exprime parfaitement les notions de « holon », « hologramme » et « signification de la tâche ». Chaque membre contribue au tout plus vaste et profite aussi à titre individuel du succès du tout plus vaste. L'idée de Drew d'« un projet collaboratif, capacitant, durable et lucratif pour combattre la malnutrition en se servant des ressources naturelles locales » a créé plusieurs réussites à différents niveaux de holons ; individu, famille, village, communauté et enfin pays.

Une grande part de la réussite de Drew a découlé de son aptitude à créer des synergies entre parties prenantes, clients et membres de l'équipe. Son projet de système intégrant arbres moringa et abeilles où chaque membre de la communauté possède sa propre parcelle est l'expression de la création et de l'effet levier de différents types de synergies. A un niveau environnemental, il a optimisé la synergie entre culture du moringa et apiculture, entretenant la pollinisation croisée des arbres et doublant le rendement en miel des abeilles. Cela a amélioré la santé communautaire, accru le rendement des cultures et généré un supplément de revenus pour les villageois.

Drew a su aligner les membres de son équipe sur la mission d'amélioration de la santé et du bien-être des enfants et de la communauté, générant pour leurs actions une forte « signification de la tâche » perçue. En attribuant à chacun dans l'équipe une parcelle dédiée et en créant l'autonomie dans le collectif, Drew s'est directement appuyé sur la nature duelle de la réalité des gens en tant que holons. En tant qu'individus séparés, leur sentiment de fierté et de responsabilité s'est vu renforcé. En même temps l'intelligence collective au niveau communautaire a été nourrie par l'instauration de standards collectifs et d'échange de bonnes pratiques. De plus, l'excédent de poudre de moringa et de miel que les villageois ont vendu en tant que collectif aux villes voisines a généré plus d'argent que si ils les avaient vendus individuellement.

L'aptitude de Drew à persuader des parties prenantes externes clés (comme le patron et le Delegué locaux qui avaient individuellement réussi s'agissant de fortune et biens matériels) de contribuer aux terrains, au financement des semences, du transports de matériaux et autres ressources essentielles au projet a été un autre facteur majeur de réussite. Il a su les convaincre qu'ils obtiendraient plus de loyauté et de respect de la part des membres de la communauté locale en « retour » d'actions contribuant à leur bien-être ; renforçant ainsi la boucle gagnant-gagnant entre réussite individuelle et réussite communautaire.

En faisant en sorte que ceux participant à son entreprise prennent le rôle de « champions de la capacitation », Drew a pu établir des partenariats clés locaux avec l'association d'apiculture régionale, le centre sanitaire et la banque de semences afin de réduire fortement les coûts et rendre le projet viable.

En résumé, le projet de ferme moringa/apiculture de Drew donne un exemple évident et puissant d'application des facteurs de réussite définis dans les deux premiers tomes de notre travail de création d'une entreprise prospère et transformatrice. Même si les contenus et contextes spécifiques peuvent varier, le processus suivi par Drew fournit une trâme explicite pour amener une vision transformatrice à la réalité.

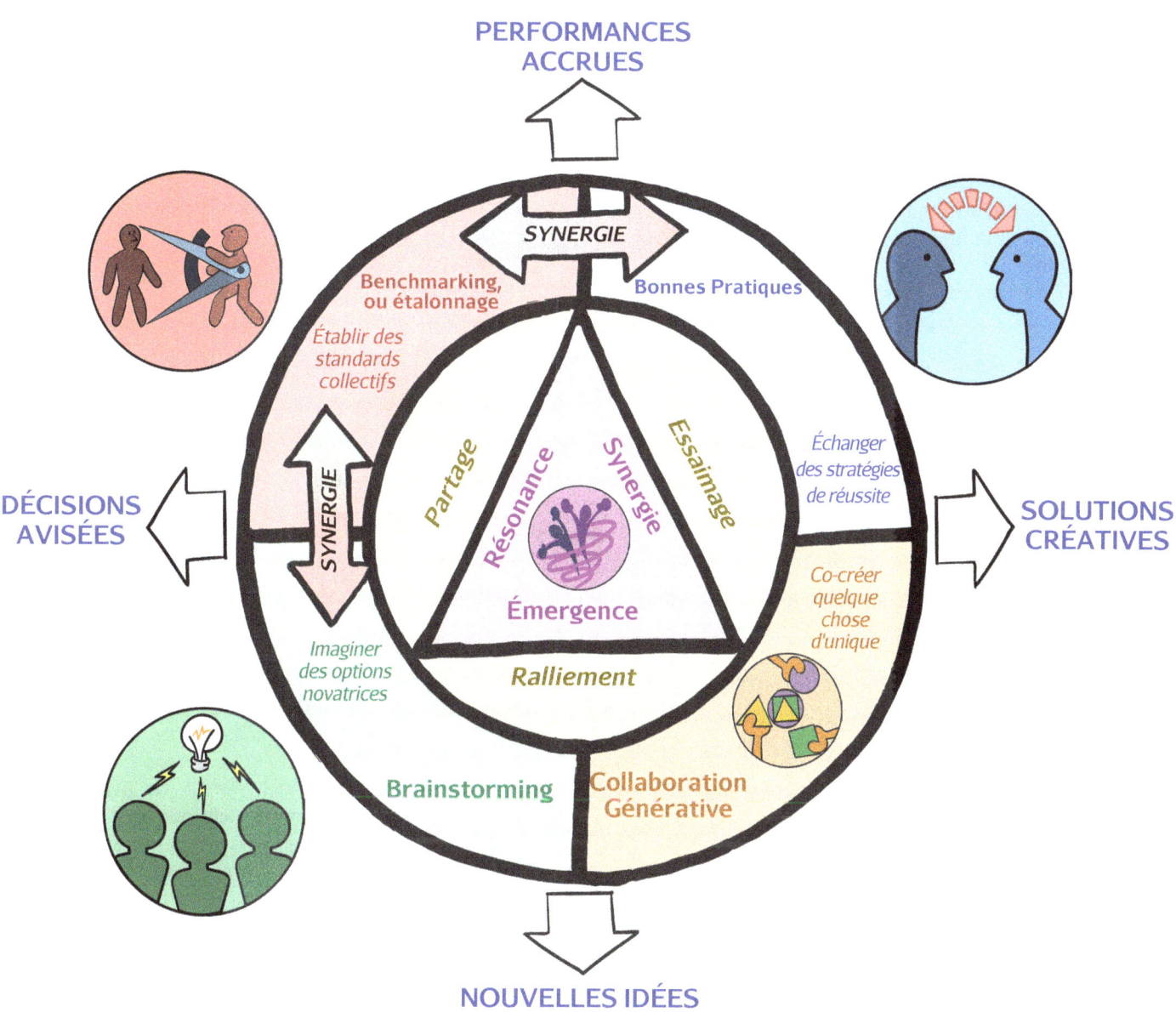

Une grande part de la réussite de Drew a découlé de son aptitude à créer des synergies entre parties prenantes, clients et membres de l'équipe.

Activer la Sagesse des Foules

Résumé du chapitre

La *sagesse* est « la capacité à penser et agir en utilisant le savoir, l'expérience, la compréhension, le bon sens, et la perspicacité ». Elle implique d'avoir un point de vue élargi et équilibré permettant à une personne ou un groupe de faire des choix et prendre des décisions meilleurs et plus écologiques. Développer la sagesse implique une compréhension des gens, buts et situations et de leur façon d'interagir pour établir une mise en action optimale. Cela présuppose l'aptitude à inviter et intégrer de multiples perspectives. *Prendre des décisions plus avisées* est une des conséquences fondamentales de la valorisation de l'intelligence collective.

La *sagesse des foules* se réfère au phénomène de groupes qui, dans les circonstances appropriées, font preuve de sagesse et d'intelligence remarquables « et sont souvent plus intelligents que les plus intelligents d'entre eux ». Selon l'auteur James Surowiecki, les décisions collectives sont plus susceptibles d'être les bonnes quand elles sont prises par des gens d'opinions diverses parvenant à des conclusions indépendantes, en se fiant surtout à leurs connaissances personnelles. Il émerge, dans ces conditions, une sorte de sagesse collective, comme une « main invisible » conduisant le groupe à un résultat optimal.

Le fait que l'estimation moyenne d'un groupe, lors d'évaluations de quantités (par ex., le nombre de bonbons dans un pot), soit en général plus proche de la quantité réelle que presque toutes les estimations individuelles en est une illustration simple mais incontestable. Il y a d'autres exemples dont le développement de codes informatiques ouverts (comme Linux) et la découverte de la réponse à l'épidémie de SRAS (Syndrome Respiratoire Aigu Sévère) en 2003, fruit de recherches et de données collectées par de nombreux hôpitaux et universités du monde entier, opérant sans organisme de coordination central.

L'une des principales entraves à la sagesse de groupes est le conformisme ou « pensée de groupe ». Au lieu d'accroître la sagesse du groupe, le conformisme et le consensus limitent l'exploration de nouvelles alternatives ou idées possibles. Pour « s'intégrer » ou obtenir l'approbation ou la confirmation de leurs opinions personnelles, les gens se laissent souvent influencés par ce que d'autres disent et pensent. Il est donc important d'avoir :

1. *Une diversité d'opinions* (personnes représentant un large éventail de points de vue)
2. *De l'indépendance* (les opinions des gens ne sont pas déterminées par celles de ceux qui les entourent)
3. *De la décentralisation* (les gens sont capables de se spécialiser et s'appuyer sur l'information locale)
4. *De l'agrégation* (mécanisme transformant de façon impartiale les déductions individuelles en décision collective)

De plus, il est important pour un groupe de partager une *vision ou finalité commune*. Cela crée la possibilité pour les membres d'un groupe d'équilibrer intérêt personnel et bien commun (c.-à-d., « ego » et « âme ») et de trouver des moyens d'avantager le groupe tout en progressant dans leurs buts et ambitions.

Les résultats de *la recherche de Google sur l'équipe parfaite* ajoutent d'autres conditions pouvant accroître le « Q.I. collectif » d'un groupe. Après avoir consacré des millions de dollars et des milliers d'heures à collecter des données sur les caractéristiques et schémas comportementaux de membres d'équipes présentant différents niveaux de performance, les chercheurs de Google ont conclu que la composition d'une équipe faisait peu voire pas de différence. Mais ils ont découvert certains schémas comportementaux clés plus importants comme l'« *égalité dans la distribution des tours de parole* » et la « *sensibilité sociale* »; c.-à-d., percevoir le ressenti des autres à partir du ton de leur voix, des expressions de leurs visages et autres indices non-verbaux.

Les chercheurs de Google en ont conclu que ces traits créent un sentiment de « *sécurité psychologique* » et « un climat d'équipe caractérisé par une confiance interpersonnelle et un respect mutuel dans lequel les gens se sentent à l'aise d'être eux-mêmes ». Selon les données de Google, la sécurité psychologique, ainsi que *la signification du travail perçue* de leurs actes en lien avec la mission globale de Google a été indispensable au fonctionnement d'une équipe performante.

Voici les six étapes pour activer la sagesse des foules, elles résument les conditions à créer pour faire ressortir la sagesse des foules et optimiser le Q.I. collectif d'un groupe :

1. Créer un contenant COACH.
2. Définir une intention/finalité commune.
3. Créer un état génératif de performance.
4. Se concentrer sur un but ou problème, en réunissant plusieurs perspectives.
5. Contenir toutes les perspectives depuis un état de respect et de curiosité.
6. Permettre que de nouvelles idées et possibilités émergent.

En plus d'un certain nombre d'autres processus et exercices présentés dans ce livre, ces étapes s'appuient sur deux catalyseurs de collaboration importants. *Passer de l'état CRASH à l'état COACH* est un catalyseur de collaboration impliquant que les membres du groupe déterminent des signaux non-verbaux communs qui aideront à maintenir le groupe en état COACH et à créer une sensibilité sociale et une sécurité psychologique plus profondes.

Le *Processus de Groupe Tétra-lemme* est un autre catalyseur de collaboration qui renforce la sécurité psychologique en instaurant une structure ritualisée pour transformer les dilemmes générés par différentes perspectives, souvent contradictoires, en opportunité de conscience et de sagesse accrues.

Le cas de Facteurs de Succès du *Projet de Ferme au Bénin avec Moringa et Apiculture de Drew Dilts* pour l'Agence United State Peace Corps (Corps de la Paix) est un exemple fort et clair de l'application des différents facteurs de réussite étudiés dans les deux premiers tomes de la Modélisation des Facteurs de Succès pour produire une « capacitation générative ». *La Capacitation Générative* est une forme d'intelligence collective qui implique d'« habiliter les gens à devenir des leaders de l'amélioration sociétale qui, avec les savoir-faire et la confiance en soi nécessaires, à leur tour habilitent leur entourage de la même façon générative ». La vision de Drew d'« un projet collaboratif, capacitant, durable et lucratif pour combattre la malnutrition en se servant des ressources naturelles locales » a créé nombre de réussites à de nombreux niveaux de holons ; individu, famille, village, communauté et enfin pays

Références :

- https://en.wikipedia.org/wiki/Wisdom
- http://www.dailygood.org/story/607/how-to-think-like-a-wise-person-adam-grant/
- *The Wisdom of Crowds*, James Surowiecki, Anchor Books, New York, NY, 2005
  (*La Sagesse des Foules*, James Surowiecki, JC Lattès, avril 2008)
- *What Google Learned From Its Quest to Build the Perfect Team* (Qu'à appris Google de sa quête à bâtir l'équipe parfaite) ; Charles Duhigg, NYTimes.com, 2/28/2016 – http://www.nytimes.com/2016/02/28/magazine/what-google-learned-from-its quest-to-build-the-perfect-team.html?emc=eta1&_r=0

Conclusion

Un être humain est une partie du tout que nous appelons univers, limitée dans le temps et l'espace. Il se vit et vit ses pensées et ressentis comme quelque chose de séparé du reste, une sorte d'illusion optique de sa conscience. Cette illusion est pour nous une sorte de prison, nous limitant à nos désirs personnels et à l'affection pour quelques personnes très proches. Nous avons pour tâche de nous libérer de cette prison en étendant notre cercle de compassion pour embrasser l'ensemble des créatures vivantes et la nature dans toute sa beauté.
Albert Einstein

J'y arrive avec un peu d'aide de mes amis.
John Lennon & Paul McCartney

Conclusion

Notre monde évolue rapidement. Il devient aussi de plus en plus complexe. Les limites de l'intellect et de l'énergie d'un individu seul sont de plus en plus évidentes à mesure que la nouvelle génération d'entrepreneurs et dirigeants abordent les problèmes liés à notre économie mondiale, la sécurité nationale, l'environnement planétaire, la santé communautaire, l'identité collective etc. Pour parvenir à quelque chose un tant soit peu significatif, nous devons avoir « un peu d'aide de nos amis », selon les mots de la célèbre chanson des Beatles *With the little help of my friends*. Pour parvenir à quelque chose de très significatif, nous aurons besoin de beaucoup d'aide, y compris de ceux que nous n'avons jamais rencontrés.

Pour que nous et nos entreprises survivions et prospérions dans notre monde moderne, nous devons libérer la puissance créative de l'intelligence collective pour nourrir la collaboration générative, générer des innovations de rupture, entretenir des communautés génératives, promouvoir la collaboration dynamique, révéler la sagesse des foules et accélérer la capacitation générative.

Dans ce livre nous avons étudié les différentes façons d'appliquer les principes et pratiques qui favorisent l'intelligence collective pour résoudre les problèmes, gérer les changements et créer de nouveaux possibles. En partant de l'état d'esprit fondamental que nous sommes à la fois des individus séparés, uniques et une partie de « holons » de plus en plus vastes, nous avons examiné des façons de créer de la *résonance*, de la *synergie* et de l'*émergence* dans des groupes et équipes sur la base de processus comme le *partage*, l'*essaimage* et le *ralliement*. Avec les Cas de Facteurs de Succès et les Catalyseurs de collaboration SFM™, nous avons vu comment les activités de *benchmarking*, ou *étalonnage*, de *bonnes pratiques*, de *brainstorming* et de *collaboration générative* peuvent se combiner différemment pour obtenir une *performance accrue*, prendre des *décisions plus avisées*, trouver de *nouvelles idées* et générer des *solutions créatives*.

Nous avons aussi vu comment les actions et réalisations en intelligence collective peuvent être renforcées et enrichies par d'autres facteurs clés de réussite, comme *partager une vision et une finalité communes*, avoir une perception claire de la *signification de la tâche* et développer la capacité à prendre plusieurs *positions perceptuelles*.

Lorsque combinés au Cercle de Succès SFM™, les principes et pratiques de l'intelligence collective accélèrent et augmentent considérablement nos chances de créer avec succès un projet ou une entreprise évolutifs. Une performance accrue nous aide à atteindre la *robustesse financière* ; des décisions plus avisées nous permettent d'apporter des *contributions significatives* ; de nouvelles idées sont essentielles pour générer *des innovations qui changent la donne* ; et des solutions créatives activent notre aptitude à générer de la *croissance évolutive*.

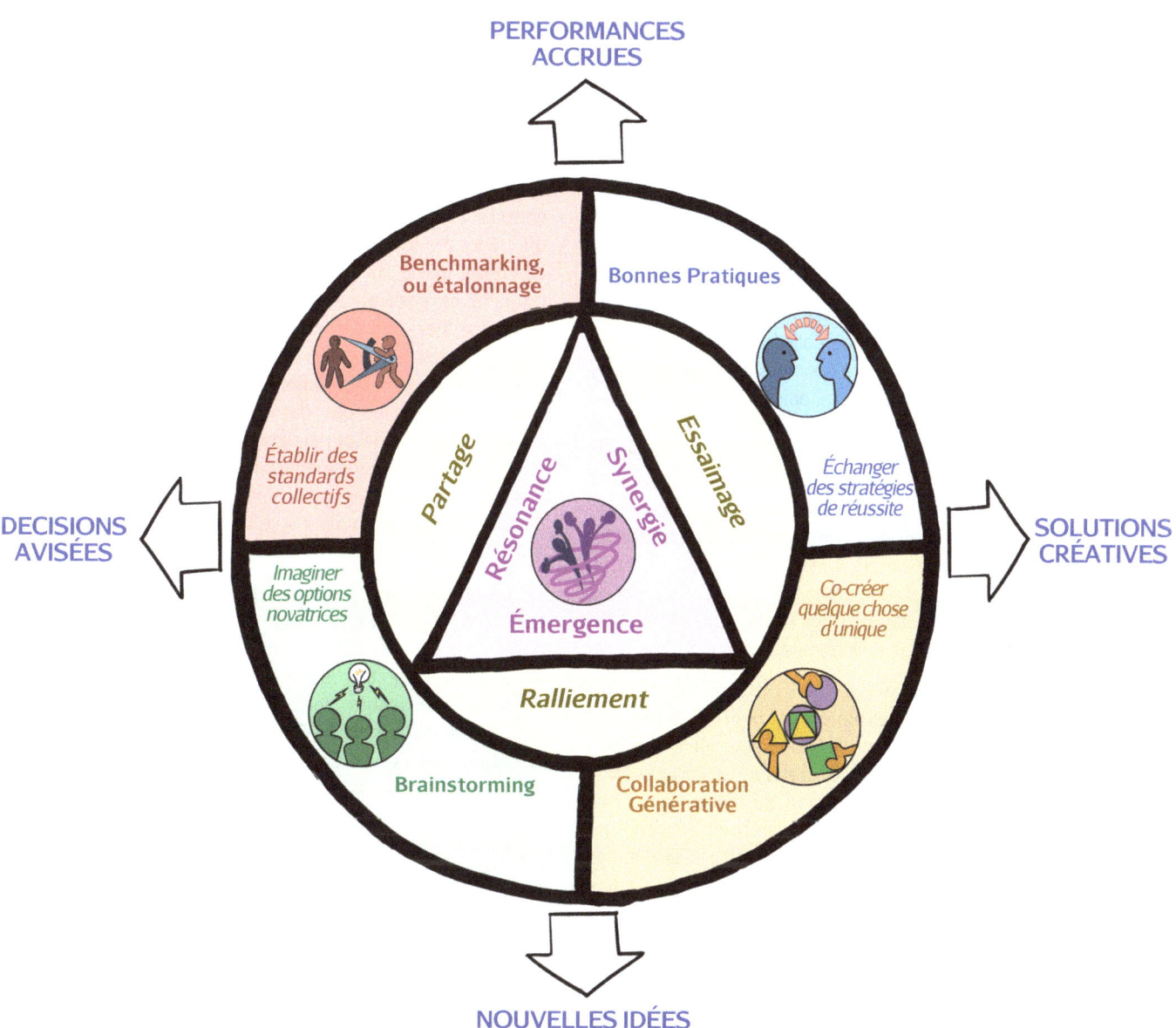

Le Modèle SFM™ de l'Intelligence Collective résume les traits fondamentaux de l'état d'esprit, des actions et réalisations clés associées à la mise en œuvre des principes de l'intelligence collective.

Conclusion

Résumé des Thèmes Clés

Le but de cet ouvrage a été de présenter, d'analyser et d'explorer plusieurs façons différentes de soutenir et mettre en pratique l'intelligence collective et la collaboration générative pour augmenter le potentiel de réussite des groupes, projets et entreprises.

Au chapitre 1 nous avons défini comment l'intelligence collective peut être mise en œuvre en entreprise pour partager et optimiser les ressources afin d'accroître les opportunités d'affaires et créer de nouveaux marchés – c.-à-d., pour agrandir un « gâteau » commun à partager. J'ai présenté *les groupes Mastermind* comme un exemple probant de la façon dont l'intelligence collective peut s'appliquer aux initiatives entrepreneuriales en combinant brainstorming, pédagogie, responsabilité et soutien des pairs d'un groupe donné afin de parfaire les activités et savoir-faire de chacun. Les facilitateurs des groupes Mastermind aident le groupe à participer à différents catalyseurs de collaboration. *Les catalyseurs de collaboration* sont des processus qui produisent un certain degré de résonance, synergie et/ou émergence entre les membres d'un groupe travaillant ensemble d'une façon ou d'une autre. Créer un Contenant COACH, Favoriser un « Champ » de co-sponsoring, Explorer et Partager de Bonnes Pratiques par la modélisation des facteurs de succès sont des exemples de catalyseurs de collaboration qui créent un socle d'intelligence collective.

Au chapitre 2 nous avons exploré comment les processus de base de l'intelligence collective pouvaient être étendus pour produire une collaboration générative. *La collaboration générative* est le fruit d'une élaboration de vision collective dans laquelle les personnes partagent et mettent en synergie leurs passions et visions individuelles ; semblable à des bulles qui s'agrègent pour créer un tout plus grand, ou deux atomes d'hydrogène et un atome d'oxygène se combinant pour former de l'eau. Dans la collaboration générative, les gens se stimulent les uns les autres pour penser « hors cadre » et s'entraident pour réaliser des choses nouvelles et sans précédent. La collaboration générative est renforcée par des catalyseurs de collaboration comme Créer un État Génératif de Performance, l'Intervision et Analyser la Seconde Position.

Comme nous l'avons montré au Chapitre 3, elle est essentielle aux innovations de rupture. *Les innovations de rupture* sont celles qui créent de nouveaux marchés et entraînent des changements majeurs tant pour les clients que pour les entreprises. Elles émergent de synergies de valeurs et d'identités, entre les membres des différentes parties du Cercle de Succès, qui créent des communautés virtuelles dont la vision va au-delà de ce qui existe sur le moment. Les innovations de rupture résultent en général de collaborations entre des adopteurs précoces chez des clients et des pionniers de l'entreprise. Souvent, elles ont aussi besoin d'innovation ouverte et de collaboration générative entre des pionniers « explorateurs » dans l'entreprise et des partenaires « précurseurs ». Ces communautés virtuelles peuvent être comparées à une colonie de « chauves-souris » capables de détecter les signaux faibles associés à de nouvelles opportunités et possibilités et d'agir, au contraire des « grenouilles » se contentant d'attendre que le potentiel soit évident.

La quatrième position (position du collectif ou du « nous ») sert à tisser des liens étroits entre les collaborateurs des communautés virtuelles et à constituer un *champ relationnel* génératif. Elle peut être favorisée par des catalyseurs de collaboration comme *Identifier une Résonance avec la Signification de la Tâche* et par des *Catalyseurs de Créativité Collective* qui favorisent les interactions génératives entre collaborateurs en encourageant les gens à trouver et partager des idées qui les passionnent et à identifier les signaux faibles liés à de futures tendances.

Le thème du Chapitre 4 a été la mise en œuvre de l'intelligence collective et de la collaboration générative pour développer une communauté générative d'entreprises. Une *communauté générative d'entreprises* est celle où les membres se soutiennent mutuellement pour se développer personnellement ET contribuer à leurs entreprises respectives. Il existe donc une boucle de rétroaction

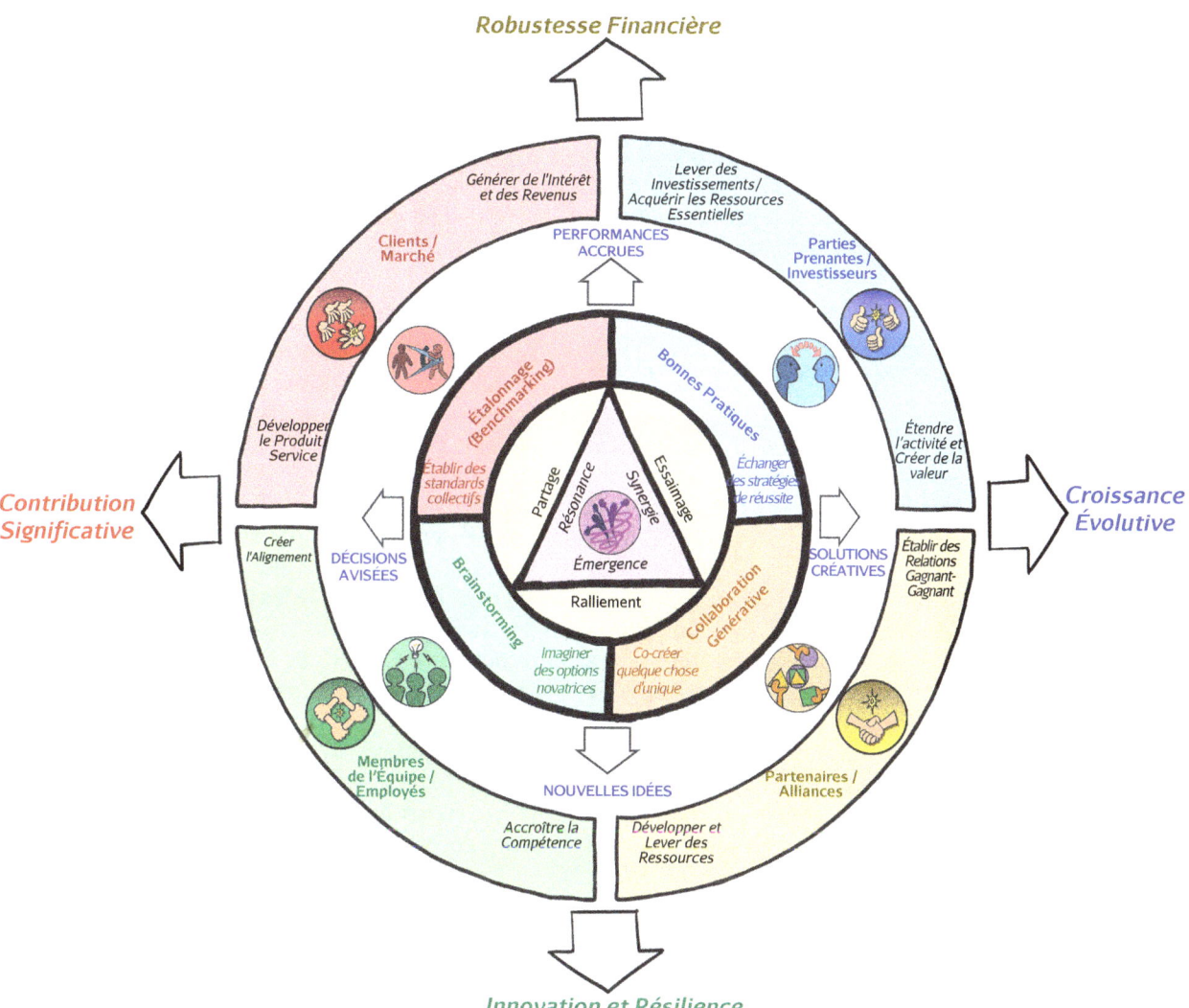

Les principes et pratiques de l'intelligence collective renforcent considérablement notre capacité à élaborer un Cercle de Succès efficace.

Conclusion

positive entre le développement de l'individu et celui de la communauté. Les communautés génératives favorisent une *culture gagnante* valorisant l'expectative d'un avenir prometteur, l'impression de capacité et de responsabilité des membres de la communauté ainsi que l'estime de soi et le sentiment d'appartenance. Dans la culture gagnante d'une Communauté Générative d'Entreprises, les gens croient en eux et aux autres et confortent les aptitudes des uns et des autres à réaliser rêves et objectifs. Certains catalyseurs de Collaboration comme les exercices d'Affirmation en Groupe et les Gardiens du Rêve aident à créer un « champ » capacitant de soutien, entre membres d'une équipe ou collaborateurs qui accroit les chances de réussite de chacun.

La Spirale de Collaboration SFM (SFM Collaboration Spiral™) est un modèle qui illustre comment, en établissant des relations et collaborations clés, on peut créer une spirale ascendante de plateformes successives, sous forme de projets ou entreprises, qui élargissent notre zone d'influence et nous placent sur la trajectoire de notre mission vers notre vision ultime. Les plateformes s'élaborent par un réseau de collaborations génératives nous aidant à créer un Cercle de Succès fiable et à enrichir ou renforcer les différents niveaux des facteurs de réussite (environnement, comportements, capacités, croyances et valeurs et identité) nécessaires au projet ou à l'entreprise en lien avec cette plateforme. La réussite de la mise en place d'une nouvelle plateforme génère une nouvelle expansion de notre identité et zone d'influence.

Le thème dominant du Chapitre 5 a été la collaboration dynamique d'équipe. *La Collaboration Dynamique d'Équipe* est une forme de travail d'équipe où les membres du groupe se complètent dans leurs compétences et traits personnels, partagent la responsabilité des résultats et travaillent ensemble à des réalisations supérieures à celles de la somme des efforts individuels. *Le Développement Dynamique d'Équipe* implique de créer les conditions qui permettent aux équipes engagées dans des activités entrepreneuriales de « se rallier » pour générer un impact maximum au service d'une mission et d'une vision communes. Des catalyseurs de collaboration comme l'Exploitation des Ressources, Aligner les Rôles dans une Vision Commune et Modéliser les Facteurs de Succès d'une Collaboration Dynamique d'Équipe permettent d'élaborer une infrastructure efficace de collaboration en déterminant et en étalonnant les facteurs clés de réussite requis pour une collaboration d'équipe dynamique et générative.

Le chapitre 6 a étudié les conditions nécessaires pour activer la sagesse des foules. *La sagesse des foules* se réfère au phénomène de groupes qui, dans les circonstances appropriées, font preuve d'une sagesse et d'une intelligence remarquables « et sont souvent plus intelligents que les plus intelligents d'entre eux ». Les groupes « sages » ont tendance à être constitués de personnes d'opinions diverses parvenant à des conclusions indépendantes, se fiant principalement à leurs connaissances personnelles. De plus, il importe que les membres du groupe partagent *une vision ou une finalité commune*. Les résultats de *la recherche de Google sur l'équipe parfaite* ont montré que la composition d'une équipe faisait peu voire pas de différence. Par contre, certains comportements clés dans l'équipe, comme « *l'égalité dans la distribution des tours de parole* », et la « *sensibilité sociale* » ainsi que *la signification perçue du travail* sont essentiels au fonctionnement efficace d'une équipe.

L'aptitude à accueillir et intégrer de multiples perspectives au service d'une vision et d'une mission communes crée la possibilité d'une capacitation générative. *La Capacitation Générative* est une forme d'intelligence collective qui implique d'« habiliter les gens à devenir des leaders de l'amélioration sociétale qui à leur tour, habilitent leur entourage de la même façon générative ».

Un Dernier Exemple de la Puissance de l'Intelligence Collective

Il semble clair que les actions fondamentales de l'intelligence collective – *benchmarking ou étalonnage*, *bonnes pratiques*, *brainstorming* et *collaboration générative* - sont le socle des entreprises prospères et évolutives. Ces actions peuvent être facilitées par des catalyseurs de collaboration comme ceux présentés dans ce livre. Il est toutefois important de se rappeler que les actions et catalyseurs de collaboration favorisant l'intelligence collective et les phénomènes de collaboration générative découlent naturellement et spontanément d'un *état d'esprit* qui valorise l'intelligence collective et voit les individus, équipes et organisations comme des parties d'un même holon plus vaste.

L'expérience de ma fille Julia Dilts dans son travail avec l'agence de voyage en ligne Expedia en est un bon exemple. Lancée en 1996 en tant que petite division de Microsoft au moment des premiers pas d'Internet, Expedia Inc., est devenue la première entreprise de voyages en ligne du monde ; avec un portefeuille incluant plusieurs des marques de voyage les plus réputées au monde comme Travelocity, Hotels.com et Orbitz.

Julia, alors juste diplômée de l'école de Gestion en Industrie du Voyage (Travel Industry Management) de l'Université de Hawaii, a démarré chez Expedia en tant que consultante marché (Market Associate) dans leurs bureaux d'Honolulu en novembre 2014. Expedia est alors en croissance rapide et l'hébergement fait partie de ses activités les plus lucratives. Si le groupe Expedia Hawaï était déjà en relation avec les grandes chaînes hôtelières de la région, ils étaient en recherche proactive de nouvelles références d'hôtels de plus petite taille et autres types d'hébergements. Julia a été embauchée pour faciliter ce développement.

Les clients d'Expedia sont essentiellement des partenaires, et plusieurs étapes sont nécessaires avant tout nouveau référencement. Le rôle de Julia a été d'établir un « premier contact » avec les nouvelles propriétés à référencer. Puis elle a dû se coordonner avec plusieurs autres fonctions de support pour négocier les taux, établir des prix, créer le référencement en ligne, etc.

S'agissant d'une activité assez nouvelle dans l'entreprise, et qui impliquait un grand nombre de nouveaux référencements, Julia a essayé de comprendre et d'organiser l'évolution de son propre travail et sa coordination avec les autres fonctions et équipes de support. En poste depuis juste quelques mois, Julia cherchait à clarifier et à suivre où en étaient ses propriétés dans les différentes étapes du processus. Elle a collaboré en virtuel avec une autre équipe du continent (à Seattle, ville du siège social d'Expédia) qu'elle n'avait jamais rencontré, et a fait une sorte de tableau de suivi de l'évolution des différentes activités liées aux référencements des nouvelles propriétés.

À la réunion hebdomadaire suivante de l'équipe d'Honolulu, le patron du patron de Julia, directeur de la gestion marché (Director of Market Management) pour Hawaii, Alejandro Moxey, les a interrogé sur le statut de plusieurs nouvelles propriétés - car l'équipe cherchait à les publier en ligne le plus vite possible. Julia a répondu, présentant le tableau de suivi qu'elle avait créé en collaborant avec l'équipe contenu (Content Team) de Seattle, et a pu montrer en une vue synthétique le statut en cours de chaque client.

Alejandro a reconnu la valeur du travail et a dit à Julia, « C'est formidable. C'est exactement ce que nous avions à l'esprit quand nous vous avons embauchée ». Il lui a demandé de lui envoyer les grands points descriptifs du processus qu'elle et son collègue avaient suivi pour faire le tableau. Julia a réfléchi au processus qu'elle avait intuitivement suivi et a extrapolé les étapes pour que n'importe qui occupant sa fonction puisse l'appliquer, en y ajoutant la contribution de son collègue de Seattle. Puis elle a transmis à Alejandro le résumé des étapes clés.

Alejandro a transmis le courriel de Julia à son propre patron, le Vice-Président de la gestion du marché (Market Management) de toute la région. Le VP en a aussi vu la valeur et décidé d'envoyer le résumé à l'ensemble des responsables marché seniors (Senior Market Managers) pour l'Amérique du Nord et à leurs supérieurs comme une information d'aide à la rationalisation de leurs pratiques de gestion des nouveaux référencements en région.

Le résultat a été que l'efficacité du travail local d'une nouvelle employée s'est propagé à toute l'entreprise, améliorant l'efficacité et les performances d'autres n'ayant jamais rencontré Julia mais qui ont bénéficié de son intelligence et de sa contribution individuelles tout comme de son travail collectif avec ses collègues.

Il y a plusieurs points importants dans cet exemple. D'abord, le directeur de Julia aurait pu facilement ne pas tenir compte ou minimiser la contribution d'une jeune embauchée dans l'organisation depuis seulement quelques mois. Ensuite, en considérant la contribution importante et utile, Alejandro aurait aussi pu s'attribuer les mérites et ne pas transmettre le message de Julia mais le reprendre comme si c'était son idée ; comme ce peut être le cas dans nombre d'organisations.

En lieu et place, Alejandro a immédiatement reconnu le travail et la contribution collaborative de Julia et ses collègues. Et le Vice-Président de la région a fait de même. Julia et son collègue ont gagné en reconnaissance et en valorisation pour leur travail. La société a bénéficié de la transmission d'un processus efficace pouvant être repris par d'autres collaborateurs. Alejandro a aussi eu l'avantage d'être la personne qui a vu l'utilité de la contribution individuelle de Julia pour le système plus vaste de l'organisation.

Il va sans dire que Julia s'est sentie très valorisée par cette suite d'événements, et a été très motivée pour continuer à faire de son mieux et contribuer autant que possible à l'entreprise.

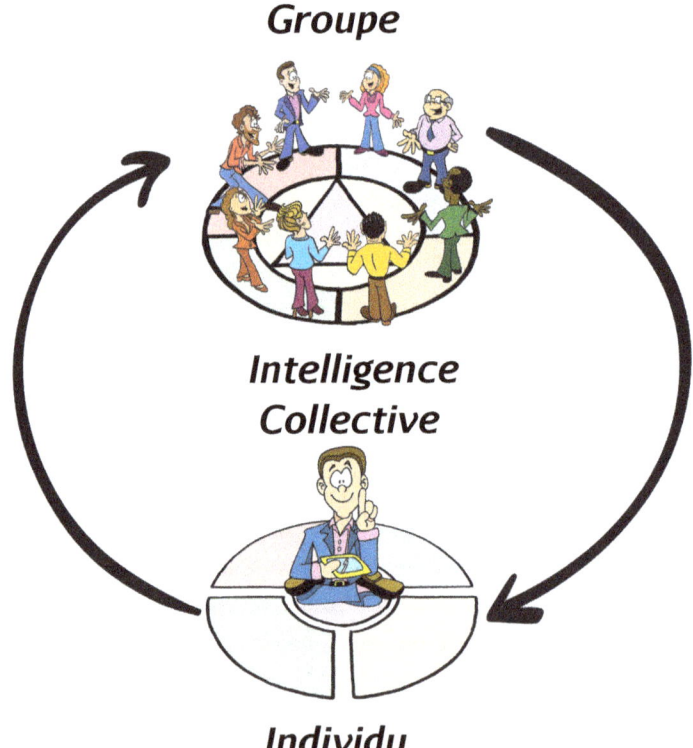

Dernières Réflexions

L'exemple de Julia avec Expedia illustre un principe fondamental que nous avons souligné tout au long de ce tome : les efforts et contributions individuels servent l'efficacité et la performance du système plus vaste. Quand à leur tour ces contributions bénéficient à l'individu, on obtient un « cercle vertueux » qui génèrera une montée en puissance de la réussite collective.

Dans ce cas, il y a eu plusieurs exemples de collaboration. Tout d'abord, le travail déployé par Julia en benchmarking (ou étalonnage) et en brainstorming avec ses collègues pour mieux comprendre les processus d'affaires auxquels ils participaient. L'exemple de collaboration suivant a concerné le partage de bonnes pratiques dans l'équipe de Julia. Un troisième exemple d'intelligence collective a été la diffusion, par Alejandro, des bonnes pratiques appropriées à son responsable et au final à la région entière.

Il y a peu de risque à dire que des entreprises comme Expedia ont grandi et prospéré en instaurant une culture gagnante, en créant un état d'esprit collaboratif et en encourageant la capacitation générative.

Du point de vue SFM™, une culture gagnante basée sur l'intelligence collective émerge de l'harmonisation et de l'intégration de nous-même à la fois en tant qu'individus pensant uniques et indépendants ET partie d'un holon plus vaste. Voici une citation d'Albert Einstein qui cerne très clairement la relation :

> *L'individu laissé seul depuis sa naissance resterait, dans ses pensées et sentiments, primitif et semblable à l'animal à un point que nous pouvons difficilement concevoir. L'individu est ce qu'il est et a l'importance qu'il a pas tant en raison de son individualité que de sa qualité de membre d'une grande communauté humaine qui dirige son existence matérielle et spirituelle de la naissance à la mort.*
>
> *La valeur d'un l'homme pour la communauté dépend d'abord de la mesure selon laquelle ses sentiments, pensées et actes tendent à nourrir le bien de ses congénères. Nous le désignons comme bon ou mauvais selon son attitude à ce sujet. A première vue, il semblerait que nous jugions un homme sur ses seules qualités sociales.*
>
> *Et pourtant, une telle opinion ne serait pas exacte. Il est évident que tous les biens matériels, spirituels et moraux que nous recevons de la société nous viennent, au cours d'innombrables génération, d'individus créatifs. L'usage du feu, la culture des plantes comestibles, la machine à vapeur - chacun est la découverte d'une personne.*
>
> *Seul l'individu peut penser, et de fait créer de nouvelles valeurs pour la société - voire même instaurer de nouveaux standards moraux auxquels la vie de la communauté se conforme. Sans personnalités créatives, pensant et estimant individuellement, le développement optimal d'une société est aussi peu concevable que le développement de la personnalité individuelle sans le terrain nourricier de la communauté.*

Comme le suggèrent les propos d'Einstein, un groupe, une équipe ou une organisation sain(e), créatif(ve) et intelligent(e) grandit et prospère grâce à la vision, les idées et les passions individuelles de ses membres. Il/elle se structure de sorte à former une boucle de rétroaction positive entre le développement de l'individu et celui du groupe, de l'équipe ou de la communauté. L'intelligence collective émerge de la création de cette boucle de rétroaction se renforçant de façon générative entre l'individu et le groupe.

Et, comme nous l'avons vu dans nos cas de Facteurs de Succès, parvenir à cette boucle de rétroaction se renforçant de façon générative dans une organisation requiert un degré élevé d'intelligence émotionnelle et de leadership conscient. Ce sont les axes du prochain tome de cette série sur *le Leadership Conscient et la Résilience*.

L'intelligence Collective

L'intelligence collective est plus qu'un simple rassemblement.

C'est une réunion des âmes,

des cœurs et des esprits.

Il faut tout un village pour élever un enfant.

Il faut de l'eau, du soleil, du vent, du calme et un sol fertile pour que la graine devienne un arbre.

Alors demandez-vous : « Quel rôle vais-je jouer dans ce collectif ? »

« Comment puis-je créer l'espace pour accueillir votre contribution tout à fait unique ? »

Demandez vous : « Avec quelle joie allez-vous tous improviser votre chant, jamais entendu jusqu'alors ? »

« Quelle est cette danse de l'union de l'individu et du groupe, de holon à holon, par le holon ?

Je valorise le meilleur de vous-mêmes.

Vous valorisez le meilleur de moi-même, de nous-mêmes.

Et ensemble, nous formons une incroyable puissance, bien supérieure à la somme des parties.

Comme le sable sur la plaque vibrant avec le son,

Demandez vous : « Quelle est la vibration qui nous permet de vibrer ensemble ? »

Et comme le sable sur la plaque, remarquez combien cette union est belle et pleine de sens !

L'intelligence collective est la rencontre du meilleur de moi-même avec le meilleur de vous-mêmes pour le meilleur de nous.

Nous sommes partenaires égaux dans cette entreprise car nous nous valorisons les uns les autres et contribuons vivement à soutenir l'intention et l'objectif.

Dans cette danse entre structure et liberté, la puissance réside dans le processus qui soutient l'inclusion, le consentement et la transparence.

Tout est possible lorsque nous apportons notre super pouvoir au cercle !

Et pour ma part, je suis curieuse de savoir ce qui est possible quand vous et vous et vous et moi sommes en résonance.

Dorothy Oger

Santa Cruz, Californie, le 20 août 2015

Références :

- https://en.wikipedia.org/wiki/Expedia_(website)
- http://www.expediainc.com/about/history/
- *The World As I See It*, Einstein, A., Citadel Press, Secaucus, N.J., 1934. (Comment je vois le monde, Einstein, A., Flammarion, 1999).

Postface

J'espère que vous avez apprécié cette exploration de la Modélisation des Facteurs de Succès SFM™ et du Modèle SFM de l'Intelligence Collective (SFM Collective Intelligence Model™). Si vous souhaitez approfondir vos connaissances sur les principes et techniques de la Modélisation des Facteurs de Succès, il existe d'autres ressources et outils pour aller plus loin dans l'assimilation et l'utilisation des distinctions conceptuelles, stratégies et compétences décrites dans ces pages.

Dilts Strategy Group

Le Dilts Strategy Group est un organisme qui déploie la mise en œuvre de la Modélisation des Facteurs de Succès, dont Entrepreneurs Nouvelle Génération, L'Intelligence Collective et Leadership et Innovation, par le biais de formation, de conseil et de coaching. Le Dilts Strategy Group parraine également des projets qui favorisent le développement de nouveaux modèles et l'identification de facteurs évolutifs de réussite dans le monde socio-économique dynamique dans lequel nous vivons. Le Dilts Strategy Group propose des cursus de formation et des programmes de certification en Modélisation des Facteurs de Succès dans le monde entier.

Pour plus d'informations, merci de contacter :

Dilts Strategy Group
P.O. Box 67448
Scotts Valley CA 95067
USA
Téléphone : (831) 438-8314
E-Mail : info@diltstrategygroup.com
Adresse du site : http://www.diltstrategygroup.com

Indépendamment des programmes que je propose avec le Dilts Strategy Group, j'anime par ailleurs dans le monde entier des séminaires et des ateliers sur différents sujets en lien avec le développement personnel et professionnel.

Pour plus d'informations sur les programmes proposés, merci de consulter mon site : http://www.robertdilts.com ou de m'écrire à : rdilts@nlpu.com.

Journey to Genius (Voyage vers le Génie)

J'ai également écrit de nombreux autres ouvrages et élaboré des enregistrements audio sur les principes et particularités de la Modélisation des Facteurs de Succès et la PNL. Par exemple, j'ai publié plusieurs productions sur la base de mes modélisations des Stratégies de Génie dont des enregistrements audio décrivant le processus créatif de génies tels que Mozart, Walt Disney et Léonard de Vinci.

Pour plus d'information sur ces produits et autres ressources, merci de contacter :

Journey to Genius (Voyage vers le Génie)
P.O. Box 67448
Scotts Valley, CA 95067-7448
Téléphone (831) 438-8314
E-Mail : info@journeytogenius.com
Adresse du site : http://www.journeytogenius.com

NLP University (Université de la PNL)

Je suis également co-fondateur, directeur et formateur à *NLP University*, un organisme dédié à la PNL qui dispense des formations de base et avancées de la plus haute qualité, et promeut le développement de nouveaux modèles et applications de la PNL dans les domaines de la santé, des affaires et des organisations, de la créativité et de l'apprentissage. Tous les été, NLP University programme des formations résidentielles à l'UCLA (University of California at Santa Cruz), proposant des séminaires de formation approfondie aux savoir-faire de la PNL, y compris dans les domaines du conseil et du coaching.

Pour toute information, merci de contacter Teresa Epstein à :

NLP University
P.O. Box 1112
Ben Lomond, California 95005
Téléphone : (831) 336-3457
Fax : (831) 336-5854
E-Mail : Teresanlp@aol.com
Adresse du site : http://www.nlpu.com

Produits et Illustrations de la Modélisation des Facteurs de Succès

Antonio Meza et moi-même avons créé cette collection d'ouvrages dans l'intention de vous proposer quelque chose de différent, de ludique et riche sur le plan visuel. Tout au long des pages de cet ouvrage et des tomes de la série, vous découvrirez de nombreux dessins et personnages pour vous aider à vous connecter au contenu de l'ouvrage et à l'intégrer.

Nous avons créé une boutique en ligne dédiée dans laquelle vous trouverez différents articles tels que des posters, des T-shirts, des mugs, etc., qui pourront vous aider à rester connecté aux idées majeures de La Modélisation des Facteurs de Succès.

Pour plus d'information sur ces produits et autres ressources, vous pouvez aller sur :

Le site de la Modélisation des Facteurs de Succès
Adresse du site : http://www.successfactormodeling.com

La boutique en ligne de la Modélisation des Facteurs de Succès
Adresse du site : http://society6.com/successfactormodeling

Antonio Meza illustre des livres, des articles et des présentations, il assure également la facilitation graphique lors de conférences et séminaires. Il est par ailleurs consultant, formateur et coach dans l'équipe du Dilts Strategy Group.

Si vous êtes curieux du travail d'illustrateur d'Antonio, vous pouvez le contacter à :

Antoons
E-Mail : hola@antoons.net
Adresse du site : http://www.antoons.net

Conscious Leaders Mastermind
(Mastermind des Leaders Conscients)

Le *Conscious Leaders Mastermind* est un programme exclusif de croissance accélérée pour les entrepreneurs et propriétaires d'entreprises qui réussissent. Ce programme enseigne les sept stratégies fondamentales de la pratique du leadership conscient partagées par des personnes reconnues dans le monde pour leur réussite. Il fournit aux participants une feuille de route claire pour une réussite durable, une croissance accélérée et un impact positif.(voir chapitre 1, pp. 66-71). On compte parmi les membres actuels des leaders influents de différents domaines qui ont eu un impact positif sur la vie de centaines de millions de personnes.

Le Conscious Leaders Mastermind a été créé par l'auteur Robert Dilts, Mitchell Stevko (un expert en développement de la Silicon Valley qui a aidé plus de 150 entrepreneurs à réaliser leurs rêves, en levant plus de 5 milliards de dollars de capital) et le Dr. Olga Stevko (un médecin Russe experte en thérapie des croyances -Belief Medicine™ - spécialisée dans le travail avec des professionnels de haut niveau). Le programme n'est accessible qu'après validation de candidature et entretien ou recommandation par un membre.

    Si vous êtes prêt à emmener votre affaire à un tout autre niveau d'impact et d'influence, vous trouverez plus d'informations et la possibilité de poser votre candidature auprès de :

E-Mail : mitchell@consciousleadersmm.com

Adresse du site : http://consciousleadersmastermind.com/about/

Logical Levels Inventory
(L'inventaire des Niveaux Logiques)

Le *Logical Levels Inventory* (*lli*) est un outil innovant de profilage de leadership en ligne basé sur les différents niveaux de facteurs de succès que nous avons explorés dans cet ouvrage. *lli* identifie les qualités fondamentales que les leaders doivent posséder pour tirer parti des opportunités et continuer à réussir en périodes d'incertitude et de crise. Développé comme un prolongement direct du premier programme de certification en Modélisation des Facteurs de Succès, *lli* vous conduit à travers un processus d'autoévaluation qui vous permet de mettre à jour les forces dominantes qui sous-tendent vos actions et de cerner en quoi vous pouvez évoluer pour devenir un leader plus performant quel que soit votre domaine.

E-Mail : info@lld.uk.com

Adresse du site : http://www.logicallevels.co.uk

Annexe A : Les projets de Modélisation des Facteurs de Succès en cours

Comme je l'ai mentionné dans la préface de ce livre, depuis début 2015 différents projets utilisent la Modélisation des Facteurs de Succès pour étudier les tendances importantes pour les entreprises existantes ou nouvelles. L'un d'eux sur « l'intelligence collective dans les organisations » est parrainé par Gilles Roy, Formation Évolution et Synergie, et Vision 2021 à Avignon, France. Un autre sur « la nouvelle génération d'entrepreneuriat » est sponsorisé par l'institut REPÈRE à Paris. Les présentations qui suivent résument ces deux projets et leurs objectifs.

Étude de Modélisation de l'intelligence Collective

l'objectif de cette étude est d'identifier les tendances et idées actuelles générées par les équipes et les organisations pour développer l'intelligence collective afin de relever les défis et saisir les opportunités de l'environnement économique actuel. Les membres du Dilts Strategy Group ont proposé à un certain nombre d'équipes et entreprises de participer à des entretiens et autres activités pendant une heure à quelques jours. Ces équipes et entreprises ont été sélectionnées sur la base de leur réputation de leaders en intelligence collective reconnue par leurs pairs.

Les thèmes suivants sont explorés :

- Quels sont les défis et les opportunités que l'entreprise ou l'équipe rencontrent actuellement.
- Comment voient-ils et évaluent-ils l'intelligence collective comme un moyen clé pour réussir dans le monde des affaires d'aujourd'hui.
- Comment ont-ils modifié leur stratégie d'affaires et leurs pratiques managériales pour encourager et développer l'intelligence collective.
- Quelles étapes spécifiques ont-ils mis en place pour soutenir l'intelligence collective sur le plan pratique.

Les tendances principales feront l'objet d'articles dans des publications d'affaires sélectionnées et sur le site du Dilts Strategy Group.

Cette étude, sous le titre PERICEO, est en cours de réalisation avec Formation Évolution et Synergie et Vision 2021 à Avignon, France.

Pour plus d'informations, merci de contacter :

Formation Evolution et Synergie

3 Avenue de la Synagogue
84000 Avignon, France
+33 4 90 16 04 16
formationevolutionetsynergie@wanadoo.fr
www.intelligence-collective.net
www.municeo.com

46 boulevard Raspail
84000 Avignon, France
contact@vision-2021.com
wwwvision2021.com

Étude de Modélisation de la Nouvelle Génération d'Entrepreneuriat ou de l'Entrepreneur Authentique

L'objectif de l'étude est d'identifier les dernières tendances adoptées par la nouvelle génération d'entrepreneuriat émergente pour relever les défis et saisir les opportunités de l'environnement économique actuel. Les enseignements tirés de cette étude sont destinés à améliorer la productivité, la profitabilité et la satisfaction des entrepreneurs et intrapreneurs d'aujourd'hui.

Jusqu'ici, le projet a comporté des entretiens avec 18 « Entrepreneurs Nouvelle Génération » sélectionnés. *Un Entrepreneur Nouvelle Génération* a été défini comme :

> *Quelqu'un qui crée une affaire ou un projet durable pour vivre son rêve, tout en fournissant un produit ou un service qui fasse une différence positive dans le monde et en se développant personnellement dans le processus.*

Les quatre critères incontournables de sélection des participants étaient :

- Vivre ses rêves et se passionner pour autre chose que l'argent
- Créer une différence positive dans le monde
- L'entreprise est à minima économiquement viable sinon en croissance
- Fournir quelque chose de nouveau et d'innovant

Les participants ont été sélectionnés pour représenter un large éventail d'entreprises, dont :

- Différents domaines d'activité

    Industrie, Services, Technologie, Environnement, ONG, etc.

- Différentes tailles d'entreprise

    PME, Intrapreneurs de grandes entreprises ou multinationales, Entrepreneurs sociaux, etc.

- Différentes étapes de la vie de l'entreprise

    Start-up, en Croissance, en Expansion, à Maturité

- Différents cercles de réputation et notoriété de l'entrepreneur

    La réputation entre pairs pouvait être locale, régionale, nationale, internationale

Les tendances principales feront l'objet d'articles dans des publications d'affaires sélectionnées et sur le site du Dilts Strategy Group.

Cette étude est menée en collaboration avec l'Institut REPÈRE à Paris, France.

Pour plus d'informations, merci de contacter :

Institut REPERE
78 Avenue du Général Michel Bizot
75012 Paris, France
+33 1 43 46 89 41
commercial@institut-repere.com
http://www.institut-repere.com

Annexe A

Annexe B : Réflexions sur l'Intelligence Collective en tant que « Champ relationnel »

Les notions de *champ relationnel* et de *champ génératif* sont essentielles à l'approche SFM™ de l'intelligence collective et de la collaboration Générative. Un « champ », du point de vue SFM™, est pour l'essentiel une sorte de qualité énergétique ou « vibration » émergeant de relations et interactions entre les individus d'un système. L'idée centrale de ce concept de champ est que la relation elle-même est une « troisième entité » générée entre les personnes impliquées ; de la même façon que l'hydrogène et l'oxygène se combinent pour former la troisième entité de l'eau. La relation devient une sorte de contenant à la fois produit par et exerçant une influence sur les pensées, les émotions et les expériences des personnes impliquées.

En physique, un *champ* est défini comme « un espace caractérisé par une propriété physique, comme la force gravitationnelle ou électromagnétique ou la pression d'un fluide, ayant une valeur déterminée en chaque point de cet espace ». Un champ, en physique, se rapporte au mouvement de l'énergie qui traverse un espace très étendu. Un champ électromagnétique, comme un signal radio par exemple, est en général représenté par des « lignes de force », se déployant dans toutes les directions, qui exercent une influence sur les objets se trouvant dans leur rayon d'action. C'est la densité de ces lignes qui détermine l'intensité, et donc le degré d'influence, du champ.

On peut l'opposer à la notion de « particule », qui est un objet n'existant que dans un espace très limité et défini. Un champ est moins tangible qu'une particule, et a plus trait à l'énergie, aux mouvements et aux relations qu'aux « choses » ou « objets ». Un champ est à la fois généré par des relations entre des « particules » - c.-à-d., des objets et des individus - et exerce une influence sur le comportement ou les actions des objets et des individus.

Un champ gravitationnel, par exemple, est une fonction de l'attraction fondamentale entre tous les objets de l'espace. La gravité n'existe pas sans la présence des objets s'attirant entre eux. Le champ gravitationnel généré entre deux objets (disons, deux planètes) affectera également le comportement d'autres objets (vaisseau spatial ou météorite, par exemple) pénétrant dans la zone d'influence de ce champ.

Les exemples des formes émergeant de l'eau et de la fécule de maïs sur une enceinte acoustique en marche et l'expérience de cymatique générant des motifs changeant du sable sur une plaque de métal qui vibre présentés au chapitre 1 (pp. 50-51) sont d'autres exemples d'influence des champs. De tels phénomènes naturels ont des implications (tant directes que métaphoriques) importantes sur notre compréhension de l'intelligence collective et de la collaboration générative.

En Physique, un Champ est représenté par des « Lignes de Force » se propageant dans l'Espace

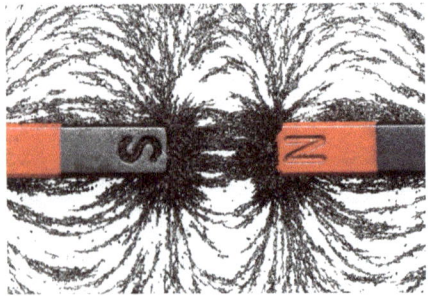

La limaille de fer révèle les « lignes de force » produites par les aimants.

L'« Esprit » et l'Intelligence sont une Fonction des Champs qui Émergent des Interactions

Le scientifique du social et théoricien des systèmes Gregory Bateson a indiqué :

> Tout ensemble persistant d'évènements et d'objets qui dispose de la complexité de circuits de causalité et de l'énergie appropriées présentera surement des caractéristiques mentales. Il va comparer... Il « traitera l'information » et s'auto-régulera inévitablement pour atteindre des optima homéostatiques ou optimiser certaines variables.

Bateson dit en substance qu'avec suffisamment de résonance et de synergie, tout système peut générer un champ relationnel qui lui permettra d'atteindre un niveau supérieur d'intégration et présentera des caractéristiques d'auto-organisation intelligente. Il s'agit du principe appliqué par Peter Russell dans son concept de *Cerveau Global (Global Brain)* (1983, 1995). Russell perçoit l'évolution comme la combinaison progressive d'unités dans de plus grands systèmes auto-organisés - des particules élémentaires aux atomes, aux molécules, aux cellules, aux tissus, et ainsi de suite jusqu'aux organismes dotés de conscience et finalement aux communautés conscientes.

L'observation de Bateson concorde plutôt bien avec nos réflexions sur la pertinence de la résonance, la synergie et l'émergence en tant que facteurs de réussites de la génération d'intelligence collective dans des ensembles de personnes. La clé est d'arriver à la *complexité appropriée* d'interactions et aux *relations énergétiques appropriées* desquelles l'intelligence collective peut émerger. Quand ces conditions sont remplies, des individus séparés se transforment en un groupe cohésif, créant une équipe dans laquelle le tout est vraiment plus grand que la somme de ses parties.

En fait, l'impression d'être une partie d'un système ou champ plus vaste est une expérience subjective courante de quasiment chaque être humain. Nous parlons souvent de ressentir l'« esprit d'équipe », par exemple, qui est un sentiment d'appartenance à un groupe qui nous inclut mais est plus grand que nous. De telles expériences émergent du ressenti du « champ relationnel » interpersonnel découlant des interactions entre nous et d'autres ; formant une sorte de holon physique et mental plus large.

Caractéristiques de la « Conscience de Groupe »

Notre participation à un tel champ a une influence sur nos pensées et nos émotions, individuellement et collectivement. Des champs relationnels suffisamment forts peuvent générer une sorte de *conscience* de groupe ayant des caractéristiques et des qualités assez différentes de celles des consciences individuelles des membres du groupe. Selon le psychologue le Bon (1895) :

> Le trait le plus frappant qu'un groupe psychologique présente est le suivant. Qui que soient les individus qui le constituent, que leurs modes de vie, leurs occupations, leurs caractères ou leurs intelligences soient similaires ou différents, le fait qu'ils soient devenus un groupe leur donne une sorte de conscience collective qui les fait ressentir, penser, et agir autrement que ce que chacun aurait ressenti, pensé et fait en étant isolé. Il existe des idées et sentiments qui ne s'incarnent pas, ou ne se transforment pas en actes excepté dans le cas d'individus en groupe.

> Le groupe psychologique est une entité provisoire constituée d'éléments hétérogènes, qui se combinent pour un temps, exactement comme les cellules qui par leur réunion forment une corps vivant, une nouvelle entité dont les caractéristiques sont très différentes de celles que chaque cellule possède séparément.

Le concept d'une « conscience collective » distincte de Le Bon est assez cohérent avec celui de « sagesse des foules » de James Surowieci (pp. 296-299) et avec la découverte de Google selon laquelle le « Q.I. collectif » de ses équipes avait peu à voir avec le mélange de types spécifiques de personnalités, ou de compétences ou de parcours des individus composant les équipes (pp. 300-301). La remarque de Le Bon qu'« il existe des idées et sentiments qui ne s'incarnent pas, ou ne se transforment pas en actes excepté dans le cas d'individus constituant un groupe » met en lumière une des contributions les plus efficaces de l'intelligence collective à la créativité et à l'innovation. Une sorte de plus grande intelligence émerge suite aux relations et interactions interpersonnelles saines qui ne se manifeste pas quand les individus sont isolés les uns des autres. Comme l'a affirmé Gregory Bateson :

> *L'esprit individuel est immanent mais pas seulement au corps. Il est immanent aux voies et messages extérieurs au corps ; et il existe un esprit plus vaste dont l'esprit individuel n'est qu'un sous-système.*

Bateson dit ici que nos esprits individuels émergent comme une sorte de champ, issu des interactions se produisant dans notre corps et notre système nerveux et de nos interactions avec le monde qui nous entoure. Il suggère aussi qu'un « esprit plus vaste » émerge des, et influence les, interactions entre nos esprits individuels et d'autres intelligences.

L'« Esprit plus vaste » auquel Bateson se réfère est peut-être ce que l'on entend par l'« intuition , l'« inconscient créatif » des travaux de Milton H. Erickson, ou l'« inconscient collectif » des écrits de Carl Jung. Un autre phénomène lié à ce que Bateson a appelé l'« Esprit plus vaste » est ce que Rupert Sheldrake a nommé champs morphiques. Sheldrake a proposé l'idée de *champs morphiques* pour expliquer des phénomènes qui impliquent une action à distance, du développement des embryons à la guérison par la prière et au phénomène du « centième singe » - c.-à-d. des situations dans lesquelles un changement au sein d'une partie de population suscite un changement dans une autre de ses parties, ou du groupe en tant que tout, sans aucun contact physique direct. Cela reflète aussi le concept d'« hologramme » présenté au chapitre 1 où le tout est d'une certaine façon contenu dans chaque partie, et que la partie peut recréer le tout.

Le processus de *résonance morphique* est essentiel au modèle de Sheldrake. Il s'agit d'un mécanisme de rétroaction entre le champ et l'interaction correspondante des éléments dont il émerge. Plus le degré de similitude d'interaction entre les différents éléments est grand, plus grande est la résonance, rendant plus probable l'existence, la force ou la persistance de la forme particulière de pensée ou de comportement dans le champ plus vaste.

Puiser dans l'« Esprit Plus Vaste »

Selon Sheldrake, le processus de résonance morphique conduit à des champs morphiques stables, auxquels il est nettement plus facile de se *connecter*. Il suggère, par exemple, qu'il s'agit des moyens par lesquels les formes biologiques les plus simples s'auto-organisent de façon synergique en formes plus complexes, et que ce modèle permet d'expliquer différemment le processus d'évolution même, en plus des processus évolutifs de sélection-variation de Darwin.

Une implication de la notion d'« esprit plus vaste » de Bateson et l'idée de « résonance morphique » de Sheldrake est la possibilité que nous puissions puiser dans des réseaux d'intelligence plus vastes que nos esprits individuels. Autrement dit, certaines idées et points de vue latents naîtront spontanément chez des individus du fait de leur appartenance à un groupe et que ces mêmes individus n'auraient jamais eu si ils avaient agi seuls - indépendamment du temps passé en réflexion personnelle sur quelque chose. Une personne pourrait consacrer des années à penser seul et ne jamais obtenir certains résultats qui se produiraient facilement et instantanément si cette personne interagissait avec d'autres dans des conditions appropriées.

Toutefois, il est très important de se rappeler que, comme le souligne Bateson, « les caractéristiques mentales sont inhérentes ou immanentes à l'ensemble en tant que tout ». Quand nous nous séparons ou nous déconnectons du système plus vaste, nous perdons l'accès à l'intelligence qu'il contient. Nous devons être connectés à nous-mêmes et les uns aux les autres (à savoir, dans un état COACH) pour que l'intelligence du holon plus vaste émerge en nous en tant qu'individus.

À titre d'exemple, un enfant élevé sans interaction avec d'autres humains (comme les « enfants sauvages » élevés par des loups ou d'autres animaux) n'apprend jamais une langue. En fait, les enfants sauvages ont généralement du mal à apprendre à marcher en position verticale et affichent un manque total d'intérêt pour l'activité humaine qui les entoure. Ils semblent souvent mentalement déficients et, si ils sont découverts passé un certain âge, ont des difficultés presque insurmontables à apprendre un langage humain. Toutefois, deux enfants ou plus qui ont été élevés ensemble, même sans influence externe d'adultes, inventeront spontanément leur propre langue, même sans avoir été exposés à une interaction verbale.

En d'autres termes, l'interaction, la résonance et la synergie avec d'autres éveillent et libèrent l'intelligence, les idées et capacités latentes du collectif plus vaste ou holon. C'est sans doute la raison pour laquelle tant d'organisations prospères sont nés de collaborations génératives, comme celles de Jobs et Wozniac (Apple Inc.), Hewlett et Packard (HP), etc. Bien-sûr, la Modélisation des Facteurs de Succès elle-même, est également née d'une co-création de deux personnes : John Dilts et Robert Dilts.

Références :

- *Steps to an Ecology of Mind*, Bateson, G., Ballantine Books, New York, New York, 1972. (*Vers une Écologie de l'Esprit*, Bateson, G., Tomes 1 et 2, Seuil, 1980).
- *The Global Brain Awakens*, Russell, P., Global Brain, Inc., Palo Alto, CA, 1995.
- *La Psychologie des Foules,* Gustave Le Bon (1895), Puf, 1971 (*The Crowd : A Study of the Popular Mind*, Le Bon, G., Digireads.com Publishing, 2008 (1895)
- *A New Science of Life : the hypothesis of formative causation*, Sheldrake, R., J.P. Tarcher, Los Angeles, CA, 1981. (*Une nouvelle science de la vie : L'hypothèse de la causalité formative*, Ruper Sheldrake, Éditions du Rocher, 1990)
- *NLP II : The Next Generation*, Dilts, R. and DeLozier, J. with Bacon Dilts, D., Meta Publications, Capitola, CA, 2010

Photos

Page 50 - images extraites de la vidéo « Non-Newtonian Fluid on a Speaker Cone » sur YouTube

Page 51 - images extraites de la vidéo « Cymatix Experiment » sur YouTube

Page 56 - Adam Grant - https://www.linkedin.com/in/adammgrant

page 101 - Steve Fiehl, Michaël Ohana, Pascal El Grably et Hervé Goudchaux
  http://www.crossknowledge.com/group/management-team

Page 105 - Photo avec la permission de Robert B. Dilts

Page 117 - images extraites du DVD « Yanni at the Acropolis »

Page 154 - Photo de Stefan Crisan avec la permission de Stefan Crisan

Page 176 - Espaces de travail chez Google et Pixar :
  http://www.home-designing.com/2008/10/seriously-cool-workplaces

Page 177 - La salle du rêveur de Disney
  Finch, C. ;*The Art of Walt Disney (L'Art de Walt Disney)*; Harry N. Abrahms Inc, new York, new York, 1973.

Page 178 - Walt Disney. Le Walt Disney Family Museum, San Francisco, CA

Page 178 - Walt Disney. Thomas, F. & Johnson, O. ; *Disney Animation ; The Illusion of Life* ; Abbeyville Press, New York, New York, 1981.

Page 192 - Randy Williams, https://www.linkedin.com/in/randy-williams-86b4581a

Page 236 - Photo de John Dilts avec la permission de Robert B. Dilts

Page 258 - Images extraites de la vidéo : A Bird Ballet de Neels Castillon

Page 259 - Images de :
  http://www.red3d.com/cwr/boids/applet/
  http://black-square.github.io/BirdFlock/

Page 261 - The Battle of Midway (La Bataille de Midway)
  http://superhypeblog.com/marketing/smart-data-business-lessons-from-the-battle-of-midway %

Page 310 - photo de Drew Dilts avec la permission de Robert B. Dilts

Page 314 - Site de La Ferme de Moringa, avec la permission de Robert B. Dilts

Page 321 - Photos de Huttes d'une famille Peule au Bénin avec la permission de Robert B. Dilts

page 350 - Aimants
  http://hypescience.com/o-que-e-magnetismo/
  http://www.alamy.com/stock-photo-bar-magnets-with-iron-filings-showing-magnetic-repulsion-between-31266486.html

Bibliographie en Anglais

- *Success Factor Modeling, Volume I – Next Generation Entrepreneurs : Live Your Dream and Create a Better World through Your Business*, Dilts, R., Dilts Strategy Group, Santa Cruz, CA, 2015.
- *From Coach to Awakener*, Dilts, R., Meta Publications, Capitola, CA, 2003.
- *Tools for Dreamers*, Dilts, R. B., Epstein, T. and Dilts, R. W., Meta Publications, Capitola, CA, 1991.
- *Strategies of Genius Vols I, II & III*, Dilts, R., Meta Publications, Capitola, CA, 1994-1995.
- *Alpha Leadership : Tools for Leaders Who Want More From Life*, Deering, A., Dilts, R. and Russell, J., John Wiley & Sons, London, England, 2002.
- *Visionary Leadership Skills*, Dilts, R., Meta Publications, Capitola, CA, 1996.
- *Modeling with NLP*, Dilts, R., Meta Publications, Capitola, CA, 1998.
- *Encyclopedia of Systemic Neuro-Linguistic Programming and NLP New Coding*, Dilts, R. and DeLozier, J., NLP University Press, Santa Cruz, CA, 2000.
- *Effective Presentation Skills*, Dilts, R., Meta Publications, Capitola, CA, 1994.
- *Skills for the Future*, Dilts, R., Meta Publications, Capitola, CA, 1993.
- *NLP II : The Next Generation*, Dilts, R. and DeLozier, J. with Bacon Dilts, D., Meta Publications, Capitola, CA, 2010.
- *The Hero's Journey : A Voyage of Self-Discovery*, Gilligan, S. and Dilts, R., Crowne House Publishers, London, UK, 2009.
- *Innovations in NLP*, Hall, M. and Charvet, S., Editors ; Crown House Publishers, London, 2011.

Bibliographie en Français

- *La Modélisation des Facteurs de Succès, Tome I - Entrepreneurs nouvelle Génération : Vivez votre Rêve et Créez un Monde Meilleur par Votre Entreprise*, Dilts, R., Dilts Strategy Group, santa Cruz, CA, 2017
- *Être Coach : de la performance à l'éveil*, Dilts R., InterEditions, 2008
- *Des Outils pour l'Avenir*, Dilts, R. B., Epstein, T. et Dilts, R. W., Desclée de Brouwer, 1995
- *Stratégies du génie. Tomes I-III*, Dilts, R., Brouwer 1992 - 1996 -
- *Alpha Leadership : Les 3 A : Anticiper, Aligner, Agir*, Deering, A., Dilts, R. and Russell, J., De Boeck, 2009
- *Leadership visionnaire : Outils et compétences pour réussir le changement par la PNL*, Dilts, R., De Boeck, 2009
- *Modéliser avec La PNL, Voyage au cœur des comportements et des pratiques efficaces*, Dilts, R., Intereditions, 2014
- *Des outils pour l'avenir*, Dilts R. Gino Bonissone, La Méridienne-Desclée de Brouwer, 2003
- *Le voyage du héros : un éveil à soi-même*, Gilligan, S. et Dilts, R., Intereditions, 2011

Robert B. Dilts - Auteur

Robert Dilts est reconnu depuis la fin des années 1970 comme coach, formateur en compétences comportementales et consultant. En tant qu'expert, Robert a apporté des développements majeurs dans le domaine de la Programmation Neuro-Linguistique (PNL), et dispensé du coaching, du conseil et de la formation à un large éventail de personnes et organisations à travers le monde.

Avec son frère John, Robert a été à l'avant-garde des principes et techniques de la Modélisation des Facteurs de Succès (Success Factor Modeling ™) ; il est l'auteur de nombreux ouvrages et articles sur leur application pour renforcer le leadership, la créativité, la communication et le développement des équipes. Dans son livre *Leadership Visionnaire : outils et compétences pour réussir le changement par la PNL* il présente les outils et compétences nécessaires pour « créer un monde auquel les gens veulent appartenir ». *Alpha Leadership : Anticiper, Aligner, Agir (*avec Ann Deering et Julian Russell) reprend et partage les pratiques les plus récentes du leadership efficace, proposant des approches pour réduire le stress et développer la satisfaction. *Être coach, de la performance à l'éveil* propose une feuille de route et un ensemble d'outils aux coachs pour leur permettre d'aider leurs clients à atteindre des objectifs à différents niveaux d'apprentissage et de changement. *The Hero's Journey : un éveil à soi même* (avec Stephen Gilligan) concerne la façon de se reconnecter à ses aspirations les plus profondes, de transformer ses croyances limitantes et ses habitudes, et d'améliorer le regard sur soi.

Parmi ses clients et sponsors, on compte Apple Computer, Microsoft, Hewlett-Packard, IBM, Lucasfilms Ltd. et la Compagnie Nationale des Chemins de Fer Italiens. Il a donné de nombreuses conférences sur le coaching, le leadership, l'innovation, l'intelligence collective, l'apprentissage organisationnel et le management du changement et réalisé des présentations et des discours pour l'International Federation of Coaching (ICF), HEC Paris, Les Nations unies, L'Organisation Mondiale de la Santé, Harvard University et l'International University of Monaco. En 1997 et 1998, Robert a supervisé la conception de *Tools For Living,* la partie sur la gestion des comportements du programme utilisé par Weight Watcher's International.

Robert a été professeur associé de l'ISVOR Fiat School of Management pendant plus de 15 ans, aidant à développer des programmes sur le leadership, l'innovation, les valeurs et la pensée systémique. De 2001 à 2004, il a occupé les fonctions de directeur scientifique et président du conseil d'administration de ISVOR DILTS Leadership Systems, une joint-venture avec ISVOR Fiat (l'ancienne université d'entreprise du groupe Fiat) qui proposait un large éventail de programmes de développement global du leadership innovant à de grandes entreprises.

Co-fondateur du Dilts Strategy Group, Robert a également fondé et dirigé Behavioral Engineering, une entreprise qui développait des logiciels et des accessoires informatiques pour le changement comportemental. Robert est diplômé en technologie comportementale (Behavioral Technology) de l'University of California à Santa Cruz.

Robert Dilts – Auteur

E-mail : rdilts@nlpu.com
Adresse du site : http://www.robertdilts.com

Antonio Meza - Illustrateur

Aussi loin que ses souvenirs remontent, Antonio Meza a toujours fait des croquis, mais son travail d'illustrateur professionnel n'a commencé que récemment dans sa vie.

Né à Pachuca, au Mexique, Antonio est Maitre Praticien et Enseignant en Programmation Neuro-Linguistique (PNL). Il est diplômé en Sciences de la Communication de la Fundación Universidad de las Américas Puebla, titulaire d'un Master en Études Cinématographiques de l'Université de Paris 3 –Sorbonne Nouvelle, d'un diplôme de Cinema Scriptwriting from the General Society of Writers in Mexico (SOGEM), et d'un diplôme en Films Documentaires de l'Ecole Nationale des Métiers de l'Image et du Son (La Fémis), France.

Il a récemment été certifié en Coaching Génératif avec Robert Dilts et Stephen Gilligan à l'Institut REPERE de Paris ; et à la Modélisation des Facteurs de Succès, NLP University avec le Dilts Strategy Group.

Au cours de sa carrière, Antonio a travaillé dans la recherche en marketing, la publicité, le branding, l'image de marque, la production cinématographique et l'écriture de scénarios. Son travail de photographe professionnel a été exposé au Mexique, en Belgique et en France.

Il a travaillé avec des start-up de dessins animés au Mexique avant de venir s'installer en France où il travaille comme consultant, coach et formateur, spécialisé dans la pensée créative et l'intelligence collective. Il propose ses services sous sa marque : Akrobatas.

Parmi sa clientèle d'ONG et Fondations, le Groupe Européen sur les Traitements du SIDA (European AIDS Treatment Group - EATG), OXFAM, le European HIV/AIDS Funders Group, la Fondation pour une Société Ouverte (Open Society Foundation -OSF), l'Alliance Européenne de Santé Publique (European Public Health Alliance-EPHA). Il a animé des ateliers de formation pour des écoles de commerce comme ESCP-Europe et des organisations internationales comme IABC (International Association of Business Communicators).

Antonio est également un orateur expérimenté membre de Toastmasters International. En 2015, il a été nommé meilleur orateur au Concours international du District 59, couvrant l'Europe Continentale, et a atteint les demi-finales au niveau international.

Ses croquis et illustrations ont été publiés par l'Université Panthéon-Assas (Paris 2), il est co-auteur de trois livres (en tant qu'illustrateur) ; dont deux avec Jean-Eric Branaa : « English Law Made Simple - Le Droit Anglais Facile » et « American Government Made Simple - Le Gouvernement Américain Facile » publié chez Ellipses à Paris et « Les Vrais Secrets de la Communication » avec Béatrice Arnaud.

Il utilise par ailleurs ses compétences de dessinateur et de formateur pour collaborer à des séminaires, conférences et sessions de brainstorming en tant que facilitateur graphique.

Il a plusieurs projets d'illustration en cours, dont les trois volumes de la série *Modélisation des Facteurs de Succès* avec Robert Dilts.

Antonio Meza – Illustrateur

E-mail : hola@antoons.net
Adresse du site : http://www.antoons.net
Photo de : Susanne Kischnick

La Collaboration Générative - Modélisation des Facteurs de Succès Tome II – a été réalisé avec :

- Aurulent Sans - par Stephen G. Hartke
- Roman Serif - par Mandred Klein
- COMIC GEEK − WWW.BLAMBOT.COM
- Comic Book − www.pixelsagas.com
- BADABOOM BB - WWW.BLAMBOT.COM

www.ingramcontent.com/pod-product-compliance
Lightning Source LLC
Chambersburg PA
CBHW080213040426
42333CB00044B/2646